SCHÄFFER
POESCHEL

Wolfgang Jetter

Effiziente Personalauswahl

Durch strukturierte Einstellungsgespräche
die richtigen Mitarbeiter finden

2., aktualisierte, überarbeitete und erweiterte Auflage

2003
Schäffer-Poeschel Verlag Stuttgart

Dipl. Psych. Wolfgang Jetter ist Geschäftsführender Gesellschafter der JETTER HUMAN RESOUR-CE MANAGEMENT CONSULTING GMBH. Sein beruflicher Werdegang führte ihn in bedeutende Industrie- und Beratungsunternehmen. Er war Organisationspsychologe bei Siemens, Personalleiter bei BMW, Fachbereichsleiter für Human Resource Management bei Roland Berger sowie Partner und Geschäftsführer bei Accenture. In seiner Beratungstätigkeit hat er sich auf Change Management, Human Resource Management und Training (Interview-, Team und Führungstraining) spezialisiert.

Bibliografische Information der Deutschen Bibliothek
Die Deutsche Bibliothek verzeichnet diese Publikation in der Deutschen
Nationalbibliografie; detaillierte bibliografische Daten sind im Internet
über <http://dnb.ddb.de> abrufbar.

Gedruckt auf chlorfrei gebleichtem, säurefreiem und alterungsbeständigem Papier

ISBN 3-7910-1962-7

© 2003 Schäffer-Poeschel Verlag für Wirtschaft · Steuern · Recht GmbH & Co. KG
www.schaeffer-poeschel.de
info@schaeffer-poeschel.de
Einbandgestaltung: Willy Löffelhardt
Satz: DTP + TEXT Eva Burri, Stuttgart
Druck und Bindung: Ebner & Spiegel GmbH, Ulm
Printed in Germany
März/2003

Schäffer-Poeschel Verlag Stuttgart
Ein Tochterunternehmen der Verlagsgruppe Handelsblatt

Vorwort zur 2. Auflage

Seit Erscheinen der 1. Auflage im Jahre 1996 erhielt ich erfreulicherweise viel Zuspruch zu diesem Buch. Geschäftsführer, HR-Verantwortliche, Führungskräfte, Berater, Hochsuchulprofessoren und Studenten riefen mich an oder gaben Ihr Feedback schriftlich. Einhelliger Tenor: Praxisnähe, Verständlichkeit, Umsetzbarkeit und unmittelbarer praktischer Nutzen. Damit scheint dieses Buch in etwa das geleistet zu haben was es sollte – seinen Lesern mit praktischen und umsetzbaren Tipps und Verfahrensweisen zur professionellen Vorbereitung, Durchführung und Auswertung von Einstellungsgesprächen zu helfen und somit dazu beitzutragen, dass Personalentscheidungen, statt aus dem Bauch heraus, auf einer wissenschaftlich fundierten Grundlage getroffen werden. Das wird auch das Hauptanliegen dieser 2., überarbeiteten Auflage sein. Das „Original" wird dabei so behutsam weiterentwickelt, dass man einerseits seine klassische Linie auch nach einem „Facelift" noch klar erkennt und andererseits aber doch spürt, dass eine neue Qualität hinzugekommen ist – also Evolution statt Revolution. Dieser Ansatz ist allein schon deshalb geboten, weil sich im Kern der Themenstellung – dem strukturierten Einstellinterview – keine grundlegend neuen wissenschaftlichen Erkenntnisse ergeben haben, die ein neues Konzept des Interviews erfordern würden. Im Gegenteil, das bereits 1996 skizzierte Interviewkonzept ist durch neuere Untersuchungen weiter bestätigt und erhärtet worden. Dieser Teil wird deshalb lediglich aktualisiert und auf den Stand der Forschung gebracht. Ergänzt wird das Buch um die Teile, die Ihnen helfen sollen, im so genannten „War for Talents" die richtigen Bewerber für Ihr Unternehmen zu interessieren und zur Bewerbung zu motivieren, damit Sie überhaupt erst das Problem bekommen, zu dessen Lösung dieses Buch geschrieben wurde – zuverlässige Auswahlentscheidungen zu treffen.

Warum ist das gerade in der heutigen Zeit besonders wichtig? Wenn Sie auf die neunziger Jahre zurückblicken, werden Sie sich daran erinnern, dass dies die Zeit des Reengineering und Downsizing etc. war, also die erste große Welle des „Mach mehr mit Weniger". Dies führte zu neuen, effizienteren Arbeitsstrukturen und -prozessen für die in der Regel quantitativ weniger und qualitativ andere Mitarbeiter benötigt wurden. Im Rahmen der Personalauswahl war man also mit dem Problem konfrontiert, bei hohen Bewerberzahlen diejenigen zu identifizieren, die den neuen Anforderungen am besten gewachsen waren. Dies stellte die Frage nach der angemessensten eignungsdiagostischen Auswahlmethode in den Vordergrund und zwar sowohl im Hinblick auf die Bewältigung großer Bewerberzahlen als auch die geforderte eignungsdiagnostische Qualität.

„Selection" war also angesagt. Die hier vorgestellte „Methode der Wahl" war – und wird es auch in der 2. Auflage bleiben – das „strukturierte Einstellinterview", da diese Auswahlmethode den Anforderungen am besten gerecht wird: Sie ist flexibel einsetzbar, zeitökonomisch, eignungsdiagnostisch fundiert, leicht erlernbar, schnell im Unternehmen multiplizierbar und bei Bewerbern und Entscheidern gleichermaßen akzeptiert und beliebt. Daran hat sich bis heute nichts geändert – bis auf die Tatsache, dass es seit Erscheinen der 1. Auflage sehr viel schwieriger geworden ist, an die richtigen Bewerber heranzukommen.

Ausgelöst durch die Boomzeiten in der New Economy stand in den letzten Jahren nicht mehr die Diagnostik alleine im Mittelpunkt, sondern das „Werben" um hoch qualifizierte Mitarbeiter wurde zum kritischen Erfolgsfaktor der Personalauswahl. Plötzlich war auch „Attraction" zum Thema geworden. Da die Gewinnung qualifizierter Mitarbeiter zum Engpass und damit auch zum Risikofaktor bei der Umsetzung der Unternehmensstrategie geworden ist, gelangte dieses Thema in den letzten Jahren auch auf die Agenda des Top-Mangements. Konsequenterweise ist um die talentiertesten Kräfte ein scharfer Wettbewerb entbrannt („War for Talents"). Die vor einigen Jahren wie Pilze aus der Erde schießenden Internet-Start-ups, sowie die sich auf E-Commerce einzustellen beginnende Old Economy, wirkten wie „Staubsauger" auf einem ziemlich leergefegten Arbeitskräftemarkt für „High Potentials". Wer zu spät kam, musste nehmen, was übrig war. Wie wir alle wissen, ist diese Blase inzwischen mit einem lauten Knall geplatzt und hat viele ernüchterte (Ex)-Unternehmer und Mitarbeiter auf den Boden der Tatschen zurückgeholt. Hinzu kamen die Folgen des 11. September 2001, die den wirtschaftlichen Abschwung noch weiter beschleunigten. Spektakuläre Firmenpleiten und Börsenskandale taten ihr Übriges, die ohnehin schon gedrückte Stimmung weiter zu dämpfen und den erwarteten Aufschwung aufzuschieben. Wird durch diese erheblichen Schwankungen in der Nachfrage nach qualifizierten Mitarbeitern die These vom „War for Talents" außer Kraft gesetzt? Die Antwort kann nur lauten: Nein! Die Unternehmen müssen jetzt die Fähigkeit aufbauen, jederzeit die Mitarbeiter zur Verfügung zu haben (nicht nur von außen zu gewinnen), die sie benötigen, um ihre Unternehmensstrategie umzusetzen. Dies setzt voraus, dass sie ständig auf „Tuchfühlung" mit ihren Zielgruppen sind (z.B. durch Talent-Management und Campus-Recruiting), um diese bei Bedarf aktivieren zu können – dies ist eine langfristige Aufgabe. Es wird aber auch darauf ankommen, kurzfristig und flexibel zu reagieren. Hier gilt es, die neuen Möglichkeiten des Internets bei der Rekrutierung (E-Recruiting) zu nutzen, um einerseits eine größere Reichweite bei der Ansprache Ihrer Zielgruppe zu bekommen und andererseits die Abwicklung des gesamten Rekrutierungsprozesses effizienter zu gestalten.

Um diesen neuen Herausforderungen an das **Rekrutieren von Mitarbeitern** gebührend Rechnung zu tragen, wurde diesem Themenkomplex

Teil A dieses Buches gewidmet. **Teil B** umfasst die **theoretischen Grundlagen** der Personalauswahl und des Einstellinterviews (bisher Teil A), **Teil C** ist der **Praxis des Einstellgespräches** vorbehalten (bisher Teil B) und **Teil D** geht ausführlich auf wirkungsvolle **Implementierungsmöglichkeiten** des neuen Auswahlkonzeptes ein. Dabei wird dem „Interview-Training" aufgrund seiner praktischen Bedeutung bei der Umsetzung des neuen Konzeptes etwas mehr Platz eingeräumt als in der 1. Auflage. Neu hinzugekommen ist im Umsetzungsteil die „Neugestaltung des Rekrutierungsprozesses", da sich die Personalauswahl auf Dauer nur verbessern lässt, wenn der zugrundde liegende Prozess alle ineinander greifenden Aktivitäten, Tools und Systeme aufeinander abstimmt und in einen optimalen Fluss bringt (Recruiting-Workflow). Eine elektronische Version der in diesem Buch enthaltenen Formulare, Anforderungs- und Fragebeispiele sowie eine Demo-Version des Interview-PC-Systems können Sie bei Bedarf gerne im Internet unter **www.jetter-management.de** anfordern. Insgesamt hoffe ich, dass die vorgenommenen Ergänzungen für Sie relevant und Nutzen stiftend sind und Sie auch diese 2. Auflage mit Gewinn lesen werden.

Wolfgang Jetter

Vorwort zur 1. Auflage

Das Angebot an Managementwissen ist nahezu grenzenlos. Es gibt kaum ein Thema, zu dem es nicht eine Vielzahl von Büchern, Fachzeitschriften oder speziellen Seminarangeboten gäbe. Dies gilt zweifellos auch für das Thema Personalauswahl. In meiner langjährigen Praxis als Personalmanager und Unternehmensberater ist mir immer wieder aufgefallen, dass zwischen dem vorhandenen Wissen einerseits und der tatsächlichen praktischen Anwendung dieses Wissens andererseits oft eine erhebliche Lücke klafft. Die Praxis der Personalauswahl scheint dabei besonders immun gegen wissenschaftliche Erkenntnisse und methodische Systematik zu sein. Wie sonst ist zu erklären, dass es vielfach den Auswählenden selbst überlassen bleibt, wie sie sich dieser verantwortungsvollen Aufgabe entledigen? Es gibt wohl kaum eine unternehmerische Aufgabe, bei der man so sehr seiner eigenen Menschenkenntnis vertraut, wie gerade beim Auswählen von neuen Mitarbeiter(n)Innen. Nach meiner Erfahrung ist dies häufig weniger auf Selbstüberschätzung, als auf echte „Hilflosigkeit" zurückzuführen. Gerade junge Führungskräfte werden oftmals unvorbereitet mit der Personalauswahl konfrontiert. Auch sind die zur Verfügung stehenden Auswahlverfahren für den praktischen Einsatz nicht immer so „benutzerfreundlich", als dass sie für eine direkte Umsetzung durch Auswahlpraktiker, d.h. Führungskräfte und Personalmanager, geeignet wären. Da das Einstellgespräch das in der Praxis am meisten eingesetzte Auswahlverfahren ist, habe ich mit diesem Buch den Versuch unternommen, den Praktikern eine Systematik an die Hand zu geben, die einerseits den wissenschaftlichen Erkenntnissen entspricht und andererseits von den Praktikern auch direkt umsetzbar ist. Sie lernen in diesem Buch alle Schritte kennen, wie man Interviews gezielt vorbereitet, kompetent durchführt und systematisch auswertet.

Dieses Buch ist in vier Teile untergliedert. **Teil A** beschäftigt sich schwerpunktmäßig mit den Grenzen und Möglichkeiten der aktuell eingesetzten Auswahlverfahren. Insbesondere werden Probleme, Ursachen und Verbesserungsmöglichkeiten des Einstellinterviews anhand aktueller wissenschaftlicher Erkenntnisse dargestellt und hinsichtlich ihrer praktischen Relevanz kommentiert. In **Teil B** beschäftigen wir uns mit der praktischen Umsetzung der wichtigsten Erfolgsfaktoren strukturierter Interviews. Sie erfahren, wie Interviews genauso aussagekräftig werden können wie z.B. Assessment Center. Zur Sicherstellung eines möglichst hohen Praxisbezuges werden die wichtigsten Schritte, die bei der Vorbereitung, Durchführung und Auswertung von strukturierten Interviews zu beachten sind, jeweils anhand eines Praxisbeispiels vertieft. In **Teil C** werden wir uns auch mit den Problemen, die bei der Umsetzung eines neuen Interviewkonzeptes im Unternehmen auftreten können, beschäftigen und Lösungsmöglichkeiten vorstellen. Hier geht es also um die Frage, wie man die notwendige Interviewkompetenz, die für zuverlässige strukturierte Interviews erforderlich ist, kurzfristig auf eine große Zahl von Anwendern „multiplizieren" kann, damit die positiven Effekte im gesamten Unternehmen, und nicht nur bei einigen wenigen Experten, spürbar werden. Sie lernen dabei die erzielbaren Effekte von Interviewtrainings kennen, und erfahren wie es der Autor mit Hilfe des INTERVIEW-PC-SYSTEMs, einer PC-gestützten Umsetzungshilfe, geschafft hat, den Praxistransfer der Seminarinhalte nachhaltig zu unterstützen.

Im letzten Teil dieses Buches, dem **Anhang,** finden Sie umfangreiche Kataloge mit definierten Anforderungskriterien, die Ihnen bei der Erstellung von Anforderungsprofilen helfen werden, sowie eine Vielzahl von Fragebeispielen zu jedem Anforderungskriterium, die Ihnen die Erstellung von Interviewleitfäden erleichtern werden. Sie finden aber auch alle erforderlichen Formularmuster, z.B. für Funktionsbeschreibungen, Anforderungsprofile, Interviewleitfäden und Ergebnisprofile. Die Literaturübersicht schließlich bietet denjenigen Lesern, die einzelne Themen dieses Buches noch vertiefen möchten, weiterführende Quellen an. Da ich mit diesem Buch nicht den Ehrgeiz hatte, alle verfügbaren Fakten über das Interview darzustellen, sondern vielmehr die Absicht verfolgte, die für die Praxis wichtigsten Aspekte auszuwählen und dem Anwender zugänglich zu machen, mögen mir diejenigen verzeihen, die den einen oder anderen Teilaspekt vermissen. Der praktischen Anwendbarkeit wurde die umfassende Vollständigkeit geopfert. Ich habe mich bei der Themenauswahl einerseits an wissenschaftlich belegbare Fakten und andererseits an den praktischen Erfahrungen in vielen Unternehmen orientiert und hoffe dabei soviel Objektivität zugrunde gelegt zu haben, wie erforderlich ist, um den „missionarischen Eifer" eines Autors von der sachlichen Begründung seines Beschreibungsgegenstandes so gut es eben geht zu trennen.

Wolfgang Jetter

Inhaltsverzeichnis

Teil C
Praxis des strukturierten Einstellinterviews ....

Teil D
Umsetzung des neuen Interviewkonzeptes
im Unternehmen

Anhang

Einführung

Personalentscheidungen gehören in den Unternehmen zu den wichtigsten und zugleich anspruchsvollsten Entscheidungen, da die internationale Wettbewerbsfähigkeit zunehmend von der Qualifikation und Motivation der Mitarbeiter abhängt. Dadurch rückt die Ressource Mensch unweigerlich in den Fokus modernen Personalmanagements. Nicht zum ersten Mal steht der »Mensch im Mittelpunkt« weitsichtiger Zukunftskonzepte, aber zum ersten Mal wird es wirklich darauf ankommen, diesen Grundsatz konsequent in die betriebliche Praxis zu übertragen. Im angebrochenen Zeitalter »schlanker« Organisationen werden starre Reglementierungen durch Eigeninitiative ersetzt, Hierarchieebenen eliminiert, Entscheidungswege verkürzt und Verantwortung an den Ort des Geschehens delegiert – zum handelnden Mitarbeiter. Dadurch wird die Trennung zwischen Planung und Umsetzung zunehmend aufgehoben und durch ganzheitliche Arbeitsvorgänge und -prozesse, die von Mitarbeitern oder Teams eigenverantwortlich bearbeitet werden, ersetzt. Dieser Prozess geht einher mit einem Abbau redundanter, nicht wertschöpfender Funktionen. Folge dieser Umwälzungen: Die Unternehmensleistung steht in einem direkten Verhältnis zur Leistung jedes einzelnen Mitarbeiters. Leistungspuffer, etwa zum Ausgleich individueller Leistungsschwankungen, stehen künftig ebenso wenig zur Verfügung, wie Materialvorräte bei einer konsequenten »just in time«-Produktion. Für die Personalauswahl muss deshalb gelten: »Jeder Schuss ein Treffer«, bzw. jeder Mitarbeiter ein Volltreffer. Personalentscheidungen sind aber nicht nur wichtiger geworden, sondern auch schwieriger. Gesucht wird nicht mehr der in Teilleistungen fragmentierte Fachmann, der ausschließlich als Spezialist seines Fachgebietes tätig ist, sondern ein Mitarbeiter, der sich als Ganzes, d.h. mit seiner ganzen Person, in ein komplexes Sozialgefüge einbringt und sich auch dem Unternehmensganzen verpflichtet fühlt.

Die Veränderung des Menschenbildes in Organisationen erfordert auch neue Wege in der Personalauswahl. Auswahlpraktiken, die sich in der Vergangenheit durchaus bewährt haben, werden den neuen Anforderungen an eine effiziente Personalauswahl immer weniger gerecht.

Zur Erinnerung: In Zeiten, als Wirtschaftswachstum automatisch auch Mitarbeiterzuwachs bedeutete, stand das Personalwesen hauptsächlich vor einem Mengenproblem. Es ging vor allem darum, möglichst schnell die erforderliche Mitarbeiterzahl zu beschaffen. Folglich waren die Auswahlverfahren auf große Bewerberzahlen und viele Einstellungen ausgerichtet. Die Unternehmen konnten sich damit begnügen, offensichtlich Ungeeignete im Verlaufe des Auswahlprozesses zu identifizieren. Da es hauptsächlich um das richtige »Funktionieren« in einem festgefügten Umfeld ging, konnten sich Methoden wie die psychologischen Eignungstests, die sich in der damaligen Zeit schon im klinischen Bereich bei der Identifikation von Auffälligkeiten bewährt hatten, auch bei der Mitarbeiterselektion durchsetzen. So verwundert es nicht, dass der Entscheidungsmaßstab nicht anforderungs-, sondern in Form einer Gauß'schen Normalverteilung, normenbezogen war. Wer nicht außerhalb dieser Normen lag, war geeignet. Dadurch wurde die Mitarbeiterauswahl delegierbar. Personalchefs und/oder Betriebspsychologen waren damit in der Lage, Einstellungs- bzw. Ablehnungsempfehlungen anhand »objektivierter« Eignungsdaten zu geben und den Vorgang der Auswahl zu standardisieren und zu routinieren.

Im Vergleich dazu haben wir es heute mit einer vollkommen anderen Auswahlsituation zu tun: Nicht die Quantität ist erfolgsentscheidend, sondern die Qualität. Mitarbeiter lassen sich nicht länger auf engumschriebene individuelle Fähigkeiten und Fertigkeiten reduzieren. Allgemeine Persönlichkeitsmerkmale wie z.B. Initiative, Verantwortungsbereitschaft, stellenbezogene Motivation, Teamfähigkeit etc. sind für den Erfolg oder Misserfolg in einer Funktion mindestens genauso bedeutend wie die rein fachliche Kompetenz. Damit beginnen bereits die Probleme der Personalauswahl. Welches Auswahlverfahren liefert uns zuverlässige Informationen darüber, ob ein Bewerber an seinem künftigen Arbeitsplatz von sich aus initiativ wird, ständig nach Verbesserungsmöglichkeiten Ausschau hält und diese auch realisiert, ob er bereit und in der Lage ist, konstruktiv mit anderen Teammitgliedern oder Abteilungen an übergreifenden Problemen zu arbeiten, ob er intern wie extern danach trachtet, Kundenwünsche zu erfüllen etc.? Um diese und viele weitere relevanten Fragen beantworten zu können, muss man sich sehr intensiv mit den Bewerbern beschäftigen. Bislang stand den Personalverantwortlichen dafür nur eine geeignete Methode zur Verfügung: das Assessment Center. Dieses Gruppenauswahlverfahren, in dem mehrere Kandidaten von mehren Führungskräften bei der Bewältigung verschiedenster Aufgaben beobachtet und nach vorgegebenen Anforderungskategorien bewertet werden, hat sich im Rahmen einer qualitativen Auswahl, insbesondere bei Führungskräften und Führungsnachwuchskräften, bewährt.

Einem breiten Einsatz dieser Methode steht bislang noch ihre hohe Zeit-, Kosten- und Expertenintensität im Wege. Mangels echter Alternativen ist es wenig verwunderlich, dass in den meisten Unternehmen nach wie vor das klassische Einstellinterview die am häufigsten eingesetzte Auswahlmethode ist. Nachdenklich stimmen sollte allerdings die Tatsache, dass das herkömmliche Interview im Methodenvergleich unter allen Auswahlverfahren am schlechtesten abschneidet (Reilly/Chao 1982, Hunter/Hunter 1984, Schmidt/Hunter 1998).

Woran liegt das? Wie kann man die Aussagekraft des Interviews nachhaltig verbessern? Wie können Interviewer die erfolgskritischen Anforderungen einer Stelle zuverlässig ermitteln? Wie kann mit Hilfe von anforderungsbezogenen Interviewleitfäden herausgefunden werden, ob Bewerber für eine bestimmte Stelle geeignet sind? Welche Interviewtechniken haben sich besonders bewährt? Wie können die im Interview gesammelten Informationen systematisch ausgewertet und daraus ein Eignungsurteil gebildet werden? Auf diese und viele weitere Fragen gibt dieses Buch praktische Antworten und Lösungsansätze. Angesprochen sind Mitarbeiter des Personalwesens und Führungskräfte, die Mitarbeiter einstellen, aber auch Lehrende an Hochschulen und Studenten.

Dieses Buch ist bewusst nicht mit dem Titel »Die Kunst des Interviews« überschrieben, sondern hat den Untertitel »Durch strukturierte Einstellungsgespräche die richtigen Mitarbeiter finden«. Dadurch soll zum Ausdruck gebracht werden, dass es weniger eine »Kunst« ist, gute Interviews zu führen, die nur wenigen begabten Künstlern vorbehalten ist, sondern vielmehr ein Handwerk, das jeder erlernen kann, wenn er bereit dazu ist. In diesem Buch lernen Sie Schritt für Schritt die Methode des strukturierten Interviews kennen und anwenden. Beispiele, Checklisten und umfangreiches Arbeitsmaterial und Umsetzungshilfen werden Ihnen den Einstieg in die effiziente Auswahl Ihrer künftigen MitarbeiterInnen erleichtern.

»Winning the War for Talents« – Wie Sie den Kampf um die »Right Potentials« gewinnen

Teil A

»Finding talent will be difficult and costly
throughout the world for the next several years«
(E.L. Gubmann, 1998)

Mit der im Zuge des steigenden Wettbewerbsdrucks gewachsenen Erkenntnis, dass Qualifikation und Leistung der MitarbeiterInnen zu zentralen Differenzierungsfaktoren im Wissenszeitalter geworden sind, wurde auch die Gewinnung und Bindung talentierter MitarbeiterInnen zur Chefsache. Die allseits gesuchten hoch qualifizierten MitarbeiterInnen sind nicht nur eine knappe, sondern auch, wie sich in den letzten Jahren gezeigt hat, eine begehrte Ressource. »Winning the War for Talents« ist deshalb nicht von ungefähr zum Leitmotiv der Talentspäher auf der ganzen Welt geworden. Dieser in der Blütezeit der »New Economy«, also kurz vor der Jahrtausendwende, entstandene Schlachtruf der Recruiter, umschreibt alle Aktivitäten, die dazu führen sollen, die talentiertesten MitarbeiterInnen für das Unternehmen zu interessieren, auszuwählen und zu binden (»Attract, Select, Retain«!). Stimmt diese Forderung auch heute noch? Die Internet-Blase ist geplatzt, die Wirtschaft befindet sich nach wie vor in einer Talsohle. Damit einhergehend verschwanden viele attraktive Jobangebote vom Markt und hinterließen ein Heer von ehemaligen Internetpionieren, die nun auf Jobsuche in der »Old Economy« sind. Die weltweite Rezession in der traditionellen Wirtschaft hat nach wie vor einen massiven Arbeitsplatzabbau zur Folge. Ein Ende ist noch nicht abzusehen. Während in früheren Jahren konjunkturelle Schwächen meist noch über attraktive Vorruhestandsregelungen pariert werden konnten, trifft es diesmal genau diejenigen, die gestern noch mit enormem Aufwand gesucht wurden – die Gruppe der Hochqualifizierten. »Jung, erfolgreich, entlassen« titelte bezeichnenderweise der Spiegel in seiner August-Ausgabe 2002 (Spiegel, Nr. 33, 08/02). Vieles, was darin zu lesen steht, haben die so genannten »High Potentials« längst schon am eigenen Leib schmerzlich erfahren: »...die kürzlich noch als Lenker der Wirtschaft von morgen hofiert wurden, fühlen sich um ihre Zukunft betrogen. ... Damals ließen die Unternehmen nichts unversucht, qualifizierte Kräfte auf sich aufmerksam zu machen und an sich zu binden. Sie überboten sich gegenseitig im Kampf um die besten Köpfe, vor allem den jungen Nachwuchs umwarben sie mit beinahe unanständigen Verlockungen. Die Deutsche Bank lud die High Potentials zum Kennenlernen nach Buenos Aires ein, die Beratungsfirma Bain flog mit ihnen zum Workshop nach Hongkong. Andere Unternehmen wie Roland Berger oder die Deutsche Börse, versprachen Mitarbeitern mehrere tausend Mark Kopfprämie für jeden Spezialisten, den sie für das eigene Haus gewinnen konnten. In den USA nahm die Jagd auf Spitzenkräfte noch verrücktere Formen an. Wer zehn neue Mitarbeiter an Land ziehen konnte, dem spendierte die Softwarefirma Ars Digita einen Ferrari. Und der Telekom-Ausrüster Nortel schickte seine Rekrutierer zu Baseballspielen und Rock-Konzerten, um dort junge Talente aufzuspüren. »Das ist ein Krieg«, so vor gut zwei Jahren der Nortel-Personaler Mark Minichiello – die Mitarbeiter haben ihn inzwischen verloren: Nortel musste rund 50 000 von einst 92500 Arbeitsplätzen abbauen« (Finke et al. 2002, S. 37). Auch in Deutschland stehen 2002 viele Arbeitsplätze zur Disposition. Die Deutsche Telekom kündigt den Abbau von 22.000 Stellen an, bei Siemens sind es 11.700, die Deutsche Bahn trennt sich von 11.000 Mitarbeitern, die Deutsche Post baut 10.000 Stellen ab und auch die Deutsche Bank muss mit über 5.000 Stellen weniger auskommen. Die Liste ließe sich beliebig fortsetzen.

So krass sich die Situation auch aus der Sicht von Unternehmen und Bewerbern derzeit darstellt, so klar ist aber auch, dass es sich nur um eine Momentaufnahme handelt, die allenfalls zu einer Verschnaufpause im Bemühen um qualifizierte Mitarbeiter führt. Erfahrungsgemäß folgt auf einen Abschwung ein neuer Aufschwung, der zu neuer und zu höher qualifizierter Beschäftigung führt. Nur kurzsichtige Unternehmen stellen ihre Bemühungen um hoch qualifizierte Mitarbeiter beim ersten Gegenwind ein. Gewinnung und Bindung hoch qualifizierter MitarbeiterInnen ist und bleibt eine Daueraufgabe! Von einer Entwarnung im Bemühen um Talente kann deshalb auf absehbare Zeit keine Rede sein, wie auch folgende Trends nahe legen:

Das Gewinnen hoch qualifizierter Mitarbeiter bleibt Chefsache

- **Trotz tendenziell sinkender Mitarbeiterzahlen nimmt der Anteil an benötigten (hoch) qualifizierten Mitarbeitern zu**
  Der Schwerpunkt der Tätigkeiten in Organisationen hat sich in den letzten Jahren in gleichem Maße verändert, wie sich die Veränderung von der Industrie- zur Wissensgesellschaft vollzogen hat. Während sich Tätigkeiten in der Produktion, insbesondere in stark wettbewerbsintensiven Industrien, aus Kostengründen ins Ausland verlagert haben bzw. zunehmend verlagert werden, sind neue Tätigkeiten in den Bereichen neue Technologien, Engineering, Marketing, Kundenbindung, Finanzdienstleistungen, Personalservices, Unternehmensberatung, internetbasierte Geschäftsmodelle (E-Commerce) oder IT-Dienstleistungen entstanden oder weiter gewachsen. Der Wissensanteil an den Zukunftsjobs wird also zunehmen und die qualitativen Anforderungen an die künftigen Mitarbeiter steigen. Derzeit können rund 1 Million Jobs nicht besetzt werden, weil – und das trotz rund 4 Millionen Arbeitslosen und der Greencard – die dafür erforderlichen Fach- und Führungskräfte fehlen.

- **Die Bevölkerungspyramide verschiebt sich stetig nach oben**
Ein Blick in die Statistik zeigt, dass wir uns von dem Gedanken einer Yuppie-Arbeitswelt rasch verabschieden müssen. Im Jahre 2003 werden erstmals mehr Menschen über 40 im Arbeitsprozess integriert sein, als solche, die jünger als 40 sind. Bis zum Jahre 2020 werden die unter 30-Jährigen nur noch einen Anteil von 20 Prozent im Berufsleben ausmachen (Süddeutsche Zeitung v. 14.10. 2002). Diese Tendenz gilt im Übrigen auch für die USA. Dort geht im Zeitraum von 1996 bis 2006 der Prozentsatz der 25 – 34-Jährigen um 9 Prozent zurück (Fitz-enz 2000). Wenn man bedenkt, dass aus dieser Altersgruppe bislang die Hoffnungsträger unserer Wirtschaft kamen, wird offensichtlich, dass es sich unsere Gesellschaft nicht länger leisten kann, die älteren Mitarbeiter schon mit knapp über 5o Jahre in den Vorruhestand zu schicken, sondern sich im Gegenteil überlegen muss, wie deren Erfahrung künftig sinnvoller genutzt werden kann.

- **Die Wertvorstellungen und Erwartungen der Hochschulabsolventen und Young Professionals haben sich verändert**
Eine Studie der Handelshochschule Leipzig und E-Fellows.net hat die Anforderungen von High Potentials (Stichprobe von 1020 Studierenden mit einer akademischen Leistung unter den Top-5-Prozent) an ihre zukünftigen Arbeitgeber untersucht und interessante Ergebnisse ermittelt (Kirchgeorg/Lorbeer 2002): Die Nachwuchskräfte der Wirtschaft legen starken Wert auf eine Balance zwischen Berufs- und Privatleben (Work-Life-Balance). Spitzenreiter unter den Anforderungen ist ein »freundschaftliches Arbeitsklima«, dicht gefolgt von »Freiraum für die persönliche Entfaltung«, »gute Aufstiegs- und Entwicklungsmöglichkeiten«, »vielfältige Weiterbildungsmöglichkeiten« und »flexible, abwechslungsreiche Aufgabengestaltung«. Dagegen spielen Themen wie Gehalt, Sozialleistungen, gergelte Arbeitszeiten und Urlaubstage eine eher untergeordnete Rolle.

- **Der Arbeitsmarkt ist global und in ständiger Bewegung, d.h. qualifizierten Bewerbern stehen alle Unternehmenstüren rund um den Globus weit offen und Mobilität ist für die Tops kein Problem**
Wir haben es schon lange nicht mehr mit einem abgeschotteten, rein nationalen Arbeitsmarkt zu tun. Ein Großteil der heutigen Hochschulabsolventen verbringt bereits das Studium zumindest zeitweise im Ausland. Young Professionals mit Hochschulabschluss und einigen Jahren Berufserfahrung ergänzen vielfach ihre Qualifikation an ausländischen Business Schools und erwerben ein MBA (Master of Business Administration). Damit kommen sie zwangsläufig auch ins Visier der jeweiligen Campus-Recruiter vor Ort. Das Überqueren der Landesgrenzen ist für den Nachwuchs jedenfalls kein Karriere-Hemmnis, im Gegenteil, viele wollen einige Jahre im Ausland arbeiten und neue Erfahrungen in fremden Kulturen sammeln. Die Verbundenheit der Mitarbeiter zum Unternehmen hat in den letzten Jahren stark abge-

nommen. Nach vier bis fünf Jahren beim selben Arbeitgeber suchen inzwischen viele wieder eine neue Herausforderung. Dies führt dazu, dass oft weniger der Arbeitgeber derjenige ist, der aussucht, sondern der Mitarbeiter.

- **Das Internet bietet neue Möglichkeiten der Bewerberansprache und der Suche nach attraktiven Jobangeboten**
  Der Erfolg auf dem Arbeitskräftemarkt hängt heute mehr denn je auch davon ab, inwiefern Unternehmen gelernt haben, die neuen, zum großen Teil internetbasierten, Personalmarketingmethoden einzusetzen. Wem es auf diese Weise gelingt, seine Zielgruppe auf direktestem Wege anzusprechen, die Bewerbungsprozedur auf ein Minimum an Aufwand zu reduzieren und am schnellsten ein Job-Angebot zu machen, wird am Ende die Nase vorne haben.

- **Unternehmen, die den Wert von Mitarbeitern erkannt haben, kümmern sich frühzeitig um talentierte Nachwuchskräfte**
  Last but not least, in Zukunft werden sich die Unternehmen am Talentemarkt durchsetzen, die nicht von der »Hand in den Mund« leben, sondern sich einerseits durch eine vorbildliche Nachwuchsarbeit einen Vorlauf verschaffen und andererseits frühzeitig mit den Bewerbern von morgen in Kontakt treten und diesen aufrechterhalten (z.B. durch professionelles Hochschulmarketing).

Im Folgenden werden zunächst die Anforderungen der künftigen Arbeitswelt an Führungskräfte und MitarbeiterInnen vorgestellt. Hier geht es also um die Frage, welche Art von Mitarbeitern künftig benötigt wird. Daran schließt sich ein etwas längerer Exkurs zu den zur Verfügung stehenden modernen Kanälen der Personalgewinnung an. Dabei werden die verschiedenen Möglichkeiten aufgezeigt, wie Unternehmen ihren Vorrat an qualifizierten Mitarbeitern auch in einem schwierigeren Umfeld decken können. Am Ende von Teil A werden die sich daraus ableitenden Anforderungen an die künftige Personalauswahl kurz skizziert.

I. Anforderungen an die künftigen Mitarbeiter und die Personalauswahl

Im weltweiten Wettbewerb kann heute nur noch mithalten, wer in punkto Qualität, Kundenservice, Zeit und Kosten überlegene Leistungen erbringt. Dies gelingt nur, wenn der Fokus aller unternehmerischen Aktivitäten konsequent auf den Kunden gerichtet wird. Für viele Unternehmen bedeutet dieser Schritt ein radikales Umdenken hinsichtlich der Art, wie Unternehmen organisiert werden und – was meist noch schwerer fällt – wie sich Führungskräfte und Mitarbeiter in der neuen Organisation verhalten müssen. Die organisatorische Neuausrichtung gelingt meist nicht durch Optimierungsversuche an alten, eingefahrenen Abläufen und Strukturen, sondern erfordert vielfach ein totales Redesign der Schlüsselprozesse des Unternehmens. Mit Hilfe von Managementkonzepten wie Business Reengineering, Lean Management, Customer Relationship Management etc. lässt sich die Neuausrichtung beschleunigen. Damit die Organisationen sich schneller an veränderte Markt- und Kundenanforderungen anpassen können, wird beispielsweise die Zahl der Führungskräfte drastisch reduziert, mitunter sogar halbiert, werden dezentrale, eigenverantwortliche Geschäftseinheiten gebildet und ganzheitliche Arbeitsprozesse funktionsübergreifend in Teamarbeit verrichtet.

Hintergrund

1. Auswirkungen neuer Organisations- und Managementkonzepte auf die Arbeitswelt

Mit der gleichen Radikalität, mit der sich derzeit Organisationen verändern, verändert sich auch die Arbeitswelt und somit die Rolle von Führungskräften und Mitarbeitern.

Hammer und Champy, die »Erfinder« des Business Reengineering, beschreiben die daraus resultierenden **Veränderungen in der Arbeitswelt** wie folgt (Hammer/Champy 1994):

- **Organisatorische Einheiten verändern sich – von Fachabteilungen zu Prozessteams**, d.h. die Arbeit wird nicht künstlich getrennt, sondern gemeinsam in funktionsübergreifenden Teams erledigt.
- **Arbeitsstellen ändern sich – einfache Aufgaben werden durch multidimensionale Berufsbilder ersetzt**, d.h. Mitglieder von Prozessteams sind nicht nur für einzelne Aufgaben zuständig, sondern sind mit den anderen zusammen für den ganzen Prozess verantwortlich, haben den

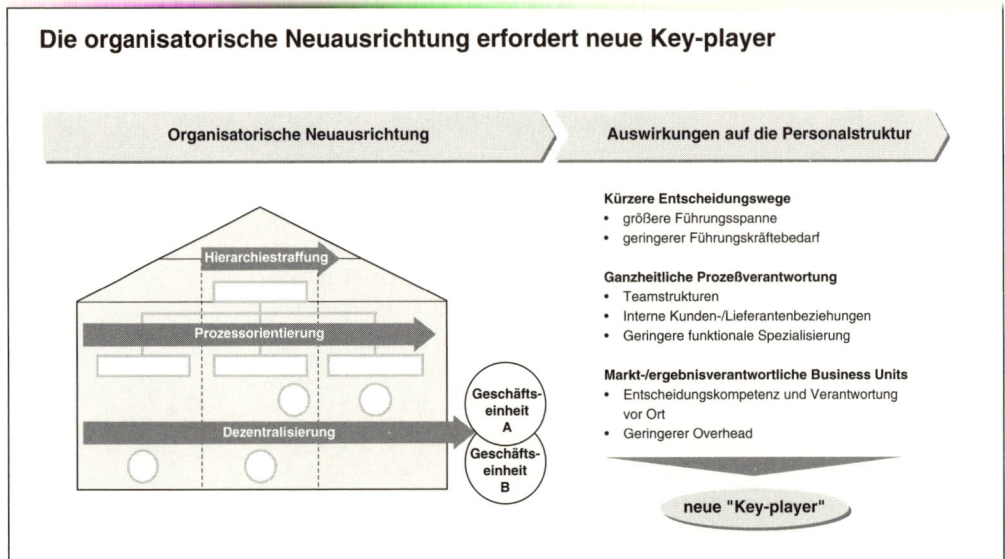

Die organisatorische Neuausrichtung erfordert neue Key-player

Organisatorische Neuausrichtung → Auswirkungen auf die Personalstruktur

Hierarchiestraffung

Prozessorientierung

Dezentralisierung

Geschäfts-einheit A

Geschäfts-einheit B

Kürzere Entscheidungswege
- größere Führungsspanne
- geringerer Führungskräftebedarf

Ganzheitliche Prozeßverantwortung
- Teamstrukturen
- Interne Kunden-/Lieferantenbeziehungen
- Geringere funktionale Spezialisierung

Markt-/ergebnisverantwortliche Business Units
- Entscheidungskompetenz und Verantwortung vor Ort
- Geringerer Overhead

neue "Key-player"

Abbildung 1:
Auswirkungen neuer
Organisations- und
Managementkonzepte auf das
Personal

Gesamtüberblick und sind in der Lage, verschiedene Aufgaben zu über-nehmen.

- **Die Rolle der Mitarbeiter verändert sich – die Kontrolle weicht dem »Empowerment«**, d.h. die Mitarbeiter sollen sich nicht an vorgegebe-ne Regeln halten, sondern sie werden ermächtigt, alle zur Erfüllung einer Aufgabe erforderlichen Entscheidungen zu treffen.
- **Die Vorbereitung auf die Aufgabe verändert sich – vom Anlernen zu Aus- und Weiterbildung**, d.h. statt Mitarbeiter anzulernen und lediglich in ihre Aufgabe einzuarbeiten, werden besser ausgebildete Mitarbeiter eingestellt und durch kontinuierliche Aus- und Weiterbil-dung qualifiziert.
- **Konzentration auf messbare Leistungsgrößen und Veränderung der Vergütungsgrundlage nach Ergebnissen, nicht nach Tätigkeit**, d.h. die Bezahlung erfolgt nach den erzielten Ergebnissen statt nach »ab-gesessener« Arbeitszeit oder der Funktionsbezeichnung.
- **Beförderungskriterien ändern sich – statt Leistung zählen Fähig-keiten**, d.h. nach Leistung wird bezahlt, aber nach Fähigkeiten be-fördert.
- **Wertvorstellungen ändern sich – von Positionsabsicherung zu Pro-duktivität**, d.h. Mitarbeiter arbeiten für ihre Kunden, nicht für ihre Vorgesetzten.
- **Manager verändern sich – vom Aufseher zum Coach**, d.h. Teams brauchen keine Überwachung, sondern Unterstützung.
- **Organisationsstrukturen ändern sich – die Hierarchie weicht der flachen Organisation**, d.h. die Entscheidungsbefugnis wird zuneh-mend an diejenigen Mitarbeiter delegiert, die die Tätigkeit ausfüh-ren.

- **Verantwortliche Manager ändern sich – vom Punktezähler zur Führungspersönlichkeit**, d.h. Manager beeinflussen durch Worte und Taten die Wertvorstellungen und Überzeugungen der Mitarbeiter und schaffen Rahmenbedingungen für eigenverantwortliches Handeln.

In ihrem Buch »Der Einzelne zählt – Ein Managementmodell für das 21. Jahrhundert« stellen Bartlett und Goshal (2000) dem alten Managementmodell, in dem das »Kapital« als wertvollstes strategisches Vermögen in den Mittelpunkt gestellt wird, ein neues Modell entgegen, das auf das »Wissen« der Mitarbeiter setzt. Zur Erinnerung: Das Managementmodell des 20. Jahrhunderts basierte noch auf Massenmärkten, einer Konzentration auf Technologieentwicklung, Großserienfertigung und Arbeitsteilung. Die Mitarbeiter waren aufgrund des hohen Organisationsgrades austauschbar. Einem großen Investitionsbedarf standen knappe Kapitalressourcen gegenüber. Diese Situation rückte zwangsläufig die betriebswirtschaftliche Planung zur gezielten Kapitalallokation in den Mittelpunkt des Managements und machte die Kapitalrendite zur zentralen Messgröße. Das Managementmodell für das 21. Jahrhundert hat es dagegen mit einer Globalisierung und Segmentierung der Märkte, verkürzten Produktzyklen und neuen Geschäftsmodellen zu tun. Da Kapital reichlich vorhanden ist, werden die Investoren zur austauschbaren Größe. Dagegen hat der Bedarf an qualifizierten Mitarbeitern zugenommen und dies bei einem knappen Angebot im Segment der hoch qualifizierten Mitarbeiterressourcen. **Folge:** Die richtige Mitarbeiterallokation wird zum zentralen Thema und rückt die strategische Personalplanung und -entwicklung immer mehr in den Mittelpunkt moderner Managementkonzepte. Die Mitarbeiterrendite wird künftig zur neuen Zielgröße. Das »individualisierte Unternehmen«, wie Bartlett und Ghosal (2000) die neue Organisationsform nennen, zeichnet sich durch folgende Eckpfeiler aus:

- **Eigeninitiative fördern**, d.h. auf den Einzelnen bauen und ihn fördern. Die Idee dahinter ist, das »Unternehmertum« des Einzelnen zu stärken, z.B. durch kleine Performance-Einheiten, dezentralisierte Ressourcen und Verantwortung, klare Leistungsstandards und Erwartungen, Leistungsvergleiche und für jeden zugängliche Informationen, Offenheit für Kritik und Toleranz gegenüber Fehlern.
- **Wissen erwerben und einsetzen**, d.h. individuelle Expertise zu organisatorischem Lernen weiterentwickeln. Dies umfasst u.a. die Ablösung einer langfristigen strategischen Planung durch die Entwicklung von Unternehmens-Fähigkeiten um auf kurzfristige Nachfrageänderungen zu reagieren, universellen Zugang zu Informationen herstellen und Wissenskonsistenz in Teams sicherstellen, aber auch in die gezielte Weiterentwicklung der Mitarbeiter investieren und effiziente Qualifizierungsmethoden einsetzen, neue Karrierepfade anbieten und einen horizontalen Informationsfluss sicherstellen und eine auf Ver-

Eckpfeiler des »individualisierten Unternehmens«

trauen basierende Kultur schaffen und die Organisation zum integrierten Netzwerk entwickeln.

- **Dauerhafte Erneuerung garantieren**, d.h. von Verbesserungen zu einer Regeneration des Unternehmens kommen. Wesentliche Elemente dabei sind: Herausfordernde Ziele setzen, gemeinsamen Ehrgeiz und persönliches Engagement erzeugen, kollektive Identität schaffen, organisatorische Flexibilität mit dynamischen Prozessen aufbauen.

Beiden Konzepten ist gemein, dass sowohl im Management als auch bei den Mitarbeitern die messbare Leistung, die zurechenbare Verantwortung und die flexible Anpassung an Veränderungen zur absoluten Überlebensfrage von Unternehmen werden.

Abbildung 2:
Neue Anforderungen an
Führungskräfte und
Mitarbeiter

Folge: Neue Anforderungen an Führungskräfte und Mitarbeiter aller hierarchischer Ebenen.

Die neuen Organisationen schaffen für Führungskräfte und Mitarbeiter größere Verhaltensspielräume und führen zu neuen Anforderungen

Führung	Zusammenarbeit	Aufgaben
• Größere Führungsspanne	• Fachübergreifend zusammengesetzte Teams	• Erweiterte Aufgaben und Kompetenzen
• Führungskraft als Coach	• Teams sind für ganzheitliche Prozesse verantwortlich	• Größere Handlungs- und Entscheidungsspielräume
• Steuerung eigenverantwortlicher Teams	• Arbeitsprozesse werden als interne Kunden- / Lieferantenbeziehungen verstanden	• Ständige Verbesserung und Weiterqualifizierung als Teil der Aufgabe
• Einbindung der Linien-Führungskräfte als "change agents"	• Aus Spezialisten werden Teamworker	• Leitungsbereitschaft und Kompetenz werden zum Motor der Veränderung
Führung	Zusammenarbeit	Aufgaben

Schwerpunktanforderungen an Führungskräfte und Mitarbeiter

2. Die neuen Rollen von und Anforderungen an Führungskräfte

Führen in schlanken, lernenden, kreativen, intelligenten oder einfach nur wettbewerbsfähigen Unternehmen geschieht nach neuen, für viele noch ungewohnten Spielregeln. Rolle und Selbstverständnis von Führungskräften werden davon maßgeblich beeinflusst.

Führung wird in den neuen Organisationen neu definiert. Sie besteht nicht darin, die Arbeit vorzubereiten, Aufgaben zu verteilen und zu kontrollieren, sondern darin, »Rahmenbedingungen zu schaffen, die es normal intelligenten Mitarbeiterinnen und Mitarbeitern ermöglichen, ihre Aufgaben selbständig und effizient zu erfüllen« (Doppler/Lauterburg 1994, S. 54).

Aus den veränderten Umfeldbedingungen leiten sich für Führungskräfte folgende Schwerpunkte ab:

Abbildung 3:
Die neuen Rollen der
Führungskräfte

Führungskräfte verändern sich vom Macher zum Coach

bisher	künftig
• Zahlenorientiertes Management (Umsatz, Kosten, Gewinn, etc.)	• Nutzenorientiertes Management (Kundennutzen, Qualität, Umwelt, etc.)
• Mitarbeiter als "Befehlsempfänger und Umsetzer" "aus"-nutzen	• Mitarbeiter als "Mitdenker und Verbesserer" nutzen
• Einsatz von Führungstechniken (social engineering)	• Vorbild durch Vorleben
• Anweisung und Kontrolle	• Ziele setzen und Ergebnisse besprechen
• Beurteilung der Mitarbeiter	• Beratung und Förderung der Mitarbeiter
• Druckklima erzeugen	• Günstige Rahmenbedingungen für den Teamerfolg schaffen
• Mitarbeiter ersetzen	• Mitarbeiter trainieren und "coachen"

Unternehmen, die auf den Weltmärkten als »Global Player« tätig sind, haben es mit einem engmaschigen Netz von inneren und äußeren Komplexitäten zu tun. Weltweite Einkaufs- und Absatzmärkte, jederzeitige Verfügbarkeit von Informationen aus aller Welt z.B. über Rohstoffpreise, Koppelung von Devisenmärkten etc. drücken die wechselseitigen Beziehungen und Abhängigkeiten einer ungeahnten Zahl von Faktoren aus, die sich auf Entscheidungen von Führungskräften auswirken bzw. die durch deren Entscheidungen mit beeinflusst werden. Daraus ergibt sich eine wesentliche Aufgabe für Führungskräfte, insbesondere im Top-Management: die **Steuerung der Komplexität** (Malik 1989).

Management
der Komplexität

Aus der verfügbaren Flut von Informationen müssen Führungskräfte die für ihr Geschäft relevanten Fakten herausfiltern und nutzen, damit sie in der Lage sind, nicht nur »die Dinge richtig zu tun«, sondern vor allem auch die »richtigen Dinge zu tun« (Peter Drucker). Dies ist bei der heutigen Veränderungsgeschwindigkeit nicht einfach, denn verlässliche Prognosen sind über längere Zeiträume kaum möglich. Um dennoch die richtigen Entscheidungen treffen zu können, sind ein permanentes Informationsradar und absolute Marktnähe und -präsenz erforderlich.

Die Bewältigung dieser zunehmenden Globalisierung und Komplexität verlangt »vernetztes Denken« und die Bereitschaft und Fähigkeit, Konsequenzen von Entscheidungen nicht nur kurzfristig und -sichtig, sondern auch langfristig und weitsichtig ins Kalkül zu ziehen und in ihrem Verhalten zu berücksichtigen (Ulrich/Probst 1990). Zur Bewältigung dieser Aufgabe benötigen Manager **Strategische Kompetenz**, d.h. die Fähigkeit, komplexe Zusammenhänge und dynamische Situationen zu verstehen und adäquate Strategien für das Unternehmen daraus abzuleiten.

Management von Veränderungen

Da in Zeiten raschen Wandels die unternehmerischen Rahmenbedingungen immer weniger prognostiziert werden können, besteht eine weitere wichtige Aufgabe darin, die Veränderungsfähigkeit der Organisation sicherzustellen und Selbstregulationskräfte zu wecken.

Eine der wichtigsten Voraussetzungen, um ein Bewusstsein der Mitarbeiter für den Wandel zu schaffen, ist eine herausfordernde Vision des Unternehmens, gepaart mit einer leistungsbetonten Unternehmenskultur. Dies muss sich in jedem Projekt und in jeder Unternehmenseinheit widerspiegeln.

Zur Bewältigung dieser Aufgabe benötigen die Führungskräfte insbesondere **Prozesskompetenz**, d.h. die Fähigkeit, prozesshaft zu denken und komplexe Prozesse sowie Projektteams zu steuern.

Darüber hinaus müssen Führungskräfte als »Change Agent« dazu beitragen, dass die ständige Verbesserung der Arbeitsabläufe von den Mitarbeitern als Teil ihrer Aufgabe verstanden und realisiert wird. Nur so kann die innere Anpassungsfähigkeit mit der äußeren Veränderungsgeschwindigkeit Schritt halten.

Management von Teams

Um rasch auf Kundenwünsche und veränderte Rahmenbedingungen reagieren zu können, delegieren Unternehmen heute Verantwortung an den Ort des Geschehens, also dahin, wo die Kompetenz zur Lösung eines Problems am größten ist. Dies sind häufig Arbeitsteams, die für komplette Arbeitsprozesse verantwortlich sind. Voraussetzung der Delegation von Verantwortung sind allerdings: ein durchgängiger Informationsfluss – und zwar in beide Richtungen – sowie die Bereitschaft und Fähigkeit der Mitarbeiter zu Eigeninitiative, Kreativität und der Fähigkeit, Probleme eigenständig zu lösen.

Daraus entwickeln sich im Wesentlichen drei Rollen für Führungskräfte (Byham et. al 1992):

- **Führungskraft als Organisator**
  Die Führungskräfte stellen den Informationsfluss z.B. über EDV-Systeme und intensivere Kommunikation mit den Mitarbeitern sicher, unterstützen die Teams bei der Zielsetzung und den erforderlichen Ressourcen und schaffen günstige Rahmenbedingungen für die Zielerreichung.
- **Führungskraft als Trainer**
  Den Führungskräften kommt zunehmend die Aufgabe zu, den Teams das notwendige Wissen und die benötigten Fähigkeiten (z.B. Problem-

lösungstechniken, Teammanagement, Projektmanagement etc.) zu vermitteln und den Teams ansonsten zu helfen, sich weitest gehend selbst zu führen.

*   **Führungskraft als Berater**
    Die Führungskraft in einer teamorientierten Organisation führt nicht länger mit Anweisung und Kontrolle, sondern hilft dem Team, eigene Entscheidungen zu treffen, berät es bei Problemen, gibt Tipps und fördert die Teammitglieder in ihrer Entwicklung.

Bartlett und Ghosal (2000) unterscheiden die neuen Managementrollen und –aufgaben nach den Ebenen Topmanager, mittlerer Manager und Betriebsmanager:

*   **Rollen der Topmanager:** Erzeugung und Festigung des Bewusstseins für Orientierung und Engagement und für die Aufgaben der Mitarbeiter in der Gesamtorganisation. Dazu zählt u.a. das Schaffen eines übergreifenden Unternehmensziels und –zwecks, sowie die Institutionalisierung von Normen und Werten zur Unterstützung von Zusammenarbeit und Vertrauen.

    Ziele setzen

*   **Rollen der mittleren Manager**: Unterstützung und Förderung von Koordination, damit z.B. die unabhängigen Einzelbetriebe die Größenvorteile des Konzerns nutzen können. Schlüsselaktivitäten sind: Entwicklung der Mitarbeiter und Unterstützung ihrer Aktivitäten, Herstellung bereichsübergreifender Verbindungen des im Unternehmen verstreuten Wissens, der Kompetenzen und der erprobten Verfahrensweisen sowie das Finden einer Balance zwischen kurzfristiger Leistung und langfristiger Zielsetzung.

    Synergien und Wissenspotenziale nutzen

*   **Rollen der Betriebsmanager**: Steigerung der Unternehmensleistung durch Fokussierung auf Produktivität, Innovation und Wachstum im operativen Betrieb. Schlüsselaktivitäten sind: Erschließung und Nutzung neuer Wachstumschancen für den Betrieb, Gewinnung und Entwicklung von Ressourcen und Kompetenzen, Einsatz für kontinuierliche Leistungsverbesserung in der Einheit.

    Ergebnisse erzielen

Um diesen neuen Rollen gerecht zu werden, müssen sich Führungskräfte von ihrer »Macher-Attitüde« verabschieden und sich vielmehr als »Coach« ihrer Mitarbeiter verstehen. Ein Coach lässt andere zwar »machen«, nimmt sich selbst aber nicht aus seiner Verantwortung. Dies setzt Vertrauen voraus, aber nicht im Sinne von Sorglosigkeit, sondern auf der Basis von Vorsorge, z.B. durch die richtige Auswahl und Entwicklung der Mitarbeiter, eine guten Einschätzung ihrer Stärken und Verbesserungsfelder, sowie durch Präsenz und Unterstützung.

Der Rollenwechsel verwandelt Kontrolleure, Planer und Aufseher in Betreuer, Berater und Förderer.

Was bisher Hierarchie und Macht sicherstellen mussten, wird in diesem Rahmen durch Vertrauen, wechselseitiges Verständnis und Kompe-

tenz bewerkstelligt. Führung muss also völlig neu gelernt, Führungskräfte müssen nach neuen Gesichtspunkten ausgewählt werden.

3. Was MitarbeiterInnen künftig erwartet

Da in flexiblen Organisationen der Grad an Vorgabe, Reglementierung
und Kontrolle drastisch abnimmt, müssen an die Stelle klarer Anweisun-
gen zwangsläufig neue »Maßstäbe des Handelns« treten. Die Hauptleitli-
nie ist dabei der Kunde und seine Erwartungen. Als richtig oder falsch,
vollständig oder unvollständig, fehlerfrei oder mangelhaft kann nur angesehen werden, was auf die Erwartungen oder Bedürfnisse der internen
und externen Kunden gerichtet ist, was also Kundenbedürfnisse erfüllt
oder nicht erfüllt. Dies setzt flexible und mitdenkende MitarbeiterInnen
voraus, die ständig um Verbesserung ihrer eigenen Arbeit bemüht sind,
also nicht nur das machen, was in ihrer Stellenbeschreibung steht, sondern die das Notwendige tun, um immer besser zu werden.

Aus Befehlsempfängern vergangener Tage müssen demzufolge verant-
wortungsbewusste und eigeninitiative MitarbeiterInnen werden, die selbst
erkennen, was zu tun ist und auch das Notwendige unternehmen – eben
wie Unternehmer handeln.

Soziale Kompetenz | Die neuen Leistungseinheiten in den Unternehmen sind eigenverantwort-
liche Teams, die für ganzheitliche Unternehmensprozesse verantwortlich
sind. MitarbeiterInnen müssen lernen, mit anderen zusammen Ergebnisse zu erzielen und sowohl für ihren eigenen als auch für den Gesamt-
beitrag des Teams Verantwortung zu übernehmen.

Um dieser Aufgabe gerecht zu werden, müssen MitarbeiterInnen mit
unterschiedlichen Zielen, Meinungen und manchmal auch mit Konflikten konstruktiv umgehen können, um das gemeinsame Ziel zu erreichen.
Dies erfordert spezielle kommunikative, teamorientierte Fertigkeiten:

- **Zuhören und konstruktiv kritisieren.**
- **Dialogfähigkeit im Team, mit Kunden, Lieferanten und Führungs-
  kräften.**
- **Konflikte frühzeitig erkennen und auflösen.**
- **Motivation anderer Teammitglieder.**
- **Wissen an andere vermitteln.**

Teamarbeit wird zu einer großen Herausforderung für die MitarbeiterInnen werden, da sie bisher eher gewohnt waren, sowohl ihrer Arbeit als
auch ihrer Karriere individualistisch nachzugehen.

Daniel Goleman (1996, 1998) hat diesen Soft-Kriterien mit seinem Konzept der »**Emotionalen Intelligenz**« international zum Durchbruch ver-

Mitarbeiter werden zum "Unternehmer im Unternehmen"

bisher	künftig
• Eng umschriebene Aufgaben (hohe Arbeitsteiligkeit)	• Ganzheitliche und wesentliche Aufgaben
• Funktionale Spezialisierung des Einzelnen	• Funktionsübergreifende Teamarbeit
• Einhaltung detaillierter Vorgaben durch Führungskräfte	• Erreichen gemeinsam vereinbarter Ziele
• Mitdenken und Veränderungen waren Störfaktoren der gegebenen Ordnung	• Mitdenken und Verbesserungen sind die Triebfeder der "lernenden Organisation"
• Auftretende Probleme werden von den Vorgesetzten gelöst	• Auftretende Probleme löst das Team oder der Mitarbeiter, der sie entdeckt
• Verantwortung nur für das eigene Arbeitsergebnis	• Verantwortung auch für das Ganze

holfen. Er fasst fünf grundlegende emotionale und soziale Kompetenzen zusammen:

Abbildung 4: Die neuen Rollen der Mitarbeiter

- **Selbstwahrnehmung:** wissen, was wir im Augenblick empfinden, und diese Präferenzen in unsere Entscheidungen einbeziehen; eine realistische Einschätzung unserer Fähigkeiten und ein wohl begründetes Selbstvertrauen besitzen.
- **Selbstregulierung:** mit unseren Emotionen so umgehen, dass sie uns bei unseren Aufgaben nicht stören, sondern diese erleichtern; gewissenhaft sein und Gratifikationen aufschieben, um ein Ziel zu verfolgen; sich von emotionalen Belastungen gut erholen.
- **Motivation:** uns von unseren tiefsten Präferenzen in Richtung auf unsere Ziele drängen und leiten lassen; sie nutzen, um die Initiative zu ergreifen und danach zu streben, uns zu verbessern, und angesichts von Rückschlägen und Frustrationen nicht aufzugeben.
- **Empathie:** spüren, was andere empfinden; fähig sein, sich in ihre Lage zu versetzen, und persönlichen Kontakt und enge Abstimmung mit einer großen Vielfalt unterschiedlich geprägter Menschen pflegen.
- **Soziale Fähigkeiten:** in Beziehungen gut mit Emotionen umgehen und soziale Situationen und Beziehungsgeflechte genau erfassen; reibungslos mit anderen interagieren; diese Fähigkeiten für Kooperationen und Teamarbeit nutzen und um zu überzeugen und zu führen, zu verhandeln und Streitigkeiten zu schlichten.

Die Veränderung der Arbeitsweise und die Verbesserung von Arbeitsprozessen kann nicht angeordnet werden, sondern muss von den Mitarbeiter(n)Innen an der Basis durch Einsicht und Einsatz getragen werden.

Problemlösungskompetenz

Das Ziel der lernenden Organisation setzt voraus, dass alle MitarbeiterInnen bereit und in der Lage sind, Probleme bzw. Verbesserungspotenziale am Arbeitsplatz selbst zu erkennen, deren Ursachen festzustellen und angemessene Lösungen zu erarbeiten und möglichst rasch umzusetzen. Dies erfordert Kenntnisse und Techniken zur

- **Problemanalyse und -lösung**
  - Kundenanforderungen ermitteln und verstehen,
  - Verbesserungschancen erkennen und Ursachen nicht erfüllter Kundenbedürfnisse analysieren,
  - Probleme lösen, mehrere Lösungsalternativen entwickeln und anhand klarer Kriterien entscheiden.
- **Umsetzungsplanung und -durchführung/Erfolgskontrolle**
  - Verbesserungen durchsetzen und den Erfolg überprüfen
  - Qualität sicherstellen, Verbesserungen standardisieren und ständig nach Verbesserungsmöglichkeiten suchen

Fachliche Kompetenz

Die Arbeit in Teams verlangt MitarbeiterInnen, die nicht nur spezialisierte Einzelbeiträge liefern, sondern die mehrere und verschiedene Aufgaben im Arbeitsprozess übernehmen können. Dadurch muss sich jede(r) MitarbeiterIn mit dem gesamten Arbeitsablauf beschäftigen und erhält so die Möglichkeit zu abwechslungsreicheren Aufgaben im Team.

- **Breiteres Fachwissen.**
- **Überblick über ganzheitliche Arbeitsprozesse.**
- **Fertigkeiten, um mehrere Arbeiten innerhalb eines Teams wahrzunehmen.**

Persönliche Grundvoraussetzungen

Die hier geschilderten neuen Kernkompetenzen, die von Mitarbeitern verlangt werden, setzen einige weitere grundlegende persönliche Dispositionen voraus:

- **Hohe Identifikation mit dem Unternehmen.**
- **Eine positive Einstellung zu permanenten Veränderungen.**
- **Ausgeprägte Kundenorientierung nach außen und innen.**
- **Die Bereitschaft zu ständigem Lernen.**
- **Die Fähigkeit eigenverantwortlich zu handeln: Probleme selbst aufgreifen und lösen.**
- **Flexibilität und Mobilität.**

Die neuen Organisationen brauchen also immer weniger den klassischen »Mit«-Arbeiter, sondern zunehmend den »mit«-denkenden, -arbeitenden, und -verantwortenden »Unternehmer im Unternehmen«.

Die hier skizzierten neuen Anforderungen an Führungskräfte und MitarbeiterInnen haben weit reichende Auswirkungen auf die Personalauswahlpraktiken. Blenden wir kurz zurück: In der bisher verbreiteten tayloristischen Organisation galt die Devise: »Der richtige Mitarbeiter am richtigen Platz«. Die erfolgreiche Bewältigung hing in der Regel von klar beschreibbaren fachlichen Fähigkeiten des Mitarbeiters ab. Fachliche Spezialisierung stand also im Mittelpunkt der Tätigkeit und fachliche Eignung im Mittelpunkt der Personalauswahl. Wer über den geforderten fachlichen Ausbildungsstand verfügte, konnte im Normalfall die zur Verfügung stehenden Aufgaben erledigen. Die mit der Personalauswahl betrauten Instanzen im Unternehmen, in der Regel die Fachabteilung, unterstützt von der Personalabteilung, hatten somit leichtes Spiel, da die entscheidenden Kriterien gut zugänglich und relativ einfach zu erfassen waren. Auch wenn bisher schon von persönlichen Kriterien bei der Personalauswahl die Rede war – so erfolgsentscheidend wie sie in den heutigen »schlanken« Organisationen sind, waren sie niemals zuvor. Wer heute nur über hoch spezialisiertes Fach-Know-how verfügt, hat kaum noch Chancen auf dem Arbeitsmarkt. Ohne Sozialkompetenz und persönliches Engagement sind weder persönliche Erfolge noch Unternehmenserfolge zu erzielen. Hieraus resultiert eine enorme Herausforderung an die Auswahlpraktiken in Unternehmen.

4. Anforderungen an eine effektive und effiziente Personalauswahl

Welche Anforderungen leiten sich für die Personalauswahl im engeren Sinne aus den neuen Herausforderungen ab?

Der qualitative Anspruch an die Personalauswahl ist weiter gestiegen. Das bedeutet, dass wir uns bei der Auswahl, im Gegensatz zu früher, mit der gesamten Persönlichkeit künftiger MitarbeiterInnen auseinander setzen müssen. Dieser Trend wird auch in Zukunft weiter zunehmen. Wie sonst kann sichergestellt werden, dass die MitarbeiterInnen den revolutionären Paradigmenwechsel von der starren Aufbauorganisation zur fließenden Lernorganisation schaffen und die neu geschaffenen Möglichkeiten in unternehmerische Erfolge umsetzen können? Allein durch andere Akzente bei der Personalauswahl kann dies natürlich nicht erreicht werden – die gesamte Palette moderner Organisations- und Personalentwicklung ist gefordert – aber die richtige Auswahl stellt eine wichtige Erfolgsvoraussetzung dar.

Personalauswahl wird qualitativ anspruchsvoller

Es wird also in Zukunft nicht nur schwieriger die »richtigen« Mitarbeiter zu finden und auszuwählen, sondern auch erfolgsentscheidender. Wo früher noch mehrere Mitarbeiter für eine Aufgabe zur Verfügung standen, die darüber hinaus von einem oder mehreren Vorgesetzten kontrolliert wurden, wird heute dieselbe Aufgabe nur noch von einem Mitarbeiter bewältigt. Nicht zur Wertschöpfung beitragende Redundanzen und Sicherheitspuffer verschwinden, personell wird also ohne Netz und dop-

Personalauswahl muss effektiv sein

pelten Boden gearbeitet. Diese Rechnung kann aber nur aufgehen, wenn es den Unternehmen gelingt, die richtigen Mitarbeiter zu interessieren (»Attracting«), auszuwählen und an das Unternehmen zu binden. In den letzten Jahren hat sich gezeigt, dass insbesondere das Gewinnen hoch qualifizierter Mitarbeiter zu einem ernsten Prüfstein einer erfolgreichen Personalauswahl geworden ist, da um die Gunst der sog. High Potentials, mit harten Bandagen gekämpft wird. Um die Bedeutung dieses Aspekts der Personalauswahl angemessen zu würdigen, wurde das Kapitel »Winning the War for Talents« eingeführt. Denn wem es nicht gelingt, auf dem Arbeitskräftemarkt präsent und für die anvisierte Zielgruppe attraktiv zu sein, wird dieses Defizit auch durch noch so gute Auswahlmethoden nicht wettmachen können.

Personalauswahl muss effizient sein

Eine weitere Herausforderung an die Personalauswahl ist die Frage der Wirtschaftlichkeit. Die wenigsten Unternehmen sind heute bereit, und viele auch nicht dazu in der Lage, den gestiegenen Anforderungen bei der Personalauswahl durch kostenintensive und zeitaufwendige Auswahlverfahren zu begegnen. Vielmehr muss sich die Personalauswahl der Zukunft an den Kriterien messen lassen, die auch über die Wettbewerbsfähigkeit des gesamten Unternehmens entscheiden: Vorsprung in Kosten, Zeit und Qualität. Eine gute Chance dazu bieten die modernen Möglichkeiten des E-Recruiting, das den gesamten Rekrutierungs-Prozess (Recruiting-Workflow), von der Kandidatensuche bis hin zur Einstellung , elektronisch unterstützt.

Wenn hier von »Rekrutierungs-Prozess« die Rede ist, sind folgende allgemeinen Prozessschritte gemeint:

- Planung (»Planning«),
- Imagewerbung (»Attracting«),
- Bewerbersuche und -gewinnung (»Sourcing«),
- Auswahl (»Selection«),
- Einstellung (»Closing«),
- Bindung (»Retaining«).

Die »Bindung von Mitarbeitern« gehört zwar nicht im engeren Sinne zur Rekrutierung, hat aber gravierende Auswirkungen auf den Rekrutierungserfolg.

Planung bezieht sich auf alle Aspekte der Personalrekrutierung: Von der Ermittlung des quantitativen und qualitativen Personalbedarfs bis hin zur Planung der Ausschreibung und der einzusetzenden Kanäle.
Attracting (der engl. Ausdruck passt hier besser als die deutsche Übersetzung) umfasst alle Aktivitäten, die darauf abzielen, ein positives Arbeitgeber-Image aufzubauen und Kontakte zu potenziellen Bewerbern herzustellen. Diese Aufgabe wird häufig auch als Personalmarketing bezeichnet. Allerdings wird unter Personalmarketing zum Teil auch der nächste

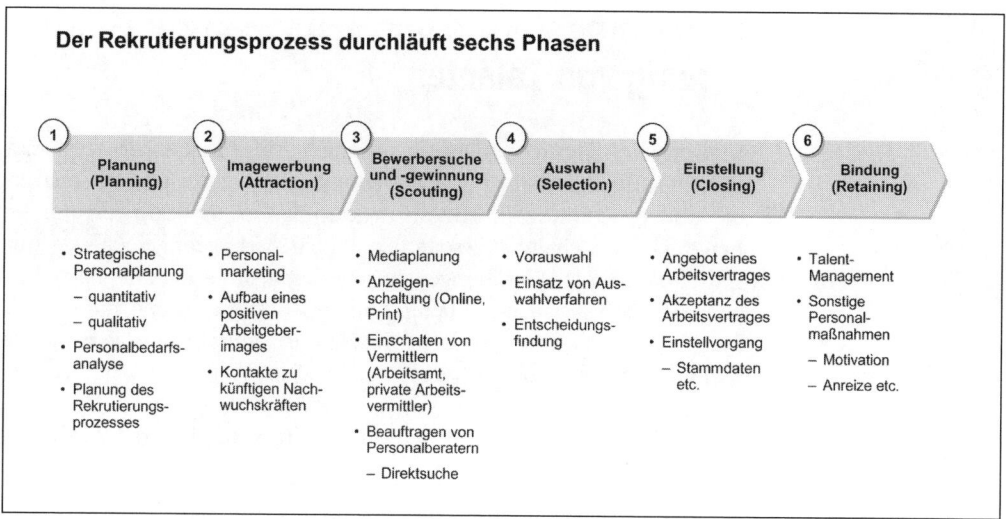

Der Rekrutierungsprozess durchläuft sechs Phasen

1 Planung (Planning)	2 Imagewerbung (Attraction)	3 Bewerbersuche und -gewinnung (Scouting)	4 Auswahl (Selection)	5 Einstellung (Closing)	6 Bindung (Retaining)
• Strategische Personalplanung – quantitativ – qualitativ • Personalbedarfs-analyse • Planung des Rekrutierungs-prozesses	• Personal-marketing • Aufbau eines positiven Arbeitgeber-images • Kontakte zu künftigen Nach-wuchskräften	• Mediaplanung • Anzeigen-schaltung (Online, Print) • Einschalten von Vermittlern (Arbeitsamt, private Arbeits-vermittler) • Beauftragen von Personalberatern – Direktsuche	• Vorauswahl • Einsatz von Aus-wahlverfahren • Entscheidungs-findung	• Angebot eines Arbeitsvertrages • Akzeptanz des Arbeitsvertrages • Einstellvorgang – Stammdaten etc.	• Talent-Management • Sonstige Personal-maßnahmen – Motivation – Anreize etc.

Abbildung 5:
Der Rekrutierungs-Prozess

Prozessschritt verstanden. In diesem Bereich wird die in der Literatur verwendete Terminologie etwas unscharf.

Bewerbersuche und -gewinnung fasst alle Tätigkeiten zusammen, die zur konkreten Suche geeigneter Kandidaten für eine offene Stelle erforderlich sind. Dies reicht von der Medienplanung, über die Formulierung und Verbreitung von Stellenanzeigen, das Durchsuchen von Talent-Pools bis hin zur Bewerberregistrierung und -verwaltung.

Auswahl bezeichnet u.a. die Beurteilung der eingehenden Bewerbungen, von der Vorauswahl bis hin zu den eingesetzten Auswahlverfahren und umfasst auch alle dafür erforderlichen internen Abläufe.

Einstellung ist schließlich die letzte Phase im Rekrutierungsprozess. Hier wird dem Kandidaten ein Jobangebot unterbreitet und alles, was an Formalitäten zu erledigen ist, abgewickelt.

Bindung ist die Phase nach der Einstellung und umfasst alles, was ein Unternehmen unternimmt, um den Mitarbeitern ein attraktives Arbeitsumfeld und Möglichkeiten der Weiterentwicklung zu bieten, mit dem Ziel sie im Unternehmen zu halten. Insofern gehört dieser Teilprozess nur in einem weiteren Sinne zum Rekrutierungsprozess

Angesichts dieser neuen Herausforderungen an die Personalauswahl – und damit letztlich an die Entscheider – sollte sich jedes Unternehmen die Frage stellen, wie gut es auf diese Situation vorbereitet ist. Haben Sie den richtigen Personalmarketingmix, um die richtigen Mitarbeiter für das Unternehmen zu interessieren, haben Sie die richtigen Personalauswahlinstrumente im Einsatz, um die richtigen Mitarbeiter (»Right Potenzials«) für die künftigen Anforderungen zuverlässig auszuwählen und werden diese Instrumente von den Entscheidern richtig eingesetzt? Doch zunächst beschäftigen wir uns mit der Suche und Gewinnung neuer MitarbeiterInnen.

II. Moderne Kanäle und Methoden zur Gewinnung von Talenten

In diesem Abschnitt werden nur die ersten drei Prozessschritte thematisch behandelt, also die Personalplanung, »Attracting« und Personalsuche und -gewinnung. Es geht also vorrangig um die Beantwortung der Frage, wie es in einem angespannten Arbeitsmarkt gelingen kann, genügend qualifizierte Bewerbungen zu generieren, um seine offenen Stellen zu besetzen. Neben den klassischen Beschaffungswegen haben sich inzwischen auch einige moderne Kanäle und Methoden der Personalgewinnung gebildet und als wirksame Hebel im Wettbewerb um Talente erwiesen.

Welche Konsequenzen müssen Unternehmen aus den vorhin skizzierten Entwicklungen und Trends ziehen?

Wie Sie die richtigen Talente finden

Wer die richtigen Lehren aus dem »War for Talents« gezogen hat und die weiter vorne aufgezeigten Trends richtig deutet, wird künftig drei Schwerpunkte setzen:

Erstens, der »Kampf um Talente« beginnt im eigenen Unternehmen! Unternehmen sollten alle Möglichkeiten nutzen, um die eigenen Talente frühzeitig zu erkennen, zu fördern und durch attraktive Arbeitsbedingungen zu einer Karriere im eigenen Unternehmen zu motivieren. Strategische Personalplanung und -entwicklung sind dazu eine entscheidende Weichenstellung, ein zukunftsorientiertes »Human Resources Management« eine geradezu unverzichtbare Grundvoraussetzung für ein weit sichtiges Talent-Management.

Zweitens, der Kontakt mit hoch qualifizierten BewerberInnen muss frühzeitig hergestellt und langfristig ausgebaut werden! Unabhängig vom gerade aktuellen Bedarf an qualifizierten Mitarbeitern müssen die Kontakte zu Hochschulen und Studenten im Rahmen eines professionellen Campus-Recruiting aufgebaut bzw. vertieft werden. Systematisches Hochschulmarkteting und Nachwuchsprogramme für potenzielle Bewerber (Praktikanten, Diplomanden, Doktoranden etc.) sowie alternative Kontaktbörsen (z.B. Absolventenkongresse etc.) schaffen dafür die besten Voraussetzungen.

Drittens, um die geeigneten Kandidaten möglichst schnell zu finden, müssen alle Kanäle des Personalmarketings und der Personalrekrutierung genutzt werden! E-Recruiting (Rekrutierung über das Internet) wird bei der Suche und Abwicklung des gesamten Auswahlprozesses eine so dominierende Rolle einnehmen, dass sich Unternehmen hier keine Blöße leisten können. Die Schnellen und Ideenreichen werden die Langsamen und Einfallslosen um Längen schlagen.

Die hier gesetzten Schwerpunkte bedeuten nicht, dass traditionelle Maßnahmen der Personalsuche und -gewinnung wie z.B. die Stellenanzeige
in einem Printmedium, der Einsatz von Personalberatern, das Einschalten einer der verschiedenen Formen der Arbeitsvermittlungen (Arbeits-
ämter, private Arbeitsvermittler, Personalleasing-Unternehmen etc.) über-
holt wären, sondern tragen lediglich der Tatsache Rechnung, dass diese
hinlänglich bekannt sind und keiner weiteren ausführlichen Darstellung
bedürfen sollten (siehe dazu z.B. Bröckermann/Pepels 2002). Deshalb
wurden die traditionellen Methoden im Kontext der hier gewählten
Schwerpunktsetzung mehr im Sinne von Vollständigkeit kurz erwähnt.
Dagegen sind die modernen Kanäle und Methoden zur Gewinnung von
Talenten entweder in der Vergangenheit nur unzureichend genutzt worden (wie z.B. Talent-Management und Campus-Recruiting) oder sind aber
noch in einem frühen Entwicklungsstadium und einem größeren Kreis
potenzieller Nutzer nur ansatzweise bekannt (wie z.B. E-Recruiting).

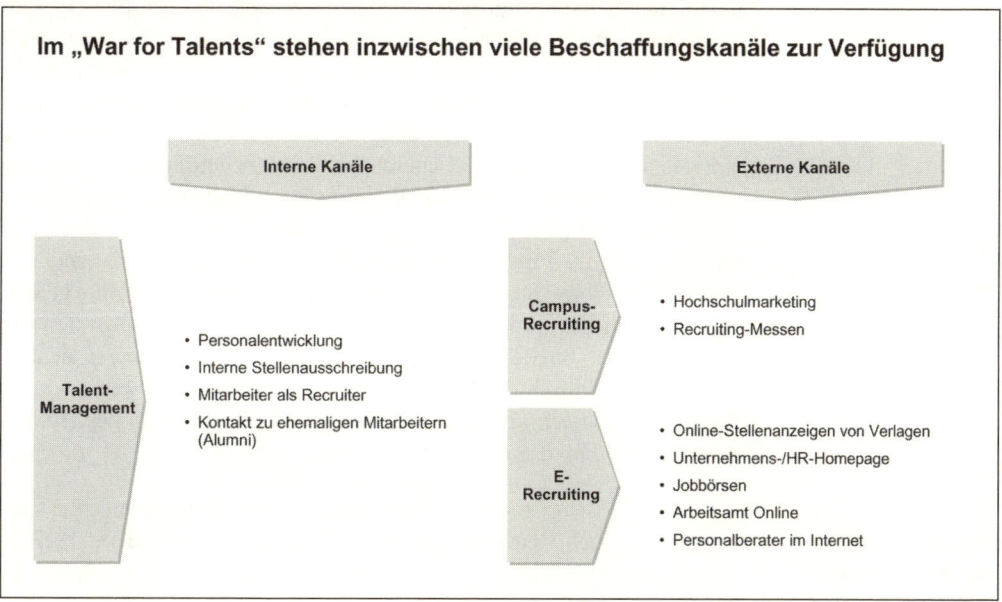

Der Abschnitt »Talent-Management« widmet sich der Zielgruppe der
eigenen Mitarbeiterpotenziale.

Der Abschnitt »Campus-Recruiting« hat die Zielgruppe der Studenten und Hochschulabsolventen im Auge.

Der Abschnitt »E-Recruiting« wendet sich an alle Zielgruppen (Schü-
ler und Auszubildende, Studenten und Hochschulabsolventen, Young
Professionals und Berufserfahrene, inklusive Führungskräfte).

Abbildung 6:
Moderne Kanäle der
Personalrekrutierung

1. Talent-Management: Die eigenen Talente erkennen und Potenziale entwickeln

Die zur Verfügung stehenden Personalrekrutierungs-Methoden, ob klassisch oder internetbasiert, haben alle das gleiche Ziel, nämlich Menschen, die heute noch nicht für das eigene Unternehmen arbeiten, dazu zu bewegen, dass sie sich bewerben, bei Eignung das Jobangenbot annehmen, im Job gute Leistungen erbringen und möglichst lange im Unternehmen bleiben. Wenn man von »War for Talents« spricht, darf man deshalb nicht nur die ersten Schritte im Auge haben, also diejenigen die mit dem Gewinnen von Mitarbeitern zu tun haben, sondern muss den gesamten Lebenszyklus eines Mitarbeiters berücksichtigen, also auch dafür sorgen, dass die Mitarbeiter im Unternehmen bleiben und erfolgreich sind. Alles andere greift zu kurz, denn das Hauptproblem besteht eigentlich nicht darin, qualifizierte Mitarbeiter zu gewinnen, das Hauptproblem besteht vielmehr darin, qualifizierte Mitarbeiter zu haben. Wenn es Ihnen nicht gelingt, Ihre besten Mitarbeiter zu halten, weil Sie ihnen z.B. keine attraktiven Arbeitsbedingungen oder keine Perspektiven bieten, oder nicht dafür sorgen, dass sie ihre Leistungsfähigkeit erhalten bzw. weiterentwickeln, sind Sie immer mit dem »falschen« Problem beschäftigt und zwar völlig unabhängig davon, wie gut sie dieses zu lösen im Stande sind. Aber es bleibt das falsche Problem, weil Sie gezwungen sind, die Fehler wieder auszubügeln, die durch ein fehlgeleitetes Personalmanagement gemacht wurden. Die Folge: Sie müssen nicht nur permanent mehr Leute gewinnen, als eigentlich notwendig wäre, wenn zu hohe Fluktuationsraten weniger massiv zu Buche schlagen würden, sondern Sie erschweren sich Ihr Leben auch dadurch unnötig, weil Sie die potenziellen Bewerber durch internes, aber nach außen sichtbares, »Missmanagement« der Human Resources abschrecken.

Eine effektive Personalrekrutierung setzt strategische Personalplanung und -entwicklung voraus

Eine systematische Personalrekrutierungs-Strategie beginnt mit einer strategisch ausgerichteten Personalplanung und mündet in eine mitarbeiterorientierte Personalentwicklung und -förderung. Die Personalplanung liefert den quantitativen und qualitativen Personalbedarf, der zur Umsetzung der Unternehmensstrategie erforderlich ist. Daraus lassen sich geeignete Maßnahmen zur Bedarfsdeckung festlegen (z.B. Gewinnung externer Mitarbeiter, Entwicklung und Förderung interner Mitarbeiter, neue Arbeitszeitmodelle etc.). Eine strategische Personalplanung verschafft somit sowohl dem Personalmanagement im Allgemeinen als auch der Personalrekrutierung im Besonderen eine Langfristperspektive. Diese Langfristigkeit ist deshalb von Belang, weil die benötigten Qualifikationen und Kompetenzen nicht jederzeit in der gewünschten Ausprägung (weder auf dem internen noch auf dem externen Arbeitskräftemarkt) am gewünschten Ort zur Verfügung stehen, sondern über einen längeren

Zeitraum aufgebaut und entwickelt werden müssen. Ein zwar unspektakuläres, aber in Deutschland schon lange erfolgreich praktiziertes Beispiel für längerfristig angelegte Aktivitäten der Personalbeschaffung und -entwicklung ist unser Ausbildungssystem für gewerbliche und kaufmännische Auszubildende. Je exakter der spätere Bedarf an Facharbeitern vorab – mindestens 3 Jahre im voraus – prognostiziert wird, desto besser stimmt am Ende der Ausbildung Angebot und Nachfrage überein und desto mehr Fachkräfte können nach ihrer Lehre in ein unbefristetes Arbeitsverhältnis übernommen werden. Ein anderes Beispiel: Durch Traineeprogramme wird in vielen Unternehmen der antizipierte Bedarf an Hochschulabsolventen für spätere Fach- und Führungsfunktionen abgedeckt. Hierzu werden Hochschulabsolventen mit Entwicklungspotenzial für Fach- und/ oder Führungsaufgaben einige Monate/Jahre vor dem konkreten Bedarfszeitpunkt eingestellt, um sie im Rahmen eines Entwicklungsprogramms, das in der Regel verschiedene Durchgangsstationen im Unternehmen vorsieht, sowie übergreifende Projekteinsätze und Seminare enthält, auf ihre spätere Spezialisten- oder Führungs(nachwuchs)stelle vorzubereiten. Das macht natürlich nur dann Sinn, wenn Unternehmen ziemlich konkret wissen, welcher Bedarf an Fach- und Führungskräften zu einem bestimmten Zeitpunkt besteht. Hier sei angemerkt, dass durch flachere Hierarchien der Bedarf an klassischen Führungskräften in der Organisation tendenziell eher ab als zunimmt, wohingegen der Bedarf an Führungskräften für flexible, prozesshaft angelegte Aufgaben (z.B. Projekte) klar zunimmt. Diese Tatsache sollte sowohl bei der inhaltlichen Ausrichtung der Traineeprogramme als auch beim Erwartungsmanagement der Programm-Teilnehmer möglichst bald berücksichtigt werden, um die gerade Eingestellten nicht mit falschen Hoffnungen ins Rennen zu schicken. Personalentwicklung darf aber nicht nur für die »jungen Talente« reserviert sein, sondern muss in gleicher Weise ältere Mitarbeiter einbeziehen, denn gerade bei diesen geht es darum, dass ihre Erfahrung und Arbeitskraft auch in Zukunft erhalten bleibt und dem Unternehmen zur Verfügung steht. Der Vollständigkeit halber wird in diesem Kapitel auch kurz auf weitere Informationsquellen über potenzielle Talente eingegangen: Empfehlungen von Mitarbeitern, Netzwerke mit Ehemaligen (Alumnis) und Auswerten von Spontan- bzw. Initiativbewerbungen.

Personalplanung und -entwicklung sind zwei Seiten derselben Medaille. Und da beide Aspekte auch durch eine noch so gute Rekrutierungs-Performance nicht wettzumachen sind, wird dieses Thema an den Anfang gestellt.

Grundlage: Personalbedarfsplanung

Personalplanung hat eine quantitative und eine qualitative Komponente. Die quantitative Komponente der Personalplanung beinhaltet die Anzahl der benötigten Mitarbeiter (»Kopfzahlplanung«). Dagegen sagt die qualitative Personalplanung etwas darüber aus, welche Kompetenzen (z.B. welche Funktionsgruppen, Qualifikationsprofile) und welche Erfahrungen (Verantwortungslevel, Führungsprofile) benötigt werden.

Der quantitative und der qualitative Personalbedarf hängt von einer Reihe interner und externer Faktoren ab:

a) Interne Einflussfaktoren
- Unternehmensstrategie (Produkte, Absatzmenge etc.)
- Arbeitsorganisation (Produktionsmittel, Arbeitsorganisation)
- Personalproduktivität
- Personalbestandsveränderungen (Fluktuation, Fehlzeiten, Altersstruktur etc.)
- Personalwirtschaftliche Systeme (Arbeitszeitregelungen etc.)
- Vorhandenes Mitarbeiterpotenzial (Erkenntnisse aus Potenzialanalysen, Nachfolge- und Laufbahnregelungen etc.).

b) Externe Einflussfaktoren
- Gesamtwirtschaftliche Entwicklung (Preise, Löhne, Arbeitsmarkt etc.)
- Branchenentwicklung, Marktveränderung
- Staatlicher Einfluss und Standortbedingungen (Arbeitsrecht, Sozialgesetzgebung, Tarifverträge, etc.)
- Technologische Entwicklung (z.B. Produktionstechnik).

Personalbedarfsanalyse   Ausgehend von der Unternehmensstrategie lässt sich im Rahmen einer Personalbedarfsanalyse der **quantitative Personalbedarf** (jeweils als Differenz zur Ist-Situation) aus folgenden Variablen ableiten:

- Arbeitsprozesse (*Welche Arbeitsprozesse sind zur Erbringung der Leistung erforderlich?*)
- Aufgabenarten (*Welche Aufgaben ergeben sich aus den Arbeitsprozessen?*)
- Aufgabenmengen (*Wie groß ist die Arbeitsmenge pro Aufgabe?*)
- Bearbeitungszeit je Aufgabe (*Wie lange dauert die Bearbeitung einer Einheit?*)
- Normalarbeitszeit (*Welche Arbeitszeit steht normalerweise pro Mitarbeiter zur Verfügung?*)
- Arbeitsausfallzeit (*Wie viel Ausfallzeiten müssen einkalkuliert werden?*)

Auf die verschiedenen Methoden der quantitativen Personalbedarfsplanung wird an dieser Stelle nicht weiter eingegangen, da sie bereits an anderer Stelle zusammenfassend beschrieben wurden (z.B. Bühner 1994,

Hartmann 2002). In Anhang C finden Sie ein Formular, das Ihnen bei der Personalbedarfsplanung behilflich ist.

Bei der Ermittlung des **qualitativen Personalbedarfes** steht nicht die Menge der zu verrichtenden Aufgaben im Mittelpunkt, sondern vor allem deren Inhalte:

*   Funktionsgruppen (*Welche unterschiedlichen Gruppen von Qualifikationen sind zur Bewältigung dieser Aufgaben erforderlich?*)
*   Organisationsmodell (*Welche hierarchischen Strukturen, z.B. welche Führungsspanne, Verantwortungsdelegation, etc. werden angestrebt und welche Art von Mitarbeitern werden je Hierarchieebene und Funktionsgruppe benötigt?*)

Die qualitative Personalplanung spielt in der heutigen Praxis im Vergleich zur quantitativen Personalplanung noch eine eher unterentwickelte Rolle; nicht zu letzt deshalb, weil es vielen Führungskräften offensichtlich schwerer fällt, die Art von Stellen und deren Anforderungen zu antizipieren, als die Stellenzahl.

Der für die Personalgewinnung und -auswahl relevante Personalbedarf ist eine Differenz zwischen dem sich aus den strategischen und operativen Zielen ergebenden quantitativen und qualitativen Personalbedarf und den im Unternehmen bereits vorhandenen Ressourcen. Diese Differenzbetrachtung setzt voraus, dass der Personalbestand in den relevanten Kategorien erfasst und in seiner Dynamik (z.B. Fluktuationsraten etc.) bekannt ist. Die Analyse des Personalbestandes bietet wertvolle Informationen für die Personalplanung:

Für die Personalbestandsanalyse lassen sich eine Reihe von Informationsquellen heranziehen und nach planungsrelevanten Fragestellungen auswerten:

Personalbestands-analyse

(1) Alterstrukturanalyse
*   *Wie viel Mitarbeiter erreichen bis zum Planungszeitraum die Altersgrenze (Pensionierung)?*
*   *Wie viel Mitarbeiter kommen bis zum Planungszeitraum für eine vorzeitige Pensionierung in Frage?*
*   *Wie ist die Altersstruktur der Belegschaft insgesamt (Welche Altersklassen sind jeweils wie stark vertreten)?*

Planungshintergrund
*   *Wie viel sichere Austritte haben wir zum Planungszeitpunkt (präzise Vorhersage möglich)?*
*   *Wie viel potenzielle Austritte könnten durch vorzeitige Pensionierungen hinzukommen (Prognosegenauigkeit hängt von Unternehmenssituation ab. In schlechten Zeiten nehmen viele Mitarbeiter die Vorruhestandsangebote an.)*

- *Welcher Handlungsbedarf bzgl. der Zielgruppen für Neueinstellungen (z.B. Hochschulabgänger, Young Professionals) ergibt sich aufgrund der Altersstruktur?*

(2) Fluktuationsanalysen
- *Wie viel (freiwillige und unfreiwillige) Firmenaustritte (getrennt nach Organisationseinheiten, Hierarchieebenen und Funktionsgruppen) sind im Betrachtungszeitraum, z.B. in den letzten 12 Monaten, erfolgt?*
- *Welche Gründe führten zu den Austritten (z.B. Auswertung von Austrittsinterviews)?*

Planungshintergrund
- *Wie viel Prozent der Belegschaft (pro Ebene, Funktionsgruppe etc.) wird vermutlich zum Planungszeitpunkt das Unternehmen verlassen (Schätzung auf Basis der Hochrechnung der bisherigen Fluktuationsrate)?*
- *Welche konkreten Ansatzpunkte liefern die Austrittsgründe für eine Verbesserung des Personalmanagements?*

(3) Interne Veränderungsstatistik (Versetzungen/ Beförderungen)
- *Wie viel (horizontale) Versetzungen (nach Hierarchieebene und Funktionsgruppen getrennt) sind im Betrachtungszeitraum erfolgt?*
- *Wie viel (vertikale) Beförderungen (nach Hierarchieebenen und Funktionsgruppen getrennt) sind im Betrachtungszeitraum erfolgt?*

Planungshintergrund
- *Wie viel Ersatzbedarf/Einsparungspotenzial ergibt sich pro Ebene und Funktionsgruppe vermutlich bis zum Planungszeitraum aufgrund von internen Abgängen und Zugängen?*
- *Wie viel % der internen Abgänge kann durch interne Zugänge wieder ausgeglichen werden? (getrennt nach Hierarchieebenen und Funktionsgruppen)*

(4) Qualifikationsanalysen
- *Wie viel/ welche Mitarbeiter haben einen bestimmten Studienabschluss bzw. eine bestimmte Berufsausbildung?*
- *Wie viel/ welche Mitarbeiter haben spezifische Berufserfahrungen (z.B. mit bestimmten Technologien, in bestimmten Ländern etc.)?*
- *Wie viel/welche Mitarbeiter haben spezifische Sprachkenntnisse?*
- *Wie viel/ welche Mitarbeiter sind im In- und Ausland mobil?*

Planungshintergrund
- *Wie viel/ welche Mitarbeiter verfügen über eine bestimmte (benötigte) Qualifikation? Klärung der Frage, inwieweit das erforderliche Know-how im eigenen Hause vorhanden ist und wie es um die Mobilität der Mitarbeiter bestellt ist.*

(5) Nachfolge-/Laufbahnplanung

- *Wie viel/ welche Mitarbeiter kommen als Nachfolger für bestimmte Schlüsselfunktionen in Frage (kurz-/mittel-/langfristig)?*
- *Wie viel/ welche Mitarbeiter werden im Zuge einer Laufbahnplanung auf Schlüsselfunktionen vorbereitet (kurz-/mittel-/langfristig)?*

Planungshintergrund
- *Wie viel/ welche Schlüsselfunktionen können vermutlich durch intern vorhandene geeignete Mitarbeiter übernommen werden (»Aufstieg vor Einstieg«)?*
- *Um solche Auswertungen schnell und zuverlässig vornehmen zu können, benötigt man in der Regel eine leistungsfähiges EDV-Tool. Der Nutzen einer solchen Personaldatenbank hängt ab von:*
  - *dem Systeminput (Art und Qualität der eingegebenen Daten) der Systempflege (Aktualisierung/ Ergänzung der Daten)*
  - *der Systemleistung (Auswertungs-/Darstellungsmöglichkeiten der gespeicherten Daten).*

Je genauer und aussagekräftiger das vorhandene Datenmaterial über den Personalbestand ist, desto exaktere Personalbestandsprognosen und Personalplanungen lassen sich daraus ableiten.

Ohne ausreichende IT-Unterstützung sind solche Ansätze allerdings zum Scheitern verurteilt.

Vergleicht man den voraussichtlichen Personalbedarf mit dem voraussichtlichen Personalbestand, lassen sich die erforderlichen Personalmaßnahmen aus der resultierenden Über- oder Unterdeckung ableiten.

Ermittelter Personalbedarf je Qualifikationsgruppe minus vorhandener Personalbedarf je Qualifikationsgruppe ist gleich: entweder Unterdeckung, Überdeckung oder Übereinstimmung. Lediglich bei Übereinstimmung sind keine weiteren Aktionen zu planen. Bei Überdeckung steht eine **Personalabbauplanung** an, bei Unterdeckung entweder eine **Personalbeschaffungsplanung**, z.B. wenn der Personalbedarf von außen gedeckt werden soll, oder eine **Personalentwicklungsplanung**, z.B. wenn bis zu einem bestimmten Zeitpunkt im eigenen Hause entsprechende Kompetenzen aufgebaut werden sollen.

Mit der Entwicklung der eigenen Mitarbeiter wollen wir beginnen.

Personalentwicklung und -förderung

Unternehmen, die in der Lage sind, ihre Mitarbeiter bedarfsgerecht und zukunftsorientiert weiterzuentwickeln und ihnen interessante Perspektiven für ihre weitere Karriere im Unternehmen zu bieten, sind auch in der Lage neue Talente von außen zu gewinnen. Was hat das eine mit dem anderen zu tun? Sehr viel, denn diese personalpolitische Praxis unterscheidet sich fundamental von einer seelenlosen »Hire and Fire-Mentalität«, die darauf setzt, jeden Mitarbeiter beliebig ersetzen zu können. Diesen Trugschluss müssen diejenigen, die ihm erliegen, mit einem Mangel an Talenten bezahlen. Ob ein Unternehmen für hoch qualifizierte Mitarbeiter attraktiv ist, hängt maßgeblich davon ab, welche Arbeitsbedingungen geboten werden und was für die Entwicklung der eigenen Mitarbeiter unternommen wird, d.h. wie sie entwickelt und gefördert werden (Trank et al. 2002).

Personalentwicklung ist ein zu breites Feld, als dass es auch nur ansatzweise gelingen könnte, dieses Thema in diesem Buch umfassend darzustellen. Deshalb werden an dieser Stelle nur sehr allgemeine und verallgemeinerbare Ideen diskutiert, die im Kontext des »Winning the War for Talent« relevant erscheinen. Weiter oben wurde die These aufgestellt, dass der »Kampf um Talente« im eigenen Unternehmen beginnt. An dieser Stelle sei hinzugefügt: dort wird er auch entschieden. Insbesondere, wenn man weiß, dass die meistgesuchten Talente, z.B. hochkarätige IT-Spezialisten, sehr dünn gesät sind (Stichwort Greencard). Unternehmen bleibt also nichts anderes übrig, als ihre Leute selbst auszubilden, zumindest im Bereich der für das Unternehmen überlebenswichtigen Schlüsselqualifikationen. Genauso wenig wie Unternehmen gut beraten wären, ihre unternehmerische Kernkompetenz an Externe zu vergeben, sind sie gut beraten, sich bei ihren Schlüsselqualifikationen vom externen Arbeitsmarkt abhängig zu machen.

Eine vernünftige Personalentwicklung stellt sicher, dass ein Unternehmen einerseits weiß, welche Schlüsselqualifikationen es zur Realisierung seiner Ziele benötigt und andererseits seine Mitarbeiter so entwickelt, dass sich Qualifikations-Angebot und -Nachfrage weitestgehend decken. Um dieses Ziel zu erreichen, genügt es nicht, wie viele Jahre geschehen, dass einmal jährlich der neue Bildungskatalog erscheint, Mitarbeiter sich zu Seminaren anmelden oder vom Vorgesetzten gemeldet werden, und sich ein paar schöne Tage »im Grünen« machen. Die Zeiten gehören der Vergangenheit an, als sozialromantisch veranlagte Bildungsverantwortliche ihren Mitarbeitern »Batiken in der Toscana« oder ähnlich erbauende Aktivitäten via Bildungsprogramm schmackhaft machen konnten.

Jede Art von Gießkannenprinzip in der Personalentwicklung führt in die falsche Richtung. Bildung und Qualifikation sind keine Sozialleistung, sondern eine grundlegende Verpflichtung für die Zukunft – und zwar sowohl für die Unternehmen als auch die Mitarbeiter. Hier gilt es zwei Ziele zusammenzubringen. Einerseits liegt es im Interesse des Unternehmens seine Mitarbeiter so zu entwickeln, dass die Unternehmensinteressen optimal abgedeckt sind, d.h. dass alle erforderlichen Qualifikationen im Unternehmen vorhanden sind. Andererseits wird aber vom Mitarbeiter auch erwartet, dass er selbst die Initiative zur Qualifizierung und Entwicklung ergreift und sich ständig weiter qualifiziert und so seine »Employability« , also seine Fähigkeit »beschäftigt zu bleiben«, verbessert. Neben der Tatsache, in einem Unternehmen beschäftigt zu sein, ist jeder Mitarbeiter auch in gewisser Weise seine eigene »Ich-AG« (Modell: Der Mitarbeiter als Makler seiner eigenen Arbeitskraft), die sicherstellen muss, dass die eigene Arbeitskraft beständig ihren internen, aber auch externen Marktwert erhält oder verbessert. So gesehen, geht Personalentwicklung von zwei mündigen Partnern aus, von denen keiner etwas zu verschenken hat, sondern beide nur etwas zu gewinnen.

Es gibt einige wichtige Grundprinzipien, die bei der Entwicklung und Förderung von Menschen in Organisationen eine entscheidende Rolle spielen. Malik hat dazu ein paar gescheite Anmerkungen gemacht, auch wenn diese eher dem Bereich »gesunder Menschenverstand« als innovativen Lehrbuchweisheiten zuzuordnen sind (nach Malik 2001). Sinngemäß empfiehlt er Führungskräften, auf folgende Punkte bei der Förderung und Entwicklung von Mitarbeitern zu achten:

Grundregel 1: Fördern Sie Mitarbeiter individuell!

- Die Mitarbeiter müssen an ihrer Aufgabe wachsen können.
- Die Mitarbeiter müssen an der für Sie richtigen Stelle eingesetzt werden.
- Man muss die vorhandenen Stärken der Mitarbeiter weiterentwickeln.
- Vom richtigen Vorgesetzten hängt vieles ab.

Was können Sie aus diesen Vorschlägen für Ihre Praxis ableiten?

(1) Die Mitarbeiter müssen an ihrer Aufgabe wachsen können!
- Die Aufgabe muss größer und schwieriger sein, als die bisherige.
- Im Mittelpunkt sollte die Möglichkeit stehen, eine Leistung zu erbringen und verantwortlich zu sein.
- Eine der wichtigsten Erfahrungen ist die Erfahrung gefordert zu werden.

Folgerung für die Praxis:
Ob für neu eingestellte oder bereits im Unternehmen befindliche Mitarbeiter muss stets die Frage nach der richtigen Aufgabe gestellt werden. Es geht hier nicht nur um die Vermeidung von Über- oder Unterforderung, was bekanntermaßen zu Minderleistungen und psychischen Reaktionen (z.B. Stress, Unzufriedenheit etc.) führt, sondern es geht hier um die sehr individuelle Frage, ob ein Mitarbeiter durch seine Aufgaben so gefordert wird, dass ein fachliches und persönliches Wachstum möglich ist. Dies zu erkennen erfordert ein hohes Maß an Sensibilität und Professionalität der Personalverantwortlichen, denn es erfordert nichts weniger, als sich mit den anvertrauten Menschen auseinander zu setzen und sie als Individuen zu begreifen und so zu behandeln. Wenn also hier über längere Zeit eine Schieflage vorliegt, kann sie erfahrungsgemäß auch nicht durch noch so ausgeklügelte Entwicklungsprogramme kompensiert werden, denn auch hier gilt die alte Fußballerweisheit: »Die Antwort liegt auf dem Platz«.

(2) Mitarbeiter müssen an der richtigen Stelle eingesetzt werden!
*   Präferenzen und Neigungen für bestimmte Aufgabentypen sollten
    berücksichtigt werden: Linien- vs. Stabsstelle, Team- vs. Einzelarbeit,
    Routine- vs. Innovationstätigkeit, konzeptionell denkend vs. operativ
    umsetzend etc.

Folgerungen für die Praxis:
Mitarbeiter unterscheiden sich bezüglich ihrer Arbeitspräferenzen. So gibt
es beispielsweise Mitarbeiter, die im Team nichts zustande bringen, allein aber bärenstark sind. Würde es also Sinn machen, den überzeugten
Einzelkämpfer, der vielleicht gerade Weltmeister im Einer geworden ist,
zum Mitruderer im Achter zu machen, nur weil Team gerade »in« ist?
Wohl kaum. Dort sollten vielmehr jene eingesetzt werden, die in der Gruppe stärker werden, als sie es alleine sind, die den Verbund regelrecht brauchen, um ihre individuellen Stärken zu entfalten. Zum Glück gibt es in
der Praxis von jeder Aufgabenart ein genügend große Auswahl, so dass
Personalverantwortliche nur darauf achten müssen, sie mit den individuellen Präferenzen in Übereinstimmung zu bringen. Auch das setzt ein
hohes Maß an Auseinandersetzung mit dem Einzelnen voraus. Personalentwicklung ist nun mal keine Schablone, die für alle gleichermaßen passt.

(3) Man muss die vorhandenen Stärken der Mitarbeiter weiterentwickeln!
*   Schwächen beseitigen führt nie zu Spitzenleistungen, sondern
    höchstens zu Mittelmäßigkeit.
*   Erfolgreich sind Mitarbeiter nur dort, wo sie ihre Stärken haben.
*   Die Stärken von Mitarbeitern lassen sich am besten an ihren bisheri-
    gen Aufgaben, Leistungen und Ergebnissen beurteilen.
*   Echte Aufgaben mit klarer Verantwortung sind dafür meistens besser
    geeignet als anonyme Entwicklungsprogramme.

Folgerungen für die Praxis:
Unternehmen sollten sich darum bemühen, die Stärken ihrer Mitarbeiter zu erkennen und sie darin »bestärken«, diese weiter auszubauen, an-
statt sich nur mit deren Defiziten zu beschäftigen. Nur jemand der schon
gut ist, kann durch weitere Förderung und Training sehr gut werden. Spitzenleistungen hängen heute mehr denn je von Mitarbeitern ab, die auf
bestimmten Gebieten zu außerordentlichen Leistungen in der Lage sind.
Deshalb muss der Schwerpunkt einer individuellen Personalentwicklung
stärkenorientiert sein. Dies bedeutet natürlich nicht, dass das Beseitigen
von Schwächen nicht auch zu einer systematischen Entwicklung dazu
gehört, denn welches Unternehmen könnte daran interessiert sein, dass
z.B. der Vertriebsleiter Schwächen in der Präsentation vor Kunden hat
und nichts dagegen unternimmt. Vielmehr ist es eine Selbstverständlich-
keit, dass jeder Mitarbeiter die Fähigkeiten, Fertigkeiten und auch das
erforderliche Wissen auf das Niveau bringt, das zu einer erfolgreichen

Aufgabenerledigung erforderlich ist. Ein Beispiel aus dem Sport kann das hier Gemeinte vielleicht am besten illustrieren: Ein sehr guter Verteidiger kann seiner Mannschaft mehr helfen, wenn sein Training darauf ausgerichtet wird, ein noch besserer Verteidiger zu werden, als wenn er versuchen würde, auf Stürmer umzulernen. Vermutlich wird dieser Spieler als erfolgreicher Verteidiger größere Erfolgserlebnisse haben und mehr Wertschätzung genießen und damit seine Tätigkeit mit größerer Erfüllung erleben, als er das im Sturm jemals schaffen könnte (von Supertalenten, die irgendwie alles gleich gut zu beherrschen scheinen, mal abgesehen).

(4) Vom richtigen Vorgesetzten hängt vieles ab!
* Der Vorgesetzte muss fachlich und charakterlich ein Vorbild sein.
* Nicht der Führungsstil ist entscheidend, sondern das Profil der Führungskraft.

Folgerungen für die Praxis:
Von Führungskräften wird zweierlei erwartet: Sie müssen Resultate erzielen und ihrer Verantwortung für die ihnen anvertrauten Menschen gerecht werden. Kein abstrakter Führungsstil kann diesen Anforderungen gerecht werden, wohl aber Führungskräfte, die gelernt haben, in zum Teil ganz unterschiedlichen Situationen Ergebnisse zu erzielen und die es fertiggebracht haben, mit ganz unterschiedlichen Mitarbeitern zurechtzukommen und diese so zu behandeln, dass sie sowohl gute Leistungen erbringen, als auch Spaß an der Arbeit haben.

Junge Menschen nehmen von den Führungskräften am meisten an, die sie fachlich und/ oder menschlich schätzen und akzeptieren können. Das bedeutet keinesfalls, dass Führungskräfte keine Makel haben dürfen – nach solchen Menschen müsste man wahrscheinlich lange suchen – nein, es bedeutet ganz schlicht und einfach, dass Führungskräfte unter Beweis stellen müssen, dass man etwas von ihnen lernen kann und als Vorbild taugen. Dies sollten vor allem diejenigen Führungskräfte rasch lernen, die bisher geglaubt haben ihre hierarchische Position erübrige die Legitimation durch glaubwürdiges und überzeugendes Verhalten, denn sie könnten bald keine mehr sein.

Gezielte Mitarbeiterentwicklung und -förderung basiert also auf einer Förderung im direkten Arbeitsumfeld. Was hier versäumt wird, kann auch durch noch so gut ausgeklügelte »Programme« nicht wettgemacht werden. Gezielter Mitarbeiterentwicklung liegt aber auch ein unbedingtes Interesse am Einzelnen, seinen Stärken und Möglichkeiten zugrunde und deshalb lässt sich Personalentwicklung nicht delegieren. Sie ist und bleibt oberste Führungsaufgabe.

Personalentwicklung beginnt bei der Arbeitsaufgabe, das wissen wir nun. Die Aufgabe beinhaltet sowohl den Aspekt der Herausforderung als auch den Aspekt der erbrachten Leistung, also das Arbeitsergebnis. Beides ist gleichermaßen wichtig für die Entwicklung von Mitarbeitern. Um sicher-

Grundregel 2: Setzen Sie die richtigen Förderungs- und Entwicklungsinstrumente ein!

zustellen, dass sich Mitarbeiter auf die Dinge konzentrieren, die letztlich zählen, empfiehlt sich, mit allen Mitarbeitern jährliche Zielvereinbarungen zu treffen, das Erreichte am Jahresende im Rahmen von Mitarbeitergesprächen Revue passieren zu lassen und aus den Gründen für gute oder weniger gute Leistungen konstruktive Konsequenzen für die weitere Zusammenarbeit und Entwicklung des Mitarbeiters zu ziehen. Durch den Regelkreis »Ziele – Leistung – Leistungsbewertung und -feedback – Konsequenzen ziehen« erhalten Führungskräfte und Personaler alle Informationen, die für eine individuelle Entwicklung und Förderung erforderlich sind (Jetter 2000).

(1) Zielvereinbarungen

»Zielvereinbarungen« auf allen Organisationsebenen sind das wichtigste Führungs- und Personalentwicklungsinstrument. Ohne klare Ziele gibt es weder die gewünschten Arbeitsresultate, noch eine systematische Personalentwicklung.

- **Ziele lenken den Blick auf die angestrebten Ergebnisse**
  Entscheidend sind heutzutage weniger die Taten, sondern die Erfolge, nicht der Aufwand, sondern das Ergebnis. Wenn Mitarbeiter im Gespräch mit ihren Vorgesetzten einmal im Jahr gemeinsam festlegen, welche Ergebnisse von ihnen im Rahmen des Ganzen erforderlich sind, können sie sich darauf konzentrieren und wissen von vorne herein, woran sie gemessen werden.
- **Ziele bündeln Kräfte**
  Des Kennen der Ziele ist eine wichtige Voraussetzung für Prioritätensetzungen und optimale Durchschlagskraft – allein, in Teams und im Gesamtunternehmen. Wenn alle in die gleiche Richtung arbeiten, ist die Wahrscheinlichkeit, Erfolg zu haben um ein Vielfaches größer, als wenn ohne klares Ziel gearbeitet wird. Ziele wirken wie ein Brennglas bei Sonneneinstrahlung – sie bündeln und lösen dadurch ihre Wirkung aus.
- **Ziele lassen Fortschritte erkennen**
  Nichts ist motivierender als die Erkenntnis, dass das, was man getan hat, auch etwas bewirkt hat. Der Erfolg der eigenen Handlungen, auch wenn es nur erste kleine Fortschritte sind, signalisiert uns, dass wir auf dem richtigen Wege sind und gibt uns zumindest ein gutes Gefühl. Auch das rechtzeitige Erkennen von Fehlschlägen hilft uns, denn dadurch haben wir Gelegenheit, durch frühzeitiges Gegensteuern den angestrebten Erfolg am Ende doch noch zu erreichen. Voraussetzung dafür ist allerdings, dass die Ziele und Zwischenetappen möglichst messbar formuliert sind.
- **Ziele ermöglichen Eigenverantwortung**
  Nur wer seine Ziele kennt kann eigenverantwortlich handeln. Wer nur eine klar definierte Aufgabe zu erledigen hat, kann lediglich Verant-

wortung dafür übernehmen, dass die Aufgabe in der erforderlichen fachlichen Güte und erforderlichen Gewissenhaftigkeit durchgeführt wird. Das ist auch wichtig, aber wer ein Ziel verfolgt und dabei maßgeblich selbst entscheiden kann, welcher Lösungsweg eingeschlagen werden soll, hat ein sehr viel höheres Maß an Eigenverantwortung zu übernehmen und damit auch einen ungleich größeren Spielraum für seine eigene Weiterentwicklung, als wenn er eine Vorgabe bekommt. Verantwortung für sich und andere zu übernehmen ist eine wesentliche Grundvoraussetzung für persönliches Wachstum.

- **Ziele vermitteln Sinn**

  Im Zuge des stattgefunden Wertewandels, insbesondere bei jungen Menschen, wird häufig auch die Frage nach dem Sinn der eigenen Arbeit gestellt. Wer sich nicht fragt, was der Nutzen dessen ist, was er macht, kann sich auch nicht mit dem Ergebnis seiner Arbeit identifizieren. Die Folge: Teilnahmslose Routine, Business as Usual, also das Gegenteil dessen, was Personalentwicklung bewirken soll – Veränderung!

Zielvereinbarungen sind also nicht wegzudenken, wenn es darum geht, Leistungen und Menschen in Unternehmen zu entwickeln und zu fördern.

Für die Umsetzung von Zielvereinbarungen wird auf einschlägige Publikationen verwiesen (Jetter 2000, Jetter et al. 2000).

(2) Mitarbeitercoaching

Es gibt Vorgesetzte die glauben, dass es ausreicht, wenn sie mit ihren Mitarbeitern Ziele vereinbart haben und die Zielerreichung mit ihnen am Jahresende überprüfen. Mit Verlaub, diese Vorgesetzten haben weder Ahnung vom Sinn von Zielvereinbarungen noch von Mitarbeiterführung. Die übergreifende Verantwortung für die Arbeitsergebnisse und ihre Mitarbeiter werden Führungskräfte nicht los, auch nicht wenn sie Ziele mit ihnen vereinbart haben. Diese Verantwortung besteht darin, die Mitarbeiter so zu führen, dass sie ihre Ziele erreichen können. Um das zu schaffen, genügt keine Beobachterrolle, sondern es erfordert eine aktive Wahrnehmung der Führungsaufgabe und damit eine intensive Auseinandersetzung mit den Mitarbeitern. Trotz der mit Zielen verbundenen Stärkung der Eigenverantwortung brauchen Mitarbeiter Jemanden, mit dem sie ihre Ideen, Vorhaben, Zwischenergebnisse etc. regelmäßig diskutieren können und brauchen auch regelmäßiges Feedback über das bereits Erreichte. Andererseits brauchen auch die Vorgesetzten den regelmäßigen Kontakt zu den Mitarbeitern, um zu erfahren, wie die Dinge laufen, wo es gut geht, wo sich mögliche Probleme ankündigen und wo Lösungsalternativen überlegt werden müssen. Gemeint ist damit natürlich nicht die Art von Rückdelegation, bei der der Vorgesetzte sich die Probleme des Mitarbeiters aufhalst und sie dann selbst löst, sondern ein aktives

Coachen und Unterstützen, eine Art Hilfe zur Selbsthilfe für die Mitarbeiter. Oft reicht schon ein praktischer Tipp aus der eigenen Erfahrungskiste, ein vermittelnder Kontakt mit einem wichtigen Ansprechpartner aus seinem jahrelang aufgebauten und gepflegten Netzwerk oder vielleicht auch ein gemeinsames Nachdenken über die richtige Lösung. Wichtig ist, dass sich Vorgesetzte und Mitarbeiter regelmäßig über den Zielerreichungsgrad austauschen und es nicht dem Zufall überlassen. Wenn erst am Ende eines Jahres festgestellt wird, dass ein Ziel nicht erreicht wurde, sind alle Verlierer, Mitarbeiter und Vorgesetzter, vor allem dann, wenn es durch regelmäßige Gespräche vermeidbar gewesen wäre. Selbstverständlich sollte dieses Thema auf keiner Agenda von Meetings mit den Mitarbeitern fehlen. In der täglichen Auseinandersetzung mit dem Mitarbeiter entsteht zwangsläufig ein Bild über seine Stärken und Schwächen. Hier kann die Führungskraft dem Mitarbeiter am konkreten Fall vermitteln was gut war und was verbessert werden muss. Das gehört zu den grundlegenden Führungsaufgaben. Die Summe der im Laufe eines Jahres gewonnenen Erkenntnisse kann dann in einem jährlich stattfindenden sog. »Mitarbeitergespräch« besprochen werden.

(3) Mitarbeitergespräche

Was wäre ein besserer Anlass, um mit dem Mitarbeiter über seine weitere Entwicklung zu sprechen, als die gemeinsame Durchsprache der im zurückliegenden Jahr erreichten Ergebnisse. Diese Gespräche haben sich unter der Bezeichnung »Mitarbeitergespräche« in vielen Unternehmen einen festen Platz erobert. Mitarbeitergespräche sind das Gegenstück zu Zielvereinbarungen. Was zu Beginn eines Jahres im Rahmen einer Zielvereinbarung vereinbart wurde, liegt am Ende eines Jahres im Idealfall als erreichtes Ergebnis vor. Über den Zielerreichungsgrad, die Gründe für besonders gute oder auch weniger gute Ergebnisse, sowie über den weiteren Einsatz und die Entwicklung des Mitarbeiters wird in diesem Mitarbeitergespräch gesprochen. Diese jährliche Würdigung der Leistung und die Ableitung personalpolitischer Konsequenzen, wie z.B. die Personalentwicklung, Entgeltfindung, Einsatzplanung, Beförderung etc. berücksichtigt über ein Jahr hinweg einerseits einen repräsentativen Querschnitt von Leistungsstichproben (alles was ein Mitarbeiter macht sieht ein Vorgesetzter sowieso nie) und ist dennoch zeitlich nah genug, um die weitere Entwicklung zügig zu betreiben. Das soll natürlich nicht heißen, dass bei Bedarf nicht auch noch schneller reagiert werden kann, z.B. durch unterjährig geplante und umgesetzte Maßnahmen. Alles in allem soll das Mitarbeitergespräch dazu führen, dass die Führungskräfte sich mit ihren Mitarbeitern intensiv und individuell auseinander setzen, um zum einen die erwarteten Ergebnisse zu erhalten und zum anderen den Mitarbeiter leistungsgerecht zu fördern und weiterzuentwickeln.

Wer diese Mitarbeitergespräche sorgfältig vorbereitet und die Gesprächsergebnisse dokumentiert, wird keine Probleme mehr haben, wenn es darum geht, zu erkennen wer Potenzial für Führungsaufgaben hat, wer als potenzieller Nachfolger in einer wichtigen Schlüsselfunktion in Frage kommt, wer welche Trainings durchlaufen sollte, wer in ein unternehmensweites Nachwuchsprogramm aufgenommen werden sollte, wer für den Aufbau einer Niederlassung in Singapur die besten Voraussetzungen hat, wer .....

(4) Unternehmensweite Auswertung der Mitarbeitergespräche für Personalentwicklung und -auswahlzwecke

Wenn Unternehmen die Quintessenz aller Mitarbeitergespräche systematisch erfassen würden, hätten sie nahezu alle Informationen vorliegen, die sie für eine unternehmensweit angelegte Mitarbeiterpotenzialanalyse und Personalentwicklung brauchen. Um eines klarzustellen: Es geht hier nicht um das Verletzen von Vertrauens- oder Datenschutz gegenüber den Mitarbeitern, im Gegenteil, es geht um das Einlösen des im Gespräch aufgebauten Vertrauens. Nur wenn die mit dem Mitarbeiter vereinbarten und mit ihm vorher abgestimmten, Entwicklungsziele und -maßnahmen vom Personalbereich erfasst und in geeignete Personalmaßnahmen umgesetzt werden, bekommt das Mitarbeitergespräch die notwendige Verbindlichkeit, die es braucht, um sich von anderen netten Unterhaltungen mit dem Vorgesetzten zu unterscheiden, die oft nach dem Motto ablaufen »Schön, dass wir darüber geredet haben«, aber zu keinerlei Konsequenzen führen.

In jährlich einmal stattfindenden Gesprächsrunden mit hochrangigen Führungskräften können so z.B. die Potenzialeinschätzungen aller Mitarbeiter je Hierarchieebene in einem Mitarbeiter-Portfolio zusammengefasst werden. Dadurch gewinnt der Personalbereich einen Überblick über die kurz-, mittel- und langfristigen Potenzialkandidaten, aber auch über die Mitarbeiter ohne Führungspotenzial (z.B. die Leistungsträger, Normalleister und Minderleister). Entscheidend dabei ist die Tatsache, dass so ein dynamischer Überblick über die Human Ressources entsteht, der die jeweiligen Förderbedarfe für die unterschiedlichen Mitarbeiterzielgruppen transparent macht (Jetter 1991).

Nun bedarf es lediglich noch geeigneter EDV-Umsetzungshilfen, um die gewonnenen Informationen im Sinne der Mitarbeiter und des Unternehmens in der praktischen Personalentwicklung konsequent anzuwenden.

Wie könnte ein typischer **Praxisfall** aussehen, bei dem diese Erkenntnisse aktiv genutzt werden könnten?

Die Stelle des Entwicklungschefs wird überraschend vakant. Der bisherige Stelleninhaber hat sich entschlossen, den Weg in die Selbständigkeit zu gehen. Das kommt natürlich in den besten Familien vor, aber was tun? Wie kann man diesen Verlust verkraften, wie kann man verhindern, dass Schaden für das Unternehmen entsteht? Wer keine vernünftige Personalentwicklung aufgebaut hat, hat jetzt nur eine Wahl: Das volle Programm der externen Suche in Gang setzen und hoffen, dass bald einer ins

Netz geht, denn welches Unternehmen kann es sich schon leisten, lange ohne den führenden Kopf in der Entwicklung auszukommen.

Wer bisher schon eine langfristig ausgerichtete Personalentwicklung betrieben hat, kann in dieser Situation gelassener in die Zukunft blicken. Die erste Option wird nun sein, die intern für die Funktion des Entwicklungschefs im Rahmen von Mitarbeitergesprächen und Gesprächsrunden identifizierten potenziellen Kandidaten durch einen Search in der Personalentwicklungs-Datenbank ausfindig zu machen.

- Schritt 1: Welche Kandidaten kommen als Sofortnachfolger in Frage?
- Schritt 2: Welche Mitarbeiter wurden als mittelfristige Nachfolger eingestuft?
- Schritt 3: Welche Lösung wäre unter Abwägung aller relevanten Aspekte die sinnvollste und welche lässt sich auch tatsächlich umsetzen?

An dieser Stelle sind natürlich eine Reihe von Gesprächen im Unternehmen notwendig, denn trotz optimierter Wissensbasis ist die Besetzung eine höchst persönliche Angelegenheit und wird nicht per Knopfdruck erledigt. Aber es ist doch von unschätzbarem Vorteil, wenn ich im Bedarfsfall in kürzester Zeit feststellen kann, ob Kandidaten als potenzielle Nachfolger vorhanden sind und um welche Mitarbeiter es sich dabei handelt. Es genügt nicht, wenn die Verantwortlichen sich erst dann Gedanken über eine geeignete Nachfolgelösung machen, wenn der Fall eingetreten ist. Die Frage der optimalen Stellenbesetzung ist zu wichtig, als dass man sie dem Zufall überlassen könnte. Deshalb gilt nach wie vor und ganz besonders auch künftig: Eine systematische Personalentwicklung ist der beste Garant für optimal besetzte Stellen im Unternehmen!

Die interne Stellenausschreibung

Die interne Stellenausschreibung/ -besetzung ist eine weitere Möglichkeit, eigene MitarbeiterInnen im Rahmen der Rekrutierungsaktivitäten zu berücksichtigen. Sie gibt Mitarbeitern die Chance, sich auf frei werdende Stellen im Unternehmen zu bewerben und sich auf diese Weise weiterentwickeln zu können, ohne das Unternehmen verlassen zu müssen (Personalpolitisches Leitmotiv: »Aufstieg vor Einstieg«). Das Unternehmen hat ebenfalls Vorteile: Es kann seine Vakanzen schnell (Zeit für Suche und Kündigungsfristen entfallen!), kostengünstig (keine teuren Stellenanzeigen oder Personalberater erforderlich!) und qualitativ gut (die MitarbeiterInnen kennen bereits das Unternehmen und das Unternehmen die MitarbeiterInnen!) besetzen. Dies setzt voraus, dass die MitarbeiterInnen Kenntnis von den aktuellen Vakanzen im Unternehmen haben und wissen, welche Anforderungen die ausgeschriebenen Stellen an die künftigen Stelleninhaber stellen. Die »interne Stellenausschreibung« ist das formale Medium, um innerbetrieblich über offene

Stellen und deren Anforderungen zu informieren. Seine rechtliche Verankerung findet die interne Stellenausschreibung im Betriebsverfassungsgesetz (§ 93 BetrVG »Ausschreibung von Arbeitsplätzen«). Dort heißt es: »Der Betriebsrat kann verlangen, dass Arbeitsplätze, die besetzt werden sollen, allgemein oder für bestimmte Arten von Tätigkeiten vor ihrer Besetzung innerhalb des Betriebs ausgeschrieben werden«. Es gibt sicherlich nur wenige Betriebsräte, die auf dieses Recht verzichten, insofern ist die interne Stellenausschreibung nicht nur eine Rekrutierungsmöglichkeit, sondern auch eine wichtige betriebsinterne Formalie, die vor jeder externen Besetzung durchgeführt werden muss. Neben den bereits genannten Vorteilen der internen Stellenbesetzung gibt es auch ein paar Nachteile: Sie hilft nur im konkreten Einzelfall, z.B. wenn es darum geht eine bestimmte Vakanz zu schließen. Sie löst das Problem der Bedarfsdeckung nicht auf Unternehmensebene, da durch die erfolgreiche Vermittlung eines Mitarbeiters von einer Abteilung in eine andere eine neue Lücke entsteht, die dann entweder wieder intern oder aber extern zu schließen ist. Dieser Nachteil trifft allerdings nicht zu, wenn insgesamt Personal reduziert werden soll, denn dann kann – zumindest theoretisch – die Arbeitskapazität aus Bereichen, in denen abgebaut wird, in Bereiche mit steigender Nachfrage umgeschichtet werden. Die Erfahrung zeigt trotz einleuchtender Logik dieses Ansatzes, dass ein solches Gesamtoptimum im internen Stellenmanagement oft mit vielen bürokratischen Hürden (genannt: Clearing-Kreise, interne Job-Börsen etc.) und einem herben Zeitverlust zu bezahlen ist. Damit wird zumindest der Faktor Schnelligkeit wieder – teilweise oder vollständig – eingebüßt. Ein weiterer Nachteil kann sein, insbesondere wenn die interne Stellenausschreibung zu allgemein und unspezifisch gehalten wurde, dass sich sehr viele Mitarbeiter bewerben (hoher Bearbeitungsaufwand in der Personalabteilung!), von denen die meisten am Ende frustriert sind (auf einen, der für eine Funktion genommen wird, entfallen viele Absagen!). Die interne Stellenausschreibung kann sowohl über Printmedien wie z.B. durch Aushang am Schwarzen Brett, Stellenanzeigen in der Mitarbeiterzeitung etc. als auch auf elektronischem Wege z.B. über das Intranet erfolgen. Auf diese Weise haben die Mitarbeiter einen jederzeitigen Zugriff über ihren PC auf den internen Stellenmarkt und können ihre Bewerbung gleich online an die Personalabteilung schicken.

- Transparenz über die aktuellen Stellenangebote im Unternemen bei den Mitarbeitern.
- Unterstützung der Förderung eigener Talente (»Aufstieg vor Einstieg«).
- Bietet Mitarbeitern Perspektiven und ist motivierend.
- (Meist) schnelle Besetzung möglich.
- Keine Beschaffungskosten.
- Mitarbeiter sind bereits ins Unternehmen integriert und ihre Stärken bekannt.

Vorteile

Nachteile

- Löst Beschaffungsproblem nur, wenn an anderer Stelle eingespart werden kann/muss.
- Gefahr, dass einem »Sieger« eine Reihe von Verlierern gegenüber stehen.
- Wenn das Verfahren zu bürokratisch aufgesetzt wird, dauert die interne Besetzung länger als die externe Einstellung.

Mitarbeiter als Recruiter

In den Boomzeiten der Jahre 1998 bis 2000 nutzten viele Unternehmen die Rekrutierungsquelle »Mitarbeiter« sehr konsequent. Wenn jeder Mitarbeiter gezielt innerhalb seines Netzwerkes aus Bekannten, Freunden und Geschäftspartnern nach geeigneten Kandidaten Ausschau hält, so die Annahme, sollte es relativ rasch gelingen, genügend »Talente« zu einer Bewerbung zu mobilisieren. Diese Gruppe hat den Vorteil, dass sie schon in gewisser Weise vorselektiert ist. Denn welcher Mitarbeiter möchte riskieren, dass ihm seine Empfehlung von gestern, morgen schon durch eine schlechte Performance des Empfohlenen »auf die Füße fällt«. Die meisten Unternehmen haben ihren Mitarbeitern diese Dienste mit stattlichen Boni gedankt. Das bereits weiter vorne erwähnte Beispiel eines amerikanischen Unternehmens, das seinen Mitarbeitern für zehn vermittelte Bewerber einen Ferrari geschenkt hat, ist hier sicherlich am oberen Ende der Honorierung anzusehen. Diese Form der Rekrutierung ist eine typische Win-Win-Situation: das Unternehmen bekommt gute Mitarbeiter, die Mitarbeiter bekommen satte Prämien und last but not least, die Angesprochenen einen tollen Job.

Vorteile

- Nutzung der Marktkenntnis der Mitarbeiter.
- Hoher Multiplikationseffekt.
- Motivation für die Mitarbeiter (z.B. Vermittlungsboni).
- Geringe Rekrutierungskosten.
- Vorselektierte Bewerber.

Nachteile

- Nur als Ergänzung anderer Beschaffungskanäle einsetzbar.
- Mögliche Bildung von »Seilschaften«.

Netzwerk mit ehemaligen Mitarbeitern(Alumni)

Auch die gezielte Anwerbung ehemaliger Mitarbeiter ist ein probates Mittel den Personalbedarf schnell und zuverlässig mit den »richtigen« Talenten zu decken. Eine Reihe von Unternehmen halten engen Kontakt zu ihren ausgeschiedenen Mitarbeitern über ein Alumni-Netzwerk. Dabei muss es nicht nur um den Ausbau des geschäftlichen Netzwerkes gehen, denn wer weiß, ob der Mitarbeiter von gestern nicht morgen schon ein wichtiger Kunde ist, sondern es kann auch um eine Wiedereinstellung gehen. Diese Variante wird, außer vielleicht in großen Unternehmensberatungen, in deutschen Unternehmen noch kaum wahrgenommen. Dabei sprechen die Vorteile für sich (Sertoglu/Berkowitch 2002): Einen Ehemaligen wieder einzustellen kostet nur ungefähr halb soviel, wie die Einstellung eines fremden Bewerber, Wiedereingestellte sind in den ersten drei Monaten um 40 Prozent produktiver und sie bleiben länger. Auch das Risiko einer Fehlbesetzung ist fast ausgeschlossen, denn man weiß mit wem man es zu tun hat und kann sich darauf einstellen. Darüber hinaus sind ehemalige Mitarbeiter auch ein gute Quelle für weitere Empfehlungen potenzieller Mitarbeiter. Bei der Gestaltung eines solchen Netzwerkes ist es wichtig, dass die Trennung von dem Mitarbeiter freundschaftlich erfolgte, beide Seiten Vorteile vom Netzwerk haben (z.B. kostenlose Fortbildungen für den Ehemaligen) und eine persönliche Kommunikation aufrechterhalten wird. Mit Hilfe des Internets lassen sich einerseits zielgruppenspezifische Inhalte an die Ex-Mitarbeiter versenden als auch andere Formen der Kommunikation praktizieren (z.B. Chatten, E-Mails).

- Geringe Kosten.
- Höhere Produktivität der Wiedereingestellten.
- Neu hinzugewonnene Branchen- oder Fachexpertise.
- Geringes Risiko der Fehlbesetzung.

- Der Aufwand zum Pflegen eines Ehemaligen-Netzwerkes ist nicht zu unterschätzen.
- Evtl. geringere Loyalität.

Vorteile (margin, beside the first bullet list)

Nachteile (margin, beside the second bullet list)

Übergreifender Talent-Pool

Besonders in konjunkturell schwierigen Zeiten, können sich Unternehmen kaum noch vor Initiativ- oder Spontanbewerbungen retten. Dadurch müssen sie einerseits deutlich seltener aktiv an den externen Markt herantreten, wenn sie eine Stelle zu besetzen haben, aber andererseits ist besondere Sorgfalt gefragt, wenn es darum geht, diese Bewerbungen zu analysieren, zu archivieren und ggf. für künftige Bedarfssituationen zu nutzen. Hier hilft eine gute Datenbank, die als eine Art Talent-Pool genutzt werden kann. In ihr werden alle relevanten Daten über die Bewerber gespeichert (natürlich nur mit deren Einverständnis) und situationsspezifisch genutzt. Darüber hinaus kann mit den Kandidaten der Kontakt auch über längere Zeit aufrechterhalten werden, z.B. durch Zusenden von Newslettern, Einladungen zu Veranstaltungen, Bekanntmachen offener Stellen etc. Unternehmen können also Bewerbern auch analog zu Jobbörsen die Möglichkeit anbieten, sich in ihrer Bewerberdatenbank registrieren zu lassen. Dies hat den Vorteil, dass ein direkter Zugriff auf die Bewerberprofile besteht, ohne die dafür sonst übliche Gebühr bezahlen zu müssen.

Der externe Talent-Pool kann in den internen Pool integriert werden, der Mitarbeiterdaten aus Potenzialanalysen, sowie Nachfolge- und Laufbahnplanungen enthält. Ist dann eine Stelle zu besetzen, kann die Datenbank gezielt danach untersucht werden, ob es Übereinstimmungen zwischen den Profilen von Mitarbeitern, Bewerbern oder Alumnis und dem jeweiligen Anforderungsprofil der zu besetzenden Stelle gibt. Wenn ja, kann die Vakanz möglicherweise schnell besetzt werden, wenn nein, bleiben immer noch die Rekrutierungskanäle zur aktiven Suche am externen Arbeitsmarkt.

Vorteile

- Jederzeitiger Zugriff auf systematisierte Mitarbeiter-/Bewerberinformationen.
- Gezielte Suche nach geeigneten Kandidaten anhand von relevanten Suchkriterien.
- Schnelle Überprüfung, ob genügend geeignete Kandidaten zur Verfügung stehen.

Nachteile

- Aufwand für Datenpflege.
- Möglicherweise Widerstände des Betriebsrates.

Fazit zu Talent-Management

Wer im Kampf um Talente eine Chance haben will, muss in der Lage sein, seine bereits vorhandenen Talente zu fördern, sie zur Entfaltung kommen zu lassen und ihnen ein Umfeld zu bieten, das sie im Unternehmen hält. Die beste Rekrutierungsarbeit greift zu kurz, wenn diese elementaren Dinge nicht, oder nicht gut genug im Unternehen praktiziert werden.

2. Campus-Recruiting: Frühzeitig Kontakte zu potenziellen Mitarbeitern aufbauen und halten

Auch bei exzellentem Talent-Management müssen Unternehmen ihre Belegschaft von Zeit zu Zeit mit externen Kandidaten auffrischen und ergänzen. Insbesondere im Nachwuchsbereich ergibt sich Handlungsbedarf, vor allem wenn die Maxime »Aufstieg vor Einstieg« konsequent angewendet wird. Eine wichtige Zielgruppe von Personalmarketing-Aktivitäten für den akademischen Nachwuchs sind die Hochschulen und Fachhochschulen. Hier gilt es, sich für die Absolventen als potenzieller Arbeitgeber zu positionieren. Die Pflege des Images als attraktiver Arbeitgeber darf für die Zielgruppe der Hochqualifizierten auch in wirtschaftlich schwierigen Zeiten nicht vernachlässigt werden. Lange dauert es bis man sich ein gutes Image am Arbeitsmarkt aufgebaut hat, schnell jedoch ist es verblasst, wenn es nicht permanent poliert wird. Es ist ja nun kein Geheimnis, dass der Wettkampf um Hochschulabsolventen nicht erst mit dem Studienabschluss beginnt, sondern bereits in den ersten Semestern. Eine enge Zusammenarbeit zwischen Universität und Unternehmen ist deshalb nicht nur anzustreben, um Wissenschaft und Praxis besser miteinander zu verzahnen, sondern auch um Angebot und Nachfrage nach Human Kapital aufeinander abzustimmen, Talente rechtzeitig zu erkennen und an das Unternehmen heranzuführen und zu versuchen diese frühzeitig zu binden. Diese Art des Aufspürens von Talenten wird im Kontext des modernen Personalmarketings auch als »Scouting« bezeichnet. Darunter können verstanden werden: »Alle Verfahren der aktiven Rekrutierung von Berufseinsteigern und insbesondere von High-Potentials, die durch eine proaktive, frühzeitige Ansprache und Bindung mittels aktivierender personaler und elektronischer Instrumente gekennzeichnet sind« (Rieck 2002, S. 120). In diesem Kapitel wird auf zwei Scouting-Maßnahmen eingegangen:

- Profilierung und Imagebildung durch aktive Hochschulkontakte mit Lehrenden und Studenten.
- Kontakte zu Absolventen und Young Professionals im Rahmen von Recruiting-Messen.

Aktives Hochschulmarketing

Der regelmäßige Unternehmensauftritt an Hochschulen bietet einerseits die Möglichkeit sich dem Nachwuchs als interessanter Arbeitgeber zu präsentieren und andererseits die Chance, mit der Zielgruppe frühzeitig in Kontakt zu treten. Unternehmen können sich auf vielfältige Weise an den Hochschulen engagieren:

- Unternehmenspräsentationen,
- Fachvorträge,
- Workshops,
- Seminare,
- Lehraufträge von Mitarbeitern,
- Angebot von Praktika,
- Angebot von Diplom- oder Promotionsarbeiten,
- Stipendien,
- Forschungsprojekte,
- Unternehmensbesichtigungen,
- Anzeigen am Schwarzen Brett,
- Interviews mit ausgewählten Studenten,
etc.

Zu den **Erfolgsfaktoren eines professionellen Hochschulmarketings** zählen erfahrungsgemäß folgende Schritte:

Da man aus Kapazitätsgründen nicht an allen Hochschulen und Fachhochschulen präsent sein kann und dies aus fachlichen Gründen auch gar nicht muss, sollte die Definition von Ziel-Hochschulen an den An-

Ziel-Hochschulen
definieren

fang gestellt werden. Nicht Quantität sondern Qualität der Hochschul-kontakte sind entscheidend. Als Auswahlkriterien können beispielsweise herangezogen werden:

- Relevanz der angebotenen Studiengänge für das Unternehmen.
- Qualität der Ausbildung.
- Zusammenarbeit zwischen Hochschulen und Unternehmen.
- Standortspezifische Gegebenheiten.

Kontakte zu ausgewählten Lehrstühlen herstellen

Wer könnte kompetenter Auskunft über Erwartungen und Eignungen der Studenten geben, als ihre Hochschullehrer. Gute Studenten haben in der Regel einen guten Kontakt zu ihren Professoren und Dozenten. Deshalb entsteht im Laufe der Zeit ein gegenseitiges Vertrauensverhältnis, das dazu führt, dass man über potenzielle künftige Arbeitgeber miteinander spricht oder sich über interessante Praktikantenplätze unterhält. Auf diese Weise können beispielsweise Professoren als Vermittler zwischen Studenten und Unternehmen wirken. Ein guter Kontakt zu Lehrstühlen und Professoren ist deshalb unverzichtbar.

Studenten persönlich kennenlernen

Ein wesentliches Element im Rahmen der Hochschulkontakte ist das direkte Gespräch mit dem Nachwuchs an der Hochschule. So ist es durchaus üblich, dass im Anschluss an eine allgemeine Unternehmens-Präsentation das persönliche Gespräch gewählt wird, um das gegenseitige Kennenlernen auf eine persönlichere Basis zu stellen. Die hierbei entstehenden Eindrücke entscheiden maßgeblich darüber, ob ein Bewerber an weiteren Kontakten mit dem Unternehmen interessiert ist bzw. auch umgekehrt, ob das Unternehmen an weiteren Kontakten mit den kennengelernten Studenten interessiert ist. An der WHU Koblenz (Wissenschaftliche Hochschule für Unternehmensführung) gibt es beispielsweise von den Abschluss-Semestern eine Zusammenfassung der Lebensläufe, anhand derer sich Unternehmensvertreter einen ersten Eindruck verschaffen und auf dieser Basis ausgewählte Absolventen zu Bewerbungsgesprächen einladen können. Die Kontaktaufnahme mit Studenten erfolgt sowohl auf dem Campus als auch außerhalb. Eine Reihe von Unternehmen laden interessante Kandidaten zu Workshops ein, wo sie die Studenten mit Problemstellungen aus der Praxis konfrontieren und ihnen so die Möglichkeit bieten, einen Einblick in die Arbeitsweise in diesem Unternehmen zu bekommen. Das Kennenlernen beruht hier also auf Gegenseitigkeit.

Künftige Nachwuchskräfte frühzeitig ins Unternehmen integrieren

Hochschulkontakte dürfen sich nicht darauf reduzieren, nur regelmäßig an Universitäten oder Fachhochschulen aufzutreten, Präsentationen zu halten, Gespräche mit Professoren und Studenten zu führen und dabei zu hoffen, so überzeugend zu Werke gegangen zu sein, dass sich die Studenten nach Studienende bei Ihrem Unternehmen bewerben werden. Hier sollte man nicht vergessen, dass sich auf dem Campus die Unternehmen die Klinke in die Hand geben, und Studenten von vielen potenziellen Arbeitgebern umworben werden. Wichtig ist deshalb, dass Unternehmen einen Maßnahmenkatalog definieren, mit dem sie den Kontakt zu begabten Studenten über die Zeit vertiefen. Dafür stehen viele Möglichkeiten zur Verfügung, wie z.B.

- Praktikantenplätze (Pflichtpraktika und/ oder freiwillige Praktika)
- Freie Mitarbeit (studienbegleitend)
- Werkstudententätigkeit
- Examens-/Diplom-/Doktorarbeiten
- Regelmäßige Newsletter/Mitarbeiterzeitschrift/Geschäftsbericht
- Summer Schools/Workshops etc. in den Semesterferien
- Betriebsbesichtigungen
- u.v.a.

Sinnvollerweise wird jede dieser Aktivitäten sorgfältig vorbereitet und begleitet, damit am Ende einerseits der Studierende einen guten Eindruck vom Unternehmen bekommt und die Zeit als sinnvoll und lehrreich verbuchen kann und andererseits sollte auch das Unternehmen in der Lage sein, die Eignung bzw. das Potenzial des Studenten auf Basis klarer Arbeitsnachweise einschätzen zu können. Eine systematische Eignungsdiagnostik setzt also bereits vor der eigentlichen Personalauswahl ein.

Kooperationen zwischen Hochschulen und Unternehmen haben eine lange Tradition. Durch gemeinsame Projekte kann die Kluft zwischen Theorie und Praxis besser überbrückt werden. Solche Projekte (z.B. im Rahmen von AISEC) bieten den Unternehmen einerseits Profilierungsmöglichkeiten an den Hochschulen und andererseits schaffen sie Kontakte zu Lehrstühlen und Studenten und führen zum Ausbau der Verbindung. Nicht selten finden sich Studenten, die bei solchen übergreifenden Projekten mitgewirkt haben, später in den Kooperations-Unternehmen als MitarbeiterIn wieder. Auch durch Hochschul-Sponsoring, z.B. in Form von finanziellen Zuwendungen oder durch materielle Unterstützung bei der Hochschulausstattung (z.B. Computer etc.), lassen sich die Kontakte zur Hochschule weiter vertiefen. Interessant kann für viele Unternehmen auch der Einsatz einer studentischen Unternehmensberatung (z.B. www.jms-augsburg.de) sein. Die studentischen Consultants können Ihnen im Rahmen eines Beratungsprojektes einerseits helfen ein Problem kostengünstig zu lösen und Ihnen andererseits zeigen, wie sie die gestellten Probleme angehen und lösen. Damit hinterlassen die Studenten quasi eine »Visitenkarte« als potenzielle künftige Mitarbeiter.

Welche dieser Kontaktmöglichkeiten Sie auch immer nutzen, achten Sie darauf, dass Personalmarketing ein zweiseitiger Prozess ist, der sowohl den Studenten hilft, einen guten Einblick in Ihr Unternehmen zu bekommen, als auch Ihnen, die aus der Zusammenarbeit gewonnenen Informationen, später eignungsdiagnostisch verwenden zu können. Deshalb sollte man aus Unternehmenssicht die Zeit die ein Student im Unternehmen verbringt, gut nutzen und versuchen festzustellen, inwieweit

Mit Hochschulen kooperieren

eine Übereinstimmung zwischen den Anforderungen an Hochschulabsolventen und den z.B. im Praktikum gezeigten Leistungen besteht. Danach kann dann entschieden werden, ob ein späteres Einstellinteresse gegeben ist und ggf. in welcher Form der Kontakt aufrechterhalten wird. Wer mehrere Monate im Unternehmen arbeitet, sollte verlässlicher beurteilt werden können, als jemand, mit dem man nur ein anderthalbstündiges Interview oder eine sonstige, zeitlich eingeschränkte, Auswahlmethode durchführen kann. Deshalb ist es wichtig, dass solche Einsätze eine reale Herausforderung für die Studenten darstellen und sie nicht für Hilfstätigkeiten missbraucht werden.

Vorteile

- Frühzeitiger Kontakt zur Zielgruppe des akademischen Nachwuchses.
- Gute Plattform für Imagewerbung.
- Kennlernen der Studenten im Rahmen gemeinsamer Projekte.
- Erste »Arbeitsproben« durch Praktika oder Diplomarbeiten etc.

Nachteile

- Erfordert einen längeren Vorlauf.
- Ist mit erheblichem personellem und zeitlichem Aufwand verbunden.
- Erfordert Investitionen, die erst zu einem späteren »ROI« führen.

Recruiting-Messen

Recruting- oder Job-Messen bzw. Absolventenkongresse, haben sich inzwischen in Deutschland fest als Kontaktbörse zwischen Bewerbern und Unternehmen etabliert (Sunter 2000). Recruiting-Messen bringen potenzielle Bewerber mit Unternehmen zusammen, die entweder auf Mitarbeitersuche sind oder aber etwas für ihr Image als attraktiver Arbeitgeber tun wollen. Veranstaltet werden Recruiting-Messen von »Dritten« (meistens von Karriere- oder Personalberatungen, Hochschulen oder Verbänden etc.). Einen umfassenden Überblick über die Bandbreite von Recruiting-Messen in Deutschland bieten Fuchs et al. 1999.

Es lassen sich fünf verschiedene **Kategorien von Recruiting-Messen** unterscheiden:

- Allgemeine Recruiting-Messen,
- Spezialisierte Recruiting-Messen,
- Exklusive Firmen-Workshops,
- Recruiting-Messen an Hochschulen,
- Virtuelle Recruiting-Messen.

Allgemeine Recruiting-Messen

Der »Deutsche Absolventenkongress« wird seit 14 Jahren vom Konstanzer Forum Verlag veranstaltet (www.forum-jobline.de). Er ist wie eine klassische Messe organisiert und setzt auf möglichst viele Teilnehmer. Zugangsbeschränkungen für die Teilnehmer gibt es keine. 399 Unternehmen mit 22.000 offenen Jobs stellten sich z.B. im Oktober 2001 dem Andrang von 12.000 Besuchern. Den Charakter einer Großveranstaltung haben auch die »Karrieretage« (www.karrieretag.de). Absolventen nutzen diese Veranstaltung mehr zur allgemeinen Information und Orientierung über die Unternehmen und die vorgestellten Stellen, während die teilnehmenden Unternehmen sie als Plattform nutzen, um durch Unternehmenspräsentationen, Podiumsdiskussionen oder sonstige Aktivitäten ein positives Image auf- und auszubauen.

- Hohe Besucherzahlen.
- Gute Plattform zur Positionierung als attraktiver Arbeitgeber (»Imagepflege«).
- eher geringer Vorbereitungsaufwand.
- Geringer Kostenaufwand.

Vorteile

- Sehr heterogene, unselektierte Teilnehmergruppe.
- Keine vorab terminierten Interviews mit Kandidaten.
- Wenig Kommunikationsmöglichkeiten, da Massenveranstaltung.
- »Rekrutierungs-Ausbeute« gering.

Nachteile

Ein anderes Konzept verfolgt z.B. die »Characters« (www.characters.de), die von Westerwelle-Consulting veranstaltet wird. Diese Veranstaltung folgt eher den Gesetzen der systematischen Personalvermittlung. Sie wird intensiv vorbereitet, um eine möglichst gute Übereinstimmung zwischen den vorausgewählten Kandidaten mit den Suchprofilen der interessierten Firmen zustande zu bringen. Rund 80 der bekanntesten deutschen Unternehmen sind jedes Jahr dabei. Die Kandidaten werden in aufwändiger Kleinarbeit herangeschafft, katalogisiert und für die Gespräche vorbereitet. Auf der Characters konnten 2001 rund 1500 Kandidaten präsentiert werden. Die teilnehmenden Firmen schicken in der Vorbereitungsphase Anforderungsprofile der gesuchten Talente an den Veranstalter. Anschließend werden ihnen Vorschläge mit realen Kandidaten und deren Profilen gemacht. Die Firmen wählen ihre Wunschkandidaten aus. Der Veranstalter vereinbart Gesprächstermine und betreut vor Ort die Treffen der Kandidaten mit den Personalmanagern der Unternehmen.

Spezialisierte Recruiting-Messen

- Vorselektierte Teilnehmer.
- Vorgeplante Kandidateninterviews.
- Höhere »Trefferquote« im Sinne abgeschlossener Arbeitsverträge.

Vorteile

- Hoher Vorbereitungsaufwand.
- Weniger Teilnehmer, dadurch geringere Breitenwirkung bzgl. Imagepflege.
- Höherer Kostenaufwand.

Nachteile

Wenn Sie nicht primär an der Verbesserung Ihres Firmenimages, sondern am Abschluss von konkreten Arbeitsverträgen interessiert sind, kommen Sie mit spezialisierten Recruiting-Messen oder exklusiven Firmen-Workshops eher ans Ziel. Diese Recruiting-Veranstaltungen werden in enger Zusammenarbeit mit dem Unternehmen geplant und durchgeführt.

Exklusive Firmen-Workshops

Bei Firmenworkshops werden die Kandidaten aufgrund der beim Veranstalter eingereichten Anforderungsprofile vorausgewählt. Die Personalberatung »Access« (www.access.de) oder Staufenbiel (www.staufenbiel.de) führen maßgeschneiderte und passgenaue Rekrutierungs-Veranstaltungen für Unternehmen durch. Bei solchen Veranstaltungen nehmen bis zu 100 Absolventen oder Young Professionals teil, die anhand der Firmen-Anforderungsprofile ausgewählt wurden. Ihnen werden Vorträge, Präsentationen und aktive Mitwirkungsmöglichkeiten z.B. bei Fallstudien oder anderen Aufgaben geboten. Durch ein gegenseitiges und intensives Kennenlernen (vergleichbar mit einem Assessment Center) bieten solche Veranstaltungen eine gute Gelegenheit neue Mitarbeiter zu gewinnen.

Vorteile	• Exklusivität der Veranstaltung, keine Wettbewerber anwesend. • Intensiver Austausch zwischen Teilnehmern und Unternehmen. • Sehr gute »Trefferquote« möglich.
Nachteile	• Hoher Vorbereitungsaufwand. • Weniger Teilnehmer, dadurch geringere Breitenwirkung bzgl. Imagepflege. • Hoher Kostenaufwand.

Recruting-Messen an Hochschulen

Da die Hochschulen auch ein Eigeninteresse daran haben, dass ihre Absolventen einen reibungslosen Übergang in die Berufswelt schaffen, bildeten sich im Laufe der Jahre vielfältige Vermittlungs-Initiativen von Studenten und Lehrstühlen. »AISEC« (www.aisec.de) und »bonding« (www.bonding.de) zählen zu den bekanntesten Absolventenveranstaltungen an Hochschulen.

Vorteile	• Aufbau von Kontakten zu Universitäten und Studenten der Region. • Fachliche Spezialisierung (z.B. technische Fachrichtungen, IT etc.). • Interviews mit Studenten möglich.
Nachteil	• Regionale Begrenzung.

Virtuelle Recruiting-Messen

Wer wünscht sich das nicht: Eine Jobmesse, ohne aus dem Haus zu gehen? Seit Mai 2000 sind die Türen der weltweit ersten virtuellen Jobmesse, der »jobfair24« (www.jobfair24.de) geöffnet und machen die Jobsuche direkt vom heimischen Schreibtisch aus möglich – an 365 Tagen im Jahr und 24 Stunden täglich. Die jobfair24 ist die erste virtuelle 3D-Kontaktmesse für Unternehmen, Studenten, Absolventen und Young Professionals. In verschiedenen virtuellen Messehallen können sich Interessenten über die teilnehmenden Unternehmen informieren, offene Stellen abrufen und aktiv mit Unternehmensvertretern chatten. Mit einem selbst ausgewählten Avatar – dem virtuellen Ich – kann man bequem durch die Messehallen spazieren und sich über die ausstellenden Firmen informieren. Das alles geschieht einfach und relaxed von zu Hause oder von wo auch immer aus und bedarf lediglich einiger Mausklicks. Über 40 Firmen sind zur Zeit mit Messeständen vertreten. Die jobfair24 ist ein innovatives Informations- und Kontaktforumforum für Young Professionals und Studierende und bietet Unternehmen eine neuartige Plattform für ihre Personalmarketing-Aktivitäten.

- Zeitlich und räumlich unbegrenzte Präsenz.
- Zeit- und Kostenersparnis.
- Professionelle Präsentationsmöglichkeiten.

Vorteile

- Keine persönlichen Kontakte zu den Interessenten
- Laufender Pflegeaufwand

Nachteile

Die Rekrutierung hoch qualifizierter Nachwuchskräfte erfordert ein langfristig angelegtes Hochschulmarketing, in dessen Mittelpunkt eine Vielzahl von Aktivitäten innerhalb und außerhalb des Campus liegen. Entscheidend für den Erfolg ist, dass der Kontakt aktiv gesucht und durch eine Reihe von Maßnahmen aufrechterhalten und ausgebaut wird. Analog zu Customer Relationship Management (CRM) ist eine Art »Applicant Relationsship Management« gefragt. Der Maßnahmenmix reicht vom Praktikantenprogramm bis hin zum regelmäßigen Messeauftritt. Die Qualität der Kontakte ist in jedem Fall der Quantität vorzuziehen. Man muss nicht an jeder Hochschule oder Recruiting-Messe vertreten sein, aber dort, wo man vertreten ist, sollte man enge Kontakte zu Lehrstühlen und Studenten aufbauen – und einen Top-Eindruck hinterlassen. Dabei gilt: »Reden ist Silber, konkrete gemeinsame Projekte sind Gold«.

Fazit zu Campus-Recruiting

3. E-Recruiting: Gezielte Bewerbersuche und -gewinnung über das Internet

Die Bewerbersuche und -auswahl hat sich in den letzten Jahren insbesondere durch die zunehmende Nutzung technischer Möglichkeiten (Intra-/Internet) verändert. Stellenangebote Online auszuschreiben (in der Internetsprache auch »Posting« genannt) sowie sich Online zu bewerben, ist inzwischen bei Personalverantwortlichen und Bewerbern gleichermaßen anerkannt. Bei einer Befragung der 1000 größten deutschen Unternehmen durch die Universität Frankfurt und die Job-Börse Monster.de zeigte sich, dass inzwischen 89% aller Großunternehmen die Möglichkeiten des E-Recruiting nutzen (Wirtschaftswoche v. 9.1.2003). Eine Studie von iLogos Research kommt zu dem Ergebnis, dass rund 80% der Top 500 Unternehmen weltweit Online-Recruiting auf ihren Websites betreiben. Zum Vergleich: Vor zwei Jahren waren es erst 29%. Die Top500-Unternehmen im Bereich High-Tech/Internet rekrutieren zu 100% im weltweiten Datennetz. Parallel zu dieser Entwicklung nimmt auch die Internetnutzung in der deutschen Bevölkerung deutlich zu. 2002 wurden bereits 26,7 Millionen Internetnutzer registriert, von denen immerhin etwa 1,8 Millionen die Jobseiten im Netz aufsuchten. Schon seit geraumer Zeit stellt sich daher für Personalverantwortliche nicht mehr die Frage, ob attraktive Nachwuchskräfte über das Web rekrutiert werden sollen oder nicht, sondern wie das Internet am wirkungsvollsten zur Bewerbersuche und -auswahl genutzt werden kann. E-Recruiting kann den Unternehmen eine Reihe von Vorteilen bringen:

Vorteile von E-Recruiting

- **Reduzierte Kosten pro Einstellung**
  Elektronischer Content kann kostengünstig aktualisiert werden. Durch Vorselektion via Internet können z.B. Anreisekosten von Bewerbern eingespart werden.
- **Zeitliche Verkürzung des Recruiting-Prozesses**
  Das Internet ist 24 Stunden am Tag, 7 Tage die Woche verfügbar. Angebote können in der Regel extrem kurzfristig veröffentlicht werden. Eine Bewerberreaktion ist nach wenigen Minuten möglich.
- **Globale Verbreitung**
  Kostenlose Aufnahme in Meta-Job-Suchmaschinen – Tageszeitungen haben einen relativ geringen Verbreitungsgrad, der in der Regel zudem auf einzelne Regionen bzw. Länder beschränkt ist. Online-Jobinformationen können weltweit abgerufen werden.
- **Längere Präsenz von Informationen**
  Tageszeitungen oder Magazine haben eine relativ geringe Halbwertszeit. Eine Online-Präsenz kann bequem über mehrere Wochen ausgedehnt werden, ohne relevante Mehrkosten zu produzieren.
- **Interaktivität**
  Nähere Informationen zu Stellen, Aktivitäten der Firma bzw. Institution oder der Mailaccount eines Recruiters sind nur einen Mausklick entfernt. Der Aufwand bzw. die Hemmschwelle ist, verglichen zur herkömmlichen Papiermethode, extrem gering.
- **Vorselektierte Nutzergruppe**
  Man kann davon ausgehen, dass insbesondere Personen mit guten Internet-Kenntnissen dieses Medium zur Jobsuche benutzen.

E-Recruiting wird ohne Zweifel den gesamten Ablauf der Personalsuche und -auswahl dramatisch verändern und – wenn die Voraussetzungen dafür geschaffen worden sind – auch erheblich verbessern. Bis es jedoch soweit ist, bleibt Unternehmen nichts anderes übrig, als mit den zur Verfügung stehenden Elementen eines E-Recruiting zu starten und sich Schritt für Schritt auf eine ganzheitliche E-Recruiting-Workflow-Lösung hin zu bewegen. Insgesamt zeichnet sich noch keine verbindliche Systematik für das ab, was heute E-Recruiting genannt wird, wie auch einige aktuellere Publikationen zu diesem Thema zeigen (Hünninghausen 2001, Beck 2002). Vielmehr scheint alles, was im Rahmen des Rekrutierungsprozesses mit Hilfe des Internets zu bewältigen bzw. zu unterstützen ist, als E-Recruiting bezeichnet zu werden.

Jäger und Wittenzeller (2000) beschreiben sieben Teilprozesse der Personalbeschaffung via Internet, an denen sich die weitere Vorstellung der einzelnen Elemente von E-Recruiting orientieren wird:

✓ Plazierung und Gestaltung der Stellenangebote im Netz
✓ Kontaktaufnahme des Bewerbers
✓ Vorauswahl geeigneter Kandidaten
• Benachrichtigung der Bewerber
✓ Online-Tests für die Kandidaten
• Vorstellungsgespräche
• Übersendung des Arbeitsvertrages

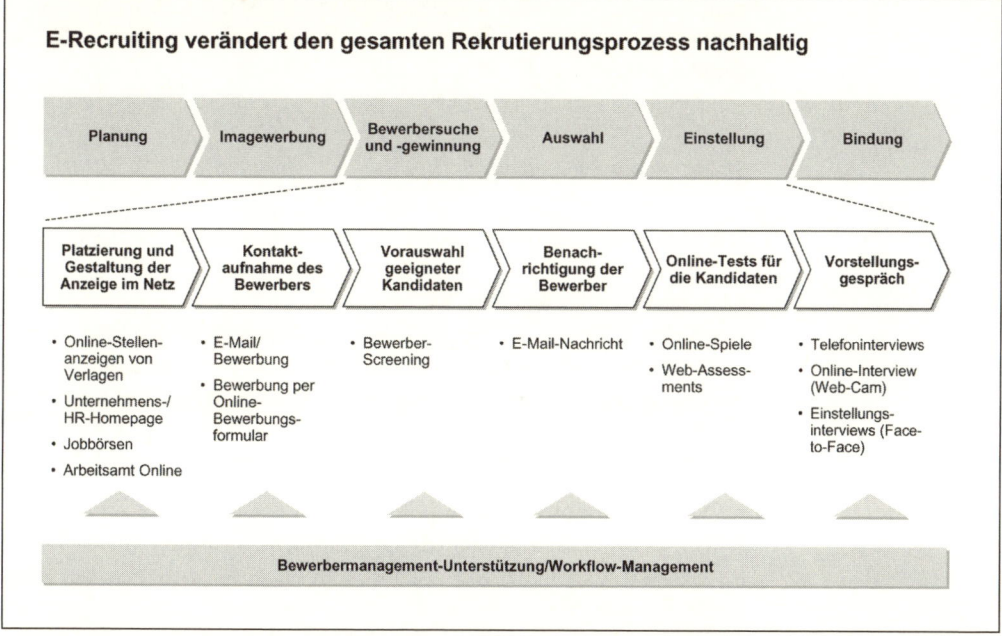

Im Folgenden werden die mit ✓ gekennzeichneten Teilprozesse näher untersucht und ihre Hauptelemente im Hinblick auf ihre Relevanz und derzeitige Anwendung beim E-Recruiting kurz beschrieben. Der Schritt »Benachrichtigung des Bewerbers« zählt zum allgemeinen Bewerbermanagement und wird in Teil D im Zuge eines ganzheitlichen Recruiting-Workflow-Managements mit abgedeckt. Der Teilprozess »Vorstellungsgespräche« ist der eigentliche inhaltliche Schwerpunkt dieses Buches und wird in Teil B, C und D ausführlich beschrieben, so dass an dieser Stelle nicht weiter darauf eingegangen wird. Bei allem Optimismus hinsichtlich des künftigen Nutzens des Internets bei der Personalsuche, -gewinnung und -auswahl von Bewerbern wird das Einstellinterview hoffentlich auch in Zukunft (auch wenn dies technisch durch Online-Chats und Web-Cams alles möglich ist) eine Face-to-Face-Situation bleiben, denn was am Ende

Abbildung 7:
E-Recruiting-Prozess

eingestellt wird sind keine standardisierten Bewerberprofile, sondern
Menschen aus Fleisch und Blut. Daran wird sich nichts ändern!

Teilprozess: Platzierung und Gestaltung der Stellenangebote im Netz

Wie können Unternehmen mit Hilfe des Internets in Kontakt mit potenziellen Bewerbern kommen?

Eine EMNID-Umfrage ergab, dass 61 Prozent der Abiturienten und
Hochschulabsolventen inzwischen das Internet als primäre Quelle für die
Jobsuche nutzen (siehe Detmers 2002). Damit wird das Internet zu einem wichtigen Medium des Personalmarketings. Die technischen Möglichkeiten des Internets können auf vielfältige Weise zur Personalsuche
genutzt werden.

Stellenanzeigen von Verlagen

Die externe Stellenausschreibung ist der Klassiker unter den Personalbe-
schaffungs-Maßnahmen. Die Stellenangebote von Verlagen, wie z.B. der
FAZ (www.faz.de/stellenmarkt) oder der SZ (www.sueddeutsche.de/kar-
riere) gibt es sowohl als Print- als auch als Online-Stellenanzeige.

Unabhängig vom genutzten Medium, über das die Stellenanzeige trans-
portiert werden soll, müssen einige inhaltliche Voraussetzungen beachtet
werden, wenn die Anzeige Erfolg haben soll. Eine erfolgreiche Stellenanzeige sollte Angaben zu folgenden inhaltlichen Aspekten enthalten:

- **Suchendes Unternehmen (»Wir sind...«)**:
  Name, Branche(n), Vision/Anspruch, Größenordnung z.B. nach Um-
  satz und Mitarbeitern, Bereich in dem die ausgeschriebene Stelle zu
  besetzen ist etc.
- **Beschreibung der Stelle (»Wir suchen...«)**:
  Funktions- oder Tätigkeitsbezeichnung (z.B. »Verkaufsleiter/in«), Tä-
  tigkeitskurzbeschreibung und Verantwortung des Stelleninhabers etc.
- **Beschreibung der Stellenanforderungen (»Wir erwarten...«)**:
  Alter, Schul-, Berufs,- Studienabschluss, Berufserfahrung, fachliche
  und persönliche Anforderungen, Sprachkenntnisse, Mobilität etc.
- **Leistungen des Unternehmens (»Wir bieten«)**:
  Unternehmenskultur/Werte/Leitbild, Einordnung der Funktion in die
  Hierarchie, Angaben zur Dotierung/ Eingruppierung, Zusatzleistun-
  gen wie Dienstwagen etc.
- **Kontaktaufnahme (»Wie Sie mit uns in Kontakt treten«)**:
  Gewünschte Bewerbungsunterlagen, Bewerbungsfrist, Ansprechpart-
  ner, Angabe der gewünschten Kontaktaufnahme (Internet oder schrift-
  liche Bewerbung)

An Sprache und Optik einer Stellenanzeige sind ebenfalls wichtige Anforderungen zu stellen. Eine Stellenanzeige muss die Aufmerksamkeit des
Lesers auf sich ziehen. Wenn das nicht gelingt, nützt auch der beste Inhalt
nichts. Um dies zu erreichen, wird z.B. eine emotional ansprechende
Schlagzeile gewählt, die »mehr Bauch als Kopf« anspricht. Auch durch
optische Effekte (Bilder, grafische Gestaltung der Anzeige etc.) kann erreicht werden, dass sich eine Anzeige abhebt und sich so die Aufmerk-
samkeitsspanne des Lesers sichert. Hat es die Anzeige geschafft, in das
Bewusstsein des Lesers vorzudringen, muss sich daraus zumindest ein so
starkes Interesse entwickeln, dass die Stellenanzeige bis zum Schluss durchgelesen wird und der potenzielle Bewerber prüft, ob eine Bewerbung sinnvoll und Erfolg versprechend ist. Wenn dieser Entscheidungsprozess durch
die Anzeige durch konkrete Angaben versachlicht wird und Fragen beantworten hilft wie »Ist die Stelle interessant für mich?«, »Erfülle ich die
geforderten Anforderungen?« etc. und zu einer realistischen Selbstein-
schätzung des Bewerbers führt, erfüllt sie ihre Rolle optimal, denn auch
hier gilt: nicht Masse, sondern Klasse zählt!

Bei der Wahl des geeigneten Kanals oder Mediums für eine Stellenanzeige lassen sich u.a. folgende Kriterien zugrundelegen:

Komplexität der zu besetzenden Stelle/ benötigtes Qualifikationslevel
- Einfache Tätigkeiten (Anlerntätigkeiten, weitverbreitete Berufsgrup-
  pen und Ausbildungen etc.).
- Komplexe Tätigkeiten (Hochspezialisierte Fachfunktionen, Experten
  Führungskräfte etc.).

Nutzung von Medien durch die Zielgruppe
- Printmedien (Regionale oder überregionale Zeitungen, Fachmagazi-
  ne etc.).
- Internet (Homepage, Jobbörsen etc.).

Ausbildungs- und Arbeitsmarktsituation
- Relevante Hochschulstandorte.
- Forschungseinrichtungen, Industrieansiedlungen, etc.
- Regionale Arbeitslosigkeit.

Verlage bieten ihren Kunden zwei Optionen, wie sie ihre Stellenanzeigen
publik machen können:

(1) Stellenanzeigen in Printmedien
Das Schalten von Stellenanzeigen in einer regionalen oder überregionalen Tages-/Wochenzeitung oder in speziellen Fachzeitschriften war bis vor
kurzem die wohl gängigste Methode, dem Arbeitsmarkt zu signalisieren,
dass eine Stelle zu besetzen ist. Der »Kontakt« mit der Zielgruppe kommt
zustande, wenn potenzielle BewerberInnen die inserierende Zeitung nach
den sie interessierenden Stellenanzeigen durchsuchen und sich, sofern
sie fündig werden, bei dem suchenden Unternehmen schriftlich bewer-

ben. Die »wenns«, die hier vor dem Erfolg einer Stellenanzeige stehen, sind schnell erkannt: Das richtige Medium auswählen (»nur wenn eine Stellenanzeige gelesen wird, kann daraus eine Bewerbung resultieren«) und die richtigen Inhalte anbieten (»nur wenn sich der Leser von einer Stellenanzeige angesprochen (und zwar inhaltlich wie gefühlsmäßig) fühlt, wird seine Aufmerksamkeit aufrechterhalten«).

Wo finde ich die anvisierte Zielgruppe am wahrscheinlichsten (in unserer Region, irgendwo in Deutschland, in anderen Ländern Europas, in sonstigen Erdteilen)?
Bei Tätigkeiten, die keine allzu hohen Anforderungen stellen, kann man den Such-Radius relativ eng fassen. In diesem Fall reicht vermutlich eine Stellenanzeige in einer regionalen Tageszeitung oder in einem regionalen Wochenblatt. Bei qualifizierten oder hoch qualifizierten Tätigkeiten dagegen sollte der Suchfokus zumindest bundesweit ausgerichtet sein. Wichtiges Erfolgskriterium ist hier, genügend potenzielle BewerberInnen zu generieren, um daraus den/die Richtige(n) zu identifizieren und schließlich für das Unternehmen zu gewinnen. Für diese Zielgruppe ist ein möglicher Umzug keine unüberwindbare Hürde. Wer das Medium einer externen Stelleanzeige wählen möchte, ist in diesem Fall mit einer Anzeige in einer überregionalen Tages- oder Wochenzeitung (z.B. Frankfurter Allgemeine Zeitung, Süddeutsche Zeitung, Zeit etc.) am besten bedient.

Welche speziellen Fachrichtungen suche ich (Soziale Berufe, Ingenieure etc.)?
Die Lesegewohnheit der Zielgruppe kann hierbei ein wichtiger Leitgedanke sein. Deshalb können spezielle Fachzeitungen/-schriften (z.B. VDI-Nachrichten etc.) schneller zum Ziel führen als die überregionalen Tageszeitungen. Bedenken Sie dabei auch, dass die Bewerber, die Sie suchen, in der Regel nicht auf aktiver Jobsuche sind, sondern sich (wie es jeder Arbeitgeber natürlich hofft) auf ihren aktuellen Job konzentrieren und sich durch Lektüre einschlägiger Fachzeitschriften »nur« auf dem Laufenden halten. Wer auf diesem Wege über eine interessante Stellenanzeige »stolpert« kann, wie die Erfahrung zeigt, durchaus zum »Überdenken« seiner beruflichen Situation gebracht werden.

Neben diesen sehr trivialen Ausgangsüberlegungen kann man sich natürlich auch einige externe und interne Erfolgsstatistiken der in Frage kommenden Medien anschauen: Welche Bevölkerungsschichten, Berufsgruppen etc. lesen die jeweilige Zeitung? Wieviele Bewerbungen (absolut und speziell die Gruppe der Qualifizierten) haben Anzeigen in diesen Zeitungen in der Vergangenheit ausgelöst? etc.

Vorteile

- Zielgruppenspezifische Ansprache möglich (z.B. über Fachpublikationen).
- Spricht auch Kandidaten an, die nicht aktiv auf Stellensuche sind.
- Für viele immer noch ein gewohntes Medium für Stellenanzeigen.

- Einheitlicher Firmenauftritt und Pflege des Unternehmensimages (Corporate Branding) möglich.
- Optische Differnzierungsmöglichkeit

- Stellenanzeige ist nur für kurze Zeit (wenige Tage) publik.   Nachteile
- Stellenanzeige erscheint nur in einem Medium.
- Eingeschränkte räumliche Reichweite (regionale/ überregionale Zeitungen).
- Geringe Übersichtlichkeit beim Suchen, relativ aufwändiger Suchvorgang.
- Hohe Kosten für Stellenanzeigen.
- Einhaltung von Redaktionsterminen.
- Bewerber müssen sich die Zeitungen erst besorgen.

(2) Online Stellenanzeigen

Viele Verlage haben inzwischen erkannt, dass sich durch das Internet sowohl die Lese- und Informationsgewohnheiten vieler Jobsuchender verändert haben, als auch neue Wettbewerber auf den Plan getreten sind (z.B. ist eine Vielzahl von Internet-Jobbörsen aus dem Boden geschossen). Es ist deshalb wenig verwunderlich, dass die Stellenmarkt-Umsätze der großen überregionalen Tageszeitungen drastisch zurückgegangen und zum Teil bis um 50% regelrecht eingebrochen sind. Die Verlage nutzen deshalb auch das Internet für Online-Stellenanzeigen. Dies hat den Vorteil, dass BewerberInnen einen einfachen und flexiblen Direktzugang via Computer (zu jeder Zeit, von jedem Platz) zu den Stellenangeboten der Verlage bekommen, die Anzeigen im Netz auch länger verfügbar sind sowie Online-Anzeigen über diverse Jobbörsen verknüpft werden und somit eine größere Erfolgswahrscheinlichkeit bekommen von der Zielgruppe gelesen zu werden. Man kann also das eine tun (traditionelle Stellenanzeige), ohne das andere zu lassen (Online-Stellenanzeige). Entscheidend ist, dass man sein Ziel (genügend und gute Bewerbungen zu erhalten) erreicht.

Beim Schalten von Online-Stellenanzeigen gibt es zwei Möglichkeiten. Entweder, die Vorlage wird von der Personalabteilung oder einer Werbeagentur erstellt und zum Verlag geschickt oder aber die Anzeige wird im Unternehmen komplett erstellt und »Just in Time« Online geschaltet. Die Commerzbank hat beispielsweise mit ihrem Redaktionssystem R-Net die Möglichkeit geschaffen, dass die Personalabteilungen (im Rahmen festgelegter Benutzerrechte) selbständig Stellenanzeigen erstellen und an den zuständigen Chefredakteur weiterleiten können. Dieser prüft die Vorlage und gibt sie per E-Mail an den Fachbereich weiter. Wenn das OK des Fachbereichs vorliegt, wird die Anzeige freigegeben und erscheint wahlweise im Internet oder im Intranet. Für das Verfassen der Anzeigentexte steht eine intuitiv zu bedienende Eingabemaske zur Verfügung. Es kann auch auf ausformulierte Standardvorlagen zurückgegriffen werden, die auf die jeweilige Situation angepasst werden können. Ab dem Moment der Freigabe erscheint die Anzeige nicht nur auf der eigenen Unternehmens-Homepage und bei Jobbörsen bzw. Verlagen, sondern kann auch per E-Mail an Personalberater oder zur Schaltung von Print-Anzeigen weiter geleitet werden (Dahms/Reggentin-Michaelis 2002).

Vorteile

- Zielgruppen-Ansprache durch Wahl des geeigneten Verlages relativ gut möglich.
- Hoher Verbreitungsgrad im Netz, z.B. auch durch Suchmaschinen.
- Inhalte während der Laufzeit jederzeit veränderbar.
- Steuerung des Bewerberaufkommens steuerbar, z.B. durch Herausnahme der Stellenanzeige aus dem Netz.
- Bewerber können von zu Hause 24h/7Tage auf Stellensuche gehen.
- Stellenanzeige kann über längere Zeiträume (mehrere Wochen) im Netz präsent bleiben.
- Schaltung der Anzeige jederzeit möglich.
- Abruf von weiteren Unternehmensinformationen über entsprechende Links möglich.
- Online-Bewerbung bzw. E-Recruiting möglich.

Nachteile

- Nutzungsfrequenz der Website hängt vom Bekanntheitsgrad des Verlages ab.
- Relativ hohe Kosten für Stellenanzeigen.
- Die Pflege des Unternehmensimages nur eingeschränkt möglich.
- Nur Internetbesucher erfahren von der Stellenanzeige.

Fazit: Grundsätzlich können bei Online-Stellenanzeigen dieselben Kern-Überlegungen angestellt werden, wie bei Print-Stellenanzeigen. Der Unterschied besteht lediglich darin, dass die Stellenanzeige über die Website des Verlages bzw. über Suchmaschinen im Internet aufgerufen werden kann. Der Erfolg ist natürlich auch hier davon abhängig, dass sich genügend Bewerber Online bei den Verlagen über interessante Stellenangebote informieren oder eben über Suchmaschinen ihr Glück versuchen.

Die Unternehmens-Homepage

Eine sehr nahe liegende und inzwischen auch viel genutzte Möglichkeit der Personalsuche ist die eigene Homepage. Wenn Unternehmen schon im Internet vertreten sind, und das sollten inzwischen eigentlich alle sein, bietet es sich natürlich auch an, die eigenen Stellenanzeigen auf seiner Unternehmens- oder Human Resources Homepage (HR-Homepage) darzustellen. Voraussetzung für die Wirksamkeit dieser Maßnahme ist, dass die potenziellen Bewerber (z.B. Schüler/Studierende, Absolventen, Young Professionals oder Berufserfahrene) die Adresse der Homepage kennen und diese auch aktiv aufsuchen. Die besseren Karten haben hier zweifellos Unternehmen mit einer starken Marke und einem guten Unternehmesimage. Weniger bekannte oder kleinere Unternehmen haben den Nachteil, dass sie auf diese Weise eine geringere Zahl von potenziellen Bewerbern ansprechen. Um so wichtiger ist es für diese Unternehmen, bei den einschlägigen Suchmaschinen präsent und verlinkt zu sein. Haben die Bewerber die Homepage schließlich gefunden, können sie Informationen über das Unternehmen abrufen, die aktuellen Stellenangebote Online studieren, sich per E-Mail bewerben oder weitere Informationen zur Stelle und zum Bewerbungsvorgang anfordern oder aber sich über ein ins Netz gestelltes Bewerbungsformular direkt bewerben. Einige Unternehmen bieten auch Chat-Möglichkeiten mit Mitarbeitern des Personalwesens an, um die Informationsbedürfnisse der Bewerber möglichst vielfältig bedienen zu können. Die Homepage bietet also eine gute Möglichkeit, die Stellenanzeigen ins Netz zu bringen. Der künftige Erfolg wird aber davon abhängen, wie gut es Unternehmen in Zukunft gelingt, die BewerberInnen dazu zu bringen, die Unternehmens- bzw. HR-Homepage aufzusuchen (nach einer Umfrage von Stellenanzeigen.de nützt sie nur jeder fünfte Bewerber), einen professionellen Eindruck im Umgang mit dem neuen Medium zu hinterlassen und die digitalen Möglichkeiten, die sich bei der Bewerbersuche und -gewinnung bieten, sinnvoll in einen optimierten und ganzheitlichen Beschaffungsprozesses via Internet zu integrieren.

Folgende **Kriterien zur Gestaltung einer HR-Homepage** sollten beachtet werden (Jäger 2002):

Kriterien zur Gestaltung einer HR-Homepage

- **Zugang**, d.h. ist die Website leicht zu finden, mit einem Standard-Rechner zu öffnen und in Deutsch und Englisch vorhanden?
- **Information/Inhalte**, d.h. stehen Information über das Unternehmen, zum Bewerbungsprozess, für alle Zielgruppen, zu allen Stellenangeboten, zur Arbeitsumgebung zur Verfügung?
- **Design**, d.h. ist die Website visuell attraktiv, technisch sinnvoll und konsistent?
- **Navigation**, d.h. ist die Benutzerführung schlüssig und bedienerfreundlich, z.B. durch Sitemaps oder Frame-Navigation?
- **Interaktivität**, d.h. besteht die Möglichkeit sich online zu bewerben, sich differenziert darzustellen, seine Daten sicher zu übertragen, das Informationsangebot zu personalisieren?

Bei einer Untersuchung der Nutzung der Unternehmens-/ HR-Homepage der deutschen Top100 zur Rekrtuierung neuer Mitarbeiter, traten folgende Unternehmen als Spitzenreiter in Erscheinung (Frickenschmidt et al. 2001): Deutsche Bank (Gesamtwert: 74,20%), Siemens (69,18%), Lufthansa (68,31%), Commerzbank (68,17%), Daimler Chrysler (67,75%), HypoVereinsbank (66,39%), Quelle (66,24%), ABB (65,72%), IBM (65,29%), SAP, (65,06%).

Allerdings gibt es noch ein erhebliches Verbesserungspotenzial bei der Nutzung der Homepage, wie eine Untersuchung von 50 Unternehmen (15 gehören zum DAX-30, 35 zum M-DAX) zeigt (Schmeisser et al. 2002):

Auffindbarkeit:
* 92 % sind über www.unternehmen.de zu finden
* 84 % haben auf der Unternehmens-Homepage einen Link zur HR-Website
* 34 % sind über 12 Suchmaschinen gefunden worden

Informationsgehalt
* über 50% der Unternehmen bieten Firmeninformationen an
* 6 % geben den Einstellungstermin bzw. den Veröffentlichungstermin der Anzeige an
* 70 % bieten Informationen über einen möglichen Einstieg ins Unternehmen
* 12 % haben einen FAQ-Service (Frequently Asked Questions) zum Themenbereich Personalwesen/Berufseinstieg

Benutzerfreundlichkeit
* 88 % verzichten bei ihrer Präsentation im Internet auf Fremdworte und interne Abkürzungen
* 52 % verfügen über Freitextsuche
* 96 % beschränken die Anzahl der Menüpunkte auf der Startseite auf 7
* 90 % bieten eine Sitemap oder Frame-Navigation
* 64 % zeigen die gesamte Seite ohne Scrollen an
* 14 % bieten Suchkriterien für Stellenanzeigen an

Interaktion
* 70 % bieten die Möglichkeit der Online-Bewerbung
* 62 % stellen für die Bewerbung ein Online-Bewerbungsformular zur Verfügung
* 1 % bieten bei der Online-Bewerbung einen integrierten Sprachtest an
* 38 % bieten die Möglichkeit, sich direkt auf eine Stellenanzeige zu bewerben
* 44 % weisen darauf hin, dass die digitalen Bewerbungsunterlagen per E-Mail eingeschickt werden können
* 44 % nennen einen konkreten Ansprechpartner, der per E-Mail kontaktiert werden kann.

Es wird wohl noch eine Weile dauern, bis sich auch hier ein einheitlicher Standard durchsetzt. Auch wenn es im Wettbewerb um die besten Kräfte darauf ankommt, sich von anderen Unternehmen abzuheben – nicht zuletzt durch eine besonders gut gelungene Unternehmens- bzw. HR-Homepage – muss dennoch versucht werden, mehr Einheitlichkeit und Standardisierung in das Medium Homepage zu bringen, damit a) die Bewerber sich nicht von Unternehmen zu Unternehmen komplett umstellen müssen und b) damit der Rekrutierungsprozess in den Unternehmen insgesamt standardisierter ablaufen kann und damit seine enormen Verbesserungspotenziale realisieren kann.

Vorteile

- Nutzung der vorhandenen internetbasierten Kommunikationsinfrastruktur.
- Rasche Verbreitung der Stellenanzeige im Netz.
- Inhalte sind während der Laufzeit jederzeit veränderbar.
- Große Reichweite der Stellenanzeige (weltweit).
- Bewerber können von zu Hause 24h/7 Tage auf Stellensuche gehen.
- Keine externer Dienstleister erforderlich, deshalb kostengünstig.
- Anzeige kann solange auf der Homepage bleiben, bis die Stelle besetzt ist.
- Bewerbung per E-Mail-Bewerbung und Online-Bewerbungsformular möglich.
- Schnittstelle zum E-Recruting-Prozess ist möglich.

Nachteile

- Keine systematische Zielgruppenansprache möglich.
- Sehr unterschiedliche Nutzungsfrequenz der Website in Abhängigkeit vom Bekanntheitsgrad des Unternehmens.
- Nur Internetbesucher erfahren von der Stellenanzeige (wobei sich allerdings bei fast allen Bewerbern inzwischen herumgesprochen haben sollte, dass man zunehmend über das Netz Stellen finden kann!).

Jobbörsen

Um eine hohe Verbreitung ihrer Stellenanzeigen im Netz sicherzustellen, nutzen immer mehr Unternehmen Jobbörsen. Eine Jobbörse ist ein elektronischer Marktplatz für Jobsuchende und Jobanbieter. Sie haben sich zwischen das suchende Unternehmen und die potenziellen Bewerber geschoben. Die Idee ist relativ simpel: Bewerber müssen nicht alle Unternehmen »abklappern« oder besser »abklicken«, um herauszufinden, ob irgendwo eine interessante Stelle angeboten wird, sondern müssen lediglich eine oder mehre Jobbörsen aufsuchen und erfahren nach Eingabe der relevanten Suchbegriffe, welches Unternehmen welche Stellen zu besetzen hat.

Es lassen sich folgende **Kategorien von Jobbörsen** unterscheiden:

Klassifikation von
Jobbörsen

- Nicht-Kommerzielle Anbieter (z.B. www.arbeitsamt.de, Angebote von Hochschulen, Verbänden etc.)
- Kommerzielle Anbieter (z.B. www.monster.de, www.jobpilot.de, etc.)

- Allgemeine Jobbörsen (z.B. www.stepstone.de, www.jobscout24.de, etc.)
- Spezialisierte Jobbörsen (z.B. www.jobuniverse.de , www.heise.de (IT-Berufe) etc.)
- Meta-Suchmaschinen ohne eigenes Angebot (z.B. www.jobrobot.de, www.jobszeit.de etc.)
- Online-Stellenmärkte von Tageszeitungen, Magazinen etc. (z.B. www.jobversum.de, www.sueddeutsche.de etc, siehe dazu auch Online-Stellenanzeigen)

Die Unternehmen müssen darauf achten, dass sie ihre Stellen an die Jobbörsen melden, die für ihre Zwecke am geeignetsten sind. Wenn es um einen möglichst hohen Verbreitungsgrad geht, bieten sich die großen Jobbörsen mit hoher Nutzungsfrequenz an. Geht es dagegen um spezielle Jobs, wie z.B. aus dem IT-Bereich oder Hotel- und Gaststättengewerbe, führen kleinere, aber spezialisierte Jobbörsen schneller zum Ziel.

Auswahlkriterien für Jobbörsen

Die wichtigsten **Auswahlkriterien für Jobbörsen** sind:

- Bekanntheitsgrad bei Bewerbern,
- Anzahl der Stellenangebote,
- Spezialisierungsgrad für die gesuchte Zielgruppe,
- Matching-Potenzial (Verhältnis von Stellenangeboten und -gesuchen),
- Reichweite, Länderpräsenz
- Anzahl der Seitenbesucher pro Zeiteinheit,
- Anzahl der Seitenaufrufe pro Zeiteinheit,
- Aktualitätsgrad der Stellenangebote,
- Anzahl pro Bewerber pro Stellenanzeige
- Anzahl von Lebensläufen in der Bewerberdatenbank,
- Preis pro Ausschreibung,
- Kosten pro Bewerber.

Der Bekanntheits- und Nutzungsgrad hängt sehr stark von der Anzahl an Stellenangeboten und sonstigen Serviceleistungen für Bewerber ab. Allein im deutschsprachigen Internet sind zur Zeit zwischen 400 und 500 Jobbörsen (die Zahl schwankt von Publikation zu Publikation) präsent. Viele davon, insbesondere die kleineren Jobbörsen, bedienen spezielle Segmente, wie z.B. die Vermittlung von IT-Spezialisten. Das Arbeitsamt hat mit Abstand das größte Stellenangebot im Netz und einen Marktanteil von über 60%. Während das Arbeitsamt seine Dienste kostenlos anbietet, verlangen die kommerziellen Jobbörsen für jede Veröffentlichung einen Obulus, der aber noch deutlich unterhalb der Preise für Print-Stellenanzeigen liegt. So verlangt z.B. Stepstone für eine Anzeige, die vier Wochen im Netz bleibt, rund 600 Euro, während eine einmalige Anzeige bei der FAZ sich auf rund 10.000 Euro beläuft.

Folgendes **Leistungsspektrum von Jobbörsen** wird derzeit angeboten:

- Veröffentlichen von Stellenangeboten und -gesuchen im Netz.
- Durchführen von Vergleichen zwischen den gespeicherten Bewerber-Lebensläufen in Bewerberdatenbanken und den geforderten Anforderungsprofilen in den Stellenangeboten.
- Elektronische Unterstützung der Unternehmen bei der Abwicklung des gesamten Bewerbermangements.
- Unterstützung des internen Stellenmarktes.
- Bereithalten von Karrieretipps für Bewerber.
- Praktikanten-/Diplomarbeitsbörsen.

Wenn Unternehmen ihre Stellenanzeigen in einer oder mehreren Jobbörse/n anbieten, dann tun sie das natürlich in derselben Hoffnung wie bei Stellenanzeigen in Printmedien: sie hoffen, dass ihre Anzeige von der Zielgruppe gelesen wird und zu einer genügend großen Anzahl von qualifizierten Bewerbungen führt. Diese Hoffnung wird allerdings nicht ohne Einschränkungen erfüllt. Mit der Qualität/Quantität der Ergebnisse von Jobbörsen sind nur 0%/6% der Unternehmen sehr zufrieden, 12%/14% sind zufrieden (1999: waren 77% sehr zufrieden oder zufrieden!), 55%/40% sind neutral, 24%/32% sind unzufrieden und jeweils 8% sind sehr unzufrieden (Jäger 2002). Die Zeitschrift »Personalwirtschaft« hat ein Ranking der größten Jobbörsen in Deutschland veröffentlicht (Karle 2002):

Rang	Jobbörse	Aktive Stellen-Angebote 2002	Aktive Stellen-angebote 2001	Veränderung in %
1	www.Jobversum.de	85000	65000	+ 31%
2	www.Jobpilot.de	38969	34622	+ 13%
2	www.Berufsstartaktuell.de	22877	13500	+ 69%
3	www.Jobonline.de	10700	10100	+ 6%
4	www.Stellenanzeigen.de	10458	36000	- 71%
5	www.Stepstone.de	10400	23000	- 55 %
6	www.Jobs.de	9200	15000	- 39 %
7	www.Monster.de	>8000	k.A.	
8	www.Jobscout24.de	7000	k.A.	
9	www.Jobware.de	5200	8300	- 37 %

Es werden sich insbesondere die Jobbörsen im Markt behaupten, die Bewerbern und Unternehmen den besten, d.h. bedarfsgerechtesten Service bieten. BewerberInnen möchten eigentlich nicht nach einer Stelle suchen, sondern eine Stelle haben, Unternehmen möchten nicht primär eine Stellenanzeige schalten, sondern genügend geeignete Bewerber zur Verfügung haben. Deshalb ist es nur nahe liegend, dass die Jobbörsen auf diesen Bedarf mit Serviceleistungen für Bewerber und Unternehmen antworten. Für BewerberInnen bieten sie die Möglichkeit ihren Lebenslauf in einer **Bewerberdatenbank** zu hinterlegen oder ein Stellengesuch zu veröffentlichen. Darüber hinaus halten sie beispielsweise nach Stellenangeboten Ausschau, die eine hohe Übereinstimmung mit dem Bewerberprofil aufweisen. Auch für Unternehmen durchkämmen die Jobbörsen ihre Bewerberdatenbank nach Kandidaten mit einer guten Übereinstimmung mit dem Anforderungsprofil der zu besetzenden Stelle. Ist die Recherche erfolgreich, werden die Suchenden (BewerberInnen bzw. Unternehmen) mit einer kurzen E-Mail informiert. Voraussetzung für diesen Service ist eine umfangreiche und stets aktuelle Bewerberdatenbank, die es erst ermöglicht, die Bewerberprofile zuverlässig und effizient mit den Anforderungsprofilen zu vergleichen. Selbstverständlich sind BewerberInnen solange anonym, bis sie sich dem suchenden Unternehmen zu erkennen geben. Während dieser Service für BewerberInnen kostenlos ist, müssen Unternehmen für den Zugang zur Bewerberdatenbank bezahlen. Ein weiterer Service sind so genannte **Such-Assistenten**. Der Such-Assistent durchsucht für BewerberInnen alle vorhandenen Stellenangebote und für die Unternehmen alle eingegebenen Lebensläufe nach bestimmten Suchkriterien (Angaben über die Stelle bzw. Angaben zur Qualifikation) und teilt ihnen per E-Mail das Suchergebnis mit. So gut dieser Service im Prinzip ist, er ist nur so gut wie es die eingegebenen Daten sind – und die sind häufig noch stark verbesserungsfähig.

Jobbörsen als Personalberater

Jobware Consult bietet beispielsweise für Unternehmen auch die Direktsuche an, verbindet also die Möglichkeit des Internets mit der klassischen Personalberatung. Die suchenden Unternehmen übermitteln Online das Anforderungsprofil und Jobware Consult macht dann Kandidatenvorschläge.

Jobbörsen als Partner der HR-Bereiche

Auch für Unternehmen bieten die meisten Jobbörsen heute sehr viel mehr als nur das Inserieren von Jobangeboten und Durchsuchen von Bewerberdatenbanken. Sie entwickeln zunehmend ganzheitliches Know-how rund um das Thema Personalarbeit. Unternehmen sind verständlicherweise daran interessiert, möglichst schnell ihre vakante Stelle mit einem geeigneten Kandidaten zu besetzen. Dazu gehört einerseits, wie bereits erwähnt, dass die richtigen Bewerber von der Jobbörse angesprochen werden. Andererseits, und das wird künftig noch deutlich wichtiger werden, sind Unternehmen zunehmend darauf angewiesen, ihren Personalgewinnungs- und -beschaffungsprozess effizienter zu gestalten, wollen sie vermeiden, durch zu viele (leider auch viele nicht in Frage kommende) Bewerbungen von den eigentlich wichtigen Dingen abgehalten zu werden. So ist es nur folgerichtig, dass die Jobbörsen sich auf eine Erweiterung ihres Serviceangebotes einrichten und den Personalabteilungen inzwischen auch bei der Verwaltung des gesamten Bewerbungsablaufes über das Internet behilflich sein wollen. Beispielsweise wirbt Jobscout24 (www.Jobscout24.de) mit mit dem Slogan »Legen Sie Routinearbeiten ad acta, Verwalten Sie

Bewerbungen einfacher übers Internet« und bei jobpilot (www.jobpilot.de) heißt es »Über jobpilot workflow können Sie den gesamten Recruiting-Prozess bequem, schnell und effizient online abwickeln«. Damit sich dieses zusätzliche Dienstleistungsangebot zu einem integrierten »E-Recruiting« entwickeln kann, müssen viele Unternehmen erst noch ihre Hausaufgaben machen. Dazu muss der gesamte Rekrutierungsprozess optimiert und an die Möglichkeiten des Internets angepasst werden (siehe dazu auch Optimierung des Rekrutierungsprozesses ab S. 237).

Aus Bewerbersicht entwickeln sich Online-Jobbörsen mehr und mehr zu Karriereportalen, die neben konkreten Jobangeboten auch jede Menge Tipps und Tricks zur Bewerbung, aber auch für die weitere Karriere im Unternehmen bereithalten. Wer es nicht schon weiß, der erfährt spätestens auf den Karriereseiten einer Jobbörse, wie eine gute Bewerbung aufgebaut sein muss, was Unternehmen bei Interviews häufig fragen, oder wie Assessment Center ablaufen. Dieser Service soll Bewerbern helfen, die Bewerbungssituation so erfolgreich wie möglich zu gestalten. Solche Zusatzleistungen erhöhen in der Regel die Attraktivität einer Jobbörse für die Bewerber und damit auch deren Nutzungsfrequenz bei der Jobsuche. Jobbörsen
als Karriereportale

Bewerber, die auf der Suche nach einem Praktikantenplatz sind, oder ein Unternehmen suchen, bei dem sie ihre Diplomarbeit schreiben können, finden diesen Service inzwischen bei den meisten der bekannteren Stellenbörsen. Für Unternehmen ist dies eine gute Gelegenheit, mit Studenten frühzeitig in Kontakt zu treten und diese in geeigneter Weise an das Unternehmen zu binden. Jobbörsen als Praktikan-
ten-/Diplomantenbörsen

Vorteile

- Zielgerichtete Publikation von Stellenanzeigen, z.B. über spezialisierte Jobbörsen.
- Hohe Reichweite und räumliche Verbreitung der Stellenanzeige (weltweit).
- Gute Markttransparenz.
- Stellenanzeige kann über längere Zeiträume im Netz präsent bleiben.
- Inhalte sind während der Laufzeit jederzeit änderbar.
- Hohe Aktualität bei entsprechender Pflege des Angebots.
- Bewerber können von zu Hause 24h/7 Tage auf Stellensuche gehen.
- Steuerung des Bewerberaufkommens steuerbar, z.B. durch Herausnahme der Stellenanzeige aus dem Netz bei zu vielen Bewerbern.
- Zielgerichtete Suche nach Bewerbern durch Vergleich von Anforderungsprofilen und vorhandenen Bewerberprofilen in der Bewerberdatenbank (»Matching«) möglich.
- Online-Bewerbung bzw. Integration in ganzheitlichen E-Recruitingprozess möglich.
- Kostenersparnis, da Preise noch geringer sind als bei Print-Stellenanzeigen.

- Zeitersparnis, da schnelle Aktion und Reaktion möglich.
- Breites zusätzliches Serviceangebot für Unternehmen und Bewerber-Innen.

Nachteile
- Kaum noch zu überschauendes Angebot von Jobbörsen.
- Zunehmende »Technisierung« der Bewerberansprache.
- Das Finden der richtigen Stelle ist z.T. durch sehr unscharfe Suchkriterien erschwert.
- Stellenangebote sind nicht immer aktuell.
- Qualität der Vorauswahl ist stark abhängig von den eingebauten Filtern.
- Bewerbungsflut von ungeeigneten Kandidaten bei zu niedriger Schwelle.
- Nur Internetbesucher erfahren von der Stellenanzeige.
- Datensicherheit noch nicht durchgängig gewährleistet.
- Für die Suche von Führungskräften weniger geeignet.

Arbeitsamt Online

Das Arbeitsamt (www.arbeitsamt.de) bietet Unternehmen die Möglichkeit, ihre Stellenangebote direkt aus ihrem IT-System heraus per E-Mail an das zuständige Arbeitsamt zu senden. Über den **Arbeitgeber-Informations-Service (SIS)** können die Unternehmen eine Online-Recherche nach bestimmten Suchkriterien (nach Tätigkeiten, persönlichen Daten, Qualifikationen etc.) durchführen und erhalten eine anonymisierte Auflistung potenzieller Kandidaten. Das Arbeitsamt ist mit rund 400.000 offenen Stellen die mit Abstand größte Stellenbörse im Internet.

Vorteile
- Größter Marktanteil an Stellenangeboten.
- Hoher Spezialisierungsgrad der Jobangebote.
- Hohe Nachfrage durch Interessenten.
- Der Service ist kostenlos.

Nachteil
- Analog anderer Jobbörsen.

Personalberater und das Internet

Zunehmend setzen auch Personalberater auf das Internet, um Kandidaten der mittleren Führungsebenen zu rekrutieren. Dies geschieht im Wesentlichen auf zwei Arten. Einerseits beteiligen sich Personalberater inzwischen auch an Jobbörsen, andererseits nutzen sie die eigene Homepage sowie Anzeigen bei Jobbörsen und Online-Fachverlagen um ihren Suchauftrag ins Netz zu stellen. Die Korn/Ferry-Tochter Futurestep (www.futurestep.de) verspricht ihren Auftraggebern drei geeignete Kandidaten für eine offene Position bereits nach nach 30 Tagen. Da

Geschwindigkeit in diesem Geschäft ein klarer Wettbewerbsvorteil ist, können sich Personalberater mit Hilfe des Internets gut profilieren. Futurestep konzentriert sich auf Positionen mit einem Jahreseinkommen zwischen 60.000 und 180.000 Euro. Für eine erfolgreiche Vermittlung verlangt das Unternehmen ein Drittel des Jahresgehalts als Honorar, was dem Branchendurchschnitt der klassischen Direktsuche entspricht. Unternehmen, die Futurestep beauftragen, müssen ein aufwändiges Assessment durchlaufen und dort hausinterne Gepflogenheiten, ihren Führungsstil und die Corporate Identity definieren. Eine Software gleicht dann die Anforderungen der Firmen mit den Vorstellungen und Fähigkeiten der potenziellen Kandidaten ab. Ein weiterer Deutschland-Ableger eines im Ausland schon etablierten Anbieters ist Monster (www.monster.de), hinter der die Personalberatungsfirma TMP Worldwide steht. Leadersonline (www.leadersonline.de) gehört zum Personalberater Heidrick & Struggles. Im Gegensatz zu anderen Karriereseiten ist leadersonline am Aufbau einer Community nicht interessiert, denn nach Art der traditionellen Headhunter wird nur aktiv nach Kandidaten gefahndet. Ähnlich wie Futurestep zielt der Online-Headhunter auf Stellen mit einem Jahreseinkommen von 80.000 bis 150.000 Euro. Interessant sind auch die Angebote der ManagerLounge (www.Manager Lounge.de). Unter dem Motto »Nicht die meisten. Aber die Besten« versteht sich die ManagerLounge als exklusiver Business-Club der seinen Mitgliedern (Bewerber und Unternehmen) eine Reihe von Online- und Offline-Services anbietet. Es werden nur Kandidaten mit einem Jahreseinkommen von über 75.000 Euro und einem nachweislich erfolgreichen beruflichen Werdegang als Mitglied aufgenommen. An der ManagerLounge ist neben dem Süddeutschen Verlag und dem ManagerMagazin auch das Personalberatungsunternehmen Rickert & Partner beteiligt. Da sich Personalberater auf »Executive Search«, also die Suche nach Führungskräften spezialisiert haben, kann die »Technik« in diesem Bereich nur eine unterstützende Funktion übernehmen. Gefragt sind nach wie vor: ein gutes Branchen- und Personenwissen, Diskretion und Gründlichkeit. Wer eine Führungsfunktion zu besetzen hat, sollte sich deshalb überlegen, welcher Personalberater die relevante Szene der potenziellen Kandidaten am besten kennt und somit mit der größten Wahrscheinlichkeit den Geeignetsten präsentiert.

Unternehmen schalten Personalberater aus folgenden Gründen ein (Thom/ Kraft 2000):

Gründe zur Einschaltung
von Personalberatern

- 71,4 % wegen der Anonymität der Kandidatensuche,
- 71,4 % wegen des Netzwerks des Beraters,
- 40,8 % wegen eigener Arbeitsentlastung,
- 36,7 % wegen schnellerer Besetzung,
- 13,3 % wegen des größeren Know-hows des Personalberaters,
- 8,2% wegen der höheren Beurteilungssicherheit,

- 5 % wegen der strategischen Neuausrichung des Unternehmens,
- 1 % wegen der Unvoreingenommenheit des Personalberaters.

Grundsätzlich stehen den Personalberatern zwei Wege offen, ihre Dienstleistung zu erbringen:

- Die anzeigengestützte Suche und
- die Direktansprache

Die anzeigengestützte Suche

Die anzeigengestützte Suche bietet sich an, wenn:

- ein höherer Zeitdruck besteht (Besetzungsdauer rund 2 bis 3 Monate),
- viele potenzielle Kandidaten zu einer Bewerbung motiviert werden sollen.

Folgende Phasen sind bei der anzeigengestützten Suche zu durchlaufen (Bohlken 2002):

Phase 1: Das Briefing beim Klienten
Phase 2: Die Erstellung der Anzeige
Phase 3: Analyse der Bewerbungen und Vorauswahl
Phase 4: Kandidatenauswahl – persönliches Gespräch
Phase 5: Präsentation der Kandidaten.

Die Direktansprache

Eine Direktansprache ist angezeigt, wenn:

- eine Führungsfunktion mit spezifischen Erfahrungen zu besetzen ist,
- hohe Anonymität zu gewährleisten ist,
- das Unternehmen weniger bekannt ist,
- kein hoher Zeitdruck besteht (Besetzungsdauer rund 4–5 Monate).

Folgende Phasen sind bei der Direktansprache zu durchlaufen (Bohlken 2002):

Phase 1: Das Gespräch mit dem Klienten
Phase 2: Positionsbeschreibung und Anforderungsprofil
Phase 3: Der systematische Research
Phase 4: Die Direktansprache
Phase 5: Kandidatenauswahl – persönliches Gespräch.

Um ein wenig Wasser in den Wein zu giessen, sei noch erwähnt, dass bei der Direktsuche nur zwischen 60 und 70 Prozent der Vermittlungen auch langfristig halten (Hasemann 2002).

Vorteile

- Diskrete und anonyme Suche.
- Gute Branchen- und Personenkenntnis.
- Individuelle Beratung.
- Methodenmix einsetzbar (anzeigengestützte Suche, Direktansprache).
- Eignungsdiagnostisch vorausgewählte Kandidaten.
- Weniger Zeitaufwand der internen Rekrutierungskräfte.

- Relativ hohe Kosten.
- Eingeschränkter Suchbereich.
- Erfolgsquote im Langfristbereich.

Nachteile

Teilprozess: Kontaktaufnahme des Bewerbers

Wie können interessierte Bewerber in Kontakt mit dem suchenden Unternehmen kommen?

Die Unternehmen stellen nicht nur ihre Stellenangebote ins Netz, sondern nutzen zunehmend auch die technischen Möglichkeiten dieses Mediums zur Abwicklung des Bewerbungsvorgangs. Hierfür stehen folgende Möglichkeiten zur Verfügung: die Bewerbung per E-Mail und die Bewerbung per Online-Bewerbungsformular.

Die einfachste Form der Bewerbung im Zeitalter des E-Recruiting erfolgt per E-Mail. Die Stellenanzeigen auf der Unternehmens-Homepage oder in Jobbörsen haben häufig einen Link zur E-Mail-Funktion. Die Bewerbungsunterlagen können als digitaler Anhang mit dem Anschreiben elektronisch an das Unternehmen gesendet werden. Diese Bewerbungsform macht dann Sinn, wenn Unternehmen die Bewerbung ohne Medienbrüche, z.B. Ausdrucken der Bewerbungsunterlagen, weiter bearbeiten und auf diese Weise Effizienzpotenziale realisieren können.

Bewerbung per E-Mail

Um eine gewisse Standardisierung in den Bewerbungsprozess und die Vorselektion zu bekommen, verwenden viele Unternehmen inzwischen ein Online-Bewerbungsformular, in das die Bewerber ihre Angaben zur Person, Ausbildung, Berufliche Erfahrung, Spezialkenntnisse etc. eingeben müssen. Je mehr dabei auf einheitliche und klar definierte Schlagworte zur Beschreibung der Qualifikation gesetzt wird, desto zuverlässiger kann ein automatischer Abgleich mit dem Anforderungsprofil der Stelle vorgenommen werden. Ein weiterer Vorteil ist, dass die systematisch erfassten Daten zur Weiterverarbeitung in das unternehmenseigene IT-System übernommen werden können und damit zu einer Aufwandsreduzierung (z.B. weniger Eingaben) und einer Vermeidung von Fehlern (z.B. Übertragungsfehler) führen.

Bewerbung per Online-
Bewerbungsformular

Teilprozess: Vorauswahl geeigneter Kandidaten

Um die Bewerbermenge auf den Personenkreis einzugrenzen, der die Grundvoraussetzungen (»Hard Facts«) einer Stelle erfüllt (z.B. Sprachkenntnisse, EDV-Erfahrung, Alter, Studium etc.), kann vor die eigentliche Bewerbung ein so genanntes »Bewerber-Screening« geschaltet werden. Den Bewerbern werden eine Reihe von Fragen gestellt wie z.B. » Sprechen Sie verhandlungssicheres Englisch«? Den Antwortalternativen (meistens Ja/Nein) werden jeweils Entscheidungsparameter zugeordnet, z.B. ob es sich um ein KO-Kriterium handelt oder falls dies nicht der Fall ist, wie viele Punkte die jeweilige Antwort bekommt. Nach Beantwortung aller Fragen kann dann anhand des Punktestandes bzw. dem Nichterfüllen eines KO-Kriteriums entschieden werden, ob der Kandidat die erste Hürde überwunden hat, oder aber frühzeitig aus dem Bewerbungsprozess ausscheidet. Da aufgrund der technischen Möglichkeiten des Internets der Bewerbungsprozess für die Bewerber einfacher geworden ist – sie können mit einem Klick ihre Bewerbung an sehr viele Unternehmen gleichzeitig versenden – kann dies bei den Personalabteilungen zu einer regelrechten Bewerbungsschwemme mit vielen ungeeigneten Bewerbungen führen. Ein guter Screening-Filter ist deshalb die richtige Maßnahme gegen den administrativen Overkill. Allerdings ist hier vor Aktionismus zu warnen. Wenn es nicht gelingt, ein in sich schlüssiges System von Anforderungskriterien in allen Auswahlstufen zu implementieren, ist der Show-Effekt von Screening-Tools größer als der eignungsdiagnostische Auswahl-Effekt.

Teilprozess: Online-Spiele für die Kandidaten

Um die Aufmerksamkeit zu erhöhen und Interesse zu wecken, versuchen Unternehmen vermehrt, über Online-Spiele und Web-Assessments in Kontakt mit interessanten Kandidaten zu kommen. » Online-Spiele sind eine webbasierte Verknüpfung von Assessment-Center-Elementen und deren Einbettung in eine spielerische Rahmenhandlung zur zielorientierten Personalbeschaffung, mit der Möglichkeit der Dokumentation und des Matchings der Leistungsergebnisse (Hard und Soft Skills) sowie der Option zum automatisierten Bewerber-Screening und -Ranking zur Unterstützung und Absicherung der Auswahlentscheidung.« (Beck 2002, S. 212).

Siemens ist einer der Vorreiter im Bereich Recruting-Spiele. Der Geschäftsbereich Qualifizierung und Training (SQT) ging im Juni 2000 mit dem Spiel »Challenge Unlimited« unter der Adresse www.challenge-unlimited.de für insgesamt 6 Wochen Online (Wild et al. 2001). Es versetzt die Bewerber in die Rolle eines CyberConsultants in der Fantasiestadt »Nouvopolis«. In einer zweistündigen Reise gilt es, verschiedene Abenteuer zu überstehen. Die Palette an Herausforderungen reicht vom Flug durch einen Asteroidengürtel bis hin zur Bedrohung der Stadt durch einen Meteoriden. Während des Spiels müssen die Bewerber Assessment Center-Aufgaben absolvieren, die insgesamt 6 Kernkompetenzen spielerisch erfassen sollen: Kreativität, Lernfähigkeit, Kundenorientierung, Teamfähigkeit, Ergebnisorientierung und Initiative. Die dahinterstehenden Testverfahren wurden von der Ruhr-Universität Bochum unter Leitung von Prof. Wottawa entwickelt. Die Ergebnisse lassen aufhorchen.

Innerhalb der Laufzeit von sechs Wochen fanden sich statt der erwarteten 2.000 Teilnehmer 12.867 Mitspieler ein. Davon ließen über 10.000 Spieler ihr persönliches Profil zur Prüfung durch die Recruiter frei schalten. Da aus Mitspielern nur dann Bewerber werden können, wenn möglichst viele bereit sind, ihr Profil an die Unternehmen weiterzuleiten, dann kann man mit dem erreichten Ergebnis sehr zufrieden sein. Von den 10.000 zur Verfügung stehenden Bewerber-Profilen entsprachen 1.827 ziemlich genau der anvisierten Zielgruppe. Es versteht sich von selbst, dass solche durch den Computer ermittelten Eignungen einer weiteren Überprüfung durch die Personal- und/oder Fachabteilungen bedürfen. Ein unter den Gesichtspunkten des Personalmarketings wichtiger Vorteil eines solchen Spiels ist darin zu sehen, dass offensichtlich auch Personen angesprochen werden, die sonst nicht als Bewerber in Erscheinung treten würden. Neben einer innovativen Ansprache potenzieller Bewerber, lässt sich durch ein Online-Spiel mit Assessment-Charakter eine optimierte Vorselektion über das Internet durchführen. Diese hilft den Kreis derjenigen einzugrenzen, die zum Einstellinterview eingeladen werden. Kosteneinsparungen, etwa für Fahrtkosten oder die Nicht-Durchführung überflüssiger Interviews, sowie weniger frustrierte Bewerber und entlastete Personalabteilungen sind das Ergebnis. Natürlich ist auch in diesem noch relativ neuen Teil der Rekrutierungspraxis »nicht alles Gold was glänzt«. Zu klären wird insbesondere sein, wie sichergestellt werden kann, dass die Aufgaben tatsächlich von den Personen bewältigt wurden, die ihr Profil eingereicht haben (und nicht von anderen), wie verhindert werden kann, dass sich die Aufgaben und Musterlösungen im Netz schnell verbreiten und damit eignungsdiagnostisch wertlos werden oder auch wie sich der Aufwand zur Entwicklung und Pflege eignungsdiagnostisch fundierter Online-Spiele in eine angemessene Balance von Ökonomie und Methodologie bringen lässt. Online-Spiele oder Web-Assessments besitzen sicherlich das Potenzial, einerseits Bewerber für ein Unternehmen zu interessieren und zur Bewerbung zu motivieren und andererseits den Prozess der Vorselektion besser zu formalisieren und zu objektivieren. Es bleibt aber abzuwarten, wie sich die Akzeptanz dieser spielerischen Bewerbungsaktivitäten bei Bewerbern entwickelt.

Praxis des E-Recruiting – Anspruch und Wirklichkeit

Theoretisch ist das Internet ein perfektes Medium um Stellenangebot und – nachfrage auf effiziente Weise in Übereinstimmung zu bringen. Betrachten wir alleine die enormen zeitlichen Vorteile, die ein internetbasierter Such- und Bewerbungsvorgang im Vergleich zur klassischen Print-Stellenanzeige mit sich bringt, dann dürften eigentlich alle Kritiker verstummen. In einer Studie von e-fellows.net und McKinsey (zitiert in v. Campenhausen/Hies 2002) wurde die Zeit bis zum Vorliegen von 50 guten

Kandidaten für beide Beschaffungswege erfasst. Während das Schalten von Print-Anzeigen mit herkömmlicher Bewerbung und klassischer Vorauswahl in der Personalabteilung 4 bis 8 Wochen in Anspruch nahm, war der internetgestützte Suchprozess bereits nach 2 bis 10 Tagen erfolgreich. Auch bezüglich anderer Leistungs-Kriterien war die Suche im und mit dem Internet erfolgreicher als ohne Internet, z.B. bei den Schriftlichen Bewerbungen (15 vs. 12), bei der Bewerberreduktion durch telefonische bzw. Online-Auswahl (5 vs. 7), der Anzahl von Bewerbungsgesprächen (3 vs. 5) sowie den Gesamtkosten pro Bewerber (Euro 2.005 vs. 3.290). Dies ist sicherlich noch keine repräsentative Untersuchung, sondern eine Einzelfallbetrachtung, dennoch ist erkennbar, dass das neue Medium hohe Verbesserungspotenziale in sich birgt, wenn es konsequent genutzt wird. Aber zwischen Wunsch und Wirklichkeit klafft in der Praxis immer noch eine große Lücke, wie einige Untersuchungen belegen. In einer von der TU Berlin für die »Welt« durchgeführten Studie zum »Personal-Recruiting im Netz« zeigte sich, dass viele Unternehmen im Internet zwar eine gute Gelegenheit sehen, ihre Zielgruppe optimal anzusprechen, aber dabei meist auf halbem Wege stehen bleiben. 38 % der untersuchten Firmen beantworteten eine allgemeine Anfrage (»Bitte teilen Sie mir mit, wann Ihr Unternehmen in der kommenden Zeit auf Messen oder Recruiting-Veranstaltungen vertreten ist«) eines Bewerbers nicht innerhalb von 6 Tagen. Stellen Bewerber gar konkrete Fragen (»Ist bei Ihnen eine Initiativ-Bewerbung möglich«), gab es nur bei einem Viertel der Unternehmen überhaupt eine Antwort. Die Mehrzahl der Unternehmen hielt es nicht einmal für erforderlich, auf solche Anfragen überhaupt zu antworten. Nur 5% der Unternehmen gaben konkrete Tipps zur Vorbereitung auf die Bewerbungsgespräche und 16% gaben Hinweise zu den Karrieremöglichkeiten. Auch das Thema Datensicherheit scheint noch nicht optimal gelöst zu werden, denn 95% der Unternehmen übermitteln persönliche Daten ungesichert über das Internet. Eine zweite Studie wirft ein etwas besseres Licht auf die Praxis des E-Recruiting (Frickenschmidt et al. 2001): Immerhin 63 % der Unternehmen reagieren auf eine Online-Bewerbung innerhalb von 24 Stunden (entspricht dem Erwartungswert),weitere rund 4% melden sich nach 72 Stunden, 17% nach mehr als 72 Stunden und 15% überhaupt nicht. Wenn man bedenkt, das die Lebensdauer von Online-Bewerbungen nur wenige Tage beträgt, so wird deutlich, dass eine zügige Beantwortung (innerhalb von 24 h) internetbasierter Bewerbungen extrem wichtig ist. Wer zu spät kommt, den bestraft der Bewerber – und die Konkurrenz freut sich!

Fazit zu E-Recruiting: Folgende Punkte sollten die Verantwortlichen bei der Weiterentwicklung des E-Recruitings beachten:

- Das Internet ist nicht Zweck, sondern Mittel.
- Die richtige Frage lautet nicht: Was ist mit Hilfe des Internet alles machbar?, sondern: Was kann ich von den Dingen, die bei der Perso-

nalsuche und -gewinnung zu tun und wichtig sind, mit Hilfe des Internets besser machen als ohne seine technischen Möglichkeiten?

- Die komparativen Vorteile des Internets müssen zwingend als »Assets« genutzt werden, sonst wenden sie sich gegen Sie. Wenn Aspekte wie Aktualität, Schnelligkeit oder Bequemlichkeit von den Bewerbern nicht wirklich erlebt werden, werden sie in Zukunft Ihren Internetauftritt meiden.

- Die elektronischen Möglichkeiten von E-Recruiting müssen zu Ende gedacht und gebracht werden. Stellenanzeigen im Internet sind zwar schön und gut, Bewerbungen per E-Mail oder Online-Formular ganz nett, aber wenn im Unternehmen die Unterlagen wieder ausgedruckt und manuell weiterbearbeitet werden, kann von einem effizienten Rekrutierungsprozess noch keine Rede sein.

- Wenn E-Recruiting mehr sein soll als nur modern, sollten Unternehmen rasch mit der Weiterentwicklung zu einem professionellen, effektiven und effizienten Tool im Rahmen eines ganzheitlichen Recruitingprozesses beginnen. Dabei sollten die Interessen der Kunden (Bewerber) gleichermaßen berücksichtigt werden, wie die ablauftechnischen Effizienzsteigerungsmöglichkeiten.

- Welcher Weg der Personalsuche und gewinnung auch immer gewählt wird, er muss sich am erreichten Erfolg messen lassen. Der Erfolg lässt sich hier relativ einfach über die Anzahl der eingegangenen qualifizierten Bewerbungen definieren. Es geht ausdrücklich nicht um die absolute Anzahl von Bewerbungen, sondern nur um solche, die tatsächlich auch Erfolg versprechend sind. In jeder guten Personalmarketingkampagne ist deshalb eine erste Vorauswahl (z.B. durch den Bewerber selbst, durch Online-Spiele/Tests, durch den Abgleich von Anforderungs- und Stellenprofilen etc.) eingebaut.

Theoretischer Hintergrund der Personalauswahl

Das Problem der Personalauswahl ist so alt wie die Menschheitsgeschichte. Bereits im Buch der Richter (7,1–8) wird ein Auswahlproblem überliefert: Als Gideon ein Heer gegen die Medianiter zusammenstellte, war die Zahl der Bewerber so groß (»des Volkes ist zu viel das mit dir ist«), dass er einen Auswahltest durchführen musste. »Wer blöde und verzagt ist, der kehre um!«, lautete die erste Auswahlhürde. Dadurch wurden die Anwärter auf die Hälfte reduziert. Im nächsten Schritt bestand die Aufgabe darin, aus den Fluten eines Flusses zu trinken. Gottes Anweisung an Gideon lautete: »Wer mit seiner Zunge Wasser leckt wie ein Hund, den stelle besonders, desgleichen wer auf seine Knie fällt, zu trinken«. Wie wir wissen, hat sich dieses Auswahlverfahren für den verfolgten Zweck hervorragend bewährt. Gideon hat mit seinem zusammengestellten Heer die Schlacht gegen die Medianiter als strahlender Sieger verlassen.

Allerdings käme vermutlich kein Personalverantwortlicher unserer Tage auf die Idee, mit demselben Verfahren Personalauswahl zu betreiben. Warum? An die Mitarbeiter, die heute ausgewählt werden, stellt das Management andere Anforderungen als damals. Die Schlachten werden nicht mehr mit Schwertern, sondern mit Qualitäts-, Kosten- und Zeitvorteilen auf globalen Märkten geschlagen. Multimediale Datenautobahnen, Lean Management, Business Reengineering und -transformation, Change Management, Benchmarking, Total Quality Management und Kaizen sind die zeitgenössischen »Kampfgeräte« – besser: Managementmethoden –, mit denen heutige Schlachten gewonnen werden. Um diese Managementkonzepte erfolgreich in die Praxis zu übertragen und »zum Laufen« zu bringen, muss das Verhältnis von Führung und Geführtwerden, von Führungskräften und Mitarbeitern, völlig neu definiert werden. Allein dadurch entsteht für die Personalauswahl eine enorme Herausforderung. Was von Führungskräften und Mitarbeitern in modernen Organisationen verlangt wird, hat nur noch wenig mit dem zu tun, was wir jahrzehntelang gewohnt waren. Hier stellt sich die Frage: Wie gut können wir mit den verfügbaren Auswahlverfahren feststellen, ob Bewerber neben den fachlichen Anforderungen auch den zunehmenden persönlichen Anforderungen gewachsen sind?

I. Eignungsdiagnostische Bedeutung von Personalauswahlverfahren

Die Notwendigkeit der Personalauswahl ergibt sich aus der unterschiedlichen Verteilung physischer und psychologischer Eigenschaften bei verschiedenen Menschen. Kurz: Nicht jeder Bewerber ist gleich gut für jede zu besetzende Funktion geeignet. Gäbe es keine Unterschiede in den Fähigkeiten, Fertigkeiten, Einstellungen und Verhaltensweisen, könnten wir davon ausgehen, dass alle Bewerber die zu besetzende Stelle gleich gut bewältigen können. Forschungsergebnisse weisen aber eindeutig nach, dass mit zunehmender Aufgabenkomplexität die individuellen Leistungsunterschiede zunehmen (Hunter et al. 1990, Schmidt & Hunter 1998). Dadurch, dass Funktionen in Abhängigkeit von der Eignung der Mitarbeiter unterschiedlich gut bewältigt werden können, entsteht die Notwendigkeit, unter den Bewerbern eine Auswahl zu treffen und zu versuchen, die BewerberInnen auszuwählen, die für die Stelle am besten geeignet sind. Da man aus Zeit-, Kosten- und Sicherheitsgründen die Auswahl nicht erst treffen kann, nachdem man die Stellenanwärter mehrere Wochen bei der Arbeitsausführung beobachten konnte, muss die Eignung für die Stelle aufgrund von verfügbaren Informationen (Prädiktoren) vorhergesagt werden. Ziel eines Auswahlverfahrens ist demzufolge die Identifikation aussagekräftiger Prädiktoren, d.h. personenbezogener Eignungsmerkmale und deren zuverlässige »Messung«.

1. Beurteilungskriterien für Personalauswahlverfahren

Im Laufe der Zeit wurde eine Vielzahl von vermeintlichen Eignungsmerkmalen im Rahmen von Auswahlverfahren herangezogen – mit unterschiedlichem Erfolg, wie wir noch sehen werden. Darunter finden sich sowohl so genannte »harte Faktoren« wie z.B.: Ausbildungsdaten (Berufsausbildung, Studiengang, Abschlussnoten etc.), Berufserfahrung (bisherige Funktionen, Dauer der Berufserfahrung, Arbeitszeugnisse, Referenzen etc.) und biographische Merkmale (Alter, Familienstand, Geschlecht etc.) als auch »weiche Faktoren« wie z.B.: Abstraktionen von kognitiven Kompetenzen (Intelligenz, Konzentration, Aufmerksamkeit etc.), sozialen Kompetenzen (Kontaktfähigkeit, Teamfähigkeit, Mitarbeiterführung etc.), persönlichen Kompetenzen (Belastbarkeit, Initiative, Frustrationstoleranz etc.) und konkreten Verhaltensweisen in anforderungsbezogenen Situationen. Je nach dem, auf welche Merkmale bei der Konstruktion eines Auswahlverfahrens der Schwerpunkt gelegt wird, haben wir es entweder mit der Analyse der Bewerbungsunterlagen, biographischen Fragebogen, psychologischen Testverfahren (Intelligenz-, Leistungs- oder Persönlichkeitstests), Interviews oder Assessment Center zu tun. Wer glaubt, dass auch die Handschrift Relevantes über die Eignung eines Bewerbers preis gibt, vertraut graphologischen Gutachten. Gäbe es nicht die Gütekriterien Objektivität (Unabhängigkeit der »Messwerte« vom Auswählenden), Reliabilität (= Zuverlässigkeit, d.h. Wiederholbarkeit der Messung zu einem späteren Zeitpunkt mit gleichem Ergebnis) und Validität (= Gültigkeit, d.h. Nachweis einer erfolgreichen Prognose des Berufserfolges), könnte im Rahmen der Personalauswahl jedes noch so absurde Kriterium bzw. Kriterienbündel zur Vorhersage der Eignung herangezogen werden.

Wenn Sie wissen möchten, welches Auswahlverfahren seinen Zweck am besten erfüllt, also am besten den künftigen Berufserfolg vorhersagen kann, können Sie sich anhand seiner prognostischen Validität, einem wissenschaftlichen Indikator für die Aussagekraft einer Auswahlmethode, einen ersten Überblick über die zur Verfügung stehenden Auswahlmethoden verschaffen.

Prognostische (prädiktive) Validität

Je besser mit Hilfe eines Auswahlverfahrens der künftige Berufserfolg vorhergesagt werden kann, desto größer ist seine prognostische Validität und desto sinnvoller ist auch sein Einsatz bei der Personalauswahl. Untersuchungen haben gezeigt, dass die Verwendung von Auswahlverfahren mit höherer prädiktiver Validität zu substantiellen Verbesserungen der Mitarbeiterleistung führen (Hunter et al. 1990).

Maß für die Aussagekraft einer Auswahlmethode ist ihre prognostische Validität. Darunter versteht man die Korrelation zwischen den »Messwerten« der verwendeten Auswahlmethode und den »Meßwerten« des Berufserfolges (z.B. Vorgesetztenbeurteilung, Gehaltsentwicklung etc.).

Der Zusammenhang zwischen Auswahlmethode (Prädiktor) und Berufserfolg (Außenkriterium) wird durch Korrelationskoeffizienten ausgedrückt. Diese können zwischen $r = +1{,}0$ und $r = -1{,}0$ schwanken. Ein Korrelationskoeffizient von $r = +1{,}0$ würde bedeuten, dass mit Hilfe einer bestimmten Auswahlmethode eine perfekte Prognose nach dem Prinzip »Je größer der Testwert, desto besser der Berufserfolg«, möglich wäre. Ein Wert von $r = -1{,}0$ bedeutet, dass ein negativ perfekter Zusammenhang besteht, dass also diejenigen mit den höchsten Punktwerten im Auswahlverfahren am schlechtesten im Beruf klarkommen. Korrelationen von $r = 0{,}0$ sagen aus, dass keinerlei Zusammenhang zwischen Prädiktor und Außenkriterium besteht.

Die meisten eingesetzten Auswahlverfahren bewegen sich im Bereich zwischen $r = 0{,}10$ und $r = 0{,}50$. Alle Korrelationskoeffizienten zwischen $r = 0{,}30$ und $r = 0{,}50$ sind schon als gut einzustufen, alle zwischen $r = 0{,}50$ und $r = 0{,}70$ sind sehr gut und alle, die darüber liegen, Illusion.

Wie Sie sehen, darf man von Auswahlverfahren nicht zu viel erwarten – schon gar keine Unfehlbarkeit, da

- der Mensch (zum Glück) nicht »voll durchschaubar« ist,
- die Auswahlverfahren z.T. auch noch methodische Mängel haben und
- unsere Linearitätsannahmen (»Je höher der Punktwert, desto besser der Berufserfolg«), die hier unterstellt werden, nur grobe Annäherungen der »wahren« Zusammenhänge sind.

Soziale Validität

Neben der prognostischen, also einer auf empirischen Zusammenhängen beruhenden Validität, sollte bei der Beurteilung eines Auswahlverfahrens auch seine soziale Validität eine wichtige Rolle spielen (Schuler/ Stehle 1983). Zur Beurteilung der sozialen Validität eines Auswahlverfahrens stehen uns keine Messwerte, sondern folgende qualitativen Kriterien zur Verfügung:

- **Gegenseitige Information**, d.h. nicht nur Informationen abfordern, sondern offen zu informieren,
- **Partizipation**, d.h. stärkere Einbindung der BewerberInnen in das Auswahlverfahren,
- **Transparenz**, d.h. die Bedeutung der eingesetzten Verfahren und den Ablauf offen legen, Urteilskriterien und -maßstäbe nachvollziehbar machen,
- **Urteilskommunikation**, d.h. offenes, verständliches Feedback über das Abschneiden im Auswahlverfahren geben.

Ziel sollte immer sein, die Auswahlsituation so zu gestalten, dass sie zu einer für den Bewerber akzeptablen sozialen Situation wird. Auswahlverfahren sind immer auch Ausdruck eines in der Organisation vorherrschenden Menschenbildes. Wer den verantwortungsbewussten Mitarbeiter fordert, ihn aber in der Auswahlsituation unmündig behandelt, hat nicht nur ein Glaubwürdigkeitsproblem, sondern wird auch ein echtes Beschaffungsproblem bekommen.

2. Eignungsdiagnostische Aussagekraft der verbreitetsten Personalauswahlverfahren

Einstellinterviews

Welche Auswahlmethoden stehen dem Anwender zur Verfügung und wie zuverlässig lässt sich damit Berufserfolg vorhersagen?

In den meisten Unternehmen ist das Einstellinterview die am häufigsten eingesetzte Auswahlmethode (Schulz et al. 1985, Miner/Miner 1978, Schneider/Schmitt 1986, Posthuma et al. 2002). Diese Methode erfreut sich gleichermaßen bei Unternehmen wie Bewerbern großer Wertschätzung (Fruhner/Schuler 1987). Allerdings stehen empirische Befunde über

die Aussagekraft des herkömmlichen Interviews in einem krassen Miss-
verhältnis zu seiner Beliebtheit bei Personalchefs und Bewerbern (Ulrich/
Trumbo 1965, Wright 1969, Neuberger 1974, Bouchard 1976, Triebe 1976).
Untersuchungen zeigen, dass der Zusammenhang zwischen Interviewurteil und dem späteren Berufserfolg davon abhängig ist, ob es sich um
unstrukturierte oder strukturierte Interviews handelt. Metaanalytische
Untersuchungen über alle vorliegenden Validitäts-Studien kommen relativ übereinstimmend zu dem Schluss, dass unstrukturierte Interviews einen geringen Beitrag zur Vorhersage künftigen Berufserfolges leisten, ihre
Korrelationen liegen zwischen r= 0,14 bis r= 0,30, während strukturierte
Interviews Korrelationen zwischen Interviewergebnis und späterem Berufserfolg von r = 0,35 bis r = 0,63 aufweisen und damit den Anforderungen an ein eignungsdiagnostisches Instrument voll entsprechen (Reilly/
Chao 1982, Hunter/Hunter 1984, Wiesner/Cronshaw 1988, Wright et al.
1989, Marchese/Muchinsky 1993, McDaniel et al. 1994, Huffcutt/Arthur
1994, Campion et al. 1997, Schmidt/Hunter 1998, Buckley/Russel 1999,
Posthuma et al. 2002).

Im weiteren Verlauf dieses Buches wird deshalb nur die Methode des
strukturierten Interviews weiter verfolgt und anhand konkreter Beispiele
aufgezeigt, wie daraus eine zuverlässige und vor allem auch praktikable
Auswahlmethode entwickelt werden kann.

Abbildung 8:
Aussagekraft verschiedener
Personalauswahlverfahren,
Quellen: *Reilly/Chao 1982,
**Hunter/Hunter 1984

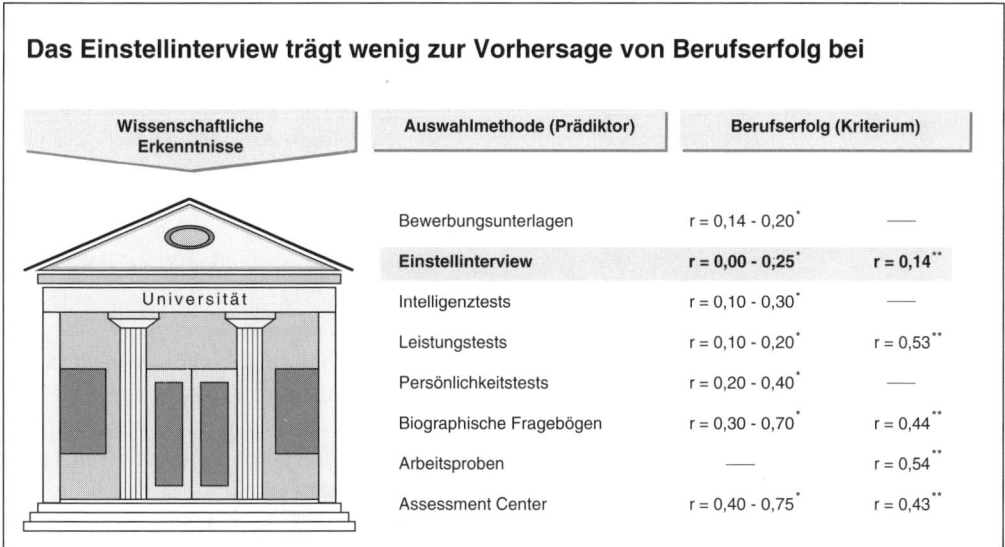

Das Einstellinterview trägt wenig zur Vorhersage von Berufserfolg bei

Wissenschaftliche Erkenntnisse	Auswahlmethode (Prädiktor)	Berufserfolg (Kriterium)
	Bewerbungsunterlagen	r = 0,14 - 0,20*	—
Universität	**Einstellinterview**	**r = 0,00 - 0,25***	**r = 0,14****
	Intelligenztests	r = 0,10 - 0,30*	—
	Leistungstests	r = 0,10 - 0,20*	r = 0,53**
	Persönlichkeitstests	r = 0,20 - 0,40*	—
	Biographische Fragebögen	r = 0,30 - 0,70*	r = 0,44**
	Arbeitsproben	—	r = 0,54**
	Assessment Center	r = 0,40 - 0,75*	r = 0,43**

Die Bewerbungsunterlagen zählen zweifellos zu den meistgenutzten Informationsquellen bei der Personalauswahl (Schuler 1989). Bewerbungsunterlagen werden häufig nach formalen Kriterien wie »Zustand und
Vollständigkeit der Unterlagen«, sowie inhaltlichen Aspekten wie z.B Ausbildung, Berufserfahrung, Spezialkenntnisse etc. gesichtet. Die prognos-

Bewerbungsunterlagen

tische Validität dieser Informationsquelle liegt nach den bisherigen Untersuchungen zwischen r = 0,14 und 0,20 (Reilly/Chao 1982). Die Bewerbungsunterlagen allein tragen also nur mäßig zur Prognose von Berufserfolg bei. Die begrenzte Aussagekraft von Bewerbungsunterlagen verwundert insgesamt wenig, da die Auswertung der Informationen in der Regel eher unsystematisch erfolgt. Durchschnittlich werden 10 Minuten für die Durchsicht von Bewerbungsunterlagen aufgewendet (Mohr 1990). Die prognostische Validität der Bewerbungsunterlagen lässt sich jedoch bei systematischer Auswertung verbessern (Zedeck/Cascio 1984).

In der Praxis spielen die Bewerbungsunterlagen hauptsächlich im Rahmen der Vorauswahl eine wichtige Rolle. Darüber hinaus sind sie eine wichtige Informationsquelle für die Vorbereitung auf Einstellinterviews.

Psychologische Tests

Unter einem psychologischen Test versteht man »ein wissenschaftliches Routineverfahren zur Untersuchung eines oder mehrerer empirisch abgrenzbarer Persönlichkeitsmerkmale mit dem Ziel einer möglichst quantitativen Aussage über den relativen Grad der individuellen Merkmalsausprägung« (Lienert 1961). Psychologische Tests werden eingesetzt, um das Verhalten oder bestimmte Leistungen von Bewerbern unter kontrollierten Bedingungen zu beurteilen. Im Zusammenhang mit Personalauswahlentscheidungen werden vor allem Tests der allgemeinen Intelligenz und spezieller Intelligenzkomponenten wie z.B. schlussfolgerndes Denken, Merkfähigkeit, räumliches Vorstellungsvermögen, verbales Verständnis, Wortflüssigkeit etc., Tests zur Prüfung allgemeiner Fähigkeiten, wie Aufmerksamkeit und Konzentration, sowie spezieller Leistungen wie sensorischer und motorischer Funktionen, technisches Verständnis etc., eingesetzt. Eine weitere Gruppe psychologischer Tests bilden die so genannten Persönlichkeitstests. Erfasst werden u.a. Dimensionen wie Leistungsmotivation, Interessen, Einstellungen, Angst, Extraversion etc. Die psychologischen Tests erfreuten sich in den sechziger und siebziger Jahren großer Beliebtheit, als es darum ging, große Einstellmengen zu bewältigen. Heute spielen Eignungstests nur noch eine untergeordnete Rolle als Selektionsverfahren. Außer methodischen Problemen und mangelnder Akzeptanz bei Bewerbern hat diese Kategorie von Auswahlverfahren auch mit ihrer zunehmenden Verbreitung durch »Testknacker« und Testvorbereitungsseminaren zu kämpfen (v. Paczensky 1976, Hesse/Schrader 1985). Dadurch werden die sowieso schon fraglichen Aussagen noch fragwürdiger und verleiten unversehens zu einem »Blindflug durch die Seele«. Wer sich mit psychologischen Tests intensiver beschäftigen möchte, als dies hier geschieht, wird auf einschlägige Standardwerke verwiesen (Lienert 1969, Brickenkamp 1974, Groffmann/Michel 1982, 1983).

Intelligenztests

Auf der Grundlage verschiedener Intelligenztheorien werden Tests angeboten, die vorgeben, Intelligenz zu messen. Damit ist Intelligenz häufig das, »was der Test misst«. Der verbreitetste deutschsprachige Intelligenztest ist der Intelligenz-Struktur-Test 70 (IST 70) (Amthauer 1973). Die

Normierung dieses Tests wurde 1970 vorwiegend an Schülern vorgenommen. Als Kriterium wurde Schulerfolg zugrundegelegt. Dadurch ist die Übertragung der Ergebnisse auf die gegenwärtige Realität Erwachsener mehr als fragwürdig. Intelligenztests liefern zwar noch brauchbare Anhaltspunkte zur Vorhersage von Schulerfolg, aber tragen nur wenig zur Vorhersage von Berufs- bzw. Managementerfolg bei. Die ermittelten Korrelationen bewegen sich zwischen r = 0,10 und 0,30 (Jäger 1986, Schmitt et al. 1984). Tests zur Messung der allgemeinen geistigen Fähigkeiten (General Mental Ability, GMA) haben sich in den USA allerdings als sehr valide Auswahlmethode erwiesen. Die ermittelte prognostische Validität liegt bei r = 0,51 (Hunter 1980, Schmidt/Hunter 1998).

Leistungstests werden eingesetzt, wenn es um die Erfassung ganz spezifischer Fähigkeiten der Wahrnehmung, des Denkens und des Handelns geht, wie z.B: Konzentration (z.B. d2-Test, KLT, KVT etc.), Gedächtnis (LGT3 etc.), Sensomotorik (DBP, Wiener Determinationsgerät, Zweihandprüfer etc.), oder mechanisch-technische Fähigkeiten (MTVT, PTV, FLT etc.). Die prognostische Validität von Leistungstests liegt nach einschlägigen Studien zwischen r = 0,10 und r = 0,20. Die Aussagekraft von Leistungstests könnte sicherlich durch neu zu entwickelnde Tests verbessert werden, wenn sie die Anforderungssituationen realistischer abbilden würden als ihre Vorgänger. So konnte beispielsweise bei so genannten »work sample tests« eine prognostische Validität von r= 0,54 nachgewiesen werden (Hunter/ Hunter 1984, Schmidt/Hunter 1998).

Leistungstests

Persönlichkeitstests sind die umstrittendsten und für viele zugleich faszinierendsten Testverfahren im Rahmen der Eignungsdiagnostik. Umstritten deshalb, weil sie fast ausschließlich für die klinische Forschung entwickelt wurden und nicht für die Eignungsdiagnostik. Deshalb liegen meist auch keine statistischen Kennwerte hinsichtlich verschiedener Berufsgruppen und nur wenig Vergleichsstudien mit anderen Verfahren der Personalauswahl vor. Eine gewisse Faszination üben diese Tests auf jene aus, die sich gerne einen Einblick in das Innerste eines Bewerbers verschaffen möchten: in die Welt seiner Gefühle, seiner Motivationen oder auch seiner persönlichen Einstellungen. Wer wüsste nicht gern mehr darüber, was in seinen Gesprächspartnern vor sich geht? Diese Tests werden meistens entweder in Form eines Fragebogens mit verschiedenen Antwortalternativen oder als sog. projektive Verfahren angeboten. Bei Fragebogenverfahren muss der Bewerber zu jeder Frage aus mehreren Antwortalternativen die für ihn zutreffenden ankreuzen, bei projektiven Verfahren werden bestimmte Reize, z.B. Tintenkleckse (Rorschach-Test) oder mehrdeutige Bilder (Thematischer Apperzeptionstest, TAT) dargeboten und der Bewerber muss dazu eine Deutung abgeben.

  Trotz aller Vorbehalte gegenüber diesen Verfahren, liefern Persönlichkeitstests eine prognostische Validität zwischen r = 0,20 und 0,40 (Schmitt et al. 1984, Reilly/Chao 1982). Für Integritätstests konnte eine Validität

Persönlichkeitstests

von r = 0,41 und für Gewissenstests von r = 0,31 nachgewiesen werden (Schmidt/ Hunter 1998).

Biografische Fragebogen

Biografische Fragebogen erheben biographische Daten mittels Fragebogen. Die Fragen erfassen in der Regel schulische und berufliche Leistungen. Häufig findet man auch Fragen zu Einstellungen, Motiven sowie früheren Erfahrungen. Die Haupteinsatzgebiete liegen im Außendienst und im F&E-Bereich (Stehle 1986). Wenn man den Untersuchungen glauben will, dann sind Validitätskoeffizienten von r = 0,30 bis r = 0,70 erreichbar (Reilly/Chao 1982). In später durchgeführten Meta-Analysen, in die alle vorliegenden Studien einbezogen wurden, ergaben sich Werte zwischen r = 0,30 und 0,37 (Schmidt/Hunter 1985, Bliesener 1992, Schmidt/Hunter 1998).

Assessment Center

Assessment Center sind Verfahren, bei denen unternehmensspezifische Anforderungen in realitätsnahe Simulationen übertragen werden und bei deren Bewältigung mehrere Teilnehmer gleichzeitig von mehreren Führungskräften beobachtet und hinsichtlich der Anforderungskriterien beurteilt werden. Die Anforderungssituationen werden in der Regel in verschiedenen Übungstypen simuliert. Üblich sind: Postkorb, Gruppendiskussionen, Rollenspiele, Fallanalysen, Präsentationen, strukturierte Interviews. Für den Einsatz von Assessment Center-Verfahren wurden methodische Standards entwickelt, die vom Arbeitskreis Assessment Center ständig aktualisiert und »gepflegt« werden (Arbeitskreis Assessment Center 1992).

Assessment Center dauern in der Regel zwischen 2 und 3 Tage. In der klassischen Form nehmen 12 Kandidaten daran teil, denen 6 Beobachter gegenüber sitzen, die ihre Kandidaten anhand vorher festgelegter Kriterien und nach einem ausgeklügelten Zuordnungssystem beobachten. Wichtig dabei ist die Trennung zwischen der Beobachtung an sich, also dem, was die Teilnehmer an konkreten Verhaltensweisen zeigen, und dem späteren Beurteilungsvorgang. Dies stellt an die Beobachter hohe Anforderungen an ihre Beobachtungs- und Beurteilungsfähigkeit im Bereich sozialer Prozesse. Deshalb werden sie in intensiven Beobachtertrainings auf ihre Rolle genauestens vorbereitet (Moses/Byham 1977, Schuler/Stehle 1987).

Dass sich dieser methodische und unternehmensinterne Aufwand auch positiv zu Buch schlägt, beweisen die Gütekriterien dieses Verfahrens. Die prognostische Validität schwankt zwischen r = 0,40 und r = 0,75, je nachdem für welchen Zweck und mit welcher methodischen Sorgfalt sie durchgeführt wurden (Reilly/Chao 1982). In mehreren Auswertungen aller vorliegenden Einzelstudien (Metaanalysen) ergaben sich allerdings deutlich niedrigere mittlere prognostische Validitäten, die sich nur zwischen r = 0,37 und r = 0,43 bewegen (Schmidt/Hunter 1985, Thornton et al. 1987, Schmidt/ Hunter 1998).

Graphologie

Graphologie ist die Analyse der Handschrift. Unter der Annahme, dass sich in der Handschrift die Persönlichkeit eines Menschen ausdrückt, gehen Graphologen davon aus, dass sie die künftige Leistung im Beruf vorhersagen können. Die dazu vorliegenden empirischen Befunde geben allerdings wenig Anlass zur Hoffnung, dass die Graphologie jemals eine ernst zu nehmende Auswahlmethode werden könnte. Die ermittelte prognostische Validität ist mit r = 0,02 zu vernachlässigen (Neter/Ben-Shakhar 1989, Schmidt/Hunter 1998).

Dieser kurze Überblick hat gezeigt, dass man den künftigen Erfordernissen moderner Personalauswahl mit Methoden von gestern immer weniger gerecht werden kann. Auswahlmethoden wie die psychologischen Tests, sind in ihrer heutigen Form den Bewerbern nicht länger zumutbar. Insbesondere ihre soziale Validität entspricht nicht den Anforderungen an ein zeitgemäßes Auswahlverfahren. BewerberInnen sind immer weniger bereit, sich einem Verfahren zu unterziehen, das keinerlei Zusammenhang zur künftigen Tätigkeit erkennen lässt. Allerdings ist zu vermuten, dass psychologische Tests im Zuge von E-Recruiting eine Renaissance erleben werden, insbesondere um Interesse bei potenziellen Bewerbern zu wecken (siehe Online-Spiele, Web-Assessments) und um die Vorauswahl besser zu objektivieren. Die eingesetzten Verfahren müssen aber die Unternehmensrealität künftig sehr viel besser repräsentieren, als dies bei ihren Vorgängern der Fall war und sie müssen nachweisen, dass sie nach eignungsdiagnostischen Standards konstruiert wurden. Für biographische Fragebögen gilt im Prinzip dasselbe. Vor kurzem noch ob ihrer hohen prädiktiven Validität hoch im Kurs, ist diese Methode praktisch kaum noch im Einsatz. Der Grund dafür ist sicherlich die hohe Intransparenz dieses Verfahrens. Außer statistischen Zusammenhängen im Antwortmuster erfolgreicher und weniger erfolgreicher Mitarbeiter lässt sich keinerlei Erklärung finden, warum bestimmte Antworten bessere Indikatoren für Berufserfolg sind als andere. Dies schafft Unbehagen bei allen Betroffenen: beim Arbeitgeber, den Bewerbern und dem Betriebsrat. Die einzige unter den bislang vorgestellten Methoden, die sowohl den technischen als auch den sozialen Validitätskriterien entspricht, ist das Assessment Center (AC). Insofern verwundert es wenig, dass eine Reihe von Unternehmen bei besonders anspruchsvollen Personalentscheidungen, insbesondere im Führungs- und Führungsnachwuchskräftebereich, mit diesem Instrument arbeiten. Die Anwendungsgebiete von ACs sind vielfältig: Externe und interne Führungskräfteauswahl, Potenzialeinschätzungen und Bildungsbedarfsanalysen. Diese Aufzählung darf allerdings nicht darüber hinwegtäuschen, dass das AC nicht für alle Ziele gleich sinnvoll einzusetzen ist. Während ACs im Rahmen von Personalentwicklungsmaßnahmen einen unbestritten hohen Stellenwert haben und auch in Zukunft haben werden, müssen bei reinen Auswahl-ACs Abstriche gemacht werden.

Bei der Auswahl von externen Führungskräften verbietet sich ein Gruppen-AC häufig schon aus Diskretionsgründen, denn welcher Manager möchte sich auf der AC-Bühne gegenüber anderen Teilnehmern als wech-

Psychologische Tests werden den heutigen Anforderungen an die Personalauswahl nur bedingt gerecht

Die eigentliche Stärke des Assessment Centers liegt in der Personalentwicklung

selwillig zu erkennen geben. Bei der Auswahl von internen Führungs
kräften für eine bestimmte Funktion stellt sich das Sieger-Verlierer-Pro-
blem. Einem »Sieger« stehen möglicherweise elf Verlierer gegenüber. Hinzu
kommt, dass ein auf unmittelbare Konkurrenz gerichtetes Auswahlverfahren im krassen Gegensatz zu den propagierten funktionsübergreifenden Kooperationsformen stehen könnte.

Ebenfalls problematisch ist das AC für die Auswahl qualifizierter Mitarbeiter, da es aufgrund seines Aufwandes und seiner methodischen Komplexität kein Breiteninstrument ist. Vergessen werden sollte auch nicht,
dass die hohe Entscheidungsqualität von AC-Urteilen auch ihren »Preis«
hat. ACs dauern in der Regel länger als alle anderen Auswahlverfahren
(zwischen 1 und 3 Tage), sind am personalintensivsten (i.d.R. 6 Führungskräfte, 1 Moderator, 1 Assistenzkraft) und erfordern eine intensive Vorbereitung (Entwickeln der Übungen, Verfahrenslogistik etc.). Einleuch-
tend ist, dass man die AC-Methode an der Stelle einsetzen sollte, an der
sie den stärksten Nutzen entfalten kann und dass man für alle anderen
Personalentscheidungen ein vergleichbar gutes Instrumentarium braucht,
das mit etwas weniger Aufwand einen möglichst hohen Nutzen erzielen
kann.

Größtes Potenzial liegt im strukturierten Einstellinterview

Angesichts der genannten Einschränkungen bei den aufgeführten Auswahlverfahren, stellt sich die Frage nach einer sinnvollen Alternative. Mit
welchem Auswahlverfahren lassen sich die Herausforderungen der Zukunft am besten lösen? Die Antwort vorweg: mit dem Einstellinterview.
Trotz der Tatsache, dass das Einstellinterview in schöner Regelmäßigkeit
als das unzuverlässigste Auswahlverfahren bezeichnet wurde, steckt im
Interview das größte Potenzial für die Auswahlmethode der Zukunft. Wie
wir gesehen haben, erfreut sich das Interview sowohl bei Interviewern als
auch Interviewten großer Beliebtheit. Die Gründe sind nahe liegend: Im
Interview kann man unmittelbar aufeinander eingehen, kann Fragen stellen, informieren und einen unmittelbaren Eindruck von seinem Gesprächspartner gewinnen. Damit dürften die Kriterien der sozialen Validität beim Interview im Vergleich zu allen anderen Auswahlmethoden
sicherlich am besten erfüllt sein. Zwar nimmt sich die prädiktive Validität
des herkömmlichen Interviews mit r = 0,14 mehr als bescheiden aus, aber
es gibt inzwischen eine Vielzahl von wissenschaftlichen Erkenntnissen,
sowohl über die Ursachen der unzureichenden prognostischen Validität
als auch über Verbesserungsmöglichkeiten des Interviews, dass es loh-
nenswert ist, die Potenziale der am häufigsten eingesetzten Auswahlmethode künftig gezielter zu nutzen, als bisher. Zunächst beschäftigen wir
uns mit den größten Problemen des herkömmlichen Interviews und leiten daraus dann konkrete Verbesserungsansätze ab.

II. Personalauswahl mit dem herkömmlichen Interview

Was erwarten wir uns von Interviews? Wie gut werden diese Erwartungen durch die Art und Weise, wie wir Interviews führen, erfüllt?

Wie bei jeder Auswahlmethode, wird auch beim Interview das Ziel verfolgt, nur solche MitarbeiterInnen für das Unternehmen zu gewinnen, die einerseits in der Lage sind, die an sie gestellten Anforderungen bestmöglich zu bewältigen und andererseits auch zum Unternehmen »passen«. Durch Gespräche mit Bewerbern versprechen sich Interviewer aussagekräftige Informationen über deren Eignung. Die Vorteile sind nahe liegend: Das Interview bietet eine gute Gelegenheit, evtl. noch fehlende Informationen, z.B. aufgrund unvollständiger Bewerbungsunterlagen, zu beschaffen und zu vertiefen. Darüber hinaus können mit Hilfe von Interviews auch Faktoren erfasst werden, die mit anderen Methoden nicht oder nicht so gut erfasst werden können: Passt der/die BewerberIn in ein bestehendes Team? Welche beruflichen Ziele verfolgt er/sie? Welche Gehaltsvorstellungen hat er/sie? Wie drückt er/sie sich aus? Wie verhält er/sie sich in der Auswahlsituation? Welche Ausstrahlung hat er/sie? etc. Neben der reinen Auswahlfunktion (»selecting«) dient das Interview aber auch noch dem Zweck, interessante Bewerber für das Unternehmen zu interessieren (»attraction«). Denn was nützt es dem Unternehmen, wenn es zwar in der Lage ist, geeignete Kandidaten auszuwählen, diese aber das unterbreitete Arbeitsplatzangebot ablehnen und zu einem Wettbewerber gehen. Das Interview muss deshalb als zweiseitiger Informationsaustausch verstanden und praktiziert werden. Nicht nur der Interviewer muss Informationen über den/die BewerberIn einholen, sondern auch der/die BewerberIn muss die Möglichkeit haben, sich über das Unternehmen gründlich zu informieren und seinen möglichen künftigen Arbeitgeber gut kennen zu lernen.

Zusammenfassend werden mit dem Einstellinterview folgende Ziele verfolgt:

* Feststellung der Eignung für eine bestimmte Funktion (Prognose des Berufserfolges),
* Persönliches Kennenlernen (Sympathie, Identifikation, etc.),
* Information des Bewerbers über Unternehmen, Funktion, Team (»Verkaufen des Unternehmens«),
* Vertragsbedingungen klären.

Das **Einstellinterview** kann zunächst definiert werden als »... zweiseitiger Austausch von arbeitsrelevanten Informationen zwischen Repräsen-

Ziele von Interviews: Anspruch...

tanten des Unternehmens und Bewerbern mit dem Ziel, hoch qualifizierte Arbeitskräfte für das Unternehmen zu interessieren, zu selektieren und einzustellen« (Eder/Kacmar/Ferris 1989). In den letzten Jahren wurde diese Definition weiterentwickelt und zu einem Klassifikationsschema für das Einstellinterview ausgebaut):

»The employment interview is defined as an interviewer-applicant exchange of information in which the interviewer(s) inquire(s) into the applicant´s (a) work-related knowledge, skills, and abilities (KSAs); (b) motivations; (c) values; and (d) reliability, with the overall staffing goals of attracting, selecting, and retaining a highly competent and productive workforce.« (Eder/Harris 1999, S. 2)

Allerdings liegen zwischen Anspruch und Wirklichkeit gegenwärtig noch Welten: Das herkömmliche Interview ist nicht nur das meisteingesetzte und beliebteste Auswahlverfahren, sondern leider auch das unzuverlässigste!

1. Probleme

Das Interview
in der Praxis: ...
und Wirklichkeit

Ein erfahrener Interviewexperte bringt es auf den Punkt: »Man muss leider immer wieder die Feststellung machen, dass das typische Einstellungsgespräch – selbst wenn es von intelligenten, höchstmotivierten, gewissenhaften (aber nicht richtig ausgebildeten) Managern geführt wird – häufig nichts weiter als eine Glückssache ist. Man könnte ebenso gut eine Münze in die Luft werfen, um herauszufinden, wie der betreffende Bewerber sich in Zukunft an seinem Arbeitsplatz verhalten wird« (Swan 1990, S.14).

Befragt man Praktiker nach ihren Hauptproblemen beim Interview, erhält man häufig folgende Antworten (Goodale 1989):

- Unsicherheit hinsichtlich der benötigten Informationen.
- Nicht zu wissen, welche Fragen man stellen soll bzw. wie man sich die benötigten Informationen zuverlässig beschaffen kann.
- Umgang mit ruhigen, ausweichenden oder »zu glatten« Bewerbern.
- Hinter die »Fassade« des Bewerbers zu blicken und vorbereitete Antworten zu durchschauen.
- Die Aussagen des Bewerbers richtig zu bewerten.
- Die richtige Einstellentscheidung zu treffen.

Trotz offensichtlich vorhandenem Problembewusstsein verläuft die Vorbereitung auf Interviews noch immer unbefriedigend. Während viele Interviewer ohne jede Vorbereitung ins »kalte Wasser« springen bzw. geworfen werden, kann dagegen zunehmend beobachtet werden, dass Bewerber gut vorbereitet in die Gespräche gehen. Das fängt damit an, dass sie mit professionell erstellten Bewerbungsunterlagen aufwarten, gut informiert zu den Interviews kommen und sich durch trainiertes Bewerberverhalten geschickt verkaufen können. Inzwischen gibt es zahlreiche Bücher, die dem Bewerber dabei mit nützlichen Tipps und Tricks bei der Vorbereitung auf das Interview helfen (Yate 1990).

Offensichtlich gelingt es leichter, den Bewerbern erfolgreiches Bewerberverhalten zu vermitteln, als den Interviewern erfolgreiches Interviewerverhalten beizubringen.

2. Ursachen

In über vierzig Jahren Interviewforschung wurden in einer Reihe von Gesamtdarstellungen und Einzelstudien viele Erkenntnisse über die Ursachen der geringen Aussagekraft herkömmlicher Interviews dargestellt (Arvey/Campion 1982, Eder/Buckley 1988, Eder/Ferris 1989, Eder/ Harris, 1999, Hakel 1982, Mayfield 1964, Schmitt 1976, Ulrich/Trumbo 1965, Wagner 1949, Webster 1982, Wright 1969). Mit den markantesten **Fehlerquellen des Interviews** wollen wir uns nun etwas näher beschäftigen.

Abbildung 9:
Störeinflüsse bei Interviews

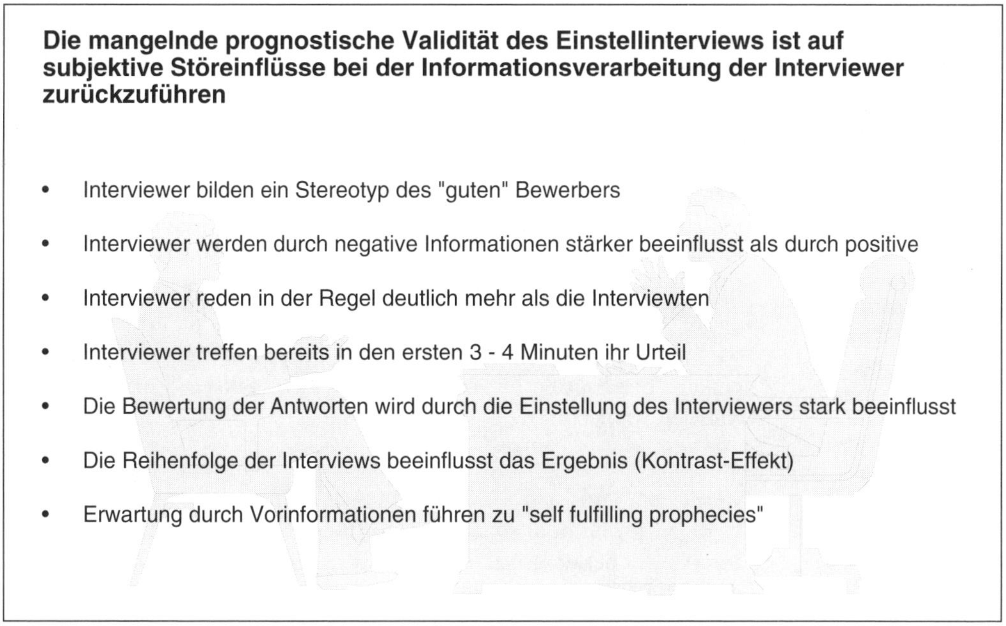

Die mangelnde prognostische Validität des Einstellinterviews ist auf subjektive Störeinflüsse bei der Informationsverarbeitung der Interviewer zurückzuführen

- Interviewer bilden ein Stereotyp des "guten" Bewerbers

- Interviewer werden durch negative Informationen stärker beeinflusst als durch positive

- Interviewer reden in der Regel deutlich mehr als die Interviewten

- Interviewer treffen bereits in den ersten 3 - 4 Minuten ihr Urteil

- Die Bewertung der Antworten wird durch die Einstellung des Interviewers stark beeinflusst

- Die Reihenfolge der Interviews beeinflusst das Ergebnis (Kontrast-Effekt)

- Erwartung durch Vorinformationen führen zu "self fulfilling prophecies"

Interviewer entwickeln ein Stereotyp des guten Kandidaten und vergleichen Bewerber mit ihrem ganz persönlichen Idealbild (Mayfield/Carlson 1966, Rowe 1963, Webster 1964).

Bildung von Stereotypen

Jeder Interviewer ist ein Produkt seiner früheren Erfahrungen. Einmal gemachte Erfahrungen mit einem Stelleninhaber – vielleicht mit einem besonders erfolgreichen – lassen sich in der Auswahlsituation nie ganz unterdrücken. Eine Funktion stellt sich einem eben nie »objektiv« dar, sondern als das, was der bisherige Stelleninhaber daraus machte. Deshalb vermischen sich häufig Merkmale von Person und Funktion zu einem subjektiven Erwartungswert und formen beim Interviewer ein idealtypisches Bild vom künftigen Stelleninhaber. Ob dieses Stereotyp nun zutrifft oder nicht, können wir als Interviewer natürlich nicht wissen.

Überbetonung negativer Informationen

Die Interviewer werden durch ungünstige (negative) Informationen stärker beeinflusst als durch positive (Bolster/Springbett 1961, Miller/Rowe 1970).

Bereits wenige negative Informationen können zur Ablehnung eines Bewerbers führen. In einer Untersuchung hatte bereits ein früher negativer Eindruck in 84,5% der Fälle eine Ablehnung zur Folge (Springbett 1958). Es konnte experimentell bestätigt werden, dass im Durchschnitt 8,8 günstige Informationen benötigt werden, um einen ursprünglich ungünstigen Eindruck zu verändern, aber nur 3,8 ungünstige Informationen, um einen ursprünglich günstigen Eindruck zu verschlechtern (Bolster/Springbett 1961).

Je mehr Bedeutung der ungünstigen Information vom Interviewer beigemessen wird, desto größer ist ihr Einfluss auf das Urteil (Hakel/Dobmeyer/Dunette 1970).

Besonders stark wirken sich ungünstige jobrelevante Informationen auf das Interviewurteil aus (Constantin 1976).

Ein Grund für dieses Verhalten ist sicherlich darin zu sehen, dass das Unternehmensrisiko größer ist, wenn ein tatsächlich ungeeigneter Bewerber eingestellt wird, als wenn fälschlicherweise ein geeigneter Kandidat abgelehnt wird. Die Annahme des Interviewers, dass sich ein Bewerber im Gespräch verstellt und versucht, sich positiver darzustellen als er in Wirklichkeit ist, könnte ein weiterer Grund für die Überbetonung negativer Informationen sein. Um nicht »hinters Licht geführt zu werden«, wird selbst der kleinsten negativen Information nachgegangen und eine entsprechend große Bedeutung zugemessen (Bolster/Springbett 1961, Miller/Rowe 1970).

Interviewer reden zu viel

In einem unstrukturierten Interview spricht der Interviewer mehr als der Interviewte (Anderson 1960, Hoffmann 1985).

Es zeigt sich in unstrukturierten Interviews nahezu immer, dass der Interviewer derjenige ist, der am meisten redet, obwohl er eigentlich angetreten ist, um den Bewerber »zum Reden zu bringen«. In vielen Interviews werden Bewerber von den Redeschwällen ihrer Gesprächspartner regelrecht erschlagen. Sie bekommen zu hören, wie sich die Interviewer kurz nach dem Krieg bei dieser Firma beworben haben, wie sie selbst Sprosse um Sprosse der Karriereleiter erklommen haben und wie bedeutend sie heute für den Fortbestand des Unternehmens sind. Das alles sind für den Bewerber sicherlich interessante Informationen, wenn aber diese

»Heldensagen« 80% der Interviewzeit in Anspruch nehmen, wird sich auch der geduldigste Bewerber irgendwann fragen, auf welcher Basis denn die Einstellentscheidung getroffen wird. Nicht nur er hat Grund zur Sorge. Auch der Interviewer wird sich nach dem Gespräch vermutlich fragen, was er über den Bewerber herausgefunden hat. Eines mit Sicherheit – dass er ein geduldiger Zuhörer ist.

Interviewer neigen dazu, bei unstrukturierten Interviews zu einem sehr frühen Zeitpunkt (in den ersten 3–4 Minuten!) ihre Entscheidung zu treffen (Webster 1964, 1982).

Vorschnelle
Entscheidungen

Hier spielen die Phänomene des ersten Eindrucks eine ganz entscheidende Rolle. Der innerhalb sehr kurzer Zeit gewonnene Eindruck von einem bisher gänzlich unbekannten Menschen ist in der Tat erstaunlich reichhaltig, in sich ziemlich widerspruchsfrei und daher subjektiv hoch plausibel. Dennoch liegt man mit einer derart spontan getroffenen Entscheidung häufig daneben. Es ist nicht ganz einfach, sich von seinen »Vor«-Urteilen freizumachen, da man gerade auf seine Menschenkenntnis und Lebenserfahrung besonders stolz ist. Trotzdem sollten Sie versuchen, sich bei einer Entscheidung von so großer Tragweite nicht nur von ihren Gefühlen leiten zu lassen, sondern auch eine »rationale« Basis für die Entscheidung zu schaffen.

Die Bewertung der Antworten wird durch die Einstellungen des Interviewers stark beeinflusst (Dipboye et al. 1984).

Einstellungen beeinflussen die Bewertung

Emotionale Urteilskomponenten sind für einen Großteil der Urteilsvarianz verantwortlich. Hier spielt zum Beispiel auch der Halo-Effekt (Hof-Effekt) eine wichtige Rolle. Von einem solchen Effekt spricht man, wenn man sich von einem einzelnen Merkmal einer Person entweder positiv oder negativ so stark beeinflussen lässt, dass dieser Eindruck auf die Beurteilung der Gesamtperson »ausstrahlt«. Solche Phänomene erleben wir häufig auch bei so genannten impliziten Persönlichkeitstheorien. Damit ist gemeint, dass jeder Mensch eine bestimmte Vorstellung von der menschlichen Persönlichkeit seines Gegenüber entwickelt, d.h. er nimmt einen Komplex von Verhaltensweisen und Eigenschaften an, die er sich aufgrund seiner »subjektiven« Erfahrungen als miteinander verbunden vorstellt. So kann ein Interviewer beispielsweise annehmen, dass ein sozial aufgeschlossener und redegewandter Bewerber auch sehr leistungsmotiviert und problemlösungsorientiert sei. Dies kann, muss aber nicht zutreffen, wie wir wissen. In diese Kategorie gehört auch noch der Fehler des Maßstabes. Menschen fällt es schwer, andere Menschen mit anderer sozialer Herkunft und anderem Bildungsniveau gerecht zu beurteilen, da sie geneigt sind, immer ihr eigenes Bezugssystem als das überlegene zugrunde zu legen.

Die Reihenfolge, in der Interviews durchgeführt werden, kann sich auf das Ergebnis auswirken (Reihenfolge-Effekt) (Hakel et al. 1970, Henemann et al. 1975).

Reihenfolge- und
Kontrast-Effekte

Aus der Lern- und Gedächtnispsychologie ist bekannt, dass wir uns insbesondere die Informationen, die am Anfang (»primacy-effect«) und am Ende angeboten werden (»recency-effect«) besonders gut merken können. Informationen aus dem mittleren Teil gehen häufig verloren (Murdock 1962). Bei Interviews zeigten sich oft auch interessante Kontrasteffekte. Wird beispielsweise ein durchschnittlicher Bewerber nach drei bis vier schwachen Kandidaten interviewt, zeigt sich eine Tendenz zur Überbewertung des durchschnittlichen Bewerbers. Da in unstrukturierten Interviews häufig keine Notizen gemacht werden, wirken sich Gedächtnis- und Kontrasteffekte besonders drastisch auf die Urteilsfähigkeit des Interviewers aus.

»Sich selbst erfüllende Prophezeiungen«

»Erwartungen« durch Vorinformationen werden zu »Self-Fulfilling Prophecies« (Dipboye 1982, London/Hakel 1974, Tucker/Rowe 1979).

Bevor der Interviewer mit dem Einstellinterview beginnt, hat er sich in der Regel bereits ein Urteil vorgeformt. Denn bereits beim Studium der Bewerbungsunterlagen macht sich der Interviewer ein Bild vom Bewerber und entwickelt eine Erwartungshaltung für das Verhalten des Bewerbers im Gespräch (Dipboye 1982, 1989). Wir neigen unbewusst dazu, unsere Erwartungen durch unser Verhalten zu bestätigen. Wir verhalten uns anderen Menschen gegenüber so, wie wir es von ihnen erwarten, z.B. freundlich einer Person gegenüber, von der wir erwarten, dass sie auch freundlich ist und umgekehrt mit Zuwendung, wenn wir glauben, dass sie erfolgreich ist, etc. Damit tragen wir unbewusst dazu bei, dass sich unsere Annahmen tatsächlich im Interview bestätigen. Wenn wir jemanden mit besonders viel Freundlichkeit und Zuwendung überhäufen und ihn nicht durch unbequeme Fragen in die Enge treiben, wird dieser vermutlich entspannter und überzeugender im Interview auftreten als jemand, der so richtig »in die Mangel genommen wird«, z.B. durch unangenehme, bohrende Fragen, einem misstrauischen, distanzierten Blick und ungeduldiges auf die Uhr sehen. Diese »sich-selbst-erfüllenden Prophezeiungen« wurden in einer Reihe von Untersuchungen in den verschiedensten Bereichen bestätigt. Beispielsweise wurden zwei Schulklassen mit zuvor gleich guten Leistungen zwei neuen Lehrern übergeben, die mit unterschiedlichen Vorinformationen versorgt wurden. Ein Lehrer bekam zu hören, dass seine Klasse besonders intelligent sei, dem anderen wurde seine Klasse als eher unterdurchschnittlich angekündigt. Am Ende des Experiments haben sich diese, lediglich in der Vorinformation liegenden Unterschiede tatsächlich in den Leistungen bestätigt. Die als intelligent geschilderte Klasse erzielte deutlich bessere Ergebnisse als die andere Klasse. Dieser, auch als Rosenthal-Effekt bezeichnete Einflussfaktor zeigt, wie sehr unsere Wahrnehmungen und unser Einwirken auf die Außenwelt von unseren Meinungen und Ansichten abhängig sind (Rosenthal 1966).

Vielleicht ist Ihnen die eine oder andere der hier geschilderten Störquellen bekannt vorgekommen. Vielleicht auch alle. Allerdings bedeutet die Tatsache, dass wir diesen Einflüssen ausgesetzt sind, nicht gleichzeitig auch, dass sie bei uns allen gleich stark wirksam sind. Feststellen können wir jedoch, dass unsere Informationsverarbeitungs- und Urteilfindungsprozesse in erheblichem Maße subjektiven Einflüssen ausgesetzt sind. Gerade, weil sie unsere Wahrnehmung auf sehr unterschiedliche Weise beeinflussen, führen sie beim Interview zu verfälschten Ergebnissen. Aussagen wie: »Als der Bewerber zur Tür reinkam, da wusste ich, das ist mein Mann« unterstreichen die besondere »Psycho«-Logik der Urteilsprozesse bei Einstellinterviews. Sind wir diesen Störeinflüssen schutzlos ausgeliefert?

3. Lösungsansätze

Wissenschaftliche Untersuchungen belegen, dass **strukturierte Interviews** herkömmlichen Interviews weit überlegen sind (Hunter/Hirsch 1987, McDaniel et al. 1987, Wiesner/Cronshaw 1988, McDaniel et al. 1994, Campion et al. 1994, McDaniel et al. 1994, Schmidt/Hunter 1999). Zur Ehrenrettung des Interviews konnte nachgewiesen werden, dass seine Aussagekraft um das Drei- bis Vierfache verbessert werden kann, wenn eine klare Strukturierung vorgenommen wird (Huffcutt/Arthur 1994, Campion et al. 1997).

Damit gibt es für diejenigen, bei denen sich jetzt schon leichte Zweifel eingestellt haben, ob ihnen dieses Buch, angesichts der bisher eher pessimisstischen Beschreibung des Einstellinterviews, wirklich weiterhelfen kann, einen trifftigen Grund, es noch nicht aus der Hand zu legen. Im Gegenteil, jetzt geht's erst richtig los, seien sie also gespannt, was in dem leicht verstaubten Interview alles drinsteckt, wenn man es von den »Spinnweben« so mancher Interviewpraxis befreit und ihm eine klare Struktur verleiht. Während wir uns im zurückliegenden Teil mit wissenschaftlichen Erklärungen befassten, die etwas darüber aussagten, warum das Interview als eignungsdiagnostisches Instrument bislang »nicht funktionierte«, wenden wir uns im folgenden Abschnitt den wissenschaftlichen Erkenntnissen zu, die aufzeigen, was man mit Hilfe strukturierter Interviews erreichen kann und worauf es dabei besonders ankommt.

III. Verbesserung der Personalauswahl durch strukturierte Interviews

1. Wissenschaftliche Erkenntnisse zum strukturierten Interview

Die entscheidende Erkenntnis ist zunächst, dass mit Hilfe des strukturierten Interviews prognostische Validitäten erreicht werden können, die sonst nur mit Assessment Center-Verfahren möglich sind. Wiesner und Cronshaw (1988) und nach ihnen weitere Forscher, wiesen nach, dass es auch für das Interview ein Leben über r = 0,60 gibt.

Durch die Strukturierung von Interviews können Ergebnisse erzielt werden, wie sie sonst nur mit Assessment Center-Verfahren möglich sind

Art des Interviews	Validität*
• Unstrukturierte Einzelinterviews	r = 0,20
• Unstrukturierte Gruppeninterviews	r = 0,37
• Strukturierte Einzelinterviews	r = 0,63
• Strukturierte Gruppeninterviews	r = 0,60

Abbildung 10:
Aussagekraft strukturierter Interviews Quelle: Wiesner und Cronshaw 1988

Damit ist das Interview in die Profiliga der Auswahlmethoden aufgestiegen. Allerdings nutzt die Erkenntnis, dass strukturierte Interviews der passende »Schlüssel ins Schloss aller Personalauswahlprobleme« ist, herzlich wenig, wenn der Praktiker nicht weiß, wie der Schlüssel aussieht. In der englischsprachigen Literatur werden strukturierte Interviews auch mit den Begriffen »standardized«, »guided«, »systematic« und »patterned« umschrieben. Welche Bezeichnung auch immer gewählt wird, gemeint sind jedenfalls alle Elemente, die dem Interviewer helfen sollen, einerseits die »richtigen« Fragen zu stellen und andererseits die Bewerberantworten »richtig« auszuwerten um daraus zuverlässige Auswahlentscheidungen abzuleiten. In einer Auswertung aller relevanten Studien haben sich

folgende **Strukturierungselemente von Interviews** als erfolgsentscheidend herausgestellt (Campion et al. 1997):

**Strukturierungselemente, die sich auf den Inhalt des Interviews be-
ziehen**
- Anforderungsprofile erstellen und anforderungsbezogene Fragen
  entwickeln.
- Angemessene Standardisierung durch Interviewleitfaden sicherstel-
  len.
- Günstige Frageformen und -techniken verwenden.
- Ausreichend Zeit für das Interview nehmen und die Fragen-An-
  zahl nach Zielgruppe richten.
- Nebeninformationen über den Bewerber (außerhalb des Interviews)
  kontrollieren.
- Auf die Fragen des Bewerbers eingehen.

Strukturierungselemente, die sich auf die Interviewer beziehen
- Detaillierte Notizen während des Interviews machen.
- Mehrere Interviewer einsetzen.
- Interviewer intensiv trainieren.

**Strukturierungselemente, die sich auf die Auswertung des Interviews
beziehen**
- Antworten und Anforderungskriterien bewerten.
- Bewertungsskalen einsetzen.

Zu den einzelnen Elementen und Aspekten strukturierter Interviews liegen inzwischen viele wissenschaftliche Untersuchungen vor, die hier kurz
zusammengefasst werden. Sie bilden u.a. die wissenschaftliche Basis der
in Teil C im Detail vorgestellten Methode des strukturierten Einstellinterviews.

Die Erkenntnis, dass Anforderungsanalysen eine Grundanforderung an | *Anforderungsprofile*
aussagekräftige Personalauswahlinstrumente sind, ist nicht ganz neu | *erstellen und anforde-*
(McMurry 1947). Beim erfolgreichen Interview kommt es darauf an, die | *rungsbezogene Fragen*
Job-Anforderungen so in Interviewfragen umzusetzen, dass diese Aussa- | *entwickeln*
gen über jobrelevantes Verhalten beim Bewerber auslösen. Es konnte festgestellt werden, dass Fragen, die auf konkreten Job-Anforderungen ba-
sieren, zwar nur eine leichte Verbesserung der Reliabilität zur Folge haben (Conway et al. 1995), aber die Interview-Validität deutlich verbessern (Dipboye/ Gaugler 1993). Auch Metaanalysen ergaben (Wiesner/
Cronshaw 1988), dass die Validität mit r= 0,87 dann am höchsten war,
wenn vorher eine formale Anforderungsanalyse gemacht wurde. Sie war
mit r= 0,59 am zweithöchsten bei einer eher informellen Anforderungsanalyse und mit r= 0,56 am niedrigsten, wenn nicht klar war, worauf die

Anforderungsanalyse beruhte. Mc Daniel et al. (1994) ermittelten Validitäten von r= 0,50 und r= 0,39 für Interviews auf Basis von Anforderungsanalysen. Bei Interviews ohne klares Anforderungsprofil ergab sich nur eine Validität von r= 0,29. Diese Ergebnisse belegen eindeutig, dass anforderungsbezogene Fragen bei Einstellungsinterviews eine zentrale Rolle spielen. Alle sonstigen Versuche, das Interview in seiner Aussagekraft zu verbessern, werden letztlich vergebens sein, wenn dieses – man möchte fast schon sagen – eignungsdiagnostische »Axiom«, nicht hinreichend berücksichtigt wird.

Angemessene Standardisierung durch Interviewleitfaden sicherstellen

Eine wesentliche Form der Interview-Strukturierung ist die Standardisierung der Interviewfragen. In der Literatur werden vier Stufen der Standardisierung unterschieden: Erstens, die exakt gleichen Fragen werden allen Bewerbern in der gleichen Reihenfolge in gleicher Weise gestellt. Zweitens, es werden zwar die gleichen Fragen gestellt, diese werden aber je nach Bewerber flexibel angepasst und durch Zusatzfragen weiterverfolgt, z.B. wenn das angeschnittene Thema vertieft werden soll. Drittens, es werden keine Fragen, sondern Themenbereiche vorgegeben, die im Interview behandelt werden. Viertens, es wird überhaupt nichts vorgegeben, der Interviewer kann selbst entscheiden, welche Fragen er in welcher Form stellt. Bei dieser vierten Form verliert sich die Strukturierung bzw. Standardisierung völlig und geht in freies Interview über. Metaanalysen haben gezeigt, dass eine Strukturierung über die zweite Stufe hinaus (Verwendung derselben Fragen, aber flexibler Einsatz), nicht erforderlich ist (Huffcutt/Arthur, 1994). Interviewer scheinen jedoch die Freiheitsgrade unstrukturierter Interviews mehr zu schätzen als ein starres Fragenkorsett (Dipboye 1994). Auf der anderen Seite schätzen Interviewer aber auch das Vorhandensein eines Interviewleitfadens mit den relevanten Fragen, um einerseits die Akzeptanz beim Bewerber zu erhöhen (Augenscheinvalidität), aber auch um das Interview besser zu organisieren, die Kontrolle im Interviewprozess zu behalten und um die Bewerber besser miteinander vergleichen zu können (Latham/ Finnegan 1994, Hakel 1982).

Günstige Frageformen und -techniken verwenden

Beispiele für typische Frageformen (nach Campion et al. 1997)

- **Situative Fragen:**
  Stellen Sie sich vor, Sie sind mitten in einer Verkaufspräsentation und plötzlich stellt ein Zuhörer eine schwierige technische Frage, die Sie nicht beantworten können. Was würden Sie tun?
- **Fragen nach früherem Verhalten:**
  Schildern Sie mir bitte ein Beispiel, wo Sie in Ihrer Funktion als .... eine Verkaufspräsentation entwickelt haben, die sehr effektiv war? (Situation, Vorgehen, Ergebnis)
- **Fragen nach dem Erfahrungs-Hintergrund**
  Welche Erfahrungen haben Sie im Direkt-Verkauf?

- **Tätigkeitsbezogene Wissensfragen**
  Welche Faktoren sind zu berücksichtigen, wenn eine TV-Werbekampagne entwickelt wird?

Die Auswirkung von »situativen Fragen« und »Fragen nach früherem Verhalten« auf die Validität des Interviews wurden in der Vergangenheit am intensivsten erforscht. Campion et al. (1994) haben beide Fragetypen miteinander verglichen und festgestellt, dass sowohl situative Fragen als auch Fragen nach früherem Verhalten valide sind, aber die Validität von Fragen nach früherem Verhalten insgesamt höher ist. Auf die Unterschiede von situativen Interviews und sog. Verhaltensbeschreibungsinterviews (basierend auf Fragen nach früherem Verhalten) gehen wir später noch ausführlicher ein.

Zu Interviewdauer und angemessener Fragenanzahl gibt es nur relativ wenige Untersuchungsergebnisse und diese sind zum Teil widersprüchlich. Längere Interviews sind bei höher qualifizierten Bewerbern wichtiger als bei weniger qualifizierten Bewerbern (Tullar et al. 1979). Die Länge eines Interviews und die Fragenanzahl werden zum großen Teil durch das Anforderungsprofil determiniert. Für ein Anforderungsprofil mit 10 bis 12 Anforderungskriterien (für qualifizierte Tätigkeiten ein durchaus üblicher Umfang) dauert das Einstellinterview erfahrungsgemäß zwischen 60 und 90 Minuten. Die zugrunde liegenden Studien berichten von einer Interviewdauer zwischen 3 und 120 Minuten mit einem Mittelwert von rund 40 Minuten (Campion et al. 1997).

Ausreichend Zeit für das Interview nehmen und die Fragen-Anzahl nach Zielgruppe richten

Eine potenzielle Gefahr für die Strukturierung eines Interviews ist die Nutzung von Nebeninformationen wie z.B. Bewerbungsunterlage, Lebenslauf, Testwerte, Empfehlungen etc. Dies kann zu zwei Problemen führen: Erstens, diese Informationen können sich mit dem Interview vermengen. Dadurch kann die Interviewvalidität entweder durch das Interview oder diese Zusatzinformationen entstehen. Zweitens, die Zusatzinformationen beeinträchtigen die Reliabilität, da sie möglicherweise nicht allen Interviewern in der gleichen Weise vorliegen und falls doch, von diesen unterschiedlich interpretiert werden.

Nebeninformationen über den Bewerber (außerhalb des Interviews) kontrollieren

Um dieses Problem zu lösen, wird vorgeschlagen, das Interview so zu strukturieren, dass allen Interviewern die Informationen über alle Kandidaten zugänglich sind und diese in einer standardisierten Form ausgewertet werden (Mayfield et al. 1980). Da sich die Interviewer in Organisationen nicht in einer Laborsituation befinden, lassen sich im Alltag natürlich nicht alle Variablen kontrollieren. Wichtig ist jedoch, sich des Einflusses von zusätzlichen Informationen auf die Urteilsfindung bewusst zu sein und diesen Einfluss so weit wie möglich aus der Bewertung der Bewerberantworten heraus zu halten. Die Gesamtentscheidung sollte dagegen auf Basis aller relevanten Informationen getroffen werden.

Auf die Fragen des Bewerbers eingehen

In der Regel haben die Bewerber noch viele Fragen zum Unternehmen, zum Arbeitsplatz, der Bezahlung etc., wenn sie zum Einstellgespräch erscheinen. Lässt der Interviewer diese Fragen während des Interviews zu, wird die Strukturierung und Standardisierung des Interviews beeinträchtigt und es besteht die Gefahr, dass der »rote Faden« verloren geht. Es gibt zwar nicht viele Studien zu diesem Teilaspekt, aber diejenigen, die sich damit beschäftigt haben, schlagen vor, die Fragen des Bewerbers am Ende des Interviews, also außerhalb der Bewertungsphase, zu behandeln (Campion et al. 1994). Auch in der Praxis hat sich dieses Vorgehen am besten bewährt. Bereits am Anfang des Interviews erfährt der Bewerber, dass er am Ende des Interviews ausreichend Zeit für seine Fragen eingeräumt bekommt. Damit bleibt die Struktur des Interviews erhalten und die zur Verfügung stehende Zeit kann optimal genutzt werden. Auch der Bewerber kann sich so frühzeitig darauf einstellen und seine Fragen für das Ende des Interviews aufheben.

Detaillierte Notizen während des Interviews machen

Das Protokollieren der Bewerberantworten ist ein wichtiges Element strukturierter Interviews. Dadurch soll verhindert werden, dass wesentliche Informationen, die die Interviewer von den Bewerbern erhalten, teilweise oder ganz verloren gehen und bei der Auswertung nicht bzw. nur eingeschränkt zur Verfügung stehen. Der Interviewer kann während oder nach dem Interview seine Aufzeichnungen machen, entscheidend ist, dass er sich am Ende des Interviews an die relevanten Bewerberaussagen erinnern kann und ihm nichts Wesentliches verloren geht. Untersuchungen zeigen, dass die Erinnerung an das im Interview Gesagte durch Notizen deutlich verbessert wird (Macan/Dipboye 1994). Durch aussagekräftige Notizen kann die Bewertung der Anforderungskriterien durch konkrete Verhaltensbeispiele untermauert und die Auswahl-Entscheidung begründet werden. Notizen sind ebenfalls sehr hilfreich, um den Bewerbern ein fundiertes, faktenbasiertes Feedback zum Interview zu geben.

Mehrere Interviewer einsetzen

Beim Einsatz mehrerer Interviewer kann man simultane und serielle Interviews unterscheiden. Wenn mehrere Interviewer gleichzeitig eingesetzt werden, handelt es sich um ein so genanntes Panel- oder Gruppeninterview. Die Anzahl der Interviewer variiert hierbei zwischen zwei bis fünf, manchmal auch noch mehr Interviewern (DuBois/Watson 1950, Hakel 1971). Bei seriellen Interviews werden die Interviews nacheinander durchgeführt. Dabei kann die Interviewstruktur so gewählt werden, dass sich die Interviewsequenzen der verschiedenen Interviewer entweder ganz oder teilweise inhaltlich überlappen oder sich aber ganz oder teilweise ergänzen. Welche Form gewählt wird, hängt oft von pragmatischen Gesichtspunkten wie z.B. der gleichzeitigen Verfügbarkeit von mehreren Interviewern ab. Der Einsatz von mehr als einem Interviewer hat mehrere Vorteile: Erstens, sie können sich Störfaktoren besser bewusst machen, zweitens, die individuellen Bewertungspräferenzen einzelner Interviewer spielen eine geringere Rolle, drittens, durch mehre Beurteiler können

Zufallsfehler besser verhindert werden, viertens, die Erinnerung an die Bewerberaussagen wird durch mehre Interviewer verbessert, fünftens, durch die unterschiedlichen Perspektiven ergibt sich ein genaueres Bild vom Bewerber und schließlich sind kombinierte Bewertungen auch zuverlässiger.

Das Mehraugenprinzip wirkt sich positiv auf die Interview-Validität aus (Wiesner/Cronshaw, 1988): Bei unstrukturierten Interviews sind Gruppeninterviews valider als Einzelinterviews (r=0,37 vs. r= 0,20) bei strukturierten Interviews dagegen ergab sich kein signifikanter Unterschied (r= 0,60 vs. r= 0,63).

Interviewtrainings sind wohl der am häufigsten gewählte Weg, die Interview-Qualität zu verbessern (Dipboye 1992). Typische Inhalte von Interviewtrainings sind (zusammenfassend in Campion et al. 1994, Palmer et al. 1999): Ziel und Zweck von Interviews, Ermittlung von Stellenanforderungen, Entwicklung von Interviewfragen, Einsatz eines Interviewleitfadens mit vorformulierten Fragen, Protokollieren von Antworten, Bewerten von Antworten und Anforderungskriterien, Einsatz von Bewertungsskalen, typische Bewertungsfehler und Entscheidungsfindung.

Interviewer intensiv trainieren

Dougherty et al. (1986) berichten von Validitätsverbesserungen durch intensive Interviewtrainings, bei denen sowohl die relevanten Inhalte theoretisch behandelt wurden, als auch die Interviewdurchführung im Training praktiziert und mit Hilfe eines anschließenden Feedbacks eingeübt wurde. Pulakos et al. (1995) konnten zeigen, dass durch Interviewtrainings die Beurteilungsgenauigkeit der Interviewer verbessert wird.

Damit wird deutlich, dass das strukturierte Interview als eignungsdiagnostisches Instrumentarium nur so gut sein kann, wie es die Interviewer handhaben können. Ohne ausreichendes Training der Interviewer kann auch ein noch so gut entwickeltes strukturiertes Interview-Instrumentarium nur einen Bruchteil seines eignungsdiagnostischen Potenzials nutzen und bleibt damit suboptimal.

Ein wesentliches Ziel des Interviews besteht darin festzustellen, ob ein Bewerber die gestellten Anforderungen mit hoher Wahrscheinlichkeit erfolgreich bewältigen kann oder nicht. Die Fragen und Antworten im Interview sollen dabei so viele jobrelevante Informationen zu Tage fördern wie nötig, um diese Feststellung faktenbasiert und mit einem möglichst hohen Grad an Zuverlässigkeit zu treffen. Dabei spielt natürlich die Bewertung dessen, was im Interview an Informationen gesammelt wird, eine sehr wichtige Rolle. Folgende Bewertungsstufen lassen sich unterscheiden: Erstens, jede Frage wird während des Interviews anhand einer Bewertungsskala eingestuft, zweitens, am Ende des Interviews werden nur die Anforderungskriterien auf Basis der im Interview gestellten Fragen anhand einer Bewertungsskala beurteilt, drittens am Ende des Interviews wird eine Gesamtwertung über alle Kriterien gemacht.

Antworten und Anforderungskriterien bewerten

Auf Frageebene lassen sich zuverlässigere Bewertungen vornehmen als auf Merkmalsebene (Armstrong et al. 1975). Auf der anderen Seite soll am Ende des Interviews festgestellt werden, wie gut das Anforderungsprofil der Stelle mit dem Eignungsprofil des Bewerbers zusammenpasst. Dazu bedarf es derselben Sprachebene, d.h. der Verwendung derselben Konstrukte wie im Anforderungsprofil. Ein zielführender Lösungsvorschlag ist deshalb, zuerst alle Antworten zu den zur Erfassung eines Merkmalsbereiches gestellten Fragen zu bewerten, zusammenzufassen und auf dieser Basis das übergeordnete Anforderungskriterium zu bewerten (Schmitt/Ostroff 1986). Auf diese Methode wird später nochmals ausführlicher eingegangen.

Bewertungsskalen einsetzen

Ein wesentliches Element strukturierter Interviews sind mehrstufige Bewertungsskalen. Mit Hilfe solcher Skalen sollen spezifische Eignungsvoraussetzungen von Bewerbern »gemessen« werden. Natürlich handelt es sich dabei nicht um »Messungen« im physikalischen Sinne, denn die Eignung lässt sich nicht annähernd so exakt bestimmen wie z.B. das Gewicht eines Körpers oder die Länge einer Strecke. Deshalb kann es beim Einsatz solcher Skalen im Rahmen von Interviews nicht um letzte objektive Wahrheiten gehen, sondern um einen möglichst hohen Grad an intersubjektiver Übereinstimmung der Beurteiler anhand von beschreibbaren und graduell abgestuften Verhaltensbeispielen. Bei diesem Verfahren werden gute und weniger gute Antwortbeispiele gesammelt, von Experten in eine Reihenfolge gebracht und den einzelnen Skalenwerten zugeordnet.

Beispiel

Frage:
»Prioritäten setzen und Planen sind wichtige Anforderungern. Würden Sie mir bitte ein Beispiel aus einer früheren Tätigkeit schildern, wie Sie Prioritäten gesetzt und Ihre Aufgabe geplant haben (Situation, Verhalten, Ergebnis).

Skalenbeispiele
5   Ich teilte Aufgaben in wichtig und dringlich ein. Aufgaben die wichtig und dringlich waren, bekamen oberst Priorität, Aufgaben die wichtig aber nicht dringlich waren, plante ich ein, Aufgaben die dringlich aber nicht wichtig waren, erledigte ich sofort oder delegierte sie an einen Mitarbeiter und Aufgaben, die weder wichtig noch dringlich waren, wanderten in den Papierkorb.
4   Bei meiner Stelle als .... klassifizierte ich Aufgaben in ein ABC-System und führte sie danach aus.
3   Ich ermittelte, was und wann etwas gemacht werden musste und entwickelte dann einen Plan.
2   Ich machte wichtige Aufgaben zuerst.
1   Was zuerst kam, machte ich zuerst oder fragte den Gruppenleiter.

Bei der Verwendung von Beurteilungsskalen kann entweder jeder Skalenwert mit einem Verhaltensbeispiel versehen werden (wie im obigen Beispiel) oder es können auch nur einige wenige Fixpunkte, so genannte Anker, gesetzt werden. Die Zwischenräume werden dann eher intuitiv eingeschätzt, indem z.B. die Bewerberantwort jeweils mit dem darüber und darunter liegenden Verhaltensanker verglichen und je nach Übereinstimmung in die Skala eingereiht wird. Daneben gibt es Skalen, die nicht verhaltensverankert sind, sondern lediglich für jeden Skalenwert beschreiben, ob die Antworten den Anforderungen entsprechen, unter den Anforderungen liegen oder diese sogar übertreffen.

Die Auswirkung von Bewertungsskalen auf die Validität ist in der Literatur nicht klar belegt. Fest scheint jedoch zu stehen, dass der Einsatz von Bewertungsskalen zu einer höheren Übereinstimmung zwischen den Interviewern führt (Vance et al. 1978).

Bewertungsskalen schaffen einen zweckmäßigen und transparenten Ordnungs- und Bewertungsrahmen für die gesammelten Bewerberinformationen und helfen den Interviewern, sowohl die richtigen Schlussfolgerungen daraus zu ziehen als auch den Bewerbern fundiertes Feedback zu geben.

Was sonst noch wichtig ist – Weitere Erkenntnisse zum strukturierten Interview

Um durch die Fülle an Forschungsergebnissen nicht mehr Verwirrung zu stiften als Klarheit ins Spiel zu bringen, wird der folgende Überblick im Frage-Antwortstil erfolgen und stark komprimiert ausfallen.

Müssen Interviews voll strukturiert sein, um gute Ergebnisse zu erzielen?

Nein, es genügt, wenn die durch das Interview zu erforschenden Bereiche (Anforderungskriterien) vorher festgelegt werden, dazu Beispielfragen vorliegen und diese im Interview flexibel eingesetzt werden (z.B. Huffcutt/ Arthur 1994). Es müssen also weder alle Fragen in derselben Weise gestellt werden, noch müssen alle Fragen gestellt werden. Auf den Gesprächsverlauf können die Interviewer durchaus flexibel reagieren, indem sie in bestimmten Bereichen zusätzliche Fragen einsetzten, um z.B. eine weitere Klärung herbeizuführen oder aber bestimmte Fragen weglassen, weil sie da schon genügend andere Informationen haben.

Wie reagieren Interviewer und Bewerber auf strukturierte Interviews?

Interviewer reagieren auf teilstrukturierte Interviews (siehe oben) positiver als auf vollstrukturierte (Church 1996, Dipboye 1994). Dies lässt sich relativ gut nachvollziehen, da sich die meisten Interviewer nicht gerne in ein zu starres Schema pressen lassen wollen, sondern lieber selbst die Verantwortung über das Geschehen behalten. Es hat sich auch herausgestellt (Harris 1998), dass Bewerber bei voll strukturierten Interviews ängstlicher sind und sowohl die zu besetzende Stelle, das Unternehmen als auch den Interviewer negativer wahrnehmen als bei teilstrukturierten Interviews (Kohn/ Dipboye 1998). Bewerber gehen davon aus, dass sie die größeren Chancen haben, wenn ihnen größere Freiheitsgrade im Interview eingeräumt werden. Beim Durchführen strukturierter Interviews ist deshalb darauf zu achten, dass die individuellen Bedürfnisse der Interviewer und Bewerber nach »Einzigartigkeit« zwar zur Geltung kommen können, ohne aber substanzielle Abstriche bei der Informationssammlung zu den generellen Anforderungen der Stelle zu machen.

Wie wirken sich strukturierte Interviews auf das Unternehmensimage aus?

Eigene Befragungen von echten Bewerbern, die im Rahmen von Interviewtrainings teilgenommen haben, und nach den Interviews befragt wurden, ergaben folgendes Bild: Sie sind zunächst überrascht, dass sehr konkrete, sich meist auf erlebte Situationen und Verhaltensbeispiele beziehende Fragen gestellt werden. Sie erleben dadurch das Interview als Herausforderung, die ihnen eine Menge abverlangt. Dies wird aber von über 90% aller Bewerber positiv gesehen, da sie aufgrund der Relevanz der Fragen ein »gutes Gefühl« haben, dass sich der Interviewer ein präziseres Bild über sie machen können, als wenn das Interview nach dem Zufallsprinzip geführt worden wäre (wer hat das nicht auch schon mal selbst erlebt?). Die Bewerber sind auch sehr beeindruckt, wenn sie sehen, dass sich die Interviewer intensiv auf das Gespräch vorbereitet und einen Interviewleitfaden entwickelt haben.

Was wird im strukturierten Interview »gemessen«?

Wie inzwischen viele Validitätsstudien belegen, kann mit Hilfe des strukturierten Interviews der künftige Berufserfolg relativ gut vorhergesagt werden (Buckley / Russell 1999). Korrelationen des Interviewergebnisses mit Kriterien des Berufserfolges von bis $r = 0,60$ sprechen ein klare Sprache und machen deutlich, dass zumindest »Berufserfolg« gemessen werden kann. Worauf aber basiert die Messung von Berufserfolg? Dazu gibt es verschiedene Annahmen. Harris (1999) geht von vier Dimensionen aus: Kognitive Fähigkeiten, praktische Intelligenz, traditionelle KSA (Knowledge, Skills, Abilities) und Übereinstimmung zwischen den Werten der Person und der Organisation (Person-Organization-Fit). Binning et al. (1999) kommen zu dem Schluss, dass mit strukturierten Interviews auch stellenbezogene Persönlichkeitskonstrukte gemessen werden können. Diese Befunde erhärten die zentrale Bedeutung von Anforderungsprofilen im Rahmen von Einstellinterviews. Der Zusammenhang zwischen dem Außenkriterium »Berufserfolg« und den im Interview gesammelten Informationen über den Bewerber kann also darauf beruhen, dass im Interview »Verhaltensbeispiele« bzw. sonstige Belege für die im Rahmen der Anforderungsanalyse erfassten anforderungsrelevanten Situationen und die zu ihrer Bewältigung erforderlichen »erfolgsentscheidenden Verhaltensweisen« und Clustern von Verhaltensweisen (Persönlichkeitskonstrukte) zusammengetragen und bewertet werden. Da das Verhalten sehr stark von der jeweiligen Situation abhängt (und nicht aufgrund von Persönlichkeitseigenschaften jeweils gleich ist), kommt es im Interview (wie im Übrigen auch beim Assessment Center) darauf an, eine Art von Situationskongruenz herzustellen (Harris et al. 1993). Die Erfassung persönlichkeitsrelevanter Aspekte scheint mit teilstrukturierten Interviews (siehe oben) besser zu gelingen, als mit vollstrukturierten (Lanyon/ Goodstein 1997).

Praktische Empfehlungen aus der Interviewforschung für die Vorbereitung, Durchführung und Auswertung von Interviews

Bei der Vorbereitung von Interviews spielen folgende Aspekte eine wichtige Rolle (Harris/ Eder 1999): (a) Was sind die Ziele des Interviews? (b) Welches sind die Schlüsselfaktoren, die erfasst werden sollen und (c) Wie sollen die Fragen aussehen, mit denen diese Fakoren erfasst werden können?

Vorbereitung

Was soll mit dem Interview erreicht werden? Geht es mehr um einen ersten Überblick (Screening), indem festgestellt werden soll, ob der Bewerber wesentliche Voraussetzungen der Stelle erfüllt (z.B. Fremdsprachenkenntnisse, Bereitschaft für einen Umzug etc.) oder geht es um die Endauswahl, in der entschieden wird, welcher Kandidat ausgewählt wird?

Ziele des Interviews festlegen

Harris & Eder (1999) schlagen in Anlehnung an Gatewood & Feild (1998) ein systematisches Vorgehen zur Ermittlung der im Interview zu erfassenden Faktoren vor:

Anforderungskriterien bestimmen

1. Auflisten und Clustern der Aufgaben des Stelleninhabers.
2. Einschätzen der Wichtigkeit jeder Aufgabe von 1 (überhaupt nicht wichtig) bis 5 (sehr wichtig).
3. Auflisten der KSAs (Wissen, Fertigkeiten und Fähigkeiten) und anderer Anforderungen (z.B. Führerschein).
4. Auflisten aller direkten Arbeits-Anforderungen, wie z.B. Anwesenheitsregeln, Überstunden, Schichtpläne, Reisetätigkeiten die wichtig für den Erfolg im Job und im Unternehmen sind.
5. Auflisten der Hauptmotivatoren die für die Belohnung der Mitarbeiter zur Verfügung stehen und zwar sowohl intrinsische Motivatoren (z.B. Charakteristiken des Arbeitsplatzes), als auch extrinsische (z.B. Belohnungssysteme).
6. Auflisten der vier oder fünf wichtigsten Werte des Unternehmens.
7. Festlegen ob die aufgelisteten Anforderungen mit dem Interview oder anderen Auswahltechniken (z.B. Tests) erfasst werden.

Harris & Eder (1999) sprechen sich gegen eine »ultimative Frageliste« mit den 10 bis 15 Fragen aus, die immer gestellt werden und verweisen auf die Notwendigkeit, Fragen zu entwickeln, die die Hauptanforde-

Entwickeln von anforderungsorientierten Fragen

rungen der Stelle erfassen. Sie setzen dabei auf verhaltensorientierte Fragen, wie sie beispielsweise von »Verhaltensbeschreibungs-Interviews« bekannt sind (»Was haben Sie getan als...?«) oder bei »situativen Interviews« Anwendung finden (»Was würden Sie tun wenn, ...?«). Als Alternative zur Erfassung von Wissen bietet Motowidlo (1999) an: »Was ist die beste Maßnahme in dieser Situation (die vorgegeben wird)?« Diese letztgenannte Frage wird auch »tatsächliche-situative Frage« genannt. Der Hauptunterschied zur situativen Frage besteht darin, dass die Betonung nicht auf das mögliche Verhalten in einer imaginären Situation gelegt wird, sondern der Interviewer eine realistische Situation schildert und vom Bewerber verlangt, darauf zu reagieren im Sinne von »Was werden Sie jetzt tun?«. Damit gleicht dieser Ansatz einer Arbeitsprobe. Ergänzend werden Fragen empfohlen, die sich auf die Ausbildung und die beruflichen Erfahrungen der Bewerber beziehen (z.B. »Welche Computerkurse haben Sie schon besucht?«, »Was waren Ihre Hauptaufgaben als ... bei ...?« etc.). Solche Fragen können beim Einstieg ins Interview hilfreich sein, weil sie einerseits dem Bewerber die Möglichkeit geben, seine Erfahrungen zu »verkaufen« und andererseits dem Interviewer einen ersten Überblick über den Bewerber verschaffen, der ihm Ansatzpunkte liefert, welche früheren Situationen für die vorbereiteten verhaltensorientierten Fragen vermutlich am ergiebigsten sind.

Standardisierung der Fragen und ihre Abfolge

Das Spektrum in Unternehmen reicht von klar festgelegten Fragen, die die Interviewer allen Bewerbern für eine bestimmte Stelle in gleicher Weise stellen müssen, bis hin zu völliger Beliebigkeit der Fragen, die also jeder Interviewer bei jedem Bewerber nach seinem Belieben stellen kann. Ungefähr in der Mitte dieser beiden Pole liegt ein methodischer Ansatz, der von den Interviewern zwar eine Art Standardliste mit festgelegten Fragen zu den Anforderungskriterien abverlangt, ihnen aber die Möglichkeit lässt, individuell Zusatzfragen zu stellen. Dieser Ansatz ist genauso valide wie eine Vollstrukturierung (Huffcutt / Arthur 1994), aber bei Interviewern deutlich beliebter (Church 1996, Dipboye 1994). Harris/Eder (1999) schlagen deshalb pro Funktion eine Standardliste mit Kern-Fragen vor, um die Vergleichbarkeit der Kandidaten zu gewährleisten. Darüber hinaus können aber zusätzliche Fragen gestellt werden, um individuell auf die jeweilige Bewerbersituation eingehen zu können. Als Abfolge schlägt er vor: Erstens, Hintergrundfragen zu früheren Tätigkeiten, zweitens, verhaltensorientierte Fragen, drittens, Fragen zu den Arbeitsbedingungen und viertens, nach weiteren jobrelevanten Erfahrungen und Fähigkeiten, die bisher nicht angesprochen wurden. Am Ende des Interviews sollten die Fragen des Bewerbers beantwortet werden und eine Beschreibung der Stelle und des Unternehmens erfolgen.

Zur praktischen Durchführung von Interviews liegen nur relativ wenige Untersuchungsergebnisse vor.

Überraschenderweise haben Studien ergeben, dass so genannte Panel-Interviews (mit mehr als zwei Interviewern) nicht valider sind als Einzelinterviews (z.B. McDaniel et al. 1994). Der paarweise Einsatz von Interviewern scheint am vielversprechendsten, weil dadurch die von den Bewerbern erlebte Fairness des Verfahrens zunimmt und kein zu hoher Stresslevel erzeugt wird (Gilliland/Steiner 1999). Weitere Vorteile sind: Größere Verantwortung der Interviewer für ein effektives Interview, bessere Informationsgrundlage und Urteilsgenauigkeit, effizienteres Zeitmanagement und die Möglichkeit, die im Interview gemachten Erfahrungen mit dem Interviewkollegen zu diskutieren und daraus zu lernen. Wenn zwei Interviewer eingesetzt werden, können sie sich die Fragen so aufteilen, dass jeweils ein Interviewer sich voll und ganz auf den Bewerber konzentriert und Fragen stellt, während der andere in dieser Zeit seine Notizen ergänzt und sich auf seine Fragen vorbereitet (Harris/Eder 1999).

Dieser Aspekt wurde bisher kaum wissenschaftlich untersucht. Es konnte lediglich nachgewiesen werden, dass sich die Anzahl von Unterbrechungen durch den Interviewer negativ auf die Beziehung zwischen Interviewer und Bewerber ausgewirkt hat (McComb/Jablin 1984). Folgende Empfehlungen werden dazu gegeben (Harris/ Eder 1999):

- Herzliche Begrüßung des Bewerbers und Vorstellung der Interviewer.
- Beginn mit »Small Talk« um »das Eis zu brechen«.
- Information über den Ablauf des Interviews.
- Interviewstart mit relativ vertrauten Themen, wie z.B. dem Lebenslauf.
- Genügend Augenkontakt zum Bewerber aufrechterhalten und einen freundlichen Gesichtsausdruck zeigen.
- Das Gespräch positiv beenden.

In der Kommunikation mit dem Bewerber werden folgende Verhaltensweisen empfohlen (Harris/Eder 1999):

- Geben Sie am Anfang des Interviews noch nicht zu viele Informationen über die Stelle preis, um zu verhindern, dass der Bewerber seine Antworten nicht zu sehr an »erwünschten« Aspekten ausrichtet.
- Achten Sie darauf, dass der Bewerber den größeren Redeanteil beim Interview hat.
- Zeigen Sie keine Überraschung oder Ablehnung auf die Antworten des Bewerbers.
- Setzen Sie Schweigen, Kopfnicken und andere Techniken ein, um den Bewerber zu ermutigen.

- Machen Sie emphatische Bemerkungen, wenn der Bewerber eine schwierige Situation beschreibt.
- Diskutieren Sie nicht über die Antworten mit dem Bewerber.
- Vermeiden Sie nonverbale Signale (z.B. nach vorne beugen, wenn Sie etwas interessiert).

Auswertung

In Anlehnung an Conway et al. 1995 schlagen Harris & Eder (1999) vor, jede Frage bzw. jede Kategorie anhand einer Skala einzustufen und dann objektiv, z.B. durch Summen- bzw. Durchschnittsbildung, zu einem Gesamtergebnis zusammenzufassen.

2. Arten strukturierter Interviews

Im Laufe der Jahre haben sich mehrere Formen strukturierter Interviews herausgebildet, die sich zwar alle an dem oben beschriebenen Rahmen orientieren, aber z.T. auch spezifische Besonderheiten aufweisen. Entsprechend ihres Schwerpunktes lassen sich im Wesentlichen drei verschiedene Arten strukturierter Interviews unterscheiden (Harris 1989, Eder/Harris 1999):

Unter dem Begriff "strukturierte Interviews" haben sich mehrere erfolgreiche Systeme behauptet

Strukturierte Interviewsysteme	Hauptcharakteristika
• Verhaltensbeschreibungs-Interviews	• Fragen nach *früherem* anforderungsrelevanten Verhalten ("was haben Sie getan, als ...?")
• Situative Interviews	• Fragen nach hypothetischen Verhaltensweisen in *künftigen* Situationen ("was würden Sie tun, wenn ...?")
• Integrierte Interviewsysteme	• Kombination verschiedener Fragefomen - Verhaltensfragen - situative Fragen - Arbeitsproben - Wissensfragen

---

Abbildung 11:
Arten strukturierter Interviews

Mit diesen aus der Literatur bekannten Formen strukturierter Interviews wollen wir uns jetzt etwas näher beschäftigen. Dabei werden die Besonderheiten der beschriebenen Methoden kurz beschrieben und jeweils ihre Stärken und Schwächen beleuchtet.

Verhaltensbeschreibungs-Interviews (behavior description interview, BDI)

Markantestes Merkmal von Verhaltensbeschreibungs-Interviews ist die starke Betonung von früherem Verhalten. Diesem Ansatz liegt die Annahme zugrunde, dass **früheres Verhalten bzw. frühere Leistungen der beste Prädiktor für künftiges Verhalten** bzw. künftige Leistungen ist (Owens 1976, Janz 1986, 1989, Motowidlo et al. 1992, Motowidlo 1999). Bei dieser Art des Interviews geht es also darum, für die wichtigsten künftigen Anforderungssituationen vergleichbare frühere Situationen zu ermitteln und die »typischen« Verhaltensweisen der BewerberInnen bei der Bewältigung dieser Situationen festzustellen. Die Betonung liegt auf den in der Vergangenheit tatsächlich erbrachten Leistungen in anforderungsbezogenen Situationen. Das früher gezeigte Verhalten dient sozusagen als Beleg dafür, dass dieses Verhalten in einer vergleichbaren künftigen Situation jederzeit wieder gezeigt werden kann, bzw. gezeigt wird.

Diese Form des strukturierten Interviews weist eine Validität von r = 0,48–0,61 (Mittelwert: 0,55) (Janz 1982, 1989, Orpen 1985). Auch die Reliabilität von Verhaltensbeschreibungs-Interviews ist mit r = 0,81 erfreulich hoch (Moscoso & Salgado 2001).

> Sie als Kfz-Meister haben vermutlich häufigen Kontakt mit den Kunden. Schildern Sie bitte eine Situation, wo ein Kunde z.B. aufgrund des Alters seines Fahrzeuges, der anfallenden Reparaturen etc. die Bereitschaft signalisierte, über den Kauf eines Neuwagens nachzudenken. Was haben Sie in dieser Situation konkret unternommen? Wie war schließlich das Ergebnis?

Mit dieser Frage nach tatsächlichem früheren Verhalten erfahren Sie vermutlich sehr viel über die Art und Weise, wie der Bewerber mit dieser Situation in der Vergangenheit umgegangen ist. Es ist auch plausibel, anzunehmen, dass ein Bewerber, der in dieser Situation adäquat reagiert hat – z.B. indem er den Kunden mit einem der Verkäufer bekannt macht und einen Neukauf anbahnt – auch in einer vergleichbaren künftigen Situation ähnlich anforderungsgerecht agieren wird. Die Erfahrungen aus früheren vergleichbaren Situationen lassen sich also nahezu 1:1 übertragen. Voraussetzung für diese Fragen ist allerdings, dass die Bewerber über vergleichbare frühere Erfahrungen verfügen. Wenn keine direkt vergleichbaren Situationen vorliegen, z.B. wie es bei Hochschulabsolventen oder generell bei Berufsanfängern der Fall ist, hat es der Interviewer natürlich etwas schwerer. Er muss dann versuchen, ähnliche Situationen zu finden, die zumindest vom Anforderungscharakter her vergleichbar sind und ähnliche Verhaltensweisen erfordern.

> Wie ich Ihren Unterlagen entnehmen konnte, haben Sie an Ihrer Hochschule ein Umweltschutz-Projekt ins Leben gerufen und dafür bereits 25.000,– Euro an Spendengeldern eingenommen. Wie ist es Ihnen gelungen (»Was haben Sie getan, um...«), so viele Spender zu mobilisieren?

Marginalien (rechte Spalte):

Frageprinzip: »Was haben Sie getan als...?«

Beispiel

Beispiel

Bei beiden Fragen geht es darum, vom Bewerber zu erfahren, wie er andere (im ersten Fall Kunden, im zweiten Fall Studenten) von etwas überzeugt. Die Situationen sind zwar sehr unterschiedlich, nicht jedoch die Verhaltensweisen, die zur Bewältigung dieser Situationen erforderlich sind.

Als Variante zum Verhaltensbeschreibungs-Interview wurde eine Interviewform entwickelt, die als **Strukturiertes Verhaltensinterview** bezeichnet wird (Motowidlo et al. 1992). Dabei wird folgendes Interviewformat verwendet:

1. **Ermittlung der Anforderungskriterien** mit Hilfe der Critical Incidents-Anforderungsanalyse.
2. Ausrichtung des Interviews an **operational definierten Verhaltensdimensionen** aus der Analyse der Critical Incidents.
3. Verwendung von **Standardfragen** in einem **Leitfaden**, um festzustellen, wie frühere Situationen, die mit den künftigen vergleichbar sind, gelöst wurden.
4. Stellen von **Zusatzfragen**, um nähere Angaben zur **Situation**, zum **Verhalten** und zum erreichten **Ergebnis** zu erhalten.
5. **Protokollieren** der Bewerberantworten.
6. Auswertung des Interviews anhand **verhaltensverankerter Skalen**.
7. Ermitteln eines **Interviewgesamtwertes** durch Addition der Einzelwerte.

Situative Interviews (situational interviews, SI)

Situative Interviews konzentrieren sich stärker auf Handlungsabsichten als auf das Verhalten selbst. Bei diesem Ansatz wird eine Beziehung zwischen den geäußerten Handlungsabsichten und dem tatsächlichen späteren Verhalten am Arbeitsplatz zugrunde gelegt. In situativen Interviews werden BewerberInnen mit einer Reihe typischer Anforderungssituationen konfrontiert und müssen jeweils angeben, wie sie sich in diesen Situationen verhalten »würden«. Die Validität von »situativen Interviews« reicht von $r = 0,14–0,46$ (Mittelwert: 0,28) (Arvey/Campion 1982, Latham/Saari 1984, Weekley/Gier 1987). Eine neuere Metaanalyse ermittelte gar eine Validität $r = 0,50$ (Latham/Sue Chan 1999).

Frageprinzip:
»Was würden Sie tun, wenn...?«

Ursachen für die vergleichsweise hohe Validität dieser Interviewform sind: konsequente Anforderungsorientierung und »verhaltensverankerte Auswertungsskalen« als Auswertungshilfen. Anhand des folgenden Beispiels wird deutlich, was darunter zu verstehen ist.

Beispiel

Sie sind in einem großen Autohaus als Kfz-Meister beschäftigt. Bei der Auftragsannahme inspizieren Sie gerade zusammen mit dem Kunden das 8 Jahre alte Fahrzeug, um die erforderlichen Reparaturmaßnahmen zu spezifizieren. Dabei äußert der Kunde, dass er sich doch bald mit dem Gedanken beschäftigen müsse, ein anderes Fahrzeug zu kaufen. Was würden Sie in dieser Situation tun?

Mit den vorgegebenen Verhaltensankern wird die zugrunde liegende Bewertungsskala operational definiert. Die Antworten lassen sich so relativ einfach einem Skalenwert zuordnen und bewerten.

Problematisch an dieser Interviewform ist aber dennoch, dass

(a) verbal geschicktere Bewerber auf hypothetische Fragen in der Regel gewandter reagieren und damit besser abschneiden als sprachlich weniger begabte Bewerber und

(b) keine nachgewiesene Kausalität zwischen hypothetischen Handlungsabsichten und später tatsächlich gezeigtem Verhalten besteht. Im Gegenteil: Wir alle kennen viele Zeitgenossen, die ganz genau wissen und beschreiben können, wie eine Sache zu machen ist, aber niemals zuvor Vergleichbares wirklich gemacht haben.

Ein unbestrittener Vorteil dieser Methode liegt darin, dass keine früheren Erfahrungen mit vergleichbaren Anforderungssituationen vorausgesetzt werden. Situative Interviews eignen sich deshalb besonders in Auswahlsituationen, in denen vergleichbare Vergangenheitsdaten fehlen, z.B. bei Hochschulabsolventen.

Trotz der erwiesenen Validität dieser Interviewform sollten Sie aufgrund der oben genannten Risiken keinesfalls nur nach dem Strickmuster »Was wäre wenn« verfahren.

Die **Entwicklung eines situativen Interviews** verläuft in folgenden Schritten (Latham 1989):

1. **Ermittlung der Anforderungskriterien** mit Hilfe der Critical Incidents-Anforderungsanalyse.
2. **Verhaltensverankerte Anforderungskategorien** auf der Grundlage der critical incidents entwickeln.
3. Auswählen eines oder mehrerer **kritischer Ereignisse** zu den einzelnen Anforderungskriterien.
4. Die kritischen Ereignisse in »**Was würdest Du tun, wenn**«-Fragen umwandeln.
5. **Verhaltensverankerte Auswertungsskalen** entwickeln z.B. Beispiele für gutes Verhalten (5), für akzeptables Verhalten (3) und weniger gutes Verhalten (1).

Integrierte Interviewsysteme (comprehensive structured interviews, CSI)

Diese Interviewform ist eine Mischform aus verschiedenen anderen Interviewformen und Auswahlelementen. Genau genommen handelt es sich bei diesem Auswahltyp mehr um ein Assessment Center als um ein Interview. Die Informationssammlung lässt sich hierbei folgenden Kategorien zuordnen (Pursell et al. 1980):

- Fachfragen (»Worin liegt der Vorteil von...?«)
- Verhaltensorientierte Anforderungsfragen (»Was haben Sie getan, als...?«)
- Arbeitssimulationen (»Zeigen Sie bitte wie...«)
- Situative Fragen (»Was würden Sie tun, wenn...?)

Zu dieser Kategorie ist auch eine Interviewform zu zählen, die als **Multi-modales Interview** Eingang in die Interviewliteratur gefunden hat (Schuler 1992, 1995). Diesem Ansatz liegen unterschiedliche Methoden und Konstruktionsprinzipien zugrunde.

Aufbau des Multimodalen Interviews

1. **Gesprächsbeginn.** Kurze informelle Unterhaltung; Bemühen um angenehme und offene Atmosphäre; Skizzierung des Verfahrensablaufs; keine Beurteilung.
2. **Selbstvorstellung des Bewerbers.** Bewerber sprechen einige Minuten über ihren persönlichen und beruflichen Hintergrund. Beurteilung nach anforderungsbezogenen Dimensionen auf einer dreistufigen Skala.
3. **Berufsorientierung und Organisationswahl.** Es werden standardisierte Fragen zur Berufswahl, Berufsinteressen, Organisationswahl und Bewerbung gestellt. Antwortbeurteilung auf dreistufigen beispielverankerten Skalen.
4. **Freies Gespräch.** Interviewer stellt offene Fragen in Anknüpfung an Selbstvorstellung und Bewerbungsunterlagen. Summarische Eindrucksbildung.
5. **Biographiebezogene Fragen.** Biographische (oder »Erfahrungs-«) Fragen werden aus Anforderungsanalysen abgeleitet oder anforderungsbezogen aus biographischen Fragebogen übernommen. Die Antworten werden anhand einer dreistufigen (einfache Fragen) bzw. fünfstufigen (komplexe Fragen) verhaltensverankerten Skala beurteilt.
6. **Realistische Tätigkeitsinformation.** Ausgewogene Information seitens des Interviewers über Arbeitsplatz und Unternehmen. Überleitung zu situativen Fragen.
7. **Situative Fragen.** Auf critical incident-Basis konstruierte situative Fragen werden gestellt, die Antworten werden auf fünfstufigen verhaltensverankerten Skalen beurteilt.
8. **Gesprächsabschluss.** Fragen des Bewerbers; Zusammenfassung; weitere Vereinbarungen.

»Verhaltensbeschreibungsinterviews (BDI)« und »Situative Interviews (SI)« sind die am meisten eingesetzten Systeme strukturierter Interviews (Huffcutt et al. 1996).

Nach diesem kurzen Überblick über die verschiedenen Formen strukturierter Interviews vergleichen wir die wesentlichen Strukturierungselemente mit denen eines Assessment Centers.

3. Methodenvergleich: Strukturiertes Interview versus Assessment Center-Methode

Wie unschwer zu erkennen ist, gibt es eine große Übereinstimmung zwischen den aufgeführten Elementen strukturierter Interviews und der als prognostisch besonders aussagekräftig geltenden Assessment Center-Methode (Moses/Byham 1980):

Merkmale eines Assessment Centers	Merkmale strukturierter Interviews
✓ Gründliche Analyse der künftigen Anforderungssituationen.	✓ Erstellen eines Anforderungsprofils.
☐ Simulation der künftigen Anforderungen durch unterschiedliche Übungen wie z.B. Postkorb, Gruppendiskussionen, Rollenspiele, Präsentationen, Fallstudien und Interviews.	☐ Anforderungsbezogene Verhaltensfragen zu vergleichbaren (früheren, künftigen) Situationen mit einem Interviewleitfaden.
✓ Beobachtung der Kandidaten anhand operational definierter Anforderungskriterien durch mehrere Linien- und Personalmanager.	✓ Einsatz mehrerer Interviewer (Personal- und Fachabteilung).
✓ Protokollierung der Verhaltensweisen, die von den Kandidaten bei der Bewältigung der Übungen gezeigt werden.	✓ Protokollierung der Bewerberaussagen im Leitfaden.
✓ Die Bewertung der Anforderungskriterien erst nach Abschluss aller Übungen.	✓ Trennung von Interviewdurchführung und -bewertung.

☑ Verwendung von Bewertungsskalen.

☑ Skalierung der Anforderungskriterien.

☑ Konsensentscheidung durch intensive Diskussion aller Beobachter.

☑ Gemeinsame Konsensentscheidung.

☑ Intensive Vorbereitung und Schulung der Beobachter (Beobachterschulung).

☑ Interviewtraining.

Der Hauptunterschied zwischen der AC-Methode und der Methode des strukturierten Interviews besteht in der Informationsgewinnung. Während das AC durch anforderungsbezogene Simulationen Beobachtungsmöglichkeiten für leistungsrelevantes Verhalten schafft, werden im strukturierten Interview durch anforderungsbezogene Fragen Aussagen über leistungsrelevantes Verhalten der Bewerber generiert. In einem Fall (AC) haben wir es mit direktem beobachtbarem Verhalten zu tun, während wir beim strukturierten Interview mit Aussagen über vergleichbares Verhalten vorlieb nehmen müssen. Um auch in diesem Punkt mit dem AC gleichzuziehen, können wir problemlos kleinere Arbeitsproben in ein strukturiertes Interview einbeziehen. Das kann beispielsweise eine Präsentation, ein Rollenspiel oder auch die Lösung einer konkreten Aufgabe sein. Wichtig ist dabei natürlich, dass sich auch diese Zusatzelemente konsequent an den Anforderungskriterien orientieren.

Trotz großer methodischer Fortschritte bei der Entwicklung von strukturierten Interviews dürfen wir nicht vergessen, dass wir es trotzdem immer mit Wahrscheinlichkeiten zu tun haben. Da wir über keine »Glaskugel« verfügen, mit der wir einen untrüglichen Blick in die Zukunft werfen können, müssen wir uns bei der Vorbereitung von Auswahlentscheidungen mit Näherungsformeln begnügen. Dazu stehen uns mehrere »Zeitdimensionen« zur Verfügung.

Vergangenheit

Wie die bereits zitierten Untersuchungen gezeigt haben, kann künftiges Verhalten zuverlässig vorhergesagt werden, indem man früheres, vergleichbares Verhalten ermittelt und mit dem geforderten, künftigen Verhalten vergleicht. Es handelt sich dabei zwar nur um **Aussagen über früheres Verhalten**, aber je konkreter nach Beispielen gefragt wird, desto zuverlässiger sind diese Aussagen. Der Vorteil konkreter Aussagen über früheres Verhalten liegt in der »Erfahrung des schon einmal da gewesenen«. Wer in der Vergangenheit gezeigt hat, dass er/sie in der Lage ist, sich und seine Arbeit effizient zu organisieren, wird mit großer Sicherheit auch in der Zukunft dazu in der Lage sein.

Gegenwart

Eine weitere Möglichkeit besteht darin, zukünftige Situationen »modellhaft« in der Gegenwart, also in der Auswahlsituation, abzubilden und

Der Interviewer als Wanderer zwischen den Zeiten

| Vergleichbare frühere Situationen (Vergangenheit) | Interviewsituation (Gegenwart) | Künftiges berufliches Verhalten (Zukunft) |

Früheres Verhalten ermitteln, ...

Anforderungsbezogene Verhaltensfragen

... um künftiges Verhalten vorherzusagen

Simulation künftiger Situationen, ...

Arbeitsproben

... um künftiges Verhalten quasi am "Modell" zu beobachten

Fragen nach künftigem Verhalten, ...

Situative Fragen

... um künftiges Verhalten vorherzusagen

Abbildung 12:
Grundkonzept verschiedener
Interviewformen

bestimmte Anforderungscharakteristika am Miniaturmodell so realitätsgerecht wie möglich zu simulieren (z.B. wie in einem Flugsimulator). Damit kann man die »Zukunft« vorwegnehmen und die erforderlichen »Bewältigungsstrategien« in vivo beobachten und beurteilen. Diese Möglichkeiten lassen sich nicht nur im Rahmen von Assessment Centern nutzen, sondern auch mit Arbeitsproben, die in das Interview integriert werden können. Wie der Name schon sagt, kann der Bewerber in der Interviewsituation eine »**Verhaltensprobe**« relevanten Verhaltens abgeben. Allerdings lassen sich nicht zu allen Anforderungskriterien auf diese Weise Informationen sammeln. Es bieten sich Anforderungen an wie: Präsentation, Kommunikation, Überzeugungskraft, Problemanalyse, Schriftlicher Ausdruck etc., Kriterien also, die während ihres Vollzuges im Interview Spuren im Verhalten nach sich ziehen. So muss beispielsweise der »mündliche Ausdruck« nicht separat abgefragt werden, da dieses Kriterium während des gesamten Interviews eine ständige Verhaltensäußerung ist, die einer Bewertung direkt zugänglich ist.

Versucht man dagegen die Zukunft gedanklich vorwegzunehmen und lässt den Bewerber nur verbal »probehandeln«, fehlt der direkte Verhaltensbezug. Das Wissen und die Vorstellungskraft von Bewerbern reicht im Zeitalter der Case Studies aus, um abstrakte Zukunftsszenarien gedanklich zu erfassen und adäquate Lösungsstrategien zu verbalisieren. Das Umsetzen von Handlungsabsichten in konkrete Handlungen fällt dagegen vielen schwer. Die Problematik bei dieser Form des Interviews liegt im Fehlen einer Verhaltensbasis. Statt früherer oder gegenwärtiger Verhal-

Zukunft

tensweisen, werden bei situativen Interviews **hypothetische Verhaltens-aussagen** gemacht. Allerdings ist man auf solche Fragen angewiesen, wenn BewerberInnen z.B. keine Berufserfahrung haben, oder wenn es sich um völlig neue Aufgaben handelt, zu denen keine Verhaltensbelege aus der Vergangenheit existieren.

Bezogen auf die **Informationssammlung** beim strukturierten Interview ergeben sich somit folgende Prioritäten:

1. **Priorität:**	Verhaltensbezogene Fragen zu vergleichbaren früheren Situationen *(Vergangenheit)*.
2. **Priorität:**	Simulationen bzw. Proben künftiger Anforderungssituationen *(Gegenwart)*.
3. **Priorität:**	Situative Fragen zu künftigen neuen Anforderungssituationen *(Zukunft)*.

Damit ist auch der einzige markante methodische Unterschied zwischen strukturierten Interviews und Assessment Centern, die Informationssammlung, befriedigend geklärt.

4. Betriebswirtschaftlicher Nutzen verbesserter Einstellinterviews

In der Vergangenheit wurde selten die Frage nach den Kosten der Personalauswahl gestellt und noch seltener nach dem ökonomischen Nutzen des praktizierten Auswahlverfahrens gefragt. Dies wird sich in Zukunft ändern. Das Personalwesen wird künftig seinen Erfolgsbeitrag ebenso beziffern und ständig verbessern müssen, wie dies in allen anderen Unternehmensbereichen längst üblich ist. Es kann einfach nicht sein, dass gerade die Personalauswahl von Effizienzbetrachtungen ausgenommen wird und es weiterhin im Ermessen jedes Einzelnen liegt, wie er Personalauswahl betreibt. Anhand einiger Beispiele wird aufgezeigt, wie der betriebswirtschaftliche Nutzen durch strukturierte Interviews verbessert werden kann.

Beispiel   Eine in den 80er-Jahren bei J.C. Penney durchgeführte ROI-Analyse (return-on-investment) zeigt eindrucksvoll, welche Einsparungen durch die Einführung strukturierter Interviews möglich sind (Daum, J. W. 1983).

Zweieinhalb Jahre nach ihrer Einstellung wurden mehrere Hundert Kandidaten untersucht, die entweder mit herkömmlichen oder strukturierten Interviews eingestellt wurden. Dabei zeigten sich folgende Ergebnisse:

Mitarbeiter, die mit Hilfe strukturierter Interviews ausgewählt wurden, hatten eine um 45% geringere Fluktuation und wurden im Beurteilungssystem signifikant besser bewertet als herkömmlich ausgewählte Mitarbeiter.

Die wirtschaftlichen Auswirkungen waren beträchtlich. Um 1000 Mitarbeiter nach zwei Jahren in ihrer Funktion zu behalten, mussten im traditionellen Verfahren 1733 Mitarbeiter und mit dem strukturierten Interview 1304 Mitarbeiter eingestellt werden. 429 Mitarbeiter, die weniger eingestellt werden mussten, führten zu einer Lohnkosteneinsparung von über 9 Millionen $, ohne Einstellungs- und Trainingskosten. In einer anschließenden ROI-Analyse wurden alle Kosten für Auswahl, Training und Bezahlung dem von den Mitarbeitern erzielten Ergebnisbeitrag gegenüber gestellt. Über den Zeitraum von zweieinhalb Jahren wurde mit dem neuen Auswahlsystem ein Gewinn von über 10 Millionen $ erzielt.

Auch weitere Studien zeigen, dass die Verbesserung des Auswahlverfahrens eine lohnende Investition darstellt. »Teamorientierte Unternehmen investieren in der Regel mehr Zeit und Geld in die Auswahl ihrer Mitarbeiter als herkömmliche Betriebe. Das liegt zum einen an der hohen Bewerberzahl, zum anderen am intensiven Selektionsverfahren. Jede Neueinstellung kostet den Arbeitgeber zwischen 300 und 1500 $. Aber dieses Geld ist gut angelegt. In einem Unternehmen, in dem wir eine ROI-Analyse der Einstellkosten durchführten, ergab unsere Untersuchung, dass jede in die Bewerberauswahl investierte Mark durch die gesteigerte Qualität und Produktivität fast 100 $ wieder hereinbrachte.« (Byham, W. C. et al. 1992).

Beispiel

Am Beispiel der Auswahl von 50 Außendienstmitarbeitern eines Versicherungsunternehmens wird der ökonomische Nutzen der verbesserten Auswahl durch strukturierte Interviews verdeutlicht (Gerpott, T. J. 1995).

Beispiel

Parameter
- Vorhersagevalidität des bisherigen unstrukturierten Interviewverfahrens: 0.14
- Vorhersagevalidität des geplanten strukturierten Interviewverfahrens: 0.63
- Auswahlquote: 30% bzw. $Z_x(E) = 1{,}16$
- Standardabweichung der Deckungsbeiträge pro Außendienstmitarbeiter im Unternehmen: Euro 11.000
- Auswahl-Vollkosten pro Bewerber des bisherigen Interviewverfahrens: 500 Euro
- Auswahl-Vollkosten pro Bewerber des geplanten Interviewverfahrens: 750 Euro.

Formel

Netto-Erfolgsveränderung $\Delta UN = NE\ \Delta\ rxy\ Z_x(E)\ SD_y - [(NE/AQ)\ \Delta\ KB]$

NE = Zahl der pro Jahr mit diesem Auswahlverfahren eingestellten neuen Mitarbeiter

Δrxy = Validitätsdifferenz zwischen zwei alternativen Auswahlverfahren

$Z_x(E)$ = Mittlerer standardisierter Punktwert im Auswahlverfahren

SD_y = Standardabweichung der in Geldeinheiten bewerteten Leistungsbeiträge von Mitarbeitern in der Zielposition

Ergebnis

ΔUN = 50 x (0.63–0.14) x 1,16 x 11.000 – ((50/0.3) x (750–500)) =
= 312.620–41.666
= Euro **270.954,–**

Unterstellt man eine Unternehmensverweildauer der ausgewählten Bewerber von durchschnittlich 3,2 Jahren und einen Kalkulationszins von 10% (Diskontierungs-summenfaktor = 2,63), so ergibt sich eine Verbesserung des Netto-Erfolges von Euro 780.524.

Wie Sie sehen, zahlt sich die Verbesserung des Personalauswahlverfahrens aus.

Im folgenden Abschnitt wird der Versuch unternommen, die bisherigen theoretischen und methodischen Überlegungen und Erkenntnisse zu einer handhabbaren und zuverlässigen Methode des strukturierten Einstellinterviews für den praktischen Einsatz weiterzuentwickeln.

Praxis des strukturierten Einstellinterviews

Teil C

Im ersten Teil dieses Buches wurde aufgezeigt, mit welchen Problemen die Personalauswahl konfrontiert wird. Einerseits haben wir es mit einer Anforderungsverlagerung von so genannten »Hard Facts« wie z.B. fachliches Wissen und Können, Ausbildung, Beruf etc. zu »Soft Skills« wie z.B. Teamfähigkeit, Initiative, Veränderungsbereitschaft etc. zu tun. Andererseits stehen uns zur Erfassung solcher Fähigkeiten weder ausreichend abgesicherte Auswahlverfahren zur Verfügung – vom Assessment Center einmal abgesehen – noch reichen in der Regel die Erfahrungen der Auswählenden aus, um im Rahmen von Einstellgesprächen die künftige Eignung der Bewerber zuverlässig zu erfassen. Die Schere zwischen den zu erfassenden Eignungsmerkmalen und den zur Verfügung stehenden Auswahlverfahren ist weiter aufgegangen. Deshalb wird der/die LeserIn in diesem zweiten Teil eine Methode kennenlernen, die ihm/ihr hilft, Gespräche mit Bewerbern so zu führen, dass am Ende eine zuverlässige und faire Einstellentscheidung resultiert.

Hintergrund

Das Interviewkonzept, das in diesem Praxisteil vorgestellt wird, berücksichtigt einerseits die wichtigsten wissenschaftlichen Erkenntnisse als auch eigene praktische Interviewerfahrungen z.B. als Personalleiter, Unternehmensberater und Interviewtrainer (mit inzwischen über 100 durchgeführten Interviewtrainings) und Entwickler des ersten PC-gestützten Expertensystems zur Vorbereitung, Durchführung und Auswertung strukturierter Interviews (das INTERVIEW-PC-SYSTEM). Obige Elemente und Grundsätze sind die Eckpfeiler dieses Interviewkonzeptes.

Die Erfolgsfaktoren strukturierter Interviews sind bekannt; sie müssen "nur" umgesetzt werden

- Erheben der "critical incidents" und der Funktionsanforderungen

- Erstellen von anforderungsbezogenen Interviewleitfäden

- Protokollierung der Bewerberantworten

- Trennung von Interviewdurchführung und -bewertung

- Skalierung der Auswertung

- Einsatz mehrerer Interviewer (Fach- und Personalabteilung)

- Schulung der Interviewer

Abbildung 13:
Erfolgsfaktoren strukturierter
Interviews

I. Vorbereitung

1. Das Anforderungsprofil: Was Sie im Interview erfahren müssen

Erster Grundsatz: Führen Sie kein Interview, ohne vorher ein Anforderungsprofil für die zu besetzende Stelle erstellt zu haben!

Die wichtigste Voraussetzung für ein effizientes Auswahlverfahren ist die sorgfältige Ermittlung der Erfolgskriterien an der zu besetzenden Stelle. Nur wer seine Erwartungen an den künftigen Mitarbeiter vorher genau definiert, kann sich beim Interview auf das Wesentliche konzentrieren.

Die Erfolgskriterien werden im Anforderungsprofil zusammengefasst.

Die Anforderungen einer Stelle definieren jene spezifischen Eigenschaften, Kenntnisse, Fähigkeiten, Fertigkeiten und Verhaltensweisen, die ein Stelleninhaber aufweisen muss, um diese Stelle erfolgreich zu bewältigen.

Anforderungsprofile sind mit die wichtigste Voraussetzung für ein gutes Auswahlverfahren.

Nach allem, was wir bisher über das Interview wissen, steht eindeutig fest, dass eine nachhaltige Verbesserung des Interviews nur mit einer gründlichen Kenntnis der späteren Aufgaben und den daraus resultierenden Anforderungen einhergehen kann.

Nutzen von Anforderungsprofilen

Abbildung 14:
Nutzen von Anforderungsprofilen

Anforderungsprofile sind der Schlüssel einer gezielten Personalauswahl

Vollständige Informationsbeschaffung

Gezielte Informationsbeschaffung

Objektive Informationsbewertung

Ermitteln der Fähigkeiten, Fertigkeiten und Verhaltensweisen, die über Erfolg bzw. Misserfolg entscheiden

Anforderungsprofil

Der **Nutzen von Anforderungsprofilen** liegt auf der Hand:

Gezielte Informationsbe-schaffung

- Sie ermöglichen eine gezielte Informationsbeschaffung, d.h. sie definieren die »Suchfelder« des Interviews und legen damit fest, welche Informationen im Verlaufe des Interviews beschafft werden müssen.

Vollständige Informationsbeschaffung

- Sie gewährleisten die Vollständigkeit der für eine Auswahlentscheidung notwendigen Informationen.

Objektive Informationsbewertung

- Sie ermöglichen eine objektive Informationsbewertung und verhindern die subjektive Unter- oder Überbewertung einzelner Informationen.

Ziel einer **Anforderungsanalyse** ist es, diejenigen Anforderungen zu ermitteln, anhand derer man erfolgreiche von weniger erfolgreichen Mitarbeitern unterscheiden kann.

Das Ergebnis einer Anforderungsanalyse wird in einem Anforderungsprofil dargestellt. Anforderungsprofile geben Auskunft über die erfolgskritischen Anforderungen einer Stelle und deren relativen Gewichtungen untereinander. Unternehmen, in denen die Interviews nicht durch Anforderungsprofile Ziel und Richtung bekommen, verschwenden in Bewerbergesprächen sehr viel Zeit und Geld. Wer seine Erwartungen an einen Bewerber dagegen vor dem Gespräch klar definiert, kann seine Gesprächsführung auf die relevanten Anforderungskriterien fokussieren und kommt somit schneller und zuverlässiger zum Ziel.

Stellen Sie sich einmal vor, Sie starten ein Projekt, ohne sich vorher darüber Klarheit verschafft zu haben, welche Ziele Sie damit erreichen wollen. Undenkbar, werden Sie sagen. Ja, aber genau das passiert tagtäglich in vielen Einstellgesprächen. Gespräche werden begonnen, ohne dass sich der Interviewer vorher genau überlegt hat, wonach er eigentlich sucht. Beherzigen Sie deshalb den ersten und wichtigsten Grundsatz strukturierten Interviews und ermitteln Sie vor jedem Interview die Anforderungen, auf die es in dieser Funktion ankommt! Damit schaffen Sie einen Bezugsrahmen für das gesamte Auswahlverfahren. Neben der Steuerung der Informationsbeschaffungsphase liefert Ihnen das Anforderungsprofil auch ein Raster für die spätere Interviewauswertung. Stimmen nämlich die Anforderungen der Stelle, wie sie im Anforderungsprofil festgelegt sind, mit den von Ihnen ermittelten Voraussetzungen des Bewerbers überein, spricht man von Eignung. Wie also sollte man ohne Kenntnis der genauen Anforderungen einer Stelle feststellen können, ob jemand für diese Stelle geeignet ist? Vermutlich erst dann, wenn sich seine Eignung/Nichteignung in der Praxis gezeigt hat. Aber gerade diese »Versuch und Irrtum«-Methode gilt es durch ein effizientes Auswahlverfahren zu verhindern.

Verhaltensorientierte Anforderungsprofile erstellen

Bei der Erstellung eines Anforderungsprofils werden Informationen über relevante Aspekte einer Funktion gesammelt und in Anforderungskriterien übersetzt. Jede Funktion stellt andere Anforderungen an den Funktionsinhaber. Während es bei einem Marketing-Spezialisten in hohem Maße auf »Kreativität« ankommen dürfte, wären wir vermutlich bei einem Buchhalter mehr an seiner »Zuverlässigkeit« interessiert. Welche Informationen benötigen wir also, um Anforderungsprofile zu erstellen und wie bekommen wir diese Informationen?

Grundvoraussetzung für die Erstellung eines Anforderungsprofils ist die genaue Kenntnis der Funktion: Welche Aufgaben müssen erledigt werden? Welche Kompetenzen/Befugnisse/Verantwortung hat der Stelleninhaber? Welche Rahmenbedingungen sind gegeben? Mit welchen anderen Stellen des Unternehmens arbeitet er wie zusammen? etc.

Erster Schritt: Funktions- bzw. Stellenbeschreibung

Zur Beantwortung solcher und ähnlicher Fragen stehen folgende Informationsquellen zur Verfügung:

*   Funktions- bzw. Stellenbeschreibungen.
*   Beobachtungen am Arbeitsplatz.

Erste Anhaltspunkte für ein Anforderungsprofil liefern so genannte Funktionsbeschreibungen. Sie sind auch bekannt unter den Begriffen Arbeitsplatz- oder Stellenbeschreibung.

Funktionsbeschreibungen

Funktionsbeschreibungen sind Organisations- und Führungsinstrumente, die dem/der MitarbeiterIn seinen/ihren Platz im Organisationsgefüge zuordnen und ihre Rolle definieren.

Funktionsbeschreibungen geben in der Regel Auskunft über:

*   Funktionsbezeichnung
*   Bereich, Abteilung, Kurzzeichen
*   Planstellennummer, Kostenstelle
*   Lohn-/Gehaltsgruppe/Einstufung der Funktion
*   Vorgesetzter, und evtl. Stellvertreter
*   Zweck bzw. Hauptziele der Funktion
*   Hauptaufgaben/Zuständigkeiten
*   Kompetenzen
*   Abgrenzung der Verantwortlichkeiten
*   Zusammenarbeit mit anderen Stellen
*   Beteiligung an Ausschüssen
*   Rahmenbedingungen (z.B. Mitarbeiter, Budget, etc.)
*   Grundanforderungen (z.B. Ausbildung, Beruf, Berufserfahrung, Spezialkenntnisse)
*   Kritische Ereignisse (»Critical Incidents«)
*   Arbeitsort
*   Arbeitszeit.

Ein **Musterformular** für eine Funktionsbeschreibung finden Sie im Anhang.

Sorgfältig erstellte Funktionsbeschreibungen liefern wichtige Informationen für die Erstellung eines Anforderungsprofils. Wichtigste »Schnittstelle« zum Anforderungsprofil sind die so genannten »**Critical Incidents**« (erfolgskritische Ereignisse oder Situationen). Diese tauchen jedoch in den wenigsten Funktionsbeschreibungen auf. Vielfach wird ein übertriebener Aufwand in die Vollständigkeit einer Funktionsbeschreibung gesteckt und dabei wird oft versäumt, auch die Bedeutsamkeit einzelner Situationen und Ereignisse der Stelle hervorzuheben. Gerade diese »kritischen Situationen« können Ihnen aber wichtige Anhaltspunkte auf Fragen geben, wie z.B.:

- Worauf kommt es in dieser Funktion wirklich an?
- Welche Aspekte der Tätigkeit machen letztlich den Erfolg der Funktion aus?
- In welchen Situationen unterscheiden sich erfolgreiche von weniger erfolgreichen Funktionsinhabern besonders?
- In welchen Situationen werden »die Tore geschossen«?

Liegen keine Funktionsbeschreibungen vor, können Sie sich die erforderlichen Informationen von Vorgesetzten bzw. Stelleninhabern besorgen, oder Stelleninhaber bei der Ausübung ihrer Tätigkeit beobachten.

Arbeitsplatz-beobachtungen

Dieser Weg ist ziemlich zeitaufwendig. Sie werden vermutlich erst nach einer längeren Beobachtung alle in Frage kommenden Tätigkeiten erfasst und deren relative Bedeutung richtig eingeordnet haben. Dabei tauchen Fragen auf wie: Warum muss er sich sein Teil jedes Mal aus dem Lager holen und seine Arbeit dadurch für längere Zeit unterbrechen? Warum ist diese Tätigkeit überhaupt notwendig? etc. Durch das Beobachten und Infragestellen bestimmter Abläufe erhalten Sie nicht nur wertvolle Tätigkeitsinformationen, sondern mindestens genauso viele Hinweise für Verbesserungsmöglichkeiten.

Praxisbeispiel: Auswahl eines Vertriebs-beauftragten

An dieser Stelle beginnen wir mit einem Praxisbeispiel, das uns durch die weiteren Stationen des strukturierten Interviews begleiten wird. Dieses Beispiel soll einerseits zum besseren Verständnis der behandelten Themen beitragen und Ihnen andererseits die Umsetzung des Gelernten in Ihre Praxis erleichtern.

Hintergrund

Es handelt sich um ein internationales Versicherungsunternehmen mit weltweit über 25.000 Mitarbeitern. Im Zuge einer Reorganisation wurde der Außendienst in der Sparte Krankenversicherung neugegliedert. Zur Besetzung der entstandenen Vertriebsbeauftragtenfunktionen wurde ein umfangreiches Auswahlprogramm gestartet.

Umsetzungshilfe

Da bei der Entwicklung aller Auswahlelemente, angefangen von der Funktionsbeschreibung, dem Anforderungsprofil bis hin zum Interviewleitfaden, der Vorstandsvorsitzende des Unternehmens von Anfang an beteiligt sein wollte, musste eine Möglichkeit gefunden werden, ihn optimal einzubinden, und gleichzeitig dafür zu sorgen, dass die Kriterien Qualität, Kosten und Zeit, die an das Auswahlverfahren zu stellen sind, eingehalten werden. Deshalb wurde die Personalsoftware **INTERVIEW-PC-SYSTEM**, ein PC-gestütztes Expertensystem für strukturierte Interviews, eingesetzt (Jetter 1993). Mit Hilfe einer einfachen Benutzerführung unter Windows und umfangreicher Datenbanksysteme lassen sich alle Elemente strukturierter Interviews effizient umsetzen. Diese Software wird bereits seit 1991 von vielen namhaften Unternehmen als Umsetzungshilfe für strukturierte Interviews erfolgreich eingesetzt.

INTERVIEW-PC-SYSTEM

Funktionen	Besondere Merkmale
• Funktionsbeschreibungen	– Eingabemaske, Speicherung, Ausgabe von Funktionsbeschreibungen
• Anforderungsprofile	– Datenbank mit rd. 60 Anforderungskriterien und erfolgskritischen Verhaltensweisen – Erstellen und Ausdruck von Anforderungsprofilen
• Interviewleitfäden	– Datenbank mit rund 600 Beispielfragen zu den Anforderungskriterien Zusammenstellen und Ausdruck von Interviewleitfäden
• Eignungsprofile	– Systematische Auswertung – grafische Darstellung der Eignungsprofile – Eignungsgutachten
• Entscheidungstabellen und Briefe	– Kreuztabellen (Anforderungskriterien x Bewerber); – Brieffunktion für Zu- bzw. Absagen

Bei der Erstellung der Stellenbeschreibung für die Funktion Vertriebsbeauftragte setzten wir das **INTERVIEW-PC-SYSTEM** ein.

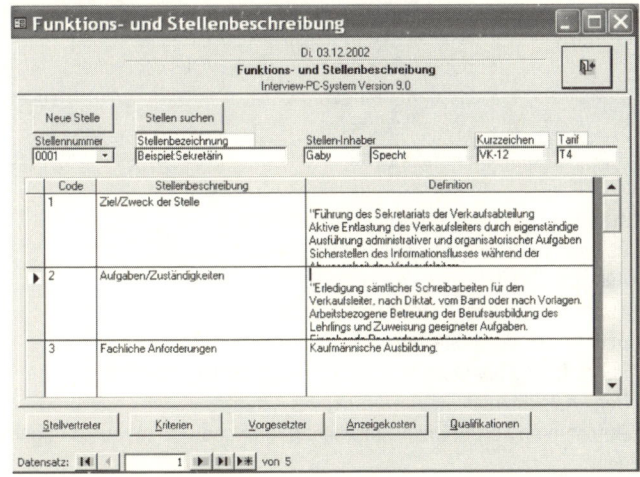

Menü-Bild 1:
INTERVIEW-PC-SYSTEM:
»Funktions- bzw. Stellenbeschreibung«

Stellenbeschreibung			
Datum			Seite:
Stellenbezeichnung:	**Tarif: AT**	**Stelleninhaber:**	**Kurzzeichen:**
0008 Vertriebsbeauftragte(r)		(neue Funktion)	V-1
Vorgesetzte Stelle:		**Vorgesetzter:**	**Kurzzeichen:**
Vorstandsvorsitzender		Herr Y	VV

- **Ziel/Zweck der Stelle**
  Regionale Markt- und Ergebnisverantwortung unserer Gesellschaft für das Produkt private Krankenversicherung.

- **Aufgaben/Zuständigkeiten**
  - Beraten und Betreuen der selbständigen Versicherungsvertreter,
  - Durchführung von Produktpräsentationen,
  - Überzeugungsarbeit bei Vermittlern und Maklern/Mehrfachagenten für den Verkauf der Konzernprodukte,
  - Beobachten und Analysieren des Marktes,
  - Konzeption und Durchführung von Marketingmaßnahmen,
  - Kontrolle der Qualität und Bestandsfestigkeit des Geschäftes.

- **Fachliche Anforderungen**

SOLL	A	B
Ausbildung	Betriebswirtschaftsstudium	Kaufmännische Ausbildung
Berufserfahrung	2–4-jährige Erfahrung im Außendienst einer Krankenversicherung	mehrjährige Erfahrung im Außendienst einer Versicherung
Spezialkenntnisse	Aktuelle KV-Kenntnisse Budgetplanung Excel-Kenntnisse Verkaufstechniken Fremdsprache	PC-Kenntnisse Fremdsprache

- **Führungs- und Organisationsanforderungen**
  - Fachliche Führung der Versicherungsvertreter.
  - Auswahl und Schulung der Versicherungsvertreter.
  - Einarbeitung neuer Versicherungsvertreter.
  - Etat- und Budgeterstellung.
  - Formulierung der Qualitäts-, Umsatz und Produktivitätsziele.
  - Personalplanung.
  - Durchführen von Stärken-Schwächen-Analysen der betreuten Organisationen.

- **Physische und psychische Beanspruchungen/Umgebungsbedingungen**
  Unregelmäßige Arbeitszeiten, Schulungen öfters auch an Wochenenden.

- **Critical Incidents**
  - Kann selbständige Handelsvertreter und Kunden von den Produkten der eigenen Gesellschaft überzeugen und gewinnen; vermittelt Fachinformationen verständlich und argumentiert geschickt.
  - Ist in der Lage, auch in sehr heiklen Situationen kühlen Kopf zu bewahren und Konflikte sachlich zu klären.
  - erkennt, dass die Ziele nur als Teamleistung realisiert werden können und baut ein schlagkräftiges Team auf.
  - Kann neue Teammitglieder rasch integrieren und auf das gemeinsame Ziel hin orientieren.
  - Gibt sich mit durchschnittlichen Leistungen nicht zufrieden, setzt sich voll für die Zielerreichung ein, ergreift stets die Initiative und gibt nicht gleich beim ersten Widerstand auf.
  - Ist gerne mit Menschen zusammen, geht von sich aus auf sie zu und ist in Gesellschaft ein geschätzter Gesprächspartner.
  - Hat seine Organisation voll im Griff und plant seine Aktivitäten systematisch.

Drei bewährte Methoden zur Anforderungsermittlung werden hier vorgestellt:

Zweiter Schritt: Anforderungskriterien ermitteln

- Critical-Incidents-Technique (CIT).
- Repertory-Grid-Methode (REP).
- Anforderungs-Ermittlungs-Dialog (AED).

Abbildung 15:
Critical Incidents-Methode

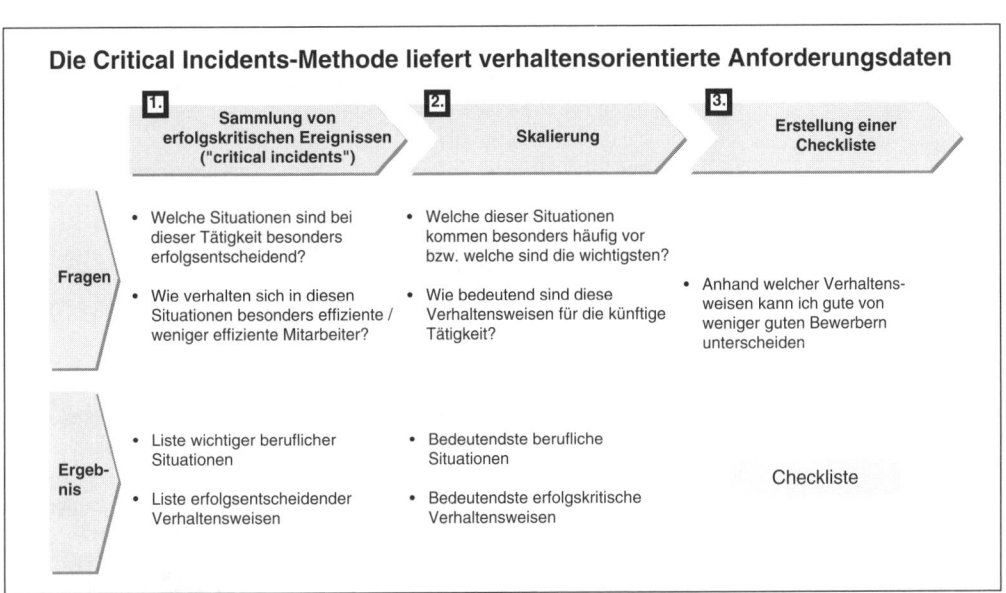

Die Critical Incidents-Methode liefert verhaltensorientierte Anforderungsdaten

1. Sammlung von erfolgskritischen Ereignissen ("critical incidents") **2.** Skalierung **3.** Erstellung einer Checkliste

Fragen
- Welche Situationen sind bei dieser Tätigkeit besonders erfolgsentscheidend?
- Wie verhalten sich in diesen Situationen besonders effiziente / weniger effiziente Mitarbeiter?

- Welche dieser Situationen kommen besonders häufig vor bzw. welche sind die wichtigsten?
- Wie bedeutend sind diese Verhaltensweisen für die künftige Tätigkeit?

- Anhand welcher Verhaltensweisen kann ich gute von weniger guten Bewerbern unterscheiden

Ergebnis
- Liste wichtiger beruflicher Situationen
- Liste erfolgsentscheidender Verhaltensweisen

- Bedeutendste berufliche Situationen
- Bedeutendste erfolgskritische Verhaltensweisen

Checkliste

Critical-Incidents-Technique (CIT)

Diese Methode wurde von Flanagan (1954) entwickelt, um Informationen über besonders effektives Arbeitsverhalten zu gewinnen. Erfolgreiche und weniger erfolgreiche Stelleninhaber unterscheiden sich in ihrem Arbeitsverhalten insbesondere in den erfolgskritischen Situationen ihrer Funktion. Jede Funktion enthält eine Reihe solcher erfolgskritischer Situationen. Erfolgskritisch heißen diese Situationen deshalb, weil erfolgreiche Mitarbeiter diese Gelegenheit nutzen, um z.B. Kundenwünsche zu erfüllen oder eigene Produkte und Dienstleistungen zu verkaufen etc., wohingegen weniger erfolgreiche Mitarbeiter diese Chancen ungenutzt verstreichen lassen.
Diese Methode verläuft in 3 Stufen:

(1) Sammlung der kritischen Ereignisse, die zu einem besonders erfolgreichen oder besonders wenig erfolgreichen Arbeitsverhalten geführt haben,
(2) Skalierung der gesammelten Ereignisse,
(3) Konstruktion einer Checkliste mit erfolgsentscheidenden Verhaltensweisen.

Beispiel: Befragung des Vorgesetzten nach kritischen Ereignissen

Denken Sie an einen Zeitraum zurück (z.B. 6 Monate), der für Sie lang genug ist, um alle Tätigkeiten Ihrer Verkäufer beobachten zu können. Konzentrieren Sie Ihre Aufmerksamkeit auf etwas, was Ihre Verkäufer gemacht haben und weswegen Sie sie für sehr effiziente Verkäufer halten. Verfahren Sie ebenso bei weniger effizienten Verkäufern. Halten Sie auch hier so konkret wie möglich fest, aufgrund welchen Verhaltens die Verkäufer Ihrer Meinung nach ineffizient waren.

Mögliche Antworten
- er gewährt zweifelhaften Kunden zu hohe Kredite,
- schreibt schlechte Verkaufsberichte,
- unterstützt bei Bedarf Verkäuferkollegen mit Informationsmaterial,
- hat es versäumt, Preisänderungen an die Kunden weiterzugeben,
- zeigt eine desinteressierte Einstellung zu seinem Beruf,
- ist mit den Produkten und Verkaufsmethoden der Konkurrenz bestens vertraut.
usw.

Experteneinstufung der kritischen Ereignisse
Im zweiten Schritt werden die kritischen Verhaltensweisen von einer Gruppe von Experten nach dem Grad der Erwünschtheit für die betreffende Tätigkeit eingestuft und Anforderungskriterien zugeordnet.

Entwickeln einer Checkliste für erfolgsentscheidende Verhaltensweisen
Zum Schluss können jene Verhaltensweisen, die sich zur Beschreibung eines guten oder schlechten Stelleninhabers besonders gut eignen, zur Erstellung einer Checkliste verwendet werden. Die »erfolgsentscheidenden« Verhaltensweisen können dann als Beobachtungsgrundlage für die Auswahlsituation herangezogen werden und gewährleisten damit einen eindeutigen Verhaltensbezug.

Der Hauptnutzen dieser Methode ist die Gewinnung verhaltensorientierter Informationen als Grundlage für nachvollziehbare und »beobachtbare« Anforderungsprofile. Damit wird sowohl eine sehr gute Basis für die Informationssammlung als auch für die spätere Beurteilung von Personen (Bewerber, Mitarbeiter) geschaffen. Diese Methode liefert somit auch eine sehr gute Datenbasis für strukturierte Interviews. Ein Nachteil ist sicherlich, dass dieses Verfahren ohne entsprechende Übung relativ aufwändig ist und in der Einführungsphase von einem externen Experten begleitet werden sollte. Im Anhang finden Sie Arbeitsblätter zu dieser Methode.

Diese Methode wurde von Kelly (1955) entwickelt, um implizite Persönlichkeitskonstrukte sichtbar zu machen (Kelly 1955). Die Praxis zeigt, dass jeder von uns eine »individuelle Eignungstheorie« bildet, die den eigenen Plausibilitätskriterien folgt. Aufgrund solcher Annahmen wie z.B. »Mitarbeiter, die sich als exzellente Fachleute erwiesen haben, sind auch gute Vorgesetzte« wird die Realität in Organisationen maßgeblich mitgesteuert, auch wenn vielleicht wie bei den oft zitierten »heimlichen Spielregeln« offiziell über diese Annahme im Unternehmen nicht gesprochen wird. Der »Besitzer der Theorie«, also z.B. der Vorgesetzte, lässt sich häufig selbst dann von seinen Annahmen leiten (z.B. bei Einstellungen, Beförderungen, Versetzungen etc.), wenn sie im Anforderungsprofil gar nicht enthalten sind. Häufig geschieht dies unbewusst. Damit sind in der Realität auch solche Anforderungen wirksam, die nicht offiziell Eingang ins Anforderungsprofil gefunden haben und sozusagen heimlich ihre Wirkung ausbreiten. Um reale von idealen Anforderungsprofilen unterscheiden zu können, ist es von Vorteil, die individuellen Bezugssysteme oder impliziten Persönlichkeits- bzw. Eignungstheorien der Vorgesetzten zu kennen.

Repertory-Grid-Methode (REP)

Mit Hilfe der Repertory-Grid-Methode lassen sich die unausgesprochenen Eignungstheorien aufdecken.

Abbildung 16: Repertory-Grid-Methode

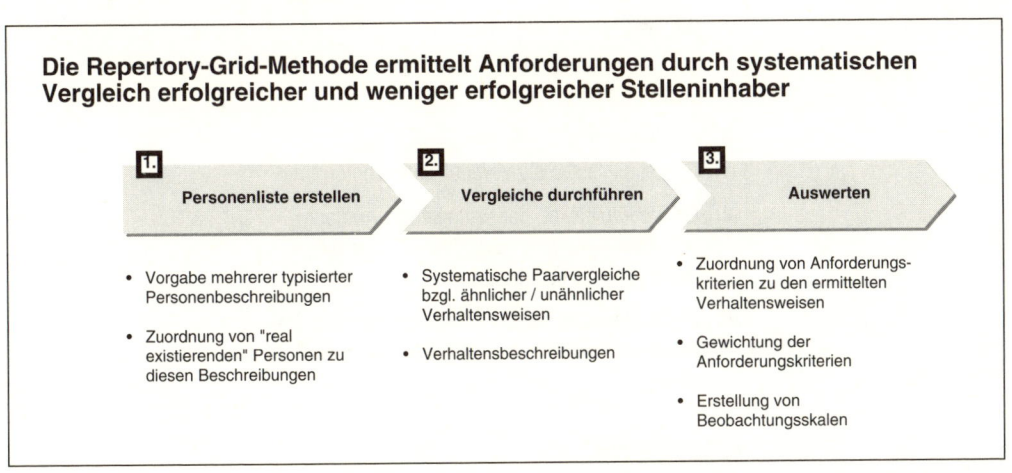

Die Repertory-Grid-Methode ermittelt Anforderungen durch systematischen Vergleich erfolgreicher und weniger erfolgreicher Stelleninhaber

1. Personenliste erstellen	2. Vergleiche durchführen	3. Auswerten
• Vorgabe mehrerer typisierter Personenbeschreibungen • Zuordnung von "real existierenden" Personen zu diesen Beschreibungen	• Systematische Paarvergleiche bzgl. ähnlicher / unähnlicher Verhaltensweisen • Verhaltensbeschreibungen	• Zuordnung von Anforderungskriterien zu den ermittelten Verhaltensweisen • Gewichtung der Anforderungskriterien • Erstellung von Beobachtungsskalen

Die Befragung erfolgt in 3 Stufen:

(1) Festlegung der zu beschreibenden Personen (Personenliste),
(2) Vergleichende Beschreibung dieser Personen nach einem vorgegebenen Vergleichsschema (Vergleichsliste),
(3) Verhaltensweisen nach Anforderungskategorien ordnen und gewichten.

Instruktion

In dieser Befragung bitten wir Sie, das Verhalten von insgesamt 6 Ihnen bekannten Personen nach einem vorgegebenen Schema vergleichend zu beschreiben. Wir erhoffen uns von dieser Befragung Hinweise darüber, welchen Verhaltensweisen von Verkaufsleitern aus Ihrer praktischen Erfahrung heraus besondere Bedeutung zukommt.

Festlegung der zu beschreibenden Personen
Im ersten Schritt werden den Befragten einige Personenbeschreibungen vorgegeben, denen Namen von Personen zuzuordnen sind, auf die diese Beschreibungen zutreffen.

Instruktion

Wie Sie sehen, enthält die Personenliste 6 allgemeine Kurzcharakterisierungen von Verkaufsleitern, von erfolgreichen und weniger erfolgreichen. Wir möchten Sie nun bitten, jeder dieser 6 Beschreibungen den Namen einer Ihnen bekannten Person zuzuordnen, auf die jeweils eine dieser Beschreibungen zutrifft. Die genannten Personen spielen nur insofern eine Rolle bei dieser Befragung, als sie einen realen Vergleich von »erfolgreichen und weniger erfolgreichen Verhaltensweisen« ermöglichen sollen. Die Namen bleiben im weiteren Verlauf dieser Befragung anonym.

Beispiel einer Personenliste

Beschreibung	Namen
1. Ein Verkaufsleiter, der Ihren Idealvorstellungen am nächsten kommt.	
2. Ein Verkaufsleiter, der besser nicht in dieser Funktion sein sollte.	
3. Ein Verkaufsleiter, der am ehesten den Durchschnittstyp als Verkaufsleiter verkörpert.	
4. Ein Verkaufsleiter, der seine jetzige Aufgabe so hervorragend ausführt, dass Sie ihm einen weiteren Aufstieg zutrauen.	
5. Ein Nachwuchsmitarbeiter im Vertrieb, dem Sie zutrauen, kurzfristig Verkaufsleiter werden zu können.	

Verhaltensvergleich
Im zweiten Schritt werden die Verhaltensweisen der oben genannten Personen miteinander verglichen.

Der Vergleich erfolgt immer paarweise, d.h. jede Person wird mit jeder anderen verglichen.

Durch welche Verhaltensweisen unterscheiden sich die Vergleichspersonen und in welchen Verhaltensweisen sind sie sich ähnlich?

Instruktion

Als Ergebnis dieser Befragung erhalten Sie Verhaltensbeschreibungen von erfolgreichen und weniger erfolgreichen Personen in der zu untersuchenden Funktion. Dadurch, dass die Vergleiche mit realen Personen vorgenommen werden, bekommen die Verhaltensbeschreibungen den notwendigen Realitätsbezug.

Beispiel eines Verhaltensvergleiches

> 1 und 2 haben ein gewandtes Auftreten,
> 1 entscheidet rechtzeitig,
> 2 schiebt Entscheidungen zu lange auf, 1 ergreift von sich aus die Initiative zum Kundenbesuch,
> 3 wird öfter von seinem Vorgesetzten oder vom Kunden an einen fälligen Besuch erinnert,
> 4 verschafft sich rasch bei seinen Gesprächspartnern Akzeptanz, indem er auf ihre Bedürfnisse eingeht,
> 3 geht auf die Wünsche und Argumente anderer nur wenig ein.
>
> etc.

Den Verhaltensweisen Anforderungskriterien zuordnen und gewichten

Wenn man diese Befragung mit mehreren Führungskräften durchführt, bekommt man eine Fülle von verhaltensbezogenen Daten über »erfolgreiches bzw. weniger erfolgreiches Verkaufsleiterverhalten«.

Diesen Verhaltensweisen können nun die »dahinterstehenden« Anforderungskriterien zugeordnet werden. Indem alle Verhaltensweisen, denen jeweils dasselbe Anforderungskriterium zugeordnet wurde, zusammengefaßt werden, erhält man durch die Verhaltensbeschreibungen eine operationale Definition für die benutzten Kriteriumsbegriffe. Dadurch können Sie nicht nur die Anforderungskriterien in konkreten Verhaltensoperationen beschreiben und eine gemeinsame Basis unter den späteren Interviewern herstellen, sondern schaffen auch Beobachtungs- und Bewertungsmöglichkeiten für die im Interview gesammelten Informationen.

Erfolgskritische Verhaltensweisen	Anforderungskriterien
• setzt Prioritäten • arbeitet systematisch • benutzt Hilfsmittel zur Vereinfachung • behält den Überblick über Unerledigtes • hält Terminzusagen ein	**Planung und Organisation**
• geht von sich aus auf andere zu • findet leicht Kontakt auch zu fremden Personen • fühlt sich in Gesellschaft anderer sehr wohl • geht oft mit Geschäftsfreunden aus • hat ein echtes Interesse an anderen Menschen	**Kontaktfähigkeit**

Anschließend werden die Anforderungskriterien gewichtet und in einem Anforderungsprofil dargestellt. Formulare für diese Methode finden Sie auch im Anhang.

Anforderungs-Ermittlungs-Dialog (AED)

Neben der »Critical-Incidents-Technique« und dem »Repertory-Grid«, zwei relativ aufwendigen Verfahren, können die erfolgsentscheidenden Anforderungskriterien auch auf eine pragmatischere Art und Weise ermittelt werden. Voraussetzung dafür ist einerseits die Kooperation zwischen Personalabteilung und Fachbereich und andererseits das Vorhandensein einer umfangreichen »Datenbank« mit definierten Anforderungskriterien.

Durch eine enge Zusammenarbeit zwischen Personal- und Fachabteilung kann sichergestellt werden, dass alle relevanten Informationen über die zu besetzende Stelle »präsent« sind. Durch einen strukturierten Dialog gelingt es den beteiligten Partnern in der Regel, die wesentlichen Herausforderungen einer Stelle zu identifizieren und in Anforderungen zu »übersetzen«. Es hat sich jedoch gezeigt, dass das Umwandeln von kritischen Tätigkeitselementen in Anforderungskriterien nur dann zufriedenstellend gelingt, wenn den Erstellern des Anforderungsprofils ein geeignetes »Beschreibungssystem« zur Verfügung steht, das den Beteiligten hilft, die gleiche Sprache zu sprechen. Während es Personalprofis in der Regel leicht fällt, sich in Begriffen wie Frustrationstoleranz oder stellenbezogener Motivation auszudrücken, fehlt bei Führungskräften, mit denen zusammen die Anforderungen ermittelt werden sollen, oftmals eine eindeutige Verständigungsmöglichkeit.

Dies ist nicht ungewöhnlich, da Führungskräfte sich natürlich in erster Linie in Kategorien ihrer fachlichen Tätigkeit ausdrücken und nicht so sehr in der Fachsprache des Personalmanagements. Um dies auszugleichen und Verständigungsklippen beim Ermitteln von Anforderungskriterien zu meistern, bietet sich die Verwendung eines Anforderungs-»Wörterbuches« an. Darin enthalten sind die wichtigsten Anforderungskriterien, die in der Praxis vorkommen können, mit einer konkreten, an Verhaltensweisen orientierten Beschreibung dessen, was mit diesen Kriterien jeweils gemeint ist. Einen umfangreichen Kriterienkatalog zur Erstellung von Anforderungsprofilen finden Sie im Anhang. Wenn Sie sich diesen Kriterienkatalog durchsehen und sich jeweils auch die dazu hinterlegten erfolgskritischen Verhaltensweisen anschauen, wird es Ihnen relativ leicht und mit der Zeit auch zunehmend schneller gelingen, die richtigen Anforderungen der Stelle zu identifizieren.

Die Diskussionsteilnehmer setzen sich zum Ziel, aus dem Kriterienkatalog jeweils die erfolgsrelevanten Anforderungskriterien einer zu besetzenden Stelle zu ermitteln und sich, angelehnt an die vorgegebenen Verhaltensbeispiele, auf eine gemeinsame stellenorientierte Definition dieser Kriterien zu verständigen.

Anforderungskriterium	Erfolgkritisches Verhalten
• Leistungswille	☑ ist bereit mehr zu leisten als andere
	☐ ist mit durchschnittlichen Leistungen nicht zufrieden
	☐ ist mit Begeisterung und hohem Einsatz bei der Sache
	☑ ist ständig bereit mehr zu tun als gefordert
	☑ orientiert sich an der geforderten Leistung und nicht an der Zeit
	☐ setzt hohe Leistungsziele für sich und andere
	☐ sieht neue Aufgaben als Chance

Beispiel: Definition des Anforderungskriteriums durch erfolgskritische Verhaltensweisen

Die mit ☑ gekennzeichneten Verhaltensweisen wurden in diesem Beispiel zur Definition des Anforderungskriteriums »Leistungswille« ausgewählt. Es kommt in der Praxis nicht selten vor, dass z.B. bei unterschiedlichen Funktionen zwar gleiche Anforderungskriterien im Anforderungsprofil enthalten sind, diese aber in ihrem Kontext jeweils eine ganz andere Bedeutung haben und somit auch anders definiert werden müssen. So kann beispielsweise in einer Funktion unter dem Anforderungskriterium »Belastbarkeit« mehr die physische Belastbarkeit gemeint sein, während in einer anderen Funktion der Schwerpunkt vielleicht mehr auf der psychischen Belastbarkeit liegen kann etc. Wenn Sie die Kriterien nicht für jede Funktion genau operationalisieren, verliert Ihr Auswahlverfahren viel von seiner möglichen Trennschärfe.

Dieses Verfahren erfolgt in 4 Stufen:

(1) Identifikation erfolgskritischer Situationen (critical incidents),
(2) Auswahl erfolgsrelevanter Anforderungskriterien,
(3) Operationale Definition der Anforderungskriterien mit erfolgskritischen Verhaltensweisen,
(4) Gewichtung der Anforderungskriterien.

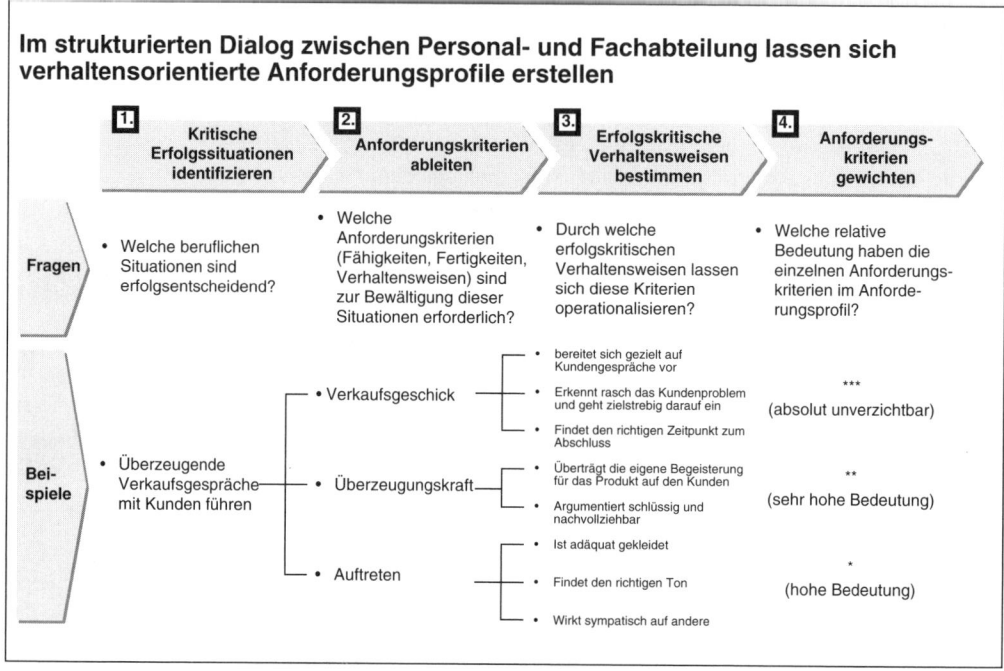

Im strukturierten Dialog zwischen Personal- und Fachabteilung lassen sich verhaltensorientierte Anforderungsprofile erstellen

Abbildung 17:
Anforderungs-Ermittlungs-
Dialog

Identifikation erfolgskritischer Situationen

Dieser Schritt erfolgt analog der bereits beschriebenen Critical-Incidents-Technique. Statt des dort praktizierten methodischen Aufwandes lassen sich die wirklich wichtigen Situationen in einer Tätigkeit auch pragmatisch erfassen. Durch gezielte Befragung des Vorgesetzten erhält man in der Regel genügend Anhaltspunkte darüber, welche Tätigkeiten bzw. Arbeitssituationen bei einer Funktion »erfolgskritisch« sind. Mit folgenden Fragen kommen Sie am schnellsten zum Ziel:

- *Durch welche Tätigkeiten entsteht die größte »Wertschöpfung« in dieser Funktion?*
- *Welche dieser Tätigkeiten bzw. Arbeitssituationen stellen eine besondere Herausforderung (Schwierigkeit, Bedeutung etc.) dar?*
- *In welchen Situationen unterscheiden sich erfolgreiche besonders von weniger erfolgreichen Stelleninhabern?*

Auswahl erfolgsrelevanter Anforderungskriterien

Die Interviewer (Personal – und Fachabteilung) wählen aus einer umfangreichen Kriterienliste (siehe Anhang) die 8 bis 12 Anforderungsmerkmale aus, die zur Bewältigung der critical incidents notwendig sind und somit über Erfolg oder Misserfolg entscheiden. In das Anforderungsprofil werden nur solche Merkmale aufgenommen, zu denen auch typische Situationen geschildert werden können. Sie dienen als Beleg für die Relevanz der ausgewählten Merkmale und helfen Ihnen, die Anforderungskriterien im nächsten Schritt anhand konkreter Verhaltensweisen zu »operationalisieren«.

Operationale Definition der Anforderungskriterien durch erfolgskritische Verhaltensweisen

Zu jedem ausgewählten Anforderungskriterium werden diejenigen »erfolgskritischen Verhaltensweisen« ausgewählt – oder formuliert –, die die spezifische Anforderung jedes Kriteriums inhaltlich am besten beschreiben. Dazu stehen Ihnen im Anhang zahlreiche Beispiele zur Verfügung.

Die Definition der Anforderungskriterien mit den Verhaltensbeschreibungen, durch die sich ein Kriterium bei erfolgreichen Kandidaten bemerkbar macht, hat klare Vorteile gegenüber allgemeinen Definitionen:

* für jedes Anforderungskriterium wird eine zwingende Begründung anhand arbeitsplatzbezogener Verhaltensweisen geliefert,
* die Interviewer entwickeln dasselbe Verständnis für die verwendeten Anforderungskriterien,
* jedes Anforderungskriterium wird beobacht- und beurteilbar.

Gewichtung der Anforderungskriterien

Wenn alle Anforderungskriterien bestimmt worden sind, erfolgt die Gewichtung. Zwar kann davon ausgegangen werden, dass alle 8–12 ausgewählten Kriterien wichtig sind – sonst hätten Sie sie vermutlich nicht ausgewählt – aber es zeigt sich in der Praxis immer wieder, dass es erhebliche Unterschiede in ihrer Bedeutung für den Stellenerfolg gibt. Deshalb ist es ratsam Gewichtungsfaktoren zu verwenden.

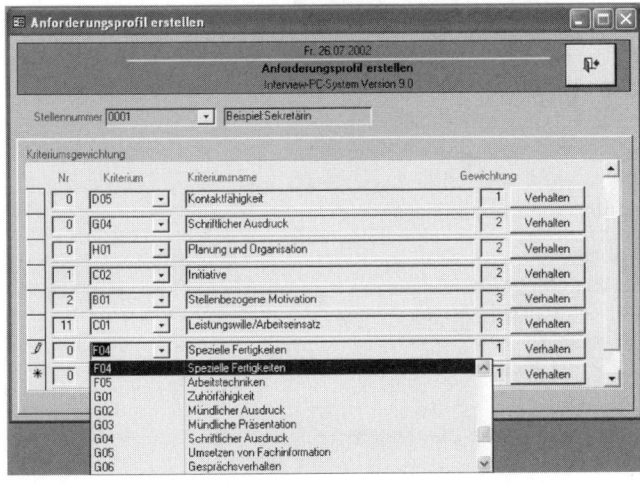

Menü-Bild 2:
INTERVIEW-PC-SYSTEM:
Auswahl der Anforderungs-
kriterien

Beispiel: Gewichtungs-
faktoren von Anforde-
rungskriterien

***   absolut unverzichtbare (»K.o.«-)Kriterien
**   sehr hohe Bedeutung, aber ggf. durch andere Anforderungskriterien kompen-
      sierbar
*   hohe Bedeutung

Praxisbeispiel: Anforde-
rungsprofil erstellen

Die Erstellung des Anforderungsprofils erfolgte ebenfalls mit Hilfe des **INTERVIEW-PC-SYSTEMs**. Diese Form der Unterstützung hat sich sehr bewährt, da es für den Vorstandsvorsitzenden dieses Versicherungsunternehmens eher ungewohnt war, ein differenziertes Anforderungsprofil zu erstellen. Bevor wir gemeinsam ein Anforderungskriterium aus der Datenbank ausgewählt haben, wurde eingehend geprüft, welche erfolgskritischen Situationen das Vorhandensein dieses Kriteriums erforderlich machen. Danach konnten wir aus einer Datenbank von rund 60 Anforderungskriterien diejenigen auswählen, die aus unserer Sicht für die Stelle des Vertriebsbeauftragten erfolgskritisch waren. Die Auswahl der Kriterien wurde direkt am Bildschirm vorgenommen (vgl. Menü-Bild 2).

Nach Auswahl eines Anforderungskriteriums definierten wir jedes Kriterium mit »erfolgskritischen Verhaltensweisen«, durch die sich die spezifischen Verhaltensanforderungen dieses Kriteriums ausdrückten bzw. an denen sich das Vorhandensein/Nichtvorhandensein beobachten ließ. Das **INTERVIEW-PC-SYSTEM** war uns auch bei diesem Vorgang eine große Hilfe, da wir aus den zu jedem Kriterium gespeicherten Verhaltensweisen diejenigen auswählen konnten, die uns wichtig erschienen. Ergänzungen waren jederzeit möglich und wurden teilweise von uns auch vorgenommen (vgl. Menü-Bild 3).

Auf diese Weise entwickelte sich eine sehr konstruktive und ergiebige Zusammenarbeit. Das Ergebnis des gemeinsamen Anforderungs-Ermittlungs-Dialoges mit Hilfe des **INTERVIEW-PC-SYSTEMs** war folgendes Anforderungsprofil:

Anforderungsprofil 0008
Vertriebsbeauftragter

Datum

Kriterium:	Gewichtung:
Umsetzen von Fachinformation	3

- hat Erfahrung in der schriftlichen und mündlichen
  Umsetzung von Fachinformationen
- geht auf die Zuhörer/Zielgruppe ein, berücksichtigt
  deren Vorwissen,
- strukturiert die Informationen sinnvoll
- trägt die Informationen überzeugend vor
- arbeitet systematisch die Produktvorteile heraus
  und stellt diese überzeugend vor

Teamfähigkeit	2

- wird im Kollegenkreis voll akzeptiert
- stellt sich in den Dienst der Gruppe
- bezieht die Erfahrungen der Kollegen mit ein
- gibt eigene Erfahrungen gerne an andere weiter
- profiliert sich nicht auf Kosten anderer
- löst Konflikte im Team konstruktiv

Leistungsbereitschaft 2
- setzt hohe Ziele für sich und andere
- setzt sich für die Erreichung seiner Ziele voll ein
- ist bereit mehr zu leisten als gefordert
- gibt sich mit durchschnittlichen Leistungen nicht zufrieden
- betrachtet eine neue Aufgabe als Entwicklungs-chance
- spricht mit Begeisterung von seiner Aufgabe

Initiative 3
- arbeitet auch in Projekten außerhalb seines Aufgabenbereiches engagiert mit
- greift neue Entwicklungen von sich aus auf und prüft sie auf Umsetzbarkeit
- gibt sich mit dem Erreichten nicht zufrieden
- sucht ständig nach Verbesserungsmöglichkeiten
- setzt neue Ideen zur Kundenaquisition erfolgreich um

Ausdauer 1
- verfolgt konsequent seine Ziele
- gibt bei Problemen oder Widerständen nicht auf
- macht auch an langen und anstrengenden Arbeitstagen nicht schlapp
- kann seine Leistung über längere Zeiträume aufrechterhalten
- bringt angefangene Arbeiten zu Ende

Verkaufsgeschick/Überzeugungskraft 2
- bereitet sich auf Kundengespräche systematisch vor
- kann andere für eine Sache begeistern
- ist über die Wettbewerber und deren Aktivitäten gut informiert
- versteht schnell das Kundenproblem und geht darauf ein
- ist von seiner Sache überzeugt und vermittelt dies auch an seine Gesprächspartner
- verfügt über die richtigen Argumente zur Einwand-behandlung

Kontaktfähigkeit 3
- kann leicht den Kontakt zu anderen herstellen
- geht von sich aus auf andere zu, wartet nicht, bis andere auf ihn zugehen
- ist gerne mit anderen Menschen zusammen
- ist häufig vor Ort beim Kunden

Flexibilität   2
- kommt auch mit unvorhergesehenen Situationen
  gut zurecht
- kann sich leicht auf neue Gesprächspartner einstellen
- ist offen für Neuerungen
- greift Anregungen anderer auf
- ist in der Arbeitszeit beweglich

Frustrationstoleranz   2
- lässt sich durch Fehlversuche/Misserfolge nicht
  entmutigen
- geht mit Enttäuschungen konstruktiv um
- lässt andere seine Frustration nicht spüren
- führt notwendig Dinge zu Ende, auch wenn sie
  keinen so großen Spaß machen

Planung und Organisation   3
- arbeitet systematisch und zielorientiert
- plant die einzelnen Arbeitsschritte gründlich
- setzt klare Ziele und verfolgt sie konsequent
- bearbeitet sein Marktgebiet systematisch

Konfliktverhalten   2
- geht notwendigen Konflikten nicht aus dem Weg
- entwickelt sachliche Kriterien zur Konfliktklärung

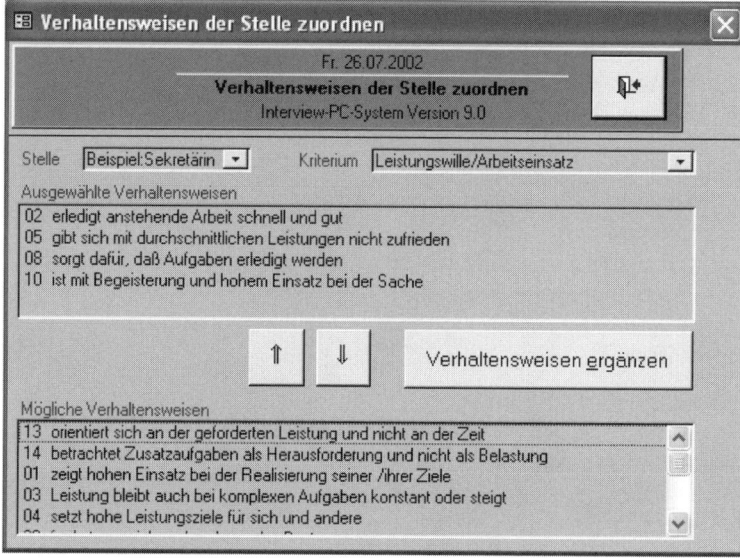

Menü-Bild 3:
INTERVIEW-PC-SYSTEM:
Erfolgskritische Verhaltens-
weisen zuordnen

Am Ende dieses Kapitels bleibt nur noch die Feststellung: Jede Auswahlentscheidung kann nur so gut sein, wie das Anforderungsprofil, das ihr zugrunde liegt. Anforderungsprofile sind Anfang und Ende des Auswahlprozesses. Sie sind damit Dreh- und Angelpunkt einer effizienten Personalauswahl.

Nachdem wir uns in diesem Kapitel ausführlich mit der Erstellung von Anforderungsprofilen auseinander gesetzt haben und damit besonders das **Ziel** der Auswahl im Auge hatten, wenden wir uns nun der Informationsbeschaffung, also dem **Weg** zu.

2. Die Vorauswahl: Was wir aus Bewerbungsunterlagen erfahren können

Dem eigentlichen Interview gehen eine Reihe von Aktivitäten voraus: Man muss aus einer mehr oder weniger großen Flut von Bewerbungen diejenigen aussuchen, mit denen man sich im Rahmen eines Interviews näher beschäftigen möchte. Bereits die Vorauswahl ist Auswahl! Fehler, die hierbei gemacht werden, lassen sich auch mit einer noch so guten Auswahlmethode nicht mehr wettmachen. Die meisten Fehler bei der Vorauswahl sind darauf zurückzuführen, dass die wenigsten Interviewer wissen, wen sie überhaupt suchen. Häufig fehlt es an einer klaren Zielorientierung bei der Sichtung der Bewerbungsunterlagen. Ob ein Bewerber für eine bestimmte Funktion in Frage kommt, sollte nicht nur von Äußerlichkeiten, sondern in erster Linie vom Anforderungsprofil abhängen. Im Stadium der Vorauswahl muss man sich überwiegend mit so genannten »harten Daten«, den **Grundanforderungen** einer Funktion, begnügen. Zu den Grundanforderungen sind zu zählen:

- Ausbildung (Schul-/Berufsausbildung, Schwerpunkte, etc.),
- Berufserfahrung (beruflicher Werdegang, besondere berufliche Erfahrungen),
- Spezialkenntnisse (z.B. EDV, Sprachen etc.).

Falls eine Funktionsbeschreibung existiert, können Sie daraus die Grundanforderungen ableiten.

In einer einfachen Matrix lassen sich die gewünschten Voraussetzungen für jedes Grundkriterium abgestuft darstellen (z.B. ideale Voraussetzungen, gute Voraussetzungen, Mindestvoraussetzungen). Ob ein(e) BewerberIn diese Kriterien erfüllt, ist im Normalfall den Bewerbungsunterlagen zu entnehmen. Welche Bewerbungsunterlagen stehen uns in der Regel zur Verfügung?

Bereits durch eine einfache Matrix der Grundqualifikationen lässt sich die Vorauswahl systematisieren

	A (ideale Voraussetzungen)	B (gute Voraussetzungen)	C (Mindestvoraussetzungen)
Ausbildung			
Berufserfahrung			
Spezialkenntnisse			

Abbildung 18:
Grundqualifikationen als
Basis der Vorauswahl

Zu den üblichen Bewerbungsunterlagen zählen:

· Bewerbungsschreiben,
· Lebenslauf,
· Lichtbild
· Arbeitszeugnisse,
· Schulzeugnisse.

Im Folgenden wird untersucht, welche Aussagen den Bewerbungsunterlagen zu entnehmen sind und wie diese Informationen mit den Anforderungen der Funktion (nicht nur mit den Grundanforderungen) in Beziehung gebracht werden können.

Bewerbungsschreiben

Im Bewerbungsschreiben bringt der Bewerber explizit seinen Wunsch zum Ausdruck, mit Ihrem Unternehmen in näheren Kontakt zu treten. Zwar bewirbt sich der Bewerber um eine konkrete Funktion, aber im Grunde genommen möchte er erst einmal mit Ihnen ins Gespräch kommen. Er will prüfen, ob die ausgeschriebene Funktion auch tatsächlich seinen eigenen Erwartungen entspricht und versucht, sich einen möglichst guten Eindruck über das Unternehmen zu verschaffen. Der Bewerber will also mit seinem Bewerbungsschreiben als erstes »die Tür zum Unternehmen öffnen« und zu einem Gespräch eingeladen werden. Um sich als Gesprächspartner möglichst interessant zu machen, wird im Bewerbungsschreiben – mehr oder weniger gut – »Werbung in eigener Sache« betrieben.

Im Bewerbungsschreiben geben BewerberInnen in der Regel Auskunft über

* Gründe für die Bewerbung.
* Begründungen warum er/sie glaubt, für diese Stelle geeignet zu sein.
* Besondere Stärken.
* Gehaltsvorstellungen.
* Kündigungstermine etc.

Neben diesen inhaltlichen Aspekten kann man »zwischen den Zeilen«, also z.B. aufgrund der Form der Unterlagen, weitere nützliche Informationen erhalten.

Bewerbungs-schreiben	Beobachtbare Merkmale	Hinweise auf
• **Ausführung**	Die Unterlagen sind: – sauber – vollständig – übersichtlich	Sorgfalt Arbeitsorganisation
• **Stil**	Der Schreibstil ist: – klar, verständlich – strukturiert – flüssig	Schriftlicher Ausdruck
• **Inhalt**	Die Aussagen sind: – selbstbewusst – zielorientiert – offen, realistisch – schlüssig, konsequent	Selbstbewusstsein Zielorientierung Offenheit Problemanalyse
	Angaben zu: – Bewerbungsgrund – Qualifikation – Selbstdarstellung/ -vorstellung	Stellenbez. Motivation Fachl. Qualifikation Überzeugungskraft

Der Lebenslauf ist zweifellos die aussagekräftigste Bewerbungsunterlage. Er enthält »harte« Fakten, die im Grunde genommen jederzeit nachprüfbar und belegfähig sind. Gerade aufgrund dieser Tatsache ist die Analyse des Lebenslaufes weniger Interpretation als vielmehr SOLL-IST-Vergleich von geforderten und vorhandenen Grundanforderungen. Natürlich bieten z.B. zeitliche Lücken oder häufige Stellenwechsel immer Anlass zu Spekulationen. Man sollte sich aber davor hüten, voreilige Schlussfolgerungen zu ziehen, bevor man nicht die Gründe vom Bewerber selbst dazu hören konnte. Da es sich inzwischen weitestgehend herumgesprochen haben dürfte, dass Personalchefs tabellarische Lebensläufe bevorzugen, die in knapper und präziser Form einen Überblick über den beruflichen Werdegang bieten, stellt diese Unterlage auch aus Gründen der Zeitökonomie den größten Nutzen dar.

Lebenslauf

Lebenslauf	Beobachtbare Merkmale	Hinweise auf
• **Form**	Die Angaben sind: – lückenlos – vollständig – übersichtlich	Offenheit Sorgfalt
• **Alter**	– anforderungs- gemäß	bisherige Entwick- lung

• **Ausbildung**
  (Hoch)-Schule
	– anforderungs-
	  gemäß
	– breit
	– spezialisiert
		fachl. Qualifikation

• **Beruf**	– anforderungs- gemäß – breit – spezialisiert – zukunftsorientiert	fachl. Qualifikation
• **Berufserfahrung**	– einschlägig – breit – spezialisiert – ausreichend	fachl. Qualifikation bisherige Entwicklung
• **Stellenwechsel**	– zielgerichtet – aufsteigend – häufig	Zielorientierung Karriereorientierung Beständigkeit
• **Besondere** **Kenntnisse**	– verwertbar	fachl. Qualifikation

Arbeitszeugnisse

Jeder Arbeitnehmer, der sein Arbeitsverhältnis mit seinem bisherigen Arbeitgeber beendet, hat einen rechtlichen Anspruch auf ein Arbeitszeugnis. Dem Arbeitszeugnis wird allgemein eine hohe Bedeutung hinsichtlich der Erfolgsaussichten bei der Bewerbung um einen neuen Arbeitsplatz zugeschrieben.

Ein vollständiges Arbeitszeugnis enthält Informationen über

• Dauer der Betriebszugehörigkeit.
• Art der Tätigkeiten bzw. Funktionen.
• Inhalte der wahrgenommenen Funktionen.
• Beurteilung der dabei erbrachten Leistungen.

- Beurteilung der »Führung« im Unternehmen (damit ist mehr oder weniger die Anpassungsbereitschaft im Unternehmen gemeint).
- Grund des Ausscheidens.

Arbeitszeugnisse wären eigentlich die nützlichsten Informationsquellen im Rahmen der Vorauswahl, da sie qualitative Aussagen über die Art und Weise enthalten, wie und mit welchen Ergebnissen der Bewerber seine bisherigen Funktionen bewältigt hat, wäre da nicht die dem Arbeitgeber vom Gesetzgeber auferlegte »wohlwollende Haltung« beim Schreiben von Arbeitszeugnissen.

Dadurch steht leider nicht mehr nur die tatsächlich erbrachte Leistung des Mitarbeiters im Mittelpunkt, sondern auch das Kalkül, was im Zeugnis gerade noch stehen darf, ohne Rechtsstreitigkeiten in Kauf nehmen zu müssen. Beim Lesen eines Arbeitszeugnisses fragt man sich natürlich, ob das, was drinsteht, wirklich zutreffend ist, oder ob es nur nichtssagende Worthülsen sind. Auch die immer noch verwendeten Sprachcodes haben dieses Problem nicht gelöst.

Formulierungen	Bedeutung
• ...hat die ihm übertragenen Aufgaben stets zur vollsten Zufriedenheit erledigt.	sehr gute Leistungen
• ...hat die ihm übertragenen Aufgaben stets zur vollen Zufriedenheit erledigt.	gute Leistungen
• ...hat die ihm übertragenen Aufgaben zur vollen Zufriedenheit erledigt.	befriedigende Leistungen
• ...hat die ihm übertragenen Aufgaben zu unserer Zufriedenheit erledigt.	ausreichende Leistungen
• ...hat sich bemüht, die ihm übertragenen Aufgaben zu unserer Zufriedenheit zu erledigen.	mangelhafte Leistungen

Beispiele für Formulierungen in Arbeitszeugnissen

Solche standardisierten sprachlichen Konventionen sind nicht nur wirkungslos – welcher Mitarbeiter kennt sie nicht –, sondern auch kontraproduktiv. Nicht zuletzt wegen dieser inoffiziellen Geheimcodes hat sich bei den Mitarbeitern ein tiefes Misstrauen und eine Art Besitzstandsdenken bezüglich des Arbeitszeugnisses entwickelt. Man spricht nicht mehr über die erbrachten Leistungen, sondern darüber, dass das Wort »stets« fehlt, oder im Text zur »vollsten Zufriedenheit« stehen müsse etc.

- **Reihenfolge-Technik:** Abwertung durch Nennung von Unwichtigem oder weniger Wichtigem vor Wichtigem.
- **Ausweich-Technik:** Abwertung, indem Unwichtiges und Selbstverständliches anstelle von Wichtigem besonders betont wird.

Formulierungstechniken in Arbeitszeugnissen

- **Knappheits-Technik:** Abwertung durch betont lakonische und kümmerliche Aussagen.
- **Einschränkungs-Technik:** Entwertung von positiven Aussagen durch Einschränkung ihres raum-zeitlichen Geltungsbereiches.
- **Orakel-Technik:** Durch mehrdeutige Formulierungen werden negative Urteile nahe gelegt.
- **Negations-Technik:** Positive Sachverhalte werden durch Verneinung von negativ belegten Aussagen ausgedrückt, ohne das Positive ausdrücklich betonen zu wollen.
- **Widerspruchs-Technik:** Durch Kombination von positiven und weniger positiven Aussagen oder mit Auslassungen (Leerstellen) wird ein widersprüchlicher Eindruck erzeugt.

Indikatoren für realistische Arbeitszeugnisse

- Die Aufgaben sind ausführlich beschrieben und werden differenziert beurteilt. Durch die Beschreibung der Tätigkeiten gewinnen wir einen lebendigen Eindruck über das, was jemand wirklich gemacht hat, und werden über seinen Erfahrungshintergrund informiert. Wenn in diesem Zusammenhang auf gezeigte Stärken, aber auch dezent und fair auf bestimmte Schwächen hingewiesen wird, entspricht das der Unternehmensrealität und der praktischen Erfahrung des Personalverantwortlichen. Kein Mensch hat nur Stärken, aber auch kein Mensch nur Schwächen. Dieser Tatsache sollte das Arbeitszeugnis Rechnung tragen.
- Das Zeugnis hat eine persönliche Note, ist frei von den üblicherweise anzutreffenden Standardisierungen und drückt persönliches Interesse am ausscheidenden Mitarbeiter aus.
  Da das Schreiben von Arbeitszeugnissen zu den eher »lästigen« Aufgaben von Personalabteilungen gezählt wird, wird häufig mit geringstmöglichem Aufwand versucht, sich dieser Aufgabe zu entledigen. Deshalb fallen viele Arbeitszeugnisse relativ knapp aus, sind durch Standardbausteine gleichförmig und langweilig. Wenn man also ein ausführliches Zeugnis in Händen hält, wird dadurch signalisiert, dass der Verfasser diese Aufgabe ernst genommen hat.
- Das Arbeitszeugnis enthält plausible Informationen zum Austrittsgrund und/oder drückt »echtes« Bedauern über Austritt aus. Viele Austritte kommen zustande, nicht weil der Mitarbeiter nicht qualifiziert wäre, sondern weil er entweder bei einem anderen Unternehmen bessere Entwicklungsmöglichkeiten sieht oder weil es Spannungen mit seinem Vorgesetzten gibt etc. Wenn zum Austrittsgrund plausible Angaben gemacht werden, spricht dies eher für ein realistisches Zeugnis.

Schulzeugnisse sind für viele Berufe die »Wächter« über die Zulassung zu einer bestimmten Berufsausbildung und/oder einem Studiengang. Die Maßstäbe hinsichtlich der Anforderungen an eine bestimmte Schulbildung sind häufig mehr eine Frage des Bewerbermarktes als des tatsächlichen Erfordernises einer bestimmten Ausbildung. Trotz aller Zurückhaltung bei der Interpretation von Schulzeugnissen lassen sich doch einige allgemeine Anhaltspunkte finden:

Schulzeugnisse

Schulzeugnisse	Beobachtbare Merkmale	Hinweise auf
• **Gesamtergebnis**	– Gesamtnote	Allgemeinbildung Anpassungsbereitschaft, Ausdauer, Belastbarkeit
		Leistungsbereitschaft
• **Schwerpunkte**	– Naturwissensch. Fächer	Abstraktionsvermögen Problemanalyse
	– Sprachl. Fächer	Sprachbegabung Ausdauer
	– Künstlerische Fächer	Kreativität Ausdauer
• **Einzelergebnisse**	– Einzelnoten	Interessen Begabungen

Nach Auswertung der Bewerbungsunterlagen sollten alle Bewerbungen in eine Bewerbungsliste eingetragen werden. Dadurch erhalten Sie einen zusammenfassenden Überblick über Voraussetzungen der Kandidaten, können Rangplätze vergeben und sachlich begründet entscheiden, wer zum Einstellinterview eingeladen wird und wer eine Absage erhält (vgl. Abbildung 19).

Eine sorgfältige Vorauswahl lohnt sich immer. Jeder Bewerber, der eingeladen wird, obwohl bei sorgfältiger Analyse der Bewerbungsunterlagen erkennbar gewesen wäre, dass wesentliche Anforderungen nicht erfüllt sind, kostet Ihre und des Bewerbers Zeit sowie vermeidbare Vorstellkosten. Jeden Bewerber, den Sie aufgrund unzureichender Vorauswahl nicht einladen, obwohl er hervorragend geeignet gewesen wäre, werden Sie leider nie zu Gesicht bekommen.

Bewerbungsliste

Funktion: ....   Anzeige vom: ....

Nr.	Bewerber	Alter	A B C Ausbildung	A B C Beruf	A B C Berufs-erfahrung	A B C Fremd-sprachen	A B C Spezial-kenntnisse	A B C Gehalts-forde-rungen	A B C Eintritts-termin	A B C Bewer-bungs-unterlagen	Rang-platz	Ein-laden (E)/ Ab-sagen (A)

Abbildung 19:
Bewerbungsliste

Praxisbeispiel:
Vorauswahl

In die engere Wahl für ein Interview kam in unserem Beispielunternehmen nur, wer folgende Grundanforderungen erfüllte:

Soll	A	B	Ist
Ausbildung	Betriebswirtschafts-studium	Kaufmännische Ausbildung	Betriebswirtin (FH) Banklehre
Berufs-erfahrung	2–4-jährige Erfahrung im Außendienst einer Krankenversicherung	mehrjährige Erfahrung im Außendienst einer Versicherung	Traineeausbildung bei einer Versiche-rung, 2 Jahre Außen-dienst, 1 Jahr Ass. KV
Spezial-kenntnisse	Aktuelle KV-Kenntnisse Budgetplanung Excel-Kenntnisse Verkaufstechniken Fremdsprache	PC-Kenntnisse Fremdsprache	KV-Kenntnisse gute PC-Kenntnisse (MS-Office) 2 Fremdsprachen

Bewerberin

Frau A, 36 Jahre, Betriebswirtin (FH), Banklehre vor dem Studium, Traineeausbildung bei einem großen Versicherungsunternehmen, danach zweijähriger Einsatz im Außendienst (Schwerpunkt Lebensversicherungen), seit einem Jahr Assistentin des Gebietsleiters einer Krankenversicherung, beherrscht MS-Office (Word, Excel, Access, Power Point), spricht englisch und französisch verhandlungssicher.

Wie Sie der 3. Spalte der Qualifikationsmatrix entnehmen können, ergibt ein Vergleich der Grundanforderungen (A, B) mit dem Bewerberprofil eine hohe Übereinstimmung mit dem Idealprofil. Über Kenntnisse in Budgetplanung und Verkaufstechniken gaben die Bewerbungsunterlagen keine Auskunft. Diese Punkte sind im Interview zu klären. Auf jeden Fall handelt es sich bei Frau A um eine sehr interessante Bewerberin, die wir sehr gerne zum Interview eingeladen haben.

Soll-Ist-Vergleich

Bevor mit den vorselektierten Bewerbern Einstellinterviews geführt werden können, müssen noch weitere wichtige Vorbereitungen getroffen werden – eine davon ist das Erstellen eines Interviewleitfadens.

3. Der Interviewleitfaden: Wie Sie Ihr Interviewziel sicher erreichen

Zweiter Grundsatz: Erstellen Sie für jedes Einstellinterview einen anforderungsbezogenen Interviewleitfaden!

»Ich habe schon so viele Interviews in meinem Leben geführt, dass ich dazu keinen Interviewleitfaden mehr brauche«, so die Aussage einer Führungskraft beim Interviewtraining. Kommt Ihnen das bekannt vor? Mit solchen und ähnlichen Aussagen wird man häufig in Gesprächen mit Führungskräften konfrontiert, wenn zum erstenmal über den Einsatz von Interviewleitfäden diskutiert wird. Hier klingt oft eine gewisse Selbstüberschätzung bzw. ein zu großes Vertrauen in den »gesunden Menschenverstand« durch (»Wir wissen doch auch so, worauf es ankommt«).

Warum sind Interviewleitfäden unverzichtbarer Bestandteil strukturierter Interviews? Worin liegt ihr Anteil am überlegenen Erfolg dieser Methode?

Während das »Was« eines Interviews durch das **Anforderungsprofil** vorgegeben ist, wird das »Wie« durch den **Interviewleitfaden** bestimmt. Es ist Aufgabe des Interviewers, durch seine Fragen im Interviewleitfaden herauszufinden, ob ein Bewerber das Anforderungsprofil erfüllt oder nicht.

Nutzen

Die unstrukturierten Interviews orientieren sich häufig mangels klarer Ziele am Lebenslauf des Bewerbers. In lockerer Folge lässt man den Bewerber zuerst seinen bisherigen Werdegang in Kurzform »ablaufen«. Danach werden vertiefende Fragen zu den einzelnen Stationen wie Ausbildung, Beruf, bisherige Funktionen, Hobbys und Zielvorstellungen gestellt. Was wir »heraus«-bekommen ist dann ein mehr oder weniger vollständiger Überblick über die bisherige Lebensgeschichte, garniert mit persönlichen Anekdoten und »Heldensagen«. Vielleicht bekommen wir trotzdem einen ausgesprochen guten Einblick in die Person, ihre Motive und ihre Leistungsfähigkeit. Vielleicht bekommen wir wirklich die Informationen, die wir brauchen um eine zuverlässige Entscheidung zu treffen. Vielleicht, vielleicht... Wir wissen nicht, ob uns diese intuitive Gesprächs»führung« auch wirklich dahin »führt« wo wir hin möchten – nämlich zu den Bereichen, die über Erfolg oder Misserfolg entscheiden, also den Anforderungskriterien. Vielfach fehlt den Interviewern ein »roter Faden«, der sie sicher ans Ziel führt. Dazu eine kleine Analogie: Wenn Sie mit dem Auto ein bestimmtes Gebäude in einer fremden Stadt aufsuchen wollen, werden Sie vermutlich auch nicht auf die Idee kommen, einfach »ins Blaue hineinzufahren«, verschiedene Gegenden und Stadtbezirke zu durchstreifen, in der Hoffnung, zufällig das gesuchte Gebäude zu finden. Sie lernen zwar dadurch die Stadt ganz gut kennen, werden aber nie ans Ziel kommen. Sie werden sich deshalb mit großer Wahrscheinlichkeit vor der Fahrt vorbereiten, indem Sie z.B. eine Landkarte zur Hand nehmen, eine geeignete Route auswählen und sich dann mit Hilfe eines Stadtplans in der fremden Stadt orientieren und die günstigsten Straßenverbindungen zu der gewünschten Adresse heraussuchen und diese ggf. auch markieren. Damit haben Sie sich ein »Leitsystem« geschaffen, das Ihnen die nötige Orientierung gibt und Sie sicher ans Ziel Ihrer Reise führen wird. Nicht viel anders verhält es sich beim Einstellinterview. Das Ziel der »Reise« ist die Feststellung der Eignung für eine bestimmte Funktion. Dazu müssen Sie »unterwegs« verschiedene »Etappenziele« (sprich Anforderungen) erkunden, sich dabei ganz unterschiedliche Informationen beschaffen und am Schluss einen »Reisebericht« (Eignungsgutachten) anfertigen. Damit Sie keine wesentlichen Stationen vergessen und bei Ihren Aufenthalten jeweils nach den relevanten Informationen suchen, setzen Sie als Ihren Wegweiser und roten Faden einen Interviewleitfaden ein und steuern damit das Gespräch genau dahin, wo Sie hin wollen.

Um im Einstellinterview sicherzustellen, dass auch wirklich alles zur Sprache kommt, was Sie über den Bewerber wissen müssen, sollten Sie sich vor jedem Interview einen anforderungsbezogenen Interviewleitfaden vorbereiten.

Erstellen eines Interviewleitfadens

Beim Interview sind die Fragen das Salz in der Suppe. Sie sind die Hauptinformationsquelle im Gespräch mit den Bewerbern. Somit kommt ihnen eine entscheidende Rolle beim Gelingen des Interviews zu. Wie wählen wir die richtigen Fragen für den Interviewleitfaden aus?

Achten Sie bei der Vorbereitung des Interviewleitfadens darauf, dass Sie sich auf die **aussagekräftigsten früheren Stellen** konzentrieren, z.B:

- gleiche oder ähnliche Branche,
- gleiche oder ähnliche Anforderungen, Aufgaben und Verantwortlichkeiten,
- gleiche oder ähnliche Rahmenbedingungen (z.B. überwiegend im Team arbeitend oder auf sich allein gestellt etc.).

Dabei ist auf den **zeitlichen Abstand** (d.h. wie lange liegt eine vergleichbare Tätigkeit zurück?) ebenso zu achten, wie auf die **Dauer der Anstel-
lung** (wenige Monate oder mehrere Jahre?).

Der **Inhalt eines Interviewleitfadens** leitet sich aus folgenden Frage-
bereichen ab:

**Welche Fragen ergeben sich aus der Analyse der Bewerbungsunter-
lagen? Welche Angaben fehlen, welche sind unvollständig und welche Angaben sind unklar bzw. widersprüchlich?**

Ziel:

Hierbei geht es in erster Linie um einen vollständigen und nachvollziehbaren Überblick über die bisherige Biographie des Bewerbers. Dabei
steht die Vervollständigung der so genannten »hard facts« im Vordergrund.

Fragebereich:
Bewerbungsunterlagen

**Welche Fragen ergeben sich zu den Anforderungskriterien? Welche
Anzeichen bzw. Indizien gibt es, dass die Anforderungskriterien vom
Bewerber erfüllt werden? Wie wurden die gestellten Anforderungen
in früheren Situationen bewältigt?**

Ziel:

Im Hauptteil des Einstellinterviews versucht man das Vorhandensein
und die Ausprägung der Anforderungskriterien zu ermitteln. Um ab-
schätzen zu können, wie künftige Situationen (wahrscheinlich) gemeis-
tert werden, stellt man Fragen nach vergleichbaren früheren Anforderungssituationen. Diese Interviewphase nimmt in der Regel den meisten Raum ein und erfordert deshalb auch die meisten Fragen. Da es
überwiegend um Persönlichkeitsmerkmale wie z.B. Belastbarkeit, Initiative, Überzeugungskraft, Führungskompetenz o.Ä. geht, ist diese
Interviewphase aus diagnostischer Sicht auch die anspruchsvollste und
sensibelste.

Fragebereich:
Anforderungskriterien

**Welche Fragen ergeben sich bezüglich eines künftigen Arbeitsver-
hältnisses mit dem Bewerber? Fragen nach Gehaltsvorstellungen,
Kündigungsfristen und sonstigen, die formale Seite des Arbeitsver-
hältnisses betreffenden, relevanten Aspekte.**

Ziel:

Am Abschluss des Gespräches müssen die vertraglichen Bedingungen
geklärt werden. Hier treffen die Erwartungen und Forderungen des
Bewerbers mit dem Angebot des Unternehmens zusammen. Für die
Frage, ob beide zueinander finden, sind diese Klärungen sehr wichtig.
In dieser Phase wird der zweiseitige Charakter eines Einstellinterviews

Fragebereich:
Künftiges Arbeits-
verhältnis

besonders deutlich, denn der Bewerber wird seinerseits eine Reihe von Fragen an Sie haben, um auch seine Anforderungen an das neue Unternehmen abklären zu können.

Wir halten uns bei der Erstellung des Interviewleitfadens an folgende Gliederung:

*   Gesprächseinleitung (Orientierungsfragen/Biographie),
*   Gesprächshauptteil (Fragen zu den Anforderungskriterien) und
*   Gesprächsabschluss (Fragen zu arbeitsvertraglichen Aspekten und weiteres Vorgehen).

Um Ihnen den Einstieg zu erleichtern, finden Sie zu jeder Frage auch das damit verfolgte Ziel. Später lassen wir uns bei der Frageformulierung von den erfolgskritischen Verhaltensweisen, mit denen wir die Anforderungskriterien definiert haben, leiten.

Gesprächseinleitung

Bei den Orientierungsfragen geht es darum, sich einen Gesamtüberblick zu verschaffen und lückenhafte Informationen aus den Bewerbungsunterlagen zu vervollständigen.

Nach dem üblichen »warming up« könnte der Leitfaden mit folgenden Fragen beginnen:

Beispiele für Orientierungsfragen

Was hat Sie veranlasst, sich auf diese Stelle zu bewerben?
Ziel der Frage: Veränderungsmotive herausfinden, Erwartungen klären.

Was wissen Sie schon über unser Unternehmen?
Ziel der Frage: Ernsthaftigkeit der Bewerbung klären, feststellen wie und ob sich der Bewerber über das Unternehmen erkundigt hat.

Aus Ihrem Lebenslauf geht nicht eindeutig hervor, was Sie in den Jahren 19.. und 20.. gemacht haben. Würden Sie mir bitte der Vollständigkeit halber sagen, was Sie in dieser Zeit getan haben?
Ziel der Frage: Bewerberindividuelle Frage, dient der Vervollständigung der Informationen aus dem Lebenslauf. Diese Art der Fragen variiert von Bewerber zu Bewerber beträchtlich.

Geben Sie mir bitte einen kurzen Überblick über Ihre wesentlichen beruflichen Stationen.
Ziel der Frage: Neben den eher quantitativen Informationen des Lebenslaufs lassen sich mit dieser Frage auch qualitative Schwerpunkte durch die eigene Gewichtung und Betonung des Bewerbers vornehmen.

Was waren Ihre Hauptaufgaben bei der Firma...?
Ziel der Frage: Ermittlung vergleichbarer Situationen und Tätigkeiten mit der künftigen Funktion. Mit den nachfolgenden Fragen kann auf diese Situationen Bezug genommen werden.

Wenn Sie Ihre Qualifikation mit den Anforderungen der Funktion vergleichen, so wie sie in der Stellenanzeige formuliert sind, wo sehen Sie dann Übereinstimmungen und wo Abweichungen?
Ziel der Frage: Herausfinden, ob sich der/die BewerberIn mit der Stelle schon auseinander gesetzt hat, Selbstbild ermitteln, Realitätssinn klären.

Mit Hilfe von anforderungsbezogenen Fragen wird versucht, möglichst aussagekräftige Verhaltensstichproben (Situation, Verhalten, Ergebnis) aus vergleichbaren früheren Anforderungssituationen zu erhalten.

Gesprächshauptteil

Beispiele für anforderungsbezogene Fragen

- **Mündliche Präsentation**
  Welches Ziel verfolgten Sie mit Ihrer Diplomarbeit und was kam dabei heraus? Versuchen Sie bitte, mir als Laien das Wesentliche Ihrer Erkenntnisse in ca. 10 Minuten zu vermitteln.
  Ziel der Frage: Das Merkmal »mündliche Präsentation« eignet sich sehr gut für eine kleine »Arbeitsprobe«. Auch wenn keine große Vorbereitungszeit zur Verfügung steht, erkennt man: die Gliederung der Präsentation, die Zeiteinteilung, das Eingehen auf die Zuhörer, ob Interesse geweckt wird und ob die »Botschaft« ankommt.

- **Initiative**
  Beschreiben Sie bitte einige Projekte, die Sie von sich aus in Angriff genommen haben. Was hat Sie dazu veranlasst?
  Ziel der Frage: Erkennen, ob der/die BewerberIn aus Eigeninitiative aktiv geworden ist. Anhand der Gründe lässt sich feststellen, ob dieses Verhalten eher situativ oder aufgrund einer gewissen Tendenz zur Initiative auch in verschiedenen Situationen ausgelöst wurde.

- **Belastbarkeit**
  Was belastet Sie an Ihrer gegenwärtigen Stelle am meisten? Was tun Sie dagegen?
  Ziel der Frage: Erkennen der Belastungsfaktoren und der Bewältigungsstrategien.

- **Problemanalyse**
  Schildern Sie bitte ein komplexes Problem, das Sie kürzlich zu lösen hatten. Worin bestand das Problem? Welchen Lösungsweg haben Sie gewählt? Wie war das Ergebnis?
  Ziel der Frage: Abklären, mit welcher Art von Problemen der Bewerber konfrontiert war, wie er an die Probleme heranging und welcher Erfolg diesen Bemühungen beschieden war.

- **Kreativität**
  Beschreiben Sie bitte einige neuartige Ideen bzw. Problemlösungen, die Sie auf Ihrem Arbeitsgebiet verwirklicht haben. Wie sind Sie auf diese Lösungen gestoßen?
  Ziel der Frage: Zu klären ist hierbei, ob der Bewerber bereits häufiger Neuerungen vorgeschlagen oder eingeführt hat. Interessant ist auch der jeweilige Auslöser, d.h. wie die kreative Idee entstand.

Beispiele zum Gesprächsabschluss: Arbeitsvertragliche Fragen stellen und weiteres Vorgehen klären

> *Wie sind Ihre Kündigungsfristen geregelt? Bis wann könnten Sie bei einem positiven Bescheid bei uns anfangen?*
> **Ziel der Frage:** Zeitpunkt eines möglichen Vertragsbeginns klären.
>
> *Was sind Ihre Gehaltsvorstellungen? In welcher Relation stehen diese zu Ihrem jetzigen Gehalt?*
> **Ziel der Frage:** Klären, ob der/die BewerberIn in die Gehaltsbandbreite passt und ob die Vorstellungen realistisch bzw. entwicklungsgerecht sind.

Anhand dieser Beispielfragen können Sie erkennen, wie ein anforderungsbezogener Interviewleitfaden aufgebaut werden kann. Jeder Frage liegt ein klares Frageziel zugrunde.

Je konkreter sich aus dem Anforderungsprofil bereits bestimmte »kritische Verhaltensweisen« zu jedem Anforderungskriterium ergeben, desto mehr kann man die Fragen darauf abzielen. Die passenden Fragen entwickeln Sie, indem Sie das Blatt mit den Anforderungskriterien zur Hand nehmen und die für jedes Anforderungskriterium ausgewählten »erfolgskritischen Verhaltensweisen« in Interviewfragen umwandeln.

Beispiele: Umwandlung von erfolgskritischen Verhaltensweisen in Interviewfragen

Anforderungskriterium	Belastbarkeit
Erfolgskritische Verhaltensweisen:	• Behält auch in kritischen Situationen den Überblick • Arbeitet auch bei permanenten Störungen ruhig und konzentriert weiter • Verliert auch in hitzigen Diskussionen nicht die Beherrschung
Fragebeispiele:	• *Welche unerwarteten kritischen Situationen hatten Sie als... zu bewältigen? Wie sind Sie damit fertiggeworden?* • *In Ihrem Großraumbüro ist sicherlich allerhand los: Telefonanrufe, Besucher etc. Wie schaffen Sie es in dieser turbulenten Umgebung, Ihre Arbeit richtig zu machen?* • *Schildern Sie uns bitte ein Beispiel, wie ein Kunde ihnen gegenüber ziemlich grob geworden ist und sie heftig attackierte. Wie haben Sie darauf reagiert? Wie ist die Sache ausgegangen?*

Anforderungskriterium	Planung und Organisation
Erfolgskritische Verhaltensweisen:	• verschafft sich administrativ Entlastung durch sinnvollen Einsatz von Hilfsmitteln. • legt eine systematische Kundendatei an und aktualisiert regelmäßig die Daten

	• plant seinen Tagesablauf gründlich, hat gutes »time management«
	• stellt sicher, dass Anfragen, Reklamationen etc. prompt beantwortet werden
Fragebeispiele	• *Wie verschaffen Sie sich Entlastung in Ihrer Administration? Welche Hilfsmittel setzen Sie dazu ein?*
	• *Wie stellen Sie sicher, dass Sie immer einen zuverlässigen Überblick über Ihre Kunden haben? Woher wissen Sie, wann Sie einen Kunden wiedermal besuchen oder anrufen müssten?*
	• *Schildern Sie mir bitte einen ganz normalen Arbeitstag – sagen wir aus der letzten Woche? Wie lief er ab? Wie bereiteten Sie Ihn vor?*
	• *Erzählen Sie mir bitte, wie Sie sicherstellen, dass nichts Wesentliches in der Tageshektik in Vergessenheit gerät z.B. Kundenanfragen, Reklamationen etc. Gab es auch mal eine Situation, wo Ihr System nicht oder beinahe nicht funktioniert hätte? Welche?*

Wie Sie sehen, lassen sich nahezu alle erfolgskritischen Verhaltensweisen in Fragen umwandeln.

Abbildung 20:
Umwandlung von Critical
Incidents in Interviewfragen

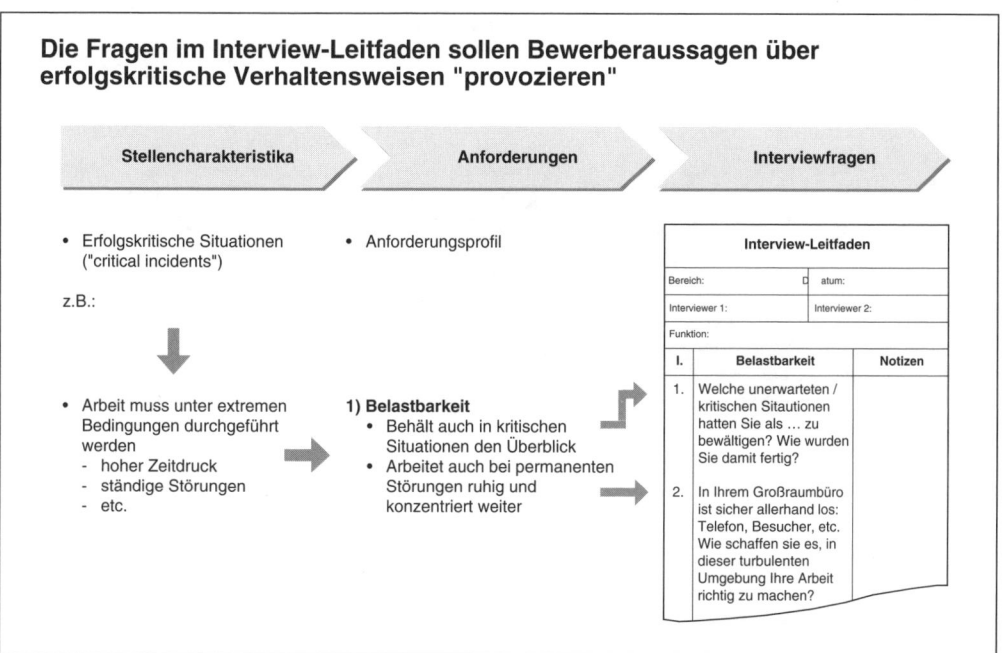

Die Fragen im Interview-Leitfaden sollen Bewerberaussagen über erfolgskritische Verhaltensweisen "provozieren"

Formulieren Sie **für jedes Anforderungskriterium zwischen 2 und 4 Beispielfragen** und tragen Sie diese Fragen in einen Interviewleitfaden ein (vgl. Abb. 20).

Im Anhang finden Sie einen Katalog mit vielen Verhaltensfragen zu allen wichtigen Anforderungskriterien, auf den Sie bei der Erstellung Ihrer künftigen Interviewleitfäden zurückgreifen können.

Der **Interviewleitfaden** enthält einerseits allgemeine Angaben wie z.B. Name des Interviewers, Interviewdatum, Funktionsbezeichnung, Kurzzeichen etc. und andererseits die Interviewfragen, die dem Bewerber im Verlaufe des Interviews zu den Anforderungskriterien gestellt werden sollen.

Praxisbeispiel: Interviewleitfaden für Vertriebsbeauftragte erstellen

Bei der Entwicklung eines Interviewleitfadens bedienten wir uns wiederum des **IN-TERVIEW-PC-SYSTEMs**. Eine umfangreiche Datenbank stellte uns zu jedem Anforderungskriterium jeweils zwischen 15 und 30 Fragen zur Verfügung.

Menü-Bild 4:
INTERVIEW-PC-SYSTEM:
Fragenselektion

Folgender Interviewleitfaden wurde entwickelt:

Interviewleitfaden
0008 Vertriebsbeauftragter

Fragen

Orientierungsfragen

(1) Geben Sie uns bitte einen kurzen Überblick über Ihre bisherigen beruflichen Stationen.

(2) Wenn Sie nochmals die Wahl hätten, würden Sie den von Ihnen gewählten Weg wieder einschlagen bzw. was würden Sie heute anders machen?

(3) Warum haben Sie sich für die Versicherungsbranche entschieden? Was reizt Sie daran besonders?

(4) Wie passt die hier zu besetzende Funktion in Ihr Zukunftskonzept?

Anforderungsbezogene Fragen

Umsetzen von Fachinformationen

(5) Gehen Sie jetzt einfach mal davon aus, dass ich Ihr Kunde bin. Schildern Sie mir bitte die wesentlichen Leistungsvorteile der Versicherungsprodukte, die Sie gegenwärtig verkaufen.

(6) In welchen Situationen wurden Sie besonders gefordert, an andere Fachinformationen weiterzugeben? Wie haben Sie diese Aufgaben gelöst? Welchen Erfolg hatten Sie dabei?

Konfliktverhalten

(7) Einen als richtig erkannten Standpunkt zu vertreten, bedeutet häufig, sich auf Konflikte mit anderen einzulassen. Welche vergleichbaren Beispiele haben Sie erlebt? Wie sind Sie damit klargekommen?

(8) Was war Ihr bislang größter Konflikt mit einem Kunden? Wie haben Sie ihn gelöst?

Teamfähigkeit

(9) Wie bewerten Sie Ihre Beziehung zu Ihren gegenwärtigen Kollegen?

(10) Schildern Sie uns bitte anhand von Beispielen, wie Sie im Team zusammenarbeiten?

(11) In welchen Teams haben Sie besonders erfolgreich gearbeitet? In welchen weniger erfolgreich? Was waren die Ursachen?

Integrationsfähigkeit

(12) Mussten Sie schon einmal neue Mitarbeiter in ein Team integrieren? Wenn Ja, wie sind Sie dabei vorgegangen? Wenn nein, wie würden Sie vorgehen, wenn Sie ein neues Mitglied integrieren müssten?

(13) Wie gelingt es Ihnen, unterschiedliche Personen und Interessen »unter ein Hut« zu bringen? (Beispiele)

Leistungswille

(14) Auf welche zurückliegenden Leistungen sind Sie besonders stolz? Worauf sind diese Leistungen zurückzuführen?

(15) Nennen Sie uns bitte Situationen, in denen Sie höchsten Arbeitseinsatz zeigen mussten? Hat es sich rückblickend für Sie gelohnt, sich so ins Zeug zu legen?

(16) Welchen Anspruch stellen Sie an sich und andere, wenn Sie eine Arbeit beginnen? (Beispiele)

Ausdauer

(20) Wenn Sie eine Sache begonnen haben, wovon hängt es ab, ob Sie die Sache zu Ende bringen oder aufgeben?

(21) Im Außendienst hat man es sehr häufig mit Widerständen zu tun. Nennen Sie uns bitte ein Beispiel aus Ihrer Tätigkeit. Wie sind Sie damit umgegangen?

(22) Wie haben Sie es bisher geschafft, eine konstante Leistung über einen längeren Zeitraum zu erbringen?

Verkaufsgeschick/Überzeugungskraft

(23) Wie bereiten Sie sich auf ein Kundengespräch vor?

(24) Erinnern Sie sich bitte an ein aktuelles Verkaufsgespräch? Wie haben Sie das Kundenproblem ermittelt und gelöst?

(25) Wie gelang es Ihnen bisher am besten, einen Kunden von einer Sache zu überzeugen? Was konkret haben Sie getan? Wie war das Ergebnis?

(26) Wie gehen Sie mit Kundeneinwänden um? (Beispiele)

Kontaktfähigkeit

(27) Wie gewinnen Sie in der Regel Kontakt mit anderen Menschen? Versuchen Sie, mit mir in Kontakt zu treten!

(28) Im Außendienst hat man es täglich mit z.T. fremden Menschen zu tun. Was tun Sie, wenn Sie einen Kunden zum erstenmal aufsuchen? Wie brechen Sie das Eis und bauen eine Beziehung zu ihm auf?

(29) Wenn Sie Ihre Arbeitszeit aufteilen in Außendienst und Bürozeit, welche Aufteilung ergibt sich dann bei Ihnen?

Flexibilität

(30) Beschreiben Sie bitte eine Verkaufsverhandlung, bei der Sie Ihre Taktik spontan ändern mussten. Was war der Anlass? Wie sind Sie vorgegangen?

(31) Wie stellen Sie sich auf neue Situationen und Gegebenheiten in Ihrem Beruf ein? Welche Änderungen ergaben sich in der Vergangenheit für Sie?

Frustrationstoleranz

(32) Wie wurden Sie mit Ihrem letzten Misserfolg fertig?

(33) Wie motivieren Sie sich nach mehreren erfolglosen Kundenbesuchen zu einem neuen Versuch?

(34) In welchen Situationen würden Sie Ihren Job am liebsten an den Nagel hängen? Wie kommen Sie darüber hinweg?

Planung und Organisation

(35) Wie planen Sie einen gewöhnlichen Arbeitstag?

(36) Wie stellen Sie sicher, dass Ihre Erfolge keine Zufallsprodukte sind?

(37) *Beschreiben Sie bitte, wie Sie Ihr Vertriebsgebiet bearbeiten. Wie gehen Sie dabei konkret vor? Wie gut haben Sie die Potenziale bislang ausgenutzt? Was haben Sie vor, um die Verkaufspotenziale noch besser auszuschöpfen?*

(38) *Wie behalten Sie den Überblick über unerledigte Arbeiten?*

4. Die Rahmenbedingungen: Wie Sie die richtige Atmosphäre schaffen

Denken Sie daran, dass der »erste Eindruck« auch für BewerberInnen eine der prägnantesten und nachhaltigsten Erfahrungen mit Ihrem Unternehmen ist. Wenn er/sie sich dafür entschieden hat, sich bei Ihrem Unternehmen zu bewerben, dann hat er/sie das vermutlich deshalb getan, weil er/sie von Ihrem Unternehmen eine ganz bestimmte Vorstellung hat, die möglicherweise noch dazu durch Ihre Öffentlichkeitsarbeit im Sinne eines »mitarbeiterorientierten Unternehmensimages« gezielt aufgebaut wurde. Stellt nun ein Unternehmen bei Hochschulkontakten oder Imageanzeigen, Hochglanzbroschüren oder personalpolitischen Publikationen den Menschen »als Maß aller Dinge« in den »Mittelpunkt unternehmerischen Handelns«, führt aber seine Bewerbergespräche in einer unwirtlichen »Abstellkammer«, nimmt zudem jede Störung ernster als den Bewerber und baut bereits im Gespräch die hierarchische Distanz auf, die es angeblich nicht gibt und vergisst überdies ganz seine Gastgeberpflichten, dann bleibt von der Glaubwürdigkeit nicht mehr allzu viel übrig.

Diese »übertriebene« (?) Einleitung war notwendig, um auch scheinbar Selbstverständliches mit der gebührenden Aufmerksamkeit zu vermitteln. Denn häufig sind es nicht die großen, zum Himmel schreienden Fauxpas, sondern die kleinen, subtilen, aber dennoch sehr wirksamen »Unterlassungssünden«, die dem Bewerber mangelndes Interesse signalisieren.

Drücken Sie Ihr Interesse schon vor dem Interview aus, indem Sie:

* **sicherstellen, dass BewerberInnen nicht warten müssen**
  (welche Meinung müssen BewerberInnen über ihre Bedeutung in diesem Unternehmen gewinnen, wenn man sie 30 Minuten oder länger warten lässt),

* **einen Raum wählen, der eine freundliche Atmosphäre ausstrahlt,**

* **eine Sitzordnung herstellen, die keine Distanz aufbaut**
  (also nicht hinter dem Schreibtisch verbarrikadieren, sondern am runden Tisch oder über Eck sitzen),

- **Störungen ausschalten**
  (keine Telefonate durchstellen lassen, keine Besucher, die hereinplatzen, keine Personen im Raum, die nicht am Gespräch beteiligt sind),

- **Genügend Zeit im Terminkalender für das Gespräch reservieren**
  (vergessen Sie nicht: BewerberInnen stehlen Ihnen Ihre Zeit nicht, Sie wollen etwas von ihnen),

- **eine soziale Situation herstellen**
  (BewerberInnen nehmen es dankbar zur Kenntnis, wenn sie einen Kaffee oder ein anderes Getränk angeboten bekommen. Hierbei geht es weniger um ein »Durstbedürfnis« als vielmehr um die Insignien einer partnerschaftlichen sozialen Begegnung auf der Basis gegenseitiger Wertschätzung).

Alles Selbstverständlichkeiten, oder doch nicht? Fragen Sie einmal BewerberInnen nach Ihren Erfahrungen bei Vorstellgesprächen. Sie werden mit Erschrecken feststellen, dass es häufig die Selbstverständlichkeiten, die scheinbaren Nebensächlichkeiten sind, die die BewerberInnen abschrecken.

Wie lange solche »Äußerlichkeiten« nachwirken können, erfuhr ich anlässlich der Verabschiedung eines Bereichsleiters in den Ruhestand. Er sagte mir: »Ich kann mich noch sehr genau an den Tag erinnern, als ich mein Einstellgespräch in diesem Unternehmen führte. Ich wurde sehr freundlich empfangen, man bot mir einen Kaffee an und ich hatte den Eindruck, dass sich meine Gesprächspartner sehr gut auf dieses Gespräch vorbereitet hatten. Es war ein sehr intensives und langes Gespräch, ich wurde richtig gefordert, aber es war auch ein harmonisches Gespräch, weil ich die menschliche Wertschätzung gespürt habe. Das waren damals die wesentlichen Gründe, warum ich mich für dieses Unternehmen entschieden habe.« Dies war die positive Variante der Geschichte. Derselbe ehemalige Bewerber hatte aber 14 Tage vorher andere Erfahrungen bei einem Wettbewerber gemacht, die er wie folgt kommentierte: »Ich musste sehr lange warten, bis ich an der Reihe war. Hier bekam ich keinen Kaffee angeboten und hatte auch nicht den Eindruck, dass sich meine Gesprächspartner auf dieses Gespräch vorbereitet hatten. Es herrschte eine ziemlich hektische Atmosphäre.«

Bereiten Sie deshalb ein Einstellinterview mindestens mit der gleichen Sorgfalt vor, wie es für Besprechungen längst üblich ist. Überlassen Sie nichts dem Zufall, denn es steht für Sie und den Bewerber viel auf dem Spiel.

So wie der richtige Rahmen ein Bild erst voll zur Geltung bringen kann, müssen auch die Rahmenbedingungen eines Einstellinterviews richtig gewählt werden, um das Gespräch zu einer wertvollen Erfahrung für beide Seiten werden zu lassen.

Um zu vermeiden, dass BewerberInnen mehrmals zum Gespräch eingeladen werden müssen, empfiehlt es sich, rechtzeitig mit dem Gesprächspartner des Fachbereiches einen Termin abzustimmen. Am besten gleich mehrere, da es in der Regel zur Besetzung einer Funktion erforderlich ist, mit mehr als einem Bewerber zu sprechen, bevor eine Entscheidung getroffen werden kann. Sinnvollerweise legt man die Termine in zeitlicher Nähe, da dann die unmittelbare Vergleichbarkeit der Aspiranten am besten ist. Planen Sie genügend Zeit für das Interview ein, denn Sie haben nichts gewonnen, wenn am Schluss die Zeit knapp wird und Sie den/die BewerberIn wegen Terminproblemen zu einem weiteren Gespräch einladen müssen. Dies hinterlässt auch beim Bewerber nicht den besten Eindruck.

Für strukturierte Interviews sollten mindestens eineinhalb Stunden als Netto-Interviewzeit eingeplant werden. Zeit für Informationen über das Unternehmen und den Arbeitsplatz sowie den Arbeitsvertrag betreffende Gesprächspunkte sollte zusätzlich einkalkuliert werden.

> **Checkliste zur Vorbereitung strukturierter Interviews**

- **Inhaltliche Vorbereitung auf das Einstellinterview**
  - Informieren Sie sich über die zu besetzende Funktion, insbesondere die »critical incidents« (Funktionsbeschreibungen, Vorgesetztenbefragung etc.).
  - Erstellen Sie mit dem Vorgesetzten gemeinsam ein Anforderungsprofil für die Stelle (Anforderungskriterien und erfolgskritische Verhaltensweisen).
  - Lesen Sie die Bewerbungsunterlagen noch einmal gründlich durch.
  - Schreiben Sie sich Fragen zu den Bewerbungsunterlagen auf.
  - Legen Sie die aussagekräftigsten früheren Stellen, auf die Sie das Interview konzentrieren wollen, fest.
  - Erstellen Sie mit dem Interviewpartner einen anforderungsbezogenen Interviewleitfaden für das Gespräch.

- **Organisation des Einstellinterviews**
  - Sorgen Sie für einen ansprechenden Raum.
  - Koordinieren Sie den Termin mit Ihrem Interviewkollegen rechtzeitig.
  - Planen Sie genügend Zeit ein.
  - Stellen Sie sicher, dass das Gespräch störungsfrei verlaufen kann.
  - Ermöglichen Sie eine kommunikationsfördernde Sitzordnung (über Eck, round table).
  - Sorgen Sie für Service (Kaffee, Tee, Kekse etc.).
  - Legen Sie fest, wer den Bewerber abholt.
  - Informieren Sie den Empfang, Pförtner etc. über den Besucher.
  - Legen Sie Informationsmaterial über Ihr Unternehmen bereit.
  - Stimmen Sie sich mit Ihrem Gesprächspartner über die Rollenverteilung im Interview ab.
  - Seien Sie pünktlich.
  - Regeln Sie im Vorfeld die Frage der Reisekostenübernahme.

II. Durchführung

1. Die Interviewer: Wie Personal- und Fachabteilung optimal zusammenarbeiten

Dritter Grundsatz: Nutzen Sie beim Interview das »Mehraugenprinzip«!

Die fehlende Messgenauigkeit wird beim strukturierten Interview durch die Wahrnehmungsvielfalt mehrerer Interviewer ausgeglichen. Bereits im Volksmund heißt es: Vier Augen und Ohren sehen und hören mehr als zwei. Dieses bewährte Prinzip kommt auch beim strukturierten Interview voll zum Tragen.

Gemeinsame Interviews von Personal- und Fachabteilung

Das »Dreamteam« im Interview ist jeweils ein Vertreter der Personal- und der Fachabteilung. Je nach Organisation des Personalwesens ist dies entweder der Personalleiter, der Personalreferent oder der zuständige Sachbearbeiter für Personalbeschaffung. Aus dem Fachbereich sollte der direkte oder der nächsthöhere Vorgesetzte teilnehmen. Dies hängt davon ab, wer die Personalverantwortung für die einzustellenden MitarbeiterInnen trägt. Diese beiden Interviewer können jeweils einen spezifischen Beitrag an der gemeinsamen Aufgabe leisten. So wird möglicherweise der Personalmanager das Interview einleiten und das Unternehmen vorstellen, während der Fachvorgesetzte zum Schluss des Interviews die Rolle übernehmen kann, die künftige Aufgabe zu beschreiben und ggf. den Arbeitsplatz zu zeigen. Zwischen Anfang und Ende sollten beide Interviewer gleichermaßen involviert sein. Es empfiehlt sich, dass beide Gesprächspartner abwechselnd Ihre Fragen zu den jeweiligen Anforderungskriterien stellen. Dies entlastet sowohl beim Fragen wie beim Protokollieren. Bei dieser Vorgehensweise wird ein wesentlicher Unterschied zu herkömmlichen Interviews deutlich. In herkömmlichen Interviews übernehmen häufig die Interviewer aus der Personalabteilung den Part, die persönlichen Bereiche abzufragen, wohingegen dem Fachvorgesetzten die fachlichen Fragen vorbehalten bleiben. Diese »tayloristische« Rollenteilung in Interviews findet in dem hier vorgestellten anforderungsbezogenen Einstellinterview nicht mehr statt, da zwischen beiden Bereichen sehr enge Wechselwirkungen bestehen und bestimmte persönliche Eigenschaften in dem hier verstandenen Sinne nur über arbeitsrelevantes Verhalten erschlossen werden können.

Rollen der Interviewer

Grundsätzlich sollten die Interviewer in allen Phasen, also von der Erstellung des Anforderungsprofils bis zur Auswahlentscheidung, als Team zusammenarbeiten.

Bereits im Anforderungsprofil wird eine gemeinsam getragene Basis für den Beschaffungsauftrag gelegt. Dadurch wird sichergestellt, dass im internen Kunden-Lieferantenverhältnis zwischen Fachbereich und Personalabteilung die Kundenwünsche (»Welche Art von Mitarbeiter brauchen wir?«) eindeutig formuliert werden.

Anforderungsprofil gemeinsam erstellen

Es ist sinnvoll, wenn beide Interviewer den Interviewleitfaden gemeinsam entwickeln. Beide können so ihre Fragestrategie aufeinander abstimmen und sicherstellen, dass die Anliegen beider Interviewer durch die Fragen im Leitfaden abgedeckt sind.

Interviewleitfaden gemeinsam aufbauen

Eine systematische Durchführung des Interviews ist der eigentliche Zweck der bisherigen Vorbereitungen. Beide Interviewer sollten ihre Rollen im Interview vorher klar regeln. Bewährt hat sich folgende Aufgabenteilung: Der Interviewer aus dem Personalwesen begrüßt, führt in das Gespräch ein und informiert den Bewerber über das Unternehmen, später auch über Sozialleistungen etc. Während des Interviews können sich beide Interviewer nach jedem Anforderungskriterium abwechseln. Nach Abschluss des Interviews kann der Fachvorgesetzte den/die BewerberIn über die Stelle und die anfallenden Aufgaben informieren und ihm ggf. auch den Arbeitsplatz zeigen sowie die Kollegen vorstellen. In dieser Phase sollten es beide Interviewer vermeiden, über die Erfolgsaussichten zu sprechen. Dazu bedarf es erst noch der Interviewauswertung und einem abschließenden Vergleich mit den anderen Bewerbern.

Interview gemeinsam durchführen

Beide Interviewer sollten direkt nach dem Interview die Auswertung gemeinsam vornehmen. Dies hat den Vorteil, dass a) die Eindrücke noch frisch sind und b) beide ihre Wahrnehmungen und Meinungen offen ansprechen und ausdiskutieren können. Dadurch werden alle Informationen, die der Bewerber geliefert hat in einer Zusammenschau gewürdigt und im Konsens bewertet. Unterschiedliche Sichtweisen können diskutiert und durch Beispiele aus dem Interviewleitfaden geklärt werden. So können beide Interviewer ihre subjektiven Meinungen durch Tatsachen ersetzen.

Interview auswerten

Es obliegt den Interviewern, nach Ablauf der Bewerbungsphase zu entscheiden, welcher der interviewten Bewerber ein Stellenangebot erhalten soll. Nach welchen Kriterien dies geschieht, behandeln wir im Kapitel »Auswertung von Interviews« ausführlich.

Auswahlentscheidungen gemeinsam treffen

Wie Sie gesehen haben, ändern sich bei strukturierten Interviews die Rollen der Interviewer sehr deutlich. Ein ganz entscheidender Vorteil der Methode des strukturierten Interviews liegt darin, dass die Personal- und die Fachabteilung gemeinsam in allen Phasen des Interviews zusammenarbeiten und sich sinnvoll ergänzen. Durch das gemeinsame Diskutieren über das Anforderungsprofil verhindern Sie unterschiedliche Erwartungshaltungen und Bewertungsmaßstäbe. Durch das gemeinsame Erstellen eines Interviewleitfadens werden Sie sich darüber bewusst, welche Art von Informationen Sie von Bewerber(n)Innen benötigen, durch das gemeinsame Führen der Interviews erhalten Sie dieselben Informationen und damit eine vergleichbare Datenbasis und schließlich durch die gemeinsame Beurteilung bei der Auswertung machen Sie Ihre Entscheidungsmaßstäbe transparent und schaffen eine objektive Entscheidungsgrundlage. Der Weg ist das Ziel. Trotz dieser engen Kooperation liegt die Verantwortung beim Vorgesetzten. Das Personalwesen sollte sich als Servicestelle verstehen und seine »internen Kunden«, die Führungskräfte, bestmöglich – und das heißt auch mit zuverlässigen und bewährten Auswahlverfahren – unterstützen. Je besser dies dem Personalwesen gelingt, desto größer wird die Akzeptanz der angebotenen Dienstleistung im Unternehmen sein.

Besondere Anforderungen an die Interviewer

Sie haben es im Interview nicht immer mit dem »Idealbewerber« zu tun, der auskunftsfreudig, offen und ausreichend stressstabil ist. Das Gegenteil ist eher häufiger der Fall. BewerberInnen, die nervös sind, weil sie die Bewerbungssituation belastet, denen es im wahrsten Sinne des Wortes »die Sprache verschlagen« hat oder die »mauern« und Ihnen jeden Einblick in ihre persönliche Sphäre versagen, sind uns allen nicht unbekannt. In solchen Fällen hängt es sehr von der Sensibilität des Interviewers ab, ob es ihm gelingt, aus dieser verfahrenen Situation doch noch einen Gewinn für beide Parteien zu erzielen.

Der Schlüssel zu diesen Bewerbern liegt meist in ihrem Selbstwertgefühl. Selbstunsicherheit führt zu defensivem Verhalten, das unter hoher Spannung versucht, einen gewissen Schutzraum aufrechtzuerhalten. Versuchen Sie deshalb von Anfang an, das Selbstwertgefühl des Bewerbers zu stärken, ihn als Person zu achten und zu respektieren. Sie werden sehen, dass der Bewerber dann sehr viel offener Ihnen gegenüber ist und auch bereit ist, über eventuelle Schwächen zu reden oder über weniger günstige Situationen zu berichten. Das Interview kann dann »mit offenem Visier« geführt werden, da kein »Verletzungsrisiko« zu befürchten ist. Aufgrund der Besonderheiten, auf die im Interview geachtet werden muss, ergeben sich folgende **Intervieweranforderungen**:

- Er/Sie sollte sich (ehrlich) für Menschen interessieren.
- Er/Sie muss in der Lage sein, Beziehungen aufzubauen und eine angenehme Gesprächsatmosphäre herzustellen.
- Er/Sie muss einfühlsam genug sein, um zu erkennen, was sich beim Bewerber und »zwischen« ihnen abspielt.
- Er/Sie muss gut zuhören können.
- Er/Sie muss in der Lage sein, ein Gespräch zielorientiert zu führen, ohne die situativen Gegebenheiten zu vernachlässigen.
- Er/Sie muss einen Interviewleitfaden flexibel und situativ einsetzen können.
- Er/Sie muss in der Lage sein, das Unternehmen durch das eigene Verhalten beim Interview positiv zu repräsentieren.

2. Die Frage- und Interviewtechniken: Wie Sie erfahren, was Sie erfahren wollen

Die »schärfste Waffe« in einem Interview sind die Fragen. Mit der Geschmeidigkeit und Eleganz eines Florettfechters verfolgen Sie im Interview mit Ihren präzisen, unausweichlichen Fragen Ihr Ziel. Folglich sollten Sie immer darauf bedacht sein, Ihr Waffenarsenal gut zu pflegen, denn mit stumpfen Waffen kämpft es sich bekanntlich nicht sehr gut. Anhand der folgenden Beispiele sehen Sie, welche Art von Fragen geeignet bzw. weniger geeignet ist.

Abbildung 21:
Günstige und ungünstige
Frageformen

Stellen Sie Ihre Fragen so, dass Aussagen über früheres Verhalten möglich sind. Zukünftiges Verhalten kann am besten aufgrund von früher gezeigtem, vergleichbaren Verhalten vorhergesagt werden: »The best prophet of the future is the past« (Lord Byron).

Verhaltensorientierte
Fragen stellen

Wir verhalten uns in fast allen Lebenslagen danach. Beispiele gibt es genügend:

- Wer sich im Training einsetzt und gute Leistungen zeigt, wird auch für das samstägliche Punktspiel nominiert.
- Auf jemanden, der die letzten Spiele überlegen gewonnen hat, werden die Wetteinsätze höher ausfallen, als wenn eine negative Erfolgsquote vorliegt.
- Wer bereits mehrere Jahre im Ausland gezeigt hat, dass er Verkaufserfolge auch in fremden Märkten erzielen kann, wird vermutlich eher

ausgewählt, wenn die Verkaufsleiterfunktion in der Auslands-Tochtergesellschaft zu besetzen ist, als jemand ohne Auslandserfahrung, usw.

Gäbe es zwischen früheren und künftigen Situationen kein Bindeglied, wäre »Erfahrung« ein eher wertloses Gut. Da dem aber nicht so ist, wird der Mensch »berechenbar« und sein Verhalten für uns auch in gewissen Bandbreiten »vorhersehbar«. Wer also durch sein früheres Verhalten gezeigt hat, dass er bestimmte Anforderungen bewältigen kann, sollte auch in der Lage sein, vergleichbare künftige Anforderungen zu bewältigen. Zumindest ist die Wahrscheinlichkeit, dass er es tut, bei weitem größer, als wenn dafür keine »Verhaltensbelege« aus der Vergangenheit vorliegen.

Anforderungsbezogene Fragen stellen

Bei strukturierten Interviews orientieren sich die Fragen konsequent an den Anforderungskriterien.

Anforderungs-kriterium	Beispielfragen
Initiative	• *In welchen Situationen kam es an Ihrem bisherigen Arbeitsplatz auf Ihre Initiative an? Wie haben Sie diese Situationen bewältigt?* • *Welche Freiräume bietet Ihnen Ihre heutige Stelle? Schildern Sie uns bitte an einigen Beispielen, wie Sie Ihren Handlungsspielraum konkret nutzen.* • *Welche Verbesserungen sind in letzter Zeit vor allem aufgrund Ihrer Vorschläge vorgenommen worden?* • *Auf welche Leistung sind Sie besonders stolz, die nur dank Ihrer Initiative erzielt werden konnte?*

Offene Fragen

Stellen Sie offene Fragen (W-Fragen)!

• *Wie haben Sie Ihr letztes Kundengespräch vorbereitet?*
• *Was war Ihr größter Erfolg bei...?*
• *Warum bewerben Sie sich gerade bei uns?*
• *Welche Rolle nehmen Sie in Ihrem Team ein?*

Offene Fragen sind die so genannten W-Fragen (Wie, Was, Warum, Welches, Wo). Sie wirken auf den Bewerber »öffnend«, weil die Antwortspielräume sehr weit gesteckt sind. Er hat bei dieser Frageform die Möglichkeit, eigene Wertungen und Gewichtungen zum Ausdruck zu bringen. Dies hat für Sie als Interviewer große Vorteile. Da Sie im voraus kaum wissen können, wie der Bewerber auf Ihre Fragen antworten wird, ist es hilfreich, durch offene Schilderungen des Bewerbers erst einmal das Terrain abzustecken. Als Interviewer haben Sie dann Gelegenheit, die Themen, bei denen Sie weiteren Informationsbedarf haben, durch gezielte Fragen zu vertiefen. Der Bewerber wird Ihnen bei offenen Fragen auch vollständigere Antworten liefern, als wenn Sie ihn durch die gestellte Frage einengen.

Lassen Sie sich konkrete Beispiele schildern!

Beispiele fordern

- *Beschreiben Sie mir bitte so konkret wie möglich, wie Sie Ihre Außendienstmitarbeiter steuern.*
- *Schildern Sie mir bitte einen gewöhnlichen Tagesablauf im Büro, sagen wir gestern.*

Die Beschreibung von Beispielen hat den Vorteil, dass Sie als Interviewer sehr viel besser nachvollziehen können, wie die Bewerber bestimmte Situationen gelöst haben. Darüber hinaus können Sie sicher sein, dass Sie vom Bewerber nicht hinters Licht geführt werden. Je mehr Sie nach konkreten Beispielen fragen, desto weniger können sich Bewerber hinter »man« und »würde« etc. verstecken.

Vermeiden Sie geschlossene Fragen (Ja/Nein-Fragen)! Hier einige Beispiele:

Keine Ja/Nein-Fragen!

- *Arbeiten Sie gerne in einem Team?*
- *Macht Ihnen Ihr Beruf Spaß?*
- *Sind Sie ein guter Techniker?*

Geschlossene Fragen engen den Antwortraum des Bewerbers auf Ja oder Nein ein. Dadurch erfahren Sie relativ wenig über die dahinter stehende »Qualität« der Aussage. Sie erfahren auf diese Weise z.B. nicht, wodurch die Zusammenarbeit mit anderen charakterisiert ist, wie der Bewerber bisher mit anderen zusammengearbeitet hat etc. Dieser Fragetyp ist dann geeignet, wenn »digitale« Ja/Nein-Antworten ausdrücklich gewünscht werden, wie z.B. »Haben Sie einen Führerschein Klasse 3?«

Vermeiden Sie zu viele theoretische/hypothetische Fragen! Hier einige Beispiele:

Keine hypothetischen Fragen

- *Was würden Sie tun, wenn Sie die Kosten um 20% senken müssten?*
- *Wie würden Sie die Reorganisation des Vertriebes durchführen?*
- *Was hätten Sie an seiner Stelle getan?*

Wissen und Tun sind bekanntlich zwei sehr verschiedene Dinge. Es gibt viele Menschen, die ganz genau wissen, was man in bestimmten Situationen tun müsste, es aber dennoch nicht tun. Wissen, Meinungen und Absichten sind ohne Übersetzung in Handlungen meistens wertlos. Ein Interview, das vorwiegend mit dieser Frageform geführt wird, hat sein Fundament auf Sand gebaut.

Keine Suggestiv-Fragen!   Auch Suggestiv-Fragen sollen unbedingt vermieden werden.

> • *Sie sind doch sicherlich auch der Meinung, dass Rauchen im Büro störend wirkt?*
> • *Unsere Produkte haben eindeutige Wettbewerbsvorteile, oder sind Sie anderer Ansicht?*

Suggestiv-Fragen legen dem Bewerber die Antwort quasi schon in den Mund. Der enthaltene Aufforderungscharakter, die Frage im Sinne des Fragestellers zu beantworten, ist so groß, dass es der Bewerber in der Regel nicht wagt, dieser Erwartungshaltung nicht zu entsprechen. Interviewer, die solche Fragen stellen, bekommen zwar genau das zu hören, was sie hören wollen, bekommen aber meistens nicht das, was sie brauchen – nämlich »wahre« und authentische Antworten.

Keine verschachtelten Fragen!   Vermeiden Sie verschachtelte Fragen! In der Praxis trifft man häufig richtige »Bandwurmfragen« an:

> • *Wie ist es Ihnen gelungen die Produktivitätskosten zu senken? Ich meine damit, was Sie getan haben, um Ihre Kostenstruktur zu verbessern. Sicherlich ist dies auch in Ihrem Unternehmen ein wichtiges Thema. Wie gut sind Sie im Vergleich zum Wettbewerb?*

Nach der eigentlichen Frage folgt eine – manchmal sehr ausschweifende – Erklärung der Frage und anschließend wird mit einer neuen Frage der sehr verschachtelte Fragekomplex beendet. In diesem Fall kann sich der Bewerber aussuchen worauf er antworten möchte. Eine ursprünglich präzise Frage wird auf diese Weise verwässert.

Unzulässige Fragen   Die im Folgenden aufgeführten Fragetypen sind im Interview tabu oder nur bedingt zulässig:

• **Fragen nach dem jeweiligen Austrittsgrund bei den bisherigen Unternehmen**
  Ausnahme: Die Gründe für den aktuellen Arbeitsplatzwechsel müssen wahrheitsgemäß angegeben werden.
• **Fragen zum familiären Bereich wie z.B. Wohnsituation, Familie, Heiratsabsichten etc.**
  Ausnahme: Namen und Geburtsdaten von Kindern und des Ehegatten; bei geplanten Auslandseinsätzen darf auch nach dem Beruf des Ehepartners gefragt werden.
• **Fragen zum allgemeinen Gesundheitszustand**
  Ausnahme: Wenn die Leistung am zu besetzenden Arbeitsplatz erheblich beeinträchtigt werden kann, muss dies der Bewerber – gegebenenfalls auch ungefragt – offenbaren. Der Bewerber muss auch ansteckende Krankheiten angeben.

- **Fragen zur Schwangerschaft**
  Ausnahme: Wenn sich nur Frauen um denselben Arbeitsplatz bewerben und keine Diskriminierungsgefahr gegenüber männlichen Bewerbern besteht, ist die Frage zulässig.
- **Fragen nach den Vermögensverhältnissen (Schulden, Pfändungen, Bürgschafts- und Abzahlungsverpflichtungen)**
  Ausnahme: Bei leitenden Angestellten und Bewerbern, die sich um eine Vertrauensstellung bewerben, kann die Frage gestellt werden.
- **Fragen nach der Religionszugehörigkeit**
  Ausnahme: Bei konfessionsbezogenen Arbeitsplätzen.
- **Fragen nach Parteizugehörigkeit**
  Ausnahme: Bei parteipolitisch gebundenen Arbeitsplätzen und bei Parteien, die vom Bundesverfassungsgericht für verfassungswidrig erklärt worden sind, ist die Frage zulässig.
- **Fragen nach Gewerkschaftszugehörigkeit**
  Ausnahme: Bei gewerkschaftlichen Organisationen darf gefragt werden.
- **Fragen nach Ehrenämtern und Freizeitbeschäftigung.**

Dem Interviewer sind durch die Rechtsprechung Grenzen gesetzt worden, um die private Sphäre des Bewerbers zu schützen. Welche praktische Relevanz ergibt sich daraus? Zunächst einmal ist der Bewerber nicht verpflichtet, auf eine »unzulässige Frage« wahrheitsgemäß zu antworten. Sollten Sie also in einem Interview eine »unzulässige« Frage stellen und später feststellen, dass der Bewerber bei dieser Frage nicht wahrheitsgemäß geantwortet hat, haben Sie keine Handhabe, das Arbeitsverhältnis anzufechten.

Der **Arbeitsvertrag** ist nur **anfechtbar**, wenn

- die Frage zulässig ist, aber vom Bewerber bewusst falsch beantwortet wird,
- der Bewerber weiß, dass die von ihm verschwiegene Tatsache für die Einstellung von ausschlaggebender Bedeutung ist,
- die verschwiegene oder fälschlicherweise behauptete Tatsache für die Einstellung ursächlich gewesen ist.

Das Ziel des Interviewleitfadens ist es, keine wesentlichen Fragen zu vergessen. Deshalb haben Sie in Ihrem Interviewleitfaden alle Anforderungskriterien und die jeweils dazu ausgewählten Beispielfragen vorliegen. Glauben Sie aber bitte nicht, das wäre schon die Gewähr für ein gutes Interview. Erst im richtigen Einsatz des Interviewleitfadens zeigt sich der wahre Interviewprofi.

Setzen Sie den Interviewleitfaden flexibel ein!

Trotz einer strengen Zielorientierung muss die Handhabung des Leitfadens flexibel und situativ erfolgen.

Das Ziel sind möglichst viele aussagekräftige Verhaltensstichproben (Situation, Verhalten, Ergebnis) zu jedem Anforderungskriterium. Somit

Fragen nicht wörtlich ablesen

kommt es nicht auf eine wörtliche Wiedergabe der Frage, sondern auf eine sinnvolle, auf das Ziel gerichtete Fragestellung an. Das kann der Interviewer am besten in seinen eigenen Worten ausdrücken. Dadurch bleibt es ein sehr natürliches und glaubwürdiges Gespräch, ohne dabei die notwendige Zielorientierung einzubüßen.

Nicht zwanghaft alle Fragen stellen!

Es kommt häufig vor, dass eine Reihe von Fragen, die im Leitfaden stehen, überhaupt nicht gestellt werden müssen. Der Bewerber hat vielleicht die gewünschte Information bereits bei einer ganz anderen Frage gegeben. Es kann aber auch sein, dass Sie für ein Anforderungskriterium drei Fragen im Leitfaden stehen haben, aber bereits bei der ersten Frage »fündig« geworden sind. In diesem Fall macht es wenig Sinn, die beiden anderen Fragen pro forma noch zu stellen. Das Ziel kann also nicht lauten, alle Fragen eines Leitfadens zu stellen, sondern muss darin bestehen, im Verlaufe des Interviews alle benötigten Antworten bzw. Informationen zu bekommen.

Nicht an einer festen Reihenfolge der Fragen kleben!

Sie werden feststellen, dass Sie Fragen zu einem bestimmten Anforderungskriterium stellen und Antworten zu ganz anderen Kriterien bekommen. Das erschwert zwar ihre Aufgabe, ist aber völlig in Ordnung. Wichtig ist nur, dass Sie die Antworten den richtigen Kriterien zuordnen. Sie können ohne weiteres diesen Punkt erst vollständig behandeln, ehe Sie wieder an die vorherige Stelle im Interviewleitfaden zurückkehren. Gerade im hin- und herspringen innerhalb des Leitfadens zeigt sich ein großer Vorteil dieses Strukturierungsinstrumentes: Sie verlieren nie den roten Faden, sie erkennen stets, welche Bereiche abgedeckt und welche unerledigt sind.

Protokollieren Sie die Antworten der Bewerber!

Vierter Grundsatz: Protokollieren Sie die Antworten im Interviewleitfaden!

Die beste Interviewstruktur nützt Ihnen nichts, wenn Ihnen nach dem Interview die gesammelten Bewerberinformationen wieder verloren gehen, bevor Sie eine Entscheidung treffen konnten. Machen wir uns nichts vor, auch wenn wir uns eines guten Gedächtnisses wähnen, nach mehreren Gesprächen hintereinander oder auch nur nach einem Gespräch, dem andere Aktivitäten oder Störungen folgen, erinnern wir uns nur noch an rund ein Viertel der Bewerberaussagen. Grund genug, sie schriftlich festzuhalten. Deshalb ist es auch hier hilfreich, sich an das Ziel des Interviews zu erinnern: Es geht nicht darum, wer die besten Fragen stellt, sondern wer die relevanten Informationen erhält und schriftlich festhält. Nur wenn es gelingt, die gesammelten Informationen bis zur Auswertung des Interviews verfügbar zu halten, ist eine sinnvolle und zutreffende Diagnose überhaupt erst möglich. Die im Interview gesammelten Informationen sind der Rohstoff für die anschließende Bewertung der Anforderungskriterien. Es hilft Ihnen nichts, wenn Sie ein noch so schön strukturiertes Interview geführt haben, aber die »Ernte« nicht sicher nach Hause gebracht haben. Erfahrungsgemäß tun sich Interviewer gerade mit diesem Punkt des strukturierten Interviews besonders schwer. Häufig wird die Befürchtung geäußert, dass durch das Protokollieren der Bewerberantworten die Gesprächsatmosphäre leiden könnte, da die Zuwendung und der Augenkontakt ständig unterbrochen würden. Diese Befürchtungen lassen sich beseitigen, wenn Sie auf Folgendes achten:

Es kommt nicht auf vollständiges Protokollieren aller Bewerberaussagen an. Notieren Sie nur relevante Informationen, z.B. in welcher »kritischen« **Situation** hat sich etwas ereignet? Welches **Verhalten** hat der Bewerber konkret gezeigt? Welches **Ergebnis** konnte erzielt werden? Konzentrieren Sie sich auf solche Schlüsselinformationen!

Notieren Sie sich Schlüsselinformationen!

Beispiel

- BewerberIn erkannte, dass die Logistikkosten im Vergleich zu Wettbewerbern um 30% zu hoch lagen **(Situation)**.
- BewerberIn entwickelte zusammen mit seinen Lieferanten ein »Just-in-Time«-Konzept **(Verhalten)**.
- BewerberIn erreichte eine Kosteneinsparung von 60% **(Ergebnis)**.

Der Interviewleitfaden ist so aufgebaut, dass Ihnen das Protokollieren leicht gemacht wird. Neben den Anforderungskriterien und den vorformulierten Beispielfragen, die links im Leitfaden vermerkt sind, haben Sie rechts daneben genügend Platz für Ihre Notizen.

Es empfiehlt sich, nicht alles wörtlich aufzuschreiben, sondern nur, was unbedingt erforderlich ist, damit Sie sich später wieder gut daran erinnern können.

Schreiben Sie keine Romane; Stichworte genügen!

Jeder hat sein eigenes Abkürzungssystem und seine eigenen »Eselsbrücken«. Wie Sie das im Einzelnen machen, bleibt einzig und allein Ihnen überlassen.

Die negativen Auswirkungen des Protokollierens auf den Gesprächsverlauf können Sie ganz einfach auch dadurch ausschalten, indem Sie zeitversetzt protokollieren. Praktisch bedeutet dies, dass Sie erst Ihre Fragen stellen, sich dabei voll auf den/die BewerberIn konzentrieren, den notwendigen Augenkontakt aufrechterhalten können und sich erst Notizen machen, wenn Ihr Interviewpartner die Gesprächsführung übernommen hat. Da Sie sich nach jedem Kriterium abwechseln, bleibt genügend Zeit, um die eigenen Notizen zu vervollständigen und sich auf seinen nächsten Frageblock vorzubereiten. BewerberInnen stören sich im Übrigen nicht daran, dass Sie sich während des Interviews Notizen machen. Wenn Sie vor Beginn des Interviews darauf hinweisen, dass Sie sich einige Notizen machen, um nichts wesentliches von dem zu vergessen, was Ihnen erzählt wird, ist das für die meisten BewerberInnen in Ordnung. Im Gegenteil, das Mitschreiben signalisiert auch Wertschätzung und Bedeutung. Auch BewerberInnen sind genau wie sie daran interessiert, dass Ihre Auswahlentscheidung auf nachvollziehbaren Fakten beruht.

Protokollieren Sie erst, wenn Ihr Interviewpartner seine Fragen stellt

Sammeln Sie durch gezielte Zusatzfragen vollständige Verhaltensstichproben (Situation, Verhalten, Ergebnis)!

Auch bei noch so guter Vorbereitung kann ein Interviewleitfaden nie alle Fragen enthalten, die Sie stellen müssen, um sich ein fundiertes Bild über BewerberInnen zu machen. Mit einer vorbereiteten Interviewfrage schaffen Sie zunächst einmal nur den Einstieg in einen bestimmten Merkmalsbereich.

An der Antwort des Bewerbers werden Sie rasch erkennen, ob Sie in diesem Bereich »fündig« werden. Wenn die Antwort darauf schließen lässt, dass sie ein relevantes Themenfeld angesprochen haben, liegt es an Ihnen, durch Zusatzfragen solange nachzufassen, bis Sie eine ausreichende Informationsbasis gesammelt haben. Wann aber haben Sie eine vollständige Informationsbasis für ein Anforderungskriterium erreicht? Wenn Sie nach Informationen, zum Beispiel über die Entscheidungsbereitschaft des Bewerbers suchen, wären Ihnen vermutlich solche Beispiele am liebsten, die Ihnen eine aussagekräftige Stichprobe seines typischen Entscheidungsverhaltens liefern. Genau darum geht es! Wir benötigen vom Bewerber vollständige Verhaltensstichproben. Unter Verhaltensstichprobe ist hier ein repräsentativer Ausschnitt aus dem anforderungsrelevanten Verhaltensrepertoire des Bewerbers zu verstehen. Es ist klar, dass im Interview keine komplette Bestandsaufnahme aller früheren Verhaltensweisen gemacht werden kann. Um so wichtiger ist es deshalb, dass repräsentative und vollständige Stichproben gezogen werden.

Verhaltensstichproben sind dann vollständig, wenn sie Informationen zu den folgenden drei Bereichen enthalten:

Situation/ Aufgabe/ Rahmenbedingungen

1. Diese Komponente liefert wichtige Hinweise zur Bewertung einer Verhaltensweise. Nur wenn die Rahmenbedingungen bekannt sind, unter denen bestimmte Leistungen erbracht wurden, lässt sich die Leistung richtig einordnen. Welche Zielsetzung lag einem Verhalten zugrunde, wie war der Schwierigkeitsgrad, wie war die konjunkturelle Situation, was leistet ein vergleichbarer Mitarbeiter etc.? Alles Fragen, die uns einen Maßstab an die Hand geben, mit dem wir die Antworten des Bewerbers besser bewerten können.

Verhalten/ Vorgehen/ Handlungen

2. Häufig erzählen Bewerber nur sehr vage, wie sie in einer konkreten Situation vorgegangen sind. Sie verwenden gerne »man«-Formulierungen, die letztlich nichts darüber aussagen, was der Bewerber selbst getan hat. Deshalb ist es wichtig, konkrete Verhaltensweisen anhand von Beispielen zu verlangen und sich nicht mit Allgemeinplätzen zufrieden zu geben. Wenn permanent nach konkreten Beispielen gefragt wird, hat der Bewerber wenig Möglichkeiten sich zu verstellen und sich hinter einer Fassade zu verstecken. Sie können ihn mit Ihren Fragen dazu bringen, Farbe zu bekennen.

Ergebnis/Erfolg/ Veränderungen

3. Erst das erzielte Ergebnis macht eine Handlung bewertbar. Wenn ich nicht weiß, was bei einer Sache herausgekommen ist, kann ich auch nicht sagen, ob es gut oder weniger gut war, was jemand gemacht hat.

In unserer Leistungsgesellschaft zählen nicht so sehr die »Schweiß-tropfen, sondern die Tore«. Nicht nur was jemand getan hat, sondern auch mit welchem Ergebnis er das getan hat, ist für den Interviewer von großem Interesse.

Damit ist die Verhaltensstichprobe komplett. Erst wenn alle Elemente in einer Antwort enthalten sind, haben Sie eine verwertbare Information auf Ihre Frage bekommen. Die Bewerber erweisen uns aber nicht immer den Gefallen, unaufgefordert Auskünfte über die Situation, ihr Verhalten und das damit erreichte Ergebnis zu liefern. Hier ist der Interviewer ge-fordert, sich die fehlenden Informationselemente zu beschaffen. Dabei hilft ihm ein einfaches Schema, das »Verhaltensdreieck«.

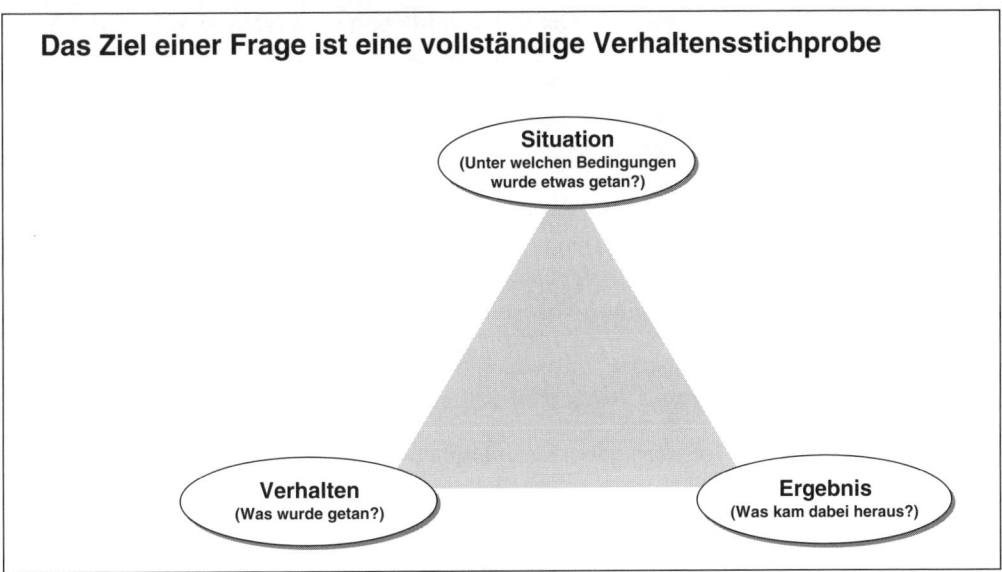

Das Ziel einer Frage ist eine vollständige Verhaltensstichprobe

Situation
(Unter welchen Bedingungen wurde etwas getan?)

Verhalten
(Was wurde getan?)

Ergebnis
(Was kam dabei heraus?)

Damit hat der Interviewer eine einfache, aber wirkungsvolle Steuerungs-hilfe. Er braucht im Verlaufe des Interviews nur darauf zu achten, mit welcher dieser 3 »Ecken« der Bewerber auf die gestellte Frage antwortet und kann dann mit Zusatzfragen die fehlenden Elemente ergänzen.

Abbildung 22:
Verhaltensstichprobe

Interviewer:	*Welche Erfolge erzielten Sie im letzten Jahr?*
Bewerber:	Im letzten Geschäftsjahr machte ich einen Umsatz von 2 Millionen EURO. **(Ergebnis)** (Es fehlt die Situation und das Vorgehen)
Interviewer:	*Das kann sich sehen lassen. Wie haben Sie es denn geschafft, dieses Ergebnis zu erzielen? Was haben Sie konkret unternom-men?* **(Vorgehen)**
und/oder:	*Wie war denn die damalige Marktsituation in der Branche? Was schaff-ten Ihre Kollegen?* oder *Was war Ihre Zielvorgabe ?* **(Situation)**

Beispiel

Fehlt ein Aspekt, ist die Verhaltensstichprobe unvollständig und leider häufig auch unbrauchbar. Was nützt es zu wissen, was jemand getan hat (Verhalten), ohne die Bedingungen des Zustandekommens dieser Handlung zu kennen (Situation), geschweige denn die daraus entstandenen Konsequenzen zu erfahren (Ergebnis). Sie können nun, um eine Wortspielerei aufzugreifen, die Bewerber im »Dreieck springen lassen«. Wichtig ist dabei, dass Sie bei jeder Frage so lange mit Ergänzungsfragen nachfassen, bis Sie zu allen 3 Elementen aussagekräftige Informationen erhalten haben. Achten Sie aber darauf, dass sie sich nicht mit Pseudo-Verhaltensaussagen zufrieden geben. Diese Gefahr besteht immer, wenn der Bewerber:

* **persönliche Gefühle oder Meinungen ausdrückt, z.B.**
    - *Nach meiner Meinung war ich dort der beste Entwickler.*
    - *Mein Chef konnte sich stets 100%ig auf mich verlassen.*
* **theoretische oder hypothetische Aussagen macht, z.B.**
    - *Wenn ich für die Niederlassung verantwortlich wäre, würde ich dafür sorgen, dass...*
    - *Wenn ich das Problem hätte, würde ich....*
* **vage Aussagen trifft, z.B.**
    - *Es gehörte mit zu meinen Aufgaben, bei der Planung eines neuen Abrechnungsverfahrens mitzuhelfen.*

Vorteile

Die **Vorteile von vollständigen Verhaltensstichproben** liegen auf der Hand:

* sie verhindern Fehlinterpretationen durch konkrete Beispiele,
* sie beugen der Verfälschung der Beurteilung vor, da weniger die persönlichen Eindrücke, sondern das konkrete Verhalten im Mittelpunkt stehen,
* sie machen es dem Bewerber schwer, sich zu verstellen, da ein Bewerber in der Regel kaum in der Lage sein dürfte, auf konkrete Fragen spontan in sich schlüssige, aber unwahre Antworten zu geben.

Das wird von Bewerber zu Bewerber sehr unterschiedlich sein. Der eine erzählt Ihnen etwas über das Erreichte (Ergebnis), der andere hebt seine Anstrengungen hervor (Verhalten) und wieder ein anderer beklagt sich möglicherweise über die widrigen Rahmenbedingungen (Situation). So unterschiedlich die Bewerber sind, so unterschiedlich fallen die Antworten bzw. Antworttendenzen aus. Hier ist es wichtig, dass der Interviewer flexibel genug ist, mit diesen Eigenarten richtig umzugehen und das Interview wirklich »führt«. Wenn Sie sich das Dreieck »Situation – Verhalten – Ergebnis« fest einprägen, haben Sie während des Interviews jederzeit einen »Kompass« zur Verfügung, der Ihnen auch dann die Richtung weist, wenn Ihre »Karte« (Ihr Interviewleitfaden) keine weiteren Informationen enthält.

Fünfter Grundsatz: Trennen Sie Durchführung und Auswertung des Interviews voneinander!

Vermeiden Sie während des Interviews Bewertungen!

Anders als im Assessment Center, wo der Verhaltensstimulus von den gestellten Übungen ausgeht und das »Verhaltensprogramm« unabhängig und unbeeinflusst von den Beobachtern abläuft, hat man es im Interview mit einer teilnehmenden Beobachtung zu tun. Hier schaut man nicht nur passiv zu, sondern bietet durch seine Fragen den entscheidenden Anstoß für den Bewerber, in einer bestimmten Art und Weise zu antworten. Dadurch hat es der Interviewer schwerer, einen neutralen Standpunkt einzunehmen. Er läuft ständig Gefahr, aufgrund vorschneller Schlussfolgerungen den weiteren Fortgang unbewusst zu beeinflussen. Wer sich eine Meinung über einen Bewerber gebildet hat, ist in der Art, wie und was er fragt, nicht mehr frei. Erinnern Sie sich an das Phänomen der »sich selbst erfüllenden Prophezeiung«? Wenn Sie zu dem (möglicherweise falschen) Schluss gekommen sind, der Bewerber sei z.B. »wenig belastbar«, nehmen Sie vielleicht nur solche Informationen war, die Ihre Hypothese bestätigen, oder beeinflussen den Bewerber z.B. durch Ihre Mimik und Gestik, sowie Ihre Art wie Sie die Fragen stellen. Aufgrund einer schon vorgefassten Meinung neigt man dazu, sich nicht genügend um weitere Informationen zu kümmern, da bereits eine subjektive Urteilssicherheit besteht. Deshalb gilt: Sammeln Sie erst alle Informationen und bewerten Sie diese erst nach dem Interview.

Die im Rahmen von Interviews erhaltenen Informationen hängen nicht nur davon ab, welche Fragetechniken Sie anwenden, sondern auch ganz entscheidend von der momentanen Verfassung der BewerberInnen. Gerade zu Beginn eines Interviews ist die Unsicherheit oft besonders groß, so dass es angebracht ist, Interviewtechniken einzusetzen, die das Selbstwertgefühl des Bewerbers achten. Von einem selbstsicheren Gesprächspartner erhalten Sie erfahrungsgemäß mehr und auch selbstkritischere Informationen, als von einem eingeschüchterten. BewerberInnen, die sich akzeptiert und verstanden fühlen, sind eher bereit z.B. auch über Misserfolgserlebnisse zu berichten, als BewerberInnen, mit denen im Interview umgegangen wird, als wären es nur lästige Bittsteller. Darüber hinaus sollte jeder Interviewer stets daran denken, dass die Interviewsituation neben ihrer primären Funktion der Personalauswahl, auch eine wichtige Marketingfunktion ausübt. Das Bild vom Unternehmen wird durch ein Einstellinterview maßgeblich mitgeprägt. Wie Sie mit Ihren Bewerbern umgehen, bleibt der Öffentlichkeit nicht verborgen.

Achten Sie das Selbstwertgefühl der BewerberInnen!

Folgende Angebote können Ihnen helfen, das **Selbstwertgefühl** der BewerberInnen im Interview zu achten:

Wenn Sie Ihrem Gesprächspartner signalisieren, dass Sie keine »Wunderdinge« im Sinne von unendlichen Erfolgsstorys von ihm erwarten, kann das für ihn sehr befreiend wirken. Viele glauben nämlich, dass Probleme, über die sie berichten, automatisch zu einer schlechteren Bewertung füh-

Verständnis ausdrücken

ren. Es ist deshalb sehr hilfreich, wenn Sie Verständnis für bestimmte Situationen ausdrücken. Damit erkennt der/die BewerberIn, dass Sie keine Maschine suchen, sondern einen Menschen, der zwar über bestimmte Stärken im Sinne des Anforderungsprofils verfügen muss, dem aber auch Schwächen zugestanden werden. Wer ist schon perfekt.

Beispiele

- *Kann ich gut verstehen, dass dies für Sie unangenehm war.*
- *Wenn ich an Ihrer Stelle gewesen wäre, hätte mich die Art, wie Sie von der Umorganisation erfahren haben, auch geschockt.*

Anerkennung ausdrücken

Es spricht überhaupt nichts dagegen, dass Sie spontan Ihre Anerkennung für bestimmte Erfolge ausdrücken. Im Gegenteil, BewerberInnen freuen sich über ein Kompliment genauso wie Sie. Wichtig ist dabei, dass Ihr Lob aufrichtig gemeint ist und vom Bewerber nicht als Technik entlarvt wird.

Beispiele

- *Finde ich prima – gratuliere. Fallen Ihnen weitere Situationen ein, in denen Sie dazu beitragen konnten, dass...*
- *Diesen Auftrag trotz der Schwierigkeiten noch reinzuholen war eine tolle Leistung. Da können Sie mit sich zufrieden sein. Wie hat denn Ihr Vorgesetzter darauf reagiert?*

Begründungen anbieten

Der Interviewer kann in seinen Fragen prophylaktisch Begründungen für evtl. Misserfolge anbieten, in dem er den zu erkundenden Problembereich als etwas allgemein Menschliches darstellt. Damit fällt es dem/der BewerberIn leichter darüber zu sprechen.

Beispiele

- *Als Führungskraft kommt man immer wieder in die Lage, Menschen beurteilen zu müssen. Nun ist das bekanntlich etwas vom Schwierigsten. Können Sie sich an Mitarbeiter erinnern, über die Sie Ihr anfängliches Urteil ändern mussten – im positiven wie im negativen Sinne?*
- *Teamarbeit klingt auf dem Papier immer gut, aber in der Praxis haben viele Unternehmen noch Schwierigkeiten bei der Umsetzung. Welche Probleme konnten Sie in Ihrem Bereich feststellen? Wie sind Sie damit umgegangen?*

Thema wechseln

Diese Methode ist zwar kein sehr elegantes Mittel, kann aber als letzte Rettung angebracht sein, wenn weiteres Nachfragen bei einem offensichtlich sehr unangenehmen Thema das Selbstwertgefühl stark belasten würde. Das soll natürlich nicht heißen, dass man im Interview unangenehme Dinge meiden sollte. Aber man sollte sich fragen, ob die möglicherweise zu gewinnenden Erkenntnisse es Wert sind, das Verhältnis zum/zur BewerberIn zu belasten.

Beispiele

- *Gut, kommen wir auf ein anderes Thema zu sprechen. Wie haben Sie sich bei Ihrem Wechsel von Funktion A zu B vorbereitet?*
- *Ich respektiere, dass Sie darüber nicht sprechen möchten. Würden Sie uns bitte erzählen, wie Sie...*

3. Die Interviewphasen: Wie Sie den Ablauf des Interviews optimal gestalten

Jedes Einstellinterview verläuft im Wesentlichen in **vier Interviewphasen:**

*   Interview-Eröffnung,
*   Orientierungsphase,
*   Sondierungsphase,
*   Interview-Abschluss.

Abbildung 23:
Interviewphasen

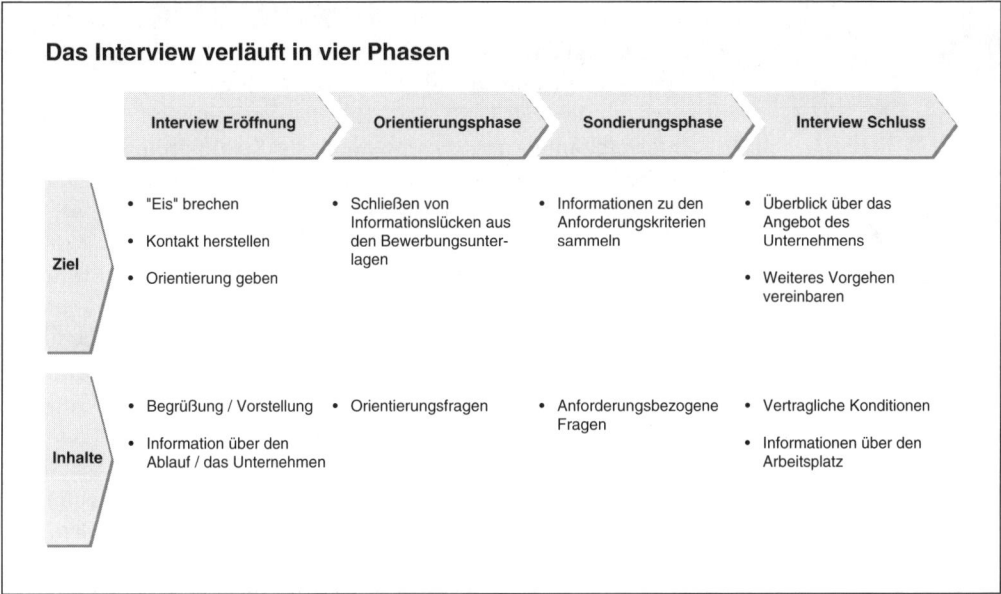

Das Interview verläuft in vier Phasen

Interview Eröffnung	Orientierungsphase	Sondierungsphase	Interview Schluss
Ziel			
• "Eis" brechen • Kontakt herstellen • Orientierung geben	• Schließen von Informationslücken aus den Bewerbungsunterlagen	• Informationen zu den Anforderungskriterien sammeln	• Überblick über das Angebot des Unternehmens • Weiteres Vorgehen vereinbaren
Inhalte			
• Begrüßung / Vorstellung • Information über den Ablauf / das Unternehmen	• Orientierungsfragen	• Anforderungsbezogene Fragen	• Vertragliche Konditionen • Informationen über den Arbeitsplatz

Die Intervieweröffnung entscheidet maßgeblich darüber, in welchem Klima das Einstellinterview stattfindet. Wenn das Gespräch sehr förmlich und distanziert beginnt, kommt meist auch im weiteren Verlauf keine rechte Stimmung mehr auf. Ein Bewerber muss sich beim Einstellinterview »in seiner Haut wohlfühlen« können, er braucht das Gefühl der persönlichen Wertschätzung und hat Anspruch auf echtes Interesse. Wie in kaum einer anderen Situation muss er etwas von sich preisgeben, das sonst vielleicht nur seine engsten Freunde über ihn wissen. Dies setzt Vertrauen in den Gesprächspartner und eine »gleiche Wellenlänge« voraus. Beides entsteht nicht über rationales Abarbeiten des Interviews, sondern über die emotionale Resonanz zwischen den Gesprächspartnern. Diese kann natürlich genauso wenig verordnet werden wie die Aufforderung: »Sei spontan«. Denn wird dieser Aufforderung Folge geleistet, dann ist das eigentliche Ziel der Spontaneität eben verfehlt.

Es geht beim Interview insbesondere um eine Denkhaltung, die offenes und ehrliches Interesse an Menschen ausdrückt. Es gibt nichts schlim-

Interview-Eröffnung

meres für den Bewerber, als wenn er schon zu Beginn des Gesprächs die gelangweilte Routine des Interviewers über sich ergehen lassen muss. Es kostet ihn dann schon eine ungeheure Überwindung, das Gespräch überhaupt noch weiter zu führen, sich als Person in eine solch sterile Situation einzubringen. Da der Bewerber oftmals darauf angewiesen ist, die Stelle zu bekommen, macht er dennoch »gute Miene zu bösem Spiel« und ist zu guter Letzt genauso Verlierer wie auch der Interviewer. Denn dieser wird es schwer haben, auf diese Weise den richtigen Mitarbeiter zu finden. Üblicherweise beginnen Einstellgespräche damit, dass sich der/die Interviewer über die Anreise erkundigen, dem Bewerber für sein Kommen danken und ihn bitten Platz zu nehmen. In dieser Phase ist der Bewerber empfänglich für soziale Aufmerksamkeits-Signale und nimmt es gerne an, wenn Sie ihm einen Kaffee oder ein anderes Getränk anbieten. Entsprechend der jeweiligen Jahreszeit und der Raumtemperatur wirkt es ebenfalls spannungsreduzierend, wenn die Kleiderordnung gelockert und »Marscherleichterung« angeboten wird. Das sind Kleinigkeiten, zugegeben, aber es sind auch in gewissem Maße schon Beziehungsdefinitionen, die Nähe oder Distanz, Gleichberechtigung oder Abhängigkeit ausdrücken. Geben Sie zu Beginn einen Überblick über das Ziel und den Ablauf des Gespräches. Machen Sie dabei deutlich, dass es im Interesse beider Seiten liegt, möglichst viel voneinander zu erfahren, um feststellen zu können, ob die gegenseitigen Erwartungen erfüllt werden oder nicht. Signalisieren Sie dem Bewerber, dass Sie sich intensiv auf dieses Gespräch vorbereitet haben. Um sicherzustellen, dass Sie nichts Wesentliches zu fragen vergessen, haben Sie einen Interviewleitfaden erstellt. Das wird für den Bewerber ein sehr plausibler Grund sein, denn auch er möchte, dass Sie Ihre Entscheidung nicht aufgrund des »ersten Eindrucks« treffen, sondern anhand relevanter Informationen. Weisen Sie auch darauf hin, dass Sie sich während des Gespräches Notizen machen werden, damit keine wichtigen Informationen verloren gehen. Im Sinne von »Waffengleichheit« ist es nicht mehr als fair, auch dem Bewerber einen Block und Schreibzeug anzubieten, auf dem er sich Fragen, die während des Gesprächs auftauchen, notieren kann. Bevor Sie mit dem eigentlichen Interview beginnen, sollten Sie sich zuerst kurz vorstellen, indem Sie Ihren Namen und Ihre Funktion angeben. Für den Bewerber ist es wichtig zu wissen, mit wem er es zu tun hat. Missbrauchen Sie aber diese Phase nicht zu einer überlangen Selbstdarstellung, auch wenn Sie im Bewerber vermutlich einen geduldigen Zuhörer haben würden. Es empfiehlt sich, das Unternehmen zu Beginn des Interviews ebenfalls kurz vorzustellen und anhand von Organigrammen o.Ä. die wesentlichen Zusammenhänge herzustellen, die dem Bewerber die notwendige Orientierung vermitteln. Neben der reinen Informationsübermittlung trägt dieses Vorgehen auch dazu bei, dass Sie bezüglich der gegenseitigen »Offenbarung« in Vorlage gegangen sind und es dem Bewerber dadurch erleichtern, auch Sie offen zu informieren. Abraten möchte ich dagegen von der konkreten Beschreibung der Funktion bereits zu Beginn des Interviews. Erstens kann der Bewerber aufgrund Ihrer Beschreibung der Funktion, Ihrer Akzentuierungen, aber auch Ihrer Unterlassungen Vermutungen darüber anstellen, welche konkreten »Erwartungen« Sie an ihn haben und eine Tendenz zur »sozialen Erwünschtheit« bei ihm auslösen. D.h. es besteht dann die Gefahr, dass seine Antworten stark »hypothesengeleitet« sind und weniger seine natürliche Meinung widerspiegeln. Zweitens würde dadurch der Redeblock des Interviewers am Anfang zu lang geraten und der Bewerber käme erst sehr spät »ins Spiel«. Informieren Sie deshalb den Bewerber, dass Sie am Ende des eigentlichen Interviews noch sehr ausführlich auf die Funktion eingehen und auch alle diesbezüglichen Fragen seinerseits beantworten werden.

Zu **Beginn eines Interviews** sollten folgende Punkte angesprochen werden:

* Begrüßung,
* Über Anreise etc. erkundigen, Dank fürs Kommen,
* Getränk (Kaffee etc.) anbieten,
* Vorstellung der Interviewer,
* Vorstellung des Unternehmens,
* Überblick über den weiteren Verlauf,
* Einsatz eines Interviewleitfadens und der Notwendigkeit des Protokollierens,
* Block und Schreibzeug für Fragen des Bewerbers anbieten.

Sie werden jetzt Zeuge eines fast ungekürzten Interviews. Der Schwerpunkt dieses Praxisbeispiels liegt bei der Interviewführung bzw. den Interview- und Fragetechniken. Deshalb finden Sie unterhalb der Fragen kurze Anmerkungen, die das Vorgehen der Interviewer kommentieren und den Zusammenhang zum bereits Gesagten herstellen sollen. Diesem Interview liegt der vorhin bereits vorgestellte Interviewleitfaden zugrunde. Im ersten Teil dieses Praxisbeispiels befinden wir uns in der Eröffnungsphase.

Praxisbeispiel: Eröffnungsphase

> **(F1) Interviewer 1:** *Guten Tag Frau A. Wir freuen uns, Sie bei uns begrüßen zu können. Ich hoffe, Sie hatten eine angenehme Anreise und auch nicht allzu viele Schwierigkeiten, uns zu finden.*

(Anmerkung: Begrüßung, erste Kontaktaufnahme.)

> **(A1) Bewerberin:** Guten Tag Herr Y. Ich möchte mich zunächst für die Einladung zum Gespräch bedanken und bei dieser Gelegenheit Ihrem Sekretariat ein dickes Kompliment machen. Die Anfahrtsskizze und die Unterlagen über Ihr Unternehmen waren vorbildlich. In dieser Hinsicht wurde ich bei meinen früheren Gesprächen nicht so verwöhnt.

> **(F2) Interviewer 1:** *Das freut uns zu hören. Wir bemühen uns nach Kräften, unsere Bewerber so zu behandeln, wie wir von unseren Mitarbeitern und Mitarbei-*

terinnen erwarten, dass sie unsere Kunden behandeln – respektvoll und freund-
lich. Das ist zumindest unsere Philosophie.
Bevor wir mit unserem Gespräch fortfahren, darf ich Ihnen Herrn Z (Interviewer 2)
vorstellen, der an unserem Gespräch teilnehmen wird. Mich kennen Sie ja bereits
aufgrund unseres Telefongesprächs. Ich bin Vorsitzender des Vorstandes unserer
Gesellschaft und als Projektleiter direkt für die Reorganisation unseres Außen-
dienstes verantwortlich. Aufgrund der Bedeutung der neuen Vertriebsorganisati-
on für unseren künftigen Unternehmenserfolg führe ich alle Bewerbergespräche
persönlich, unterstützt durch unseren Berater Herrn Z.

(Anmerkung: Der Interviewer geht auf die Äußerungen der Bewerberin ein und verbindet damit eine Aussage zur Unternehmensphilosophie. Durch die Vorstellungs-
runde wurde der Kontakt vertieft und Vertrauen geschaffen.)

(A2) Bewerberin: Das finde ich gut, dass Sie als Vorstandsvorsitzender sich die
Zeit für dieses Gespräch nehmen. Wieviel Zeit werden wir ungefähr für dieses
Gespräch haben?

(F3) Interviewer 2: *Unser Gespräch wird ca. eineinhalb bis zwei Stunden dau-*
ern. Herr y und ich haben uns vor diesem Gespräch eine Reihe von Fragen
zurechtgelegt und in diesen Interviewleitfaden übertragen. Wir wollen dadurch
einfach sicherstellen, dass wir keine wesentlichen Fragen vergessen. Die Zeit
mit Ihnen ist uns kostbar und wir wollen sie in Ihrem und unserem Interesse gut
nutzen. Ihr Einverständnis vorausgesetzt, werden wir uns während des Gesprä-
ches Notizen machen, damit wir möglichst viel Gewinn daraus ziehen können.
Übrigens: Falls Sie Fragen haben, können Sie sich selbstverständlich
zwischendurch auch Notizen machen. Einen Block und einen Stift haben wir für
Sie bereitgelegt. Am Ende des Gesprächs werden auch wir versuchen, Ihre
Fragen genauso ausführlich zu beantworten, wie wir das von Ihnen erwarten.
Herr Y und ich werden uns in der Gesprächsführung abwechseln. Dadurch ent-
steht für Sie eine kleine Abwechslung und wir haben Gelegenheit, unsere Noti-
zen zu vervollständigen, wenn der andere die Gesprächsführung übernommen
hat. Dadurch können wir uns immer ganz auf Sie konzentrieren. Sind Sie mit
dieser Vorgehensweise einverstanden?

(Anmerkung: Der Interviewer gibt einen detaillierten Überblick über den Ablauf und
hilft der Bewerberin dadurch, sich zu orientieren. Er weist bereits zu Beginn darauf
hin, dass er sich Notizen macht und begründet dies nachvollziehbar. Um »Waffengleichheit« herzustellen, bietet er der Bewerberin ebenfalls etwas zum Schreiben an.
Wenn diese Information erfolgt, nimmt kein Bewerber am Mitschreiben Anstoß. Ähnliches gilt für den Einsatz eines Interviewleitfadens. Wenn der Sinn und Zweck des
Leitfadens dem Bewerber kurz erläutert wird, verwandelt sich eine mögliche Ver-
wunderung rasch in Bewunderung. Die wenigsten Bewerber werden vorher erlebt
haben, dass sich jemand so intensiv auf sie vorbereitet hat.)

(A3) Bewerberin: Ja, was bleibt mir auch anderes übrig. Spaß beiseite, ich bin
sehr angenehm überrascht, mit welchem Aufwand Sie diese Auswahl betreiben.
Von meinen bisherigen Gesprächen bin ich das nicht gewohnt. Da war ich schon

sehr froh, wenn mein Gesprächspartner vorher meine Bewerbungsunterlagen sorgfältig durchgelesen hatte.

(F4) Interviewer 1: Darf ich Ihnen zwischendurch einen Kaffee anbieten?

(Anmerkung: Kleine Gastgeberaufmerksamkeit. Auch kleine Gesten haben oftmals große Wirkungen.)

(A4) Bewerberin: Ja, sehr gerne, vielen Dank.

Nachdem eine Beziehung zum Bewerber hergestellt wurde, beginnt nun das Interview konkretere Formen anzunehmen. Dieser Teil dient in erster Linie Ihrer Orientierung über den Bewerbungsgrund und der Schaffung einer stabilen Plattform für das Interview. In der Orientierungsphase gilt es, Lücken aus den Bewerbungsunterlagen zu schließen, Verständnisprobleme zu klären und Widersprüche aufzuklären. Ebenfalls sollte in dieser Anfangsphase geklärt werden, warum sich der Bewerber für diese Stelle interessiert.

Orientierungsphase

- Welches Interesse besteht am Unternehmen?
- Welches Interesse besteht an der angebotenen Aufgabe?
- Warum hat er/sie sich beworben? (z.B. Wunsch sich zu »verbessern«?)
- Geht er/sie »freiwillig«?

Bewerbungsmotive klären

Die Frage nach dem »Warum« der Bewerbung soll die Ernsthaftigkeit und Seriösität des Stellenwunsches aufdecken. Wer sich aus einem falschen Motiv für eine Stelle bewirbt, wird womöglich niemals motiviert für seine Aufgabe eintreten. Woher soll die Motivation kommen, wenn nicht vom Bewerber?

Diesem Themenkreis zuzuordnen ist auch die Frage, wie intensiv sich der Bewerber auf dieses Gespräch vorbereitet hat, welchen »Interviewleitfaden« er sich zurecht gelegt hat.

- Wie hat er sich auf das Unternehmen vorbereitet?
- Wie intensiv hat er sich mit der Stellenanzeige auseinander gesetzt?
- Hat er versucht einen realistischen Abgleich zwischen den angegebenen Anforderungen und den eigenen Voraussetzungen zu machen?

Ernsthaftigkeit der Bewerbung klären

Durch seine Vorbereitungen kann der Bewerber sein Interesse an der Aufgabe und dem Unternehmen unterstreichen und dem Interviewer signalisieren, dass es ihm mit seiner Bewerbung ernst ist.

- Welche wichtigsten beruflichen Stationen wurden absolviert?
- Welche Schwerpunktaufgaben mussten bewältigt werden?
- Welche mit den künftigen Aufgaben vergleichbaren beruflichen Situationen gab es früher?
- Welche besonderen Erfahrungen liegen vor?
- Welche Bedeutung wird bestimmten biographischen Ereignissen beigemessen?

Beruflicher Werdegang

Zur Abrundung des Orientierungswissens ist es hilfreich, wenn Sie dem Bewerber als eine Art Überleitung die Möglichkeit geben, etwas über seinen bisherigen Werdegang zu erzählen. Sie haben zwar den schriftlichen Werdegang vor sich liegen, aber es ist dennoch sehr interessant, die Kommentierung des Bewerbers zu den einzelnen Stationen zu hören. Sie erfahren dabei, was für ihn besonders wichtig ist, aber auch, worüber er lieber nicht reden möchte. Es liegt im Geschick und Einfühlungsvermögen des Interviewers, Auffälligkeiten zu entdecken und in geeigneter Weise darauf einzugehen. Jeder, wirklich jeder berufliche Werdegang ist geprägt durch Höhen und Tiefen. Wenn also BewerberInnen versuchen, ihnen eine lückenlose »Erfolgsstory« zu verkaufen, unterschätzen sie entweder die Intelligenz ihres Gegenüber oder überschätzen sich selbst maßlos. Beides wäre wenig vorteilhaft. Es ist Aufgabe des Interviewers, das »Gesagte« dahingehend zu hinterfragen, ob es eine Entsprechung im tatsächlich »Erreichten« gibt. Das Eingehen auf die bisherigen beruflichen Stationen hat auch den Vorteil, dass Sie einen konkreten »Kontext« für die vorbereiteten Verhaltensfragen Ihres Interviewleitfadens bekommen. Statt zu fragen: »*Schildern Sie mir bitte eine Situation, in der Sie für die Arbeitsergebnisse anderer verantwortlich waren. Wie ist es Ihnen gelungen, dass diese ihre Ergebnisse erreichten und motiviert waren?*«, könnten Sie nun sagen: »*Sie haben vorhin berichtet, dass Sie als Kaufmännischer Leiter bei der Firma xy auch für drei Mitarbeiter verantwortlich waren. Wie ist es Ihnen gelungen, dass diese Mitarbeiter die von Ihnen erwarteten Ergebnisse erbrachten und motiviert bei der Arbeit waren?*« Die Verknüpfung der Fragen mit einem realistischen Kontext kann insbesondere den Bewerbern helfen, denen es eher schwer fällt, sich an konkrete erlebte Situationen zu erinnern. Der Kontext kann als eine Art »Eselsbrücke« helfen, sich an die geforderten Verhaltensbeispiele zu erinnern.

Praxisbeispiel: Orientierungsfragen

Im nun folgenden zweiten Teil des bereits begonnenen Interviews befinden wir uns in der Orientierungsphase.

(F5) Interviewer 1: *Nachdem wir die Ziele und den Ablauf geklärt haben, möchten wir Ihnen eine Reihe von Fragen stellen, um Sie näher kennen zu lernen. Als Einstieg möchten wir Sie bitten, uns einen kurzen Überblick über Ihre bisherigen beruflichen Stationen zu geben.*

(Anmerkung: Dies ist eine typische Orientierungsfrage, um sich a) einen Überblick über die Bewerberin zu verschaffen und b) um Ansatzpunkte für relevante Situationen für die anforderungsbezogenen Fragen zu finden. Darüber hinaus trägt diese Frage dazu bei, dass sich die Bewerberin erst einmal »warm« reden kann, bevor es richtig los geht. Das stärkt auch ihr Selbstbewusstsein.)

(A5) Bewerberin: Im letzten Semester meines Betriebswirtschaftsstudiums bewarb ich mich bei dem Versicherungsunternehmen SORGENFREI um einen Traineeplatz. Ich hatte Glück und wurde eingestellt. Die Ausbildung dauerte 12 Monate. In dieser Zeit durchlief ich sämtliche Stationen vom Außendienst bis zur

Schadensabwicklung. Am besten hat es mir im Außendienst gefallen. Deshalb wollte ich nach meiner Traineezeit unbedingt an die Verkaufsfront. Offensichtlich habe ich den damaligen Außendienstleiter beeindruckt, denn ich erhielt den Job. Zwei Jahre habe ich als Kundenberaterin gearbeitet und von der Lebensversicherung bis zur Hundehaftpflichtversicherung nahezu alle Produkte unseres Hauses verkauft. Danach wollte ich die nächste Stufe auf der Karriereleiter erklimmen und in die Organisation einsteigen, Mitarbeiter auswählen, schulen und einsetzen. Aber da in unserem Unternehmen damals keine Perspektiven erkennbar waren, wechselte ich das Unternehmen und übernahm die Tätigkeit der Assistentin der Gebietsleitung. Es war geplant, dass ich die Stelle für ein paar Monate übernehme und dann die Nachfolge des Gebietsleiters, der in den vorzeitigen Ruhestand gehen sollte, übernehme. Nach einem Jahr sitze ich immer noch auf dem Job und mein Chef auch. Deshalb bin ich hier. Ich möchte endlich wieder eine richtige Herausforderung.

(F6) Interviewer 1: *Vielen Dank für diese ausführliche Schilderung. Wenn Sie nochmals die Wahl hätten, würden Sie dann nochmals die Versicherungsbranche als Tätigkeitsfeld wählen?*

(Anmerkung: Der Interviewer bedankt sich und gibt der Bewerberin damit das Feedback, dass ihm ihre Aussage wichtig ist. Gleichzeitig wird auf eine neue Frage übergeleitet.)

(A6) Bewerberin: Ja, ich glaube schon.

(F7) Interviewer 2: *Was fasziniert Sie daran?*

(Anmerkung: Der Interviewer hat in der vorherigen Frage eine Ja/Nein-Frage gestellt und die Bewerberin hat sich daran gehalten. Deshalb musste der Interviewer mit dieser Zusatzfrage das Feld wieder öffnen.)

(A7) Bewerberin: Am besten gefällt mir daran, dass ich viele Kontakte mit Menschen habe und meinen Tagesablauf relativ selbständig planen kann. Ich kann nicht den ganzen Tag in einem Büro sitzen und irgendwelchen Routinen nachgehen. Ich brauche die Abwechslung und die Herausforderung. Beides finde ich in der Versicherungsbranche reichlich.

(F8) Interviewer 1: *Was gehört als Assistentin des Gebietsleiters zu Ihren Hauptaufgaben?*

(Anmerkung: Der Interviewer will sich einen Überblick über die früheren Tätigkeiten der Bewerberin verschaffen.)

(A8) Bewerberin: Als Assistentin des Gebietsleiters bin ich fast für alles zuständig, was von den Außendienstlern und meinem Chef nicht abgedeckt ist: Schulungen neuer Mitarbeiter, Organisation und Moderation regelmäßiger Außendienstmeetings, Soll-Ist-Vergleiche der Umsatzzahlen pro Außendienstmitarbeiter und Bezirk, Wettbewerbsvergleiche, Entwicklung von Werbebriefen, Schreiben von Vortragsmanuskripten für den Gebietsleiter usw. Ich bin also Mädchen für alles. Das hat den großen Vorteil, dass ich in allen wichtigen Vorgängen Informationen aus erster Hand habe.

(F9) Interviewer 1: *Wie passt die Funktion, für die Sie sich bei uns bewerben, in Ihr längerfristiges Zukunftskonzept?*

(Anmerkung: Der Interviewer versucht herauszufinden, welche längerfristigen Ziele die Bewerberin verfolgt und verknüpft das Bewerbungsmotiv mit dem Zukunftskonzept der Bewerberin.)

(A9) Bewerberin: *Sie wollen wissen, welche Karriereziele ich habe? Zunächst einmal möchte ich Führungsverantwortung übernehmen. Ich möchte zusammen mit einer schlagkräftigen Mannschaft Erfolge erzielen. Das Leben als Einzelkämpferin war zwar sehr lehrreich, aber eigentlich ziehe ich die Arbeit in einem Team vor. Ich fühle mich erfahren genug, um auch für andere Verantwortung zu übernehmen. Mein Hauptziel für diese Funktion ist erstmal der Erfolg. Wenn sich der erwartete Erfolg einstellt, mache ich mir Gedanken über einen eventuellen nächsten Schritt.*

Sondierungsphase: Anforderungsbezogene Fragen stellen

Dieser Teil des Interviews ist vermutlich für die meisten Interviewer auch der schwierigste. In der Sondierungsphase geht es um nichts weniger als um die »Persönlichkeit« des Bewerbers. Wir versuchen natürlich nicht, die Persönlichkeit eines Bewerbers bis ins letzte Detail auszuforschen, sondern beschränken uns bewusst auf die Persönlichkeitsaspekte, von denen wir glauben, dass sie für den Erfolg an einer Stelle entscheidend sind. Die Fragen in Ihrem Interviewleitfaden sollen Ihnen helfen, einen Einblick zu bekommen, wie der Bewerber in (möglichst) vergleichbaren früheren Situationen bestimmte Anforderungssituationen bewältigt hat. Es geht also nicht primär darum, Belastbarkeit oder irgendein anderes Kriterium an sich, sozusagen »im luftleeren Raum« zu erkunden, sondern um Beispiele, in denen sich das Vorhandensein/Nichtvorhandensein der geforderten Eignungsvoraussetzungen »geäußert« und Auswirkungen im Verhalten des Bewerbers gezeigt haben.

Praxisbeispiel: Anforderungsbezogene Fragen

Nun beginnt der diagnostisch anspruchsvollste Teil des Interviews. Die Interviewer werden jetzt versuchen, mit Hilfe der anforderungsbezogenen Fragen aus ihrem Interviewleitfaden, aber auch mit Zusatzfragen, relevante Verhaltensstichproben der Bewerberin zu den einzelnen Anforderungskriterien zu ermitteln.

(F10) Interviewer 2: *Als Vertriebsmitarbeiter muss man oft andere durch exakte Übermittlung von Fachinformationen überzeugen. Informieren Sie uns doch bitte einmal über die Vorteile eines Ihrer Produkte, sagen wir der Krankenhauszusatzversicherung?*

(Anmerkung: Hier handelt es sich um eine Frage zum Anforderungskriterium »Umsetzung von Fachinformation«. Die Frage ist nicht wörtlich vom Leitfaden übernommen, sondern wurde in eigenen Worten wiedergegeben. Im Gegensatz zu den in diesem Interviewkonzept überwiegend verwendeten vergangenheitsorientierten Verhaltensfragen, hat der Interviewer bei dieser Frage die Möglichkeit zu einer situativen Arbeitsprobe genutzt. Dieses Kriterium lässt sich auf diese direkte Art sehr viel besser erfassen als über den Umweg einer Frage. Solche situativen Elemente lassen sich im Übrigen immer da einflechten, wo ohne allzu großen Aufwand eine direkte Verhaltensbeobachtung aussagekräftiger ist, als eine noch so gute Befragung.)

(A10) Bewerberin: Bei diesem Produkt handelt es sich um einen Restkostentarif, d.h. es werden alle Kosten aus stationärer Heilbehandlung und Entbindung, die dem Versicherten beim Aufsuchen der ersten (Ein-Bettzimmer) bzw. zweiten (Zwei-Bettzimmer) Pflegeklasse nach Vorleistung der gesetzlichen Krankenversicherung verbleiben, erstattet. Die Vorteile dieses Tarifes für Sie: Wahlweise Ein- oder Zwei-Bettzimmer, ein Arzt Ihres Vertrauens und freie Krankenhauswahl.

(F11) Interviewer 2: *Hier spricht der Profi. Nehmen Sie es mir aber bitte nicht übel, wenn ich trotzdem bei meiner Versicherung bleibe. Aber an diesen Punkt möchte ich gleich anknüpfen.*
Sie vertreten häufig einen Standpunkt, bleiben wir doch bei den vermeintlichen Produktvorteilen Ihrer Versicherung. Dies führt sicherlich gelegentlich zu Konflikten, z.B. wenn ein Kunde ganz anderer Meinung ist wie Sie und sich mit Ihnen anlegt. Schildern Sie uns bitte ein aussagekräftiges Beispiel dafür, wie sie den Konflikt gelöst haben.

(Anmerkung: Gelegentliche Anerkennung während des Gespräches lockert auf und ist gut für das Ego des Kandidaten. Der zweite Interviewer übernimmt nun den Stab und wechselt situativ auf das zweite Anforderungskriterium »Konfliktverhalten« über. Die Bewerberin wird aufgefordert, ein konkretes Beispiel zu schildern. Dadurch wird der Antwortraum deutlich eingeschränkt und der Bewerberin wird signalisiert, dass eine konkrete Antwort erwartet wird.)

(A11) Bewerberin: Da muss ich nicht lange überlegen. Erst letzte Woche habe ich einen Kunden besucht und ihn von unserem Produkt zu überzeugen versucht. Offensichtlich hatten diesen Kunden schon mehrere Versicherungsvertreter bearbeitet. Ich hatte mich kaum vorgestellt, schon begann er mich aufs heftigste zu beschimpfen. Alle Versicherungsvertreter seien Verbrecher, die nur versuchen, anderen ihr Geld aus der Tasche zu ziehen. Der Kunde wurde fast tätlich. Nachdem er fünf Minuten auf mich eingeschimpft hatte, gelang es mir, ihn zu beruhigen.

(F12) Interviewer 2: *Wie ist Ihnen denn dieses Kunststück gelungen?*

(Anmerkung: Der Interviewer stellt hier eine Zusatzfrage zum »Ergebnis« des beschriebenen Verhaltens, um die Verhaltensstichprobe zu vervollständigen.)

(A12) Bewerberin: Nachdem er Dampf abgelassen hatte, war ihm schon sichtbar wohler. Offensichtlich war er überrascht, dass ich ihn ausreden ließ und ihm einfach nur zuhörte. Ich drückte mein Verständnis für seinen Ärger aus und fragte ihn, welche Erfahrungen er bisher gemacht hat. Es gab offensichtlich kein objektives Problem, außer, dass er vermutlich mit einigen Drückerkolonnen konfrontiert war, die mit aller Macht versucht haben, ihn zu versichern. Dies ist ihnen zwar nicht gelungen, aber er entwickelt eine ausgeprägte »Versicherungsallergie«. Ich sagte ihm daraufhin, dass es nicht meine Absicht sei, ihn zu versichern, ihn aber gerne beraten würde. Ich erklärte ihm, dass ich in meiner Funktion nur erfolgreich sein kann, wenn ich auf Dauer zufriedene Kunden habe, die einen echten Nutzen von dem haben, was ich ihnen bieten kann. Daraufhin bat er mich erst einmal ins Haus, bot mir ein Bier an und entschuldigte sich dafür, dass er vorher so grob gewesen ist. Ich fragte ihn dann, welche Fragen er im Zusammenhang mit der Kranken- und Pflegeversicherung hat, wie er versichert ist etc. und baute einen ganz guten persönlichen Kontakt auf. Im Verlaufe des Gespräches zeigte sich eine echte Versicherungslücke. Im Falle einer längeren Krankheit hätte der Kunde aufgrund seines derzeitigen hohen Einkommens eine 40%ige Einkommenseinbuße nach Ablauf der Lohnfortzahlung in Kauf zu nehmen gehabt. Mit einer auf seine Situation abgestimmten Krankentagegeldversicherung konnten wir einvernehmlich die Lücke schließen.

(F13) Interviewer 1: *Sie haben vorhin erwähnt, dass Sie gerne mit einem Team zusammenarbeiten möchten. Schildern Sie uns bitte eine Situation, wo Sie in einem Team gearbeitet haben. Wie war die Zusammenarbeit?*

(Anmerkung: Erneuter Wechsel in der Gesprächsführung. Der Interviewer 2 kann nun in Ruhe seine Notizen ergänzen und sich auf seinen Einsatz vorbereiten. Die Überleitung auf das Anforderungskriterium erfolgt nicht abrupt, sondern es wird auf eine frühere Aussage des Bewerbers Bezug genommen. Wenn solche Verknüpfungen gemacht werden können, wirkt das Interview flüssiger, als wenn übergangslos zu einem neuen Kriterium gewechselt wird.)

(A13) Bewerberin: In meiner Traineezeit haben wir fast alles in Teamarbeit gemacht. Wenn wir ein bestimmtes Problem zu lösen hatten, setzten wir uns zusammen und sammelten zuerst alle unsere Ideen, die wir dazu hatten. Diese Meetings wurden jeweils von einem Teammitglied moderiert, natürlich auch von mir, und führten in der Regel zu einer Art Projektstrukturierung. Im Team wurden dann die Aufgaben gemeinsam verteilt und auch gemeinsam besprochen.

(F14) Interviewer 1: *Könnten Sie uns dazu ein konkretes Beispiel schildern?*

(Anmerkung: Da die Bewerberin die Frage sehr allgemein beantwortet hat, hakt hier der Interviewer mit einer Zusatzfrage nach und verlangt ein konkretes Beispiel. Anhand von echten Beispielen erfährt man sehr viel mehr über das Verhalten von Bewerbern, als bei allgemeinen Beschreibungen.)

(A14) Bewerberin: Natürlich. Wir mussten ein Modul für ein Trainingshandbuch zusammenstellen. Es ging dabei um Argumente zur Einwandbehandlung. Als Newcomer hatten wir auf diesem Gebiet noch nicht soviel Erfahrung und waren auf das Wissen anderer angewiesen. In einem kurzen Brainstorming sammelten wir Ideen, wie wir das Problem lösen konnten. Wir entschieden uns für die Idee, mit erfahrenen Außendienstmitarbeitern Interviews zu machen. Dabei sammelten wir alle möglichen Einwände, mit denen sie es in ihrem langen Berufsleben zu tun hatten. Diese Sammlung überarbeiteten wir, ordneten sie und machten daraus eine Art Fragebogen. Diese Fragebogen legten wir ebenfalls erfahrenen Vertriebs-profis vor und sammelten auf diese Weise eine Fülle von guten Argumenten. Die besten davon wählten wir schließlich aus und machten daraus eine sehr praxis-nahe Argumentationsmappe.

(F15) Interviewer 1: *Klingt ja recht pfiffig. Welchen Erfolg hatten Sie denn mit dieser Arbeit?*

(Anmerkung: Die Zusatzfrage hat zwar zu einem konkreten, aber unvollständigen Beispiel geführt. In der angestrebten Verhaltensstichprobe fehlt noch das Ergebnis, deshalb eine erneute Zusatzfrage. Der Interviewer setzt hier so lange nach, bis sein Dreieck Situation, Verhalten, Ergebnis komplett ist.)

(A15) Bewerberin: Da dieser Trainingsbaustein noch heute in allen Vertriebs-trainings verwendet wird, offensichtlich einen ganz guten. Wir wurden seinerseits für unser Teamergebnis in einer Vertriebstagung lobend erwähnt.

(F16) Interviewer 2: *Das scheint ja eine ganz gute Leistung gewesen zu sein. Auf welche sonstigen zurückliegenden Leistungen sind Sie denn noch heute besonders stolz?*

(Anmerkung: Auch hier haben wir es mit einem recht flüssigen Übergang zu tun. Anknüpfend an das eben geschilderte Leistungsbeispiel geht der Interviewer auf das Anforderungskriterium »Leistungswille« ein. Die gelegentlichen Anerkennungen lo-ckern auf und ermutigen den Bewerber.)

(A16) Bewerberin: In meiner Zeit im Außendienst war ich mehrere Monate hintereinander umsatzstärkste Verkäuferin. Intern wurde so eine Art Hitparade geführt. Wer zu bestimmten Stichtagen eine bestimmte Punktzahl erreichte, be-kam einen Preis. Ich durfte damals mit meinem Partner für eine Woche nach Istanbul fahren.

(F17) Interviewer 2: *Das finde ich prima. Gibt es noch weitere Highlights dieser Art?*

(Anmerkung: Anerkennung als positives Feedback hilft das Selbstwertgefühl zu stär-ken. Freie Überleitung auf ein weiteres Beispiel. Es gibt in der Regel während des Interviews genügend Anknüpfungssituationen, mit denen man die Fragen geschickt transportieren kann.)

(A17) Bewerberin: Nichts, was direkt vergleichbar wäre. Vielleicht folgendes: Vor zwei Monaten habe ich einen Tag der offenen Tür organisiert und unsere Kunden sowie eine Reihe potenzieller Kunden dazu eingeladen. Diese Idee ist im Übrigen auf meinem Mist gewachsen. Wir boten ein abwechslungsreiches Pro-gramm und hatten viel Spaß zusammen. Der Erfolg hat nicht nur mich erstaunt, sondern ganz besonders unseren Gebietsleiter. Da er ähnliches vorher nie ge-macht hatte, war er von der Resonanz überwältigt. Seither ist er mir gegenüber viel offener und sieht mich nicht mehr nur als eine Rivalin.

(F17) Interviewer 1: *Legen Sie sich immer so ins Zeug oder nur, wenn Sie eine Sache besonders interessiert?*

(Anmerkung: Mit dieser Frage wird auf das Anforderungskriterium »Ausdauer« übergeleitet. Auch hier handelt es sich um eine sehr freie Übersetzung der Frage, die im
Leitfaden steht.)

(A18) Bewerberin: Ich habe mal gelesen: »Wenn es eine Sache wert ist getan
zu werden, dann ist sie es auch wert, richtig getan zu werden«. Dieser Satz ist für
mich so eine Art Leitmotiv: Ich habe mir angewöhnt, mich für eine Sache entweder ganz oder gar nicht einzusetzen.

(F18) Interviewer 1: *Wie schaffen Sie es, über einen längeren Zeitraum hinweg
stets 100% zu bringen?*

(Anmerkung: Offene verhaltensbezogene Frage.)

(A19) Bewerberin: Das schöne im Vertrieb ist die Abwechslung. Das macht bei
mir schon sehr viel aus. Wenn ich morgens den Tage beginne und mich frage,
was wohl heute wieder alles auf mich zukommen wird, freue ich mich bereits auf
die Arbeit. Sicherlich gibt es auch Tage, die einen ziemlich schaffen. Aber in der
Regel habe ich damit zum Glück keine Probleme. Zweimal in der Woche gehe ich
abends Tennisspielen, das hält mich fit.

(F19) Interviewer 2: *Lassen Sie uns ein beliebtes Thema ansprechen, den Kun-
denbesuch. Wie bereiten Sie sich in der Regel auf solche Gespräche vor?*

(Anmerkung: Mit dieser Frage wird auf das Anforderungskriterium »Verkaufsgeschick/
Überzeugungskraft« übergeleitet.)

(A20) Bewerberin: Ich habe da kein festes Schema, außer einem: Nie unvorbereitet zum Kunden fahren. Das ist tödlich. Wenn Sie einen Abschluss tätigen wollen, müssen Sie sich genau auf Ihren Gesprächspartner einstellen, die Informationen, die über ihn vorliegen, auswerten, falls er Kunde ist, die Akte studieren
usw. Ich stelle mir dann jeweils die Unterlagen zusammen, von denen ich meine,
dass sie in der bevorstehenden Gesprächssituation hilfreich sein könnten.

(F20) Interviewer 2: *Wenn Sie das Gespräch dann mit dem Kunden führen, wie
gelingt es Ihnen, ihn für eine Sache zu begeistern?*

(Anmerkung: Auch hier haben wir es wieder mit einer Anknüpfungsfrage zu tun, mit
der wörtliches Vorlesen aus dem Leitfaden vermieden wurde.)

(A21) Bewerberin: Ich schütte meine Kunden nicht mit Informationen zu, sondern ich frage, frage, frage. Ich versuche einfach, das Kundenproblem zu erkennen und gehe gezielt darauf ein. Das honorieren meine Kunden. Sie merken
schnell, dass sie es nicht mit einem typischen Vertreter zu tun haben, sondern
nehmen mich mehr als Problemlöser wahr. Wenn der Kunde erkennt, dass ich
auf seiner Seite stehe, ergibt sich das Geschäftliche von selbst.

(F21) Interviewer 2: *Sie haben uns vorher erzählt, dass Sie für ein Handbuch etwas zum Thema Einwandbehandlung erstellt haben. Wie gehen Sie selbst mit Kundeneinwänden um? Nehmen wir mal an, Sie wollen eine Krankenzusatzversiche-
rung verkaufen und müssen folgendem Einwand begegnen: »Bei schwer wiegen-
den Verletzungen oder Krankheiten komme ich sowieso in eine Spezialklinik.«*

(Anmerkung: Der Interviewer verfolgt weiter das weiter oben begonnene Anforderungskriterium und kleidet seine Frage in ein kleines Fallbeispiel, aus dem er eine situative Miniarbeitsprobe macht. Er fragt nicht, »was würden Sie tun, wenn...«, sondern er bittet sie, diesem Einwand (jetzt) zu begegnen.)

(A22) Bewerberin: Wenn es die Schwere Ihrer Verletzung erfordert, wird Ihnen selbstverständlich in einer Spezialklinik geholfen. Allerdings nur unter der Voraussetzung, dass diese Behandlung nicht in einem der nächstgelegenen Krankenhäuser durchgeführt werden kann. Wenn Sie schon in ein Krankenhaus müssen, dann wollen Sie doch in jedem Fall dort behandelt werden, wo die Heilungsaussichten am größten sind, d.h. bei dem Arzt und in der Klinik, die für diese Krankheit oder Verletzung den besten Ruf hat, oder?

(F22) Interviewer 2: *Sie haben ja recht schlagfertig gekontert. Kommen Sie denn damit auch zu Ihrem Ziel?*

(Anmerkung: Kleine Aufmunterung und Zusatzfrage zum fehlenden Element »Ergebnis« ?)

(A23) Bewerberin: In 80% der Fälle klappt es. Wenn ein Vertrag nicht zustande kommt, hängt es nicht an meiner mangelnden Argumentationsfähigkeit, sondern schlicht daran, dass der Kunde entweder keinen wirklichen Bedarf hat oder aber zu jener Sorte Mensch gehört, die sich einfach nicht versichern lassen wollen. Zu ihrem Glück zwingen kann ich sie ja schließlich nicht.

(F23) Interviewer 1: *Wenn Sie beim Kunden sind, wie brechen Sie gewöhnlich das Eis?)*

(Anmerkung: Offene Fragestellung, die der Bewerberin die Möglichkeit gibt, sich ein Beispiel auszusuchen.

(A24) Bewerberin: Das ist sehr unterschiedlich. Da bin ich sehr situativ. Wenn ich komme und die Sportschau läuft, spreche ich über die Sportart, die gerade gezeigt wird, frage nach seinen Interessen, seiner Lieblingsmannschaft usw. Selbst so ein scheinbar belangloses Thema wie das Wetter schafft oftmals Verbündete. Small Talk am Anfang ist ganz wichtig, um eine Beziehungsebene herzustellen. Wenn Sie gleich mit der Tür ins Haus fallen und den Kugelschreiber in die Hand nehmen, haben Sie schon verloren.

(F24) Interviewer 1: *Habe ich Sie da richtig verstanden? Sie reden mit Ihren Kunden übers Wetter?*

(Anmerkung: Leicht provokative Zusatzfrage, um die Bewerberin aus der Reserve zu locken.)

(A25) Bewerberin: Ja, warum nicht? Wenn es sich anbietet, rede ich auch übers Wetter. Es ist eigentlich egal, über was Sie reden. Wichtig ist nur, dass es zur Situation und zum Gesprächspartner passt. Wichtig ist auch, dass Sie am Anfang des Gespräches eine persönliche Beziehung zum Kunden aufbauen. Wenn er nicht den Menschen in seinem Gesprächspartner sieht, wird er stets misstrauisch sein und das Gefühl haben, dass Sie ihn zu etwas überreden wollen. Ich nehme meine Kunden ernst und versuche, ihnen dieses Gefühl auch zu vermitteln. Da ich meinen Kunden nicht in erster Linie eine Versicherung verkaufen, sondern mit ihnen eine langfristige Geschäftsbeziehung aufbauen will, ist gegenseitiges Vertrauen notwendig. Deshalb ist es mir ein echtes Anliegen, meine Kunden so gut wie möglich kennen zu lernen, ihre Interessen und Hobbies genauso wie ihre Sorgen. Das dauert zwar etwas länger, aber es verhindert Stornos. Es kommt relativ häufig vor, dass ich im Erstgespräch überhaupt nicht auf unsere Produkte direkt zu sprechen komme. Ich ermittle den Bedarf des Kunden, indem ich mich mit ihm über seine Lebens- und Berufssituation unterhalte und immer dann gezielt nachfrage, wenn es zur Klärung bestimmter Punkte notwendig ist. Die Zeit, die ich mir am Anfang einer Geschäftsbeziehung nehme, hole ich in aller Regel durch eine bedarfsgerechte Beratung wieder herein.

(F25) Interviewer 2: *Kommen wir auf ein anderes Thema zu sprechen. In Ihrem beruflichen Werdegang haben Sie schon mehrfach Veränderungen erlebt. Wie haben Sie sich auf diese neuen Situationen eingestellt?*

(Anmerkung: Das Thema wird auf das Anforderungskriterium »Flexibilität« gelenkt, indem Bezug auf eine frühere Interviewsituation genommen wird.)

(A26) Bewerberin: Sie sprechen meine Funktionswechsel an?

(F26) Interviewer 2: *Ja, das muss doch eine ganz schöne Umstellung für Sie gewesen sein. Wie sind Sie denn damit klar gekommen?*

(A27) Bewerberin: Natürlich war das jedesmal ein Einschnitt in mein Leben. Als ich mich für die Außendienstfunktion entschied, habe ich mich gleichzeitig auch für einen Umzug von Hamburg nach Baden-Württemberg entschieden. Jeder der schon mal umgezogen ist, weiß, was das alles bedeutet: Wohnung suchen, Einwohnermeldeamt, Umzug organisieren, vertraute Umgebung und Freundeskreis aufgeben, völlig neues Umfeld – in meinem Fall sogar eine neue Sprache. Ich wohnte auf der Schwäbischen Alb und verstand am Anfang nur Bahnhof. Um mich rasch an Land und Leute zu gewöhnen, entschloss ich mich gleich nach meinem Umzug, in den örtlichen Schachclub einzutreten. Das half mir, schnell Fuß zu fassen und mich in meinem neuen Umfeld zu integrieren. Neue Freunde habe ich auf diesem Wege übrigens auch gewonnen. Insgesamt haben mir alle Wechsel gut getan, da ich ein Typ bin, der neuen Erfahrungen immer offen gegenüber steht. Da ich weder Familie noch Immobilie habe, kann ich meine Zelte jederzeit woanders aufschlagen. Allerdings unter einer Voraussetzung: Die Funktion und das Unternehmen müssen es wert sein.

(F27) Interviewer 2: *Im Vertrieb hat man es oft mit unvorhergesehenen Situationen zu tun. An welches Beispiel erinnern Sie sich denn in diesem Zusammenhang?*

(Anmerkung: Vergangenheitsorientierte Frage zum Kriterium »Flexibilität«.)

(A28) Bewerberin: Was besonderes fällt mir da nicht ein.

(F28) Interviewer 2: *Nur zu. Ganz gewöhnliche Beispiele reichen vollkommen.*

(Anmerkung: Die Bewerberin wird zu einer Antwort ermuntert, indem das Anspruchsniveau der Frage reduziert wird.)

(A29) Bewerberin: Nun, vielleicht passt die Geschichte mit dem Ball zu Ihrer Frage. Ich besuchte vor einigen Jahren einen Kunden, bei dem es mich viel Überzeugungsaufwand gekostet hat, überhaupt einen Termin zu bekommen. Ich wollte mich vorstellen und einfach mal einen Kontakt herstellen. Konkrete Verkaufsabsichten hatte ich damals keine. Ich fuhr also auf den Hof des Kunden und wollte gerade aussteigen. Plötzlich kam ein Knochen angeflogen und schlug in meinen vorderen Kotflügel ein. Ein Hund kam angerannt und konnte gerade noch rechtzeitig vor meinem Auto abbremsen und ein kleiner Junge stand ganz erschrocken in der Tür. Er wollte den Hund hinter dem Knochen herjagen lassen, hatte aber leider nicht gesehen, dass ein Auto vorgefahren war. Der Knochen verursachte eine kleine Beule und einige kleinere Kratzer. Alle anderen kamen mit dem Schrecken davon. Der Vater sah die Bescherung vom Fenster aus und kam gleich angerannt. Erst schimpfte er mit dem Jungen und dann entschuldigte er sich bei mir. So kamen wir gleich unfreiwillig zu unserem Einstiegsthema. Wir redeten im Haus weiter über diesen Vorfall. Es stellte sich heraus, dass der Kunde keine private Haftpflichtversicherung hatte, die für diesen Schaden hätte einspringen können. Nun hatten wir natürlichen einen echten Fall, der deutlich machte, wie schnell eine Situation eintreten kann, in der man die Leistungen einer Versicherung gut gebrauchen könnte. Zum Glück ist nichts schlimmeres passiert, aber der Kunde hat zum erstenmal gemerkt, wie schnell so etwas gehen kann. So war es natürlich nahe liegend, dass ich dem Kunden die Vorzüge einer privaten Haftpflichtversicherung erläutert habe und wir dann relativ schnell zum Abschluss kamen. Den entstandenen Schaden konnte ich dem Kunden erlassen, da es sich um ein älteres Auto handelte. Einen Monat später schloss ich mit demselben Kunden eine Kapitallebensversicherung in Höhe von Euro 100.000,– ab. Aus einem unglücklichen Zufall ist eine gute Geschäftsbeziehung geworden.

(F29) Interviewer 1: *Da haben Sie die Gunst der Stunde gut genutzt und waren damit erfolgreich. Nicht alle Verkaufsgespräche gehen so gut aus wie dieses. Es gibt auch Kunden, wo man schon viel Zeit investiert hat, kurz vor dem Abschluss steht und dann wird doch nichts daraus? Wie werden Sie mit solchen unerfreulichen Erlebnissen fertig?*

(Anmerkung: Wie bereits früher, hat auch hier der Interviewer Anerkennung ausgedrückt. Wer dieses Stilelement im Interview öfters einsetzt, muss aufpassen, dass der Bewerber nicht den Eindruck bekommt, es handle sich nur um eine plumpe Gesprächstechnik, die lediglich als Mittel zum Zweck eingesetzt wird. Wenn Kommentare zu den Antworten des Bewerbers gegeben werden, sollten Sie in jedem Falle glaubhaft geäußert werden. Sonst erreichen Sie das Gegenteil damit – Misstrauen statt Vertrauen.)

(A30) Bewerberin: Zum Glück kam das ja nicht allzu oft vor. Ich hatte mal zwei Wochen lang keinen einzigen Abschluss gemacht, obwohl ich wirklich von morgens bis abends mit vollem Einsatz gearbeitet habe. Es gab zwar einige viel versprechende Anzeichen, aber leider kam kein Abschluss zustande. Da habe ich mich schon gefragt, was eigentlich los ist, was ich falsch gemacht habe usw. Ich bin aber dadurch nicht in eine Sinnkrise oder so was geraten, sondern habe mir einfach eingeredet, dass der Erfolg schon wieder kommt, wenn ich weiterhin hart arbeite. So kam es dann auch. Schon einen Tag später schloss ich einen Vertrag über eine hohe Lebensversicherung ab. Ich habe festgestellt, dass man in dem Bereich, in dem ich tätig bin, in längeren Kategorien denken muss. Bezogen auf einen Monat lässt sich der Erfolg relativ gut planen, bezogen auf einzelne Wochen dagegen kaum. In diesem Punkt geht es uns ähnlich wie den Taxifahrern. Man muss einfach das längerfristige Ziel im Auge haben, dann verzweifelt man auch nicht so schnell an kurzfristigen Misserfolgen.

(F30) Interviewer 2: *Würden Sie uns bitte einmal durch einen gewöhnlichen Arbeitstag, sagen wir in Ihrer jetzigen Funktion, führen? Wie sieht da Ihr Tagesablauf aus?*

(Anmerkung: Hier handelt es sich, ähnlich wie bei der Frage nach dem Lebenslauf, um eine weit geöffnete Frage. Dadurch haben wir die Chance, Dinge zu erfahren, die wir möglicherweise über detaillierte Einzelfragen nicht zu hören bekämen. Der Bewerber kann uns so eine Vielzahl von Anknüpfungspunkten liefern, die wir dann weiter hinterfragen können.)

(A31) Bewerberin: Da ich eine Frühaufsteherin bin, komme ich bereits so gegen 7.30 Uhr ins Büro. Bis ca. 8.30 Uhr bin ich ganz allein und kann die Dinge erledigen, für die ich meine Ruhe brauche, wo ich auch niemanden um mich herum haben kann, z.B. Texte für Werbebriefe formulieren, eine Rede für den Gebietsleiter für die Außendiensttagung schreiben, Verkaufs- und Wettbewerbsanalysen erstellen etc. Ab ca. 9.00 Uhr bearbeite ich meine Post und so gegen 10.00 Uhr treffe ich mich mit dem Gebietsleiter zu einem Gespräch, wenn er im Hause ist. Wir besprechen das Wichtigste vom Tage und informieren uns gegenseitig über aktuelle Ereignisse. Dieses Gespräch ist so eine Art tägliches Briefing und Controlling, um einigermaßen auf »Ballhöhe« zu bleiben. Meine Telefonate lege ich meistens kurz nach die Mittagspause, damit ich meine Gesprächspartner noch erwische, bevor sie wieder in irgendwelchen Meetings etc. verschwinden. Einmal in der Woche treffe ich mich nachmittags mit den Außendienstmitarbeitern, um die Planung durchzusprechen, Besonderheiten und Anregungen aufzunehmen und zu diskutieren und v.a.m. Ansonsten stehen nachmittags Abstimmungen mit der Zentrale, Organisation von Veranstaltungen, manchmal auch Kundenbesuche etc. auf dem Programm. Mein Arbeitstag endet in der Regel so gegen 19.30 Uhr.

(F31) Interviewer 2: *Wie behalten Sie denn bei so vielen Aktivitäten den Überblick über Erledigtes und Unerledigtes?*

(Anmerkung: Mit der zweiten Frage zu dem Anforderungskriterium »Planung und Organisation« wird an das zuvor Gesagte nahtlos angeknüpft. Auch hier wieder ein flüssiger Übergang mit einer offenen Frage.)

(A32) Bewerberin: Das frage ich mich manchmal auch. Trotzdem kommt es relativ selten vor, dass wirklich mal eine Sache aus dem Blickfeld verschwindet.

Dies ist wohl weniger an meiner Systematik, als vielmehr dem Umstand zu verdanken, dass ich inzwischen gelernt habe, mit dem täglichen Chaos besser umzugehen. Ich habe es schon mit einem Zeitplaner versucht, und alles eingetragen, was zu tun ist und was erledigt ist. Nach zwei Wochen habe ich das wieder aufgegeben, da ich ständig hinter meinem Plan herlief und damit beschäftigt war, irgendwelche Dinge einzutragen. Die Konsequenz, die notwendig war, um den Zeitplaner auf dem aktuellen Stand zu halten, hat mich mit der Zeit richtig genervt. Da ich Mädchen für alles war, kam einfach so viel zusammen, dass es mich zunehmend Überwindung kostete, alles einzutragen.

(F32): Interviewer 2: *An diesen Punkt sind wir sicherlich alle schon einmal gestoßen. Aber sagen Sie: Welche Alternative haben Sie denn gefunden?*

(Anmerkung: In der zuvor gemachten Aussage schilderte die Bewerberin die Situation und das Ergebnis. Es fehlt der Teil der Antwort aus dem hervorgeht, was sie daraufhin getan hat. Deshalb stellt der Interviewer hier wieder einmal eine Zusatzfrage, um die Verhaltensstichprobe zu vervollständigen.)

(A33) Bewerberin: Die wichtigsten Vorgänge habe ich in Sichtweite auf meinem Schreibtisch. Diese Vorgänge schaue ich mir jeden Tag an. Jeder Vorgang enthält einen Status-Zettel, in den ich jede Änderung eintrage. Dadurch weiß ich jedesmal ganz genau, wie der Stand ist und was noch getan werden muss. Terminsachen habe ich so in meine Wiedervorlagemappe gelegt, dass ich auch erkenne, wann gewisse Aktivitäten ergriffen werden müssen, um den Zieltermin zu halten. Auf den nächsten Tag bereite ich mich abends vor, indem ich alles, was ich am nächsten Tag erledigen will, auf ein leeres Blatt schreibe. Dieses Blatt ist für den nächsten Tag mein »Masterplan«, den ich versuche konsequent abzuhaken. Wenn der letzte Haken dran ist, habe ich ein gutes Gefühl. Es kommt aber auch oft vor, dass im Laufe des Tages so viel dazwischen gekommen ist, dass einfach keine Zeit blieb, alles, was auf meiner Liste stand, abzuarbeiten. Wenn ich dann allzu viel auf den nächsten Tag übertragen muss, frage ich mich dann schon manchmal, was ich an diesem Tag überhaupt gearbeitet habe.

(F33): Interviewer 2: *Funktioniert dieses System denn immer?*

(Anmerkung: Zusatzfrage zum Ergebnis.)

(A34) Bewerberin: In der Regel schon. Bei unseren Außendienstmeetings machen wir regelmäßig Ergebnisprotokolle und halten fest, wer was bis wann zu erledigen hat. Dieses Protokolle schaue ich täglich durch und hake dann im Bedarfsfall nach. Insgesamt komme ich ganz gut klar mit meinem System. Aber ich bin mir darüber im klaren, dass ich in diesem Punkt noch besser werden kann.

Schlussphase:

(F34) Interviewer 1: *Vielen Dank. Ich denke, wir haben Sie nun genug befragt. Wir drehen nun einfach den Spieß um und geben Ihnen die Möglichkeit, uns zu befragen. Was dürfen wir Ihnen denn beantworten?*

(Anmerkung: Wenn zu allen Anforderungskriterien, die im Interviewleitfaden stehen, genügend Informationen gesammelt worden sind, sollte auch die Bewerberin ausreichend Zeit erhalten, um ihre Fragen zu stellen. Für sie geht es schließlich darum, ob sie überhaupt in diesem Unternehmen arbeiten möchte. Gute BewerberInnen haben meistens mehrere Angebote, so dass sie oftmals größere Auswahlmöglichkeiten haben als die Unternehmen.)

Interviewabschluss

In der vierten Interviewphase, dem Interviewabschluss, geht man von der Diagnostik wieder weg und bereitet das »take over« vor.

Im **Mittelpunkt der letzten Interviewphase** stehen folgende Punkte:

- Kündigungsfrist,
- Fragen des Bewerbers beantworten,
- Genauere Beschreibung der zu besetzenden Funktion,
- Konkrete Vereinbarung zum weiteren Vorgehen,
- Gehaltsvorstellungen,
- Information über allgemeine Vertragsbedingungen.

Am Ende eines Einstellinterviews sollten Sie vermeiden, konkrete Aussagen über die Erfolgsaussichten zu machen. Sie können dem/der BewerberIn aber durchaus ein Feedback zum Gespräch geben. Der/die BewerberIn freut sich, wenn Sie ihm/ihr zu verstehen geben, dass Sie das Gespräch als sehr angenehm empfanden und einen guten Eindruck von ihm/ihr gewonnen haben. Machen Sie ihn/sie aber darauf aufmerksam, dass eine Auswahlentscheidung erst getroffen werden kann, wenn Sie mit allen Bewerbern gesprochen haben. Um auch die Disposition der BewerberInnen zu erleichtern, sollten Sie einen Termin nennen, bis wann die Entscheidung voraussichtlich getroffen wird. Klären Sie ab, wie die nächsten Schritte sind, wer bis wann mit wem Kontakt aufnimmt.

Praxisbeispiel: Interviewabschluss

Dieser Teil des Interviews wird nicht komplett wiedergegeben, da es sich um sehr spezifische Informationen handelt. In dieser Phase des Interviews geht es darum, die Fragen der Bewerberin so konkret wie möglich zu beantworten und ihr ein möglichst gutes Bild über das Unternehmen zu geben. Konkrete Sachfragen betrafen z.B.

- die Aufgabe,
- die organisatorische Einordnung,
- Gehalt und sonstige betriebliche Leistungen,
- berufliche Perspektiven im Unternehmen,
- Weiterbildungsmöglichkeiten,
- Eintrittstermin,
- weiteres Vorgehen/Entscheidung etc.

(F34) Interviewer 1: *So, ich hoffe, dass auch wir Ihnen alle Fragen zufriedenstellend beantwortet haben und Ihnen ein realistisches Bild über unser Unternehmen vermitteln konnten. Nach dem Mittagessen, zu dem wir Sie gerne einladen möchten, zeige ich Ihnen den Arbeitsplatz und stelle Sie den möglichen künftigen Kollegen vor. So haben beide Seiten die Möglichkeit, sich gegenseitig näher kennen* *zu lernen und festzustellen, ob Sie zueinander passen. Sind Sie mit diesem Vorgehen einverstanden?*

(Anmerkung: In diesem Fall gehen die Interviewer mit der Bewerberin zunächst zum Mittagessen – nicht, um zu sehen ob sie mit dem Fischmesser richtig umgehen kann, sondern weil es ein Gebot der Höflichkeit ist. Natürlich lernt man sich beim Essen auch privat ein bisschen besser kennen, man spricht über andere Themen und ist auch lockerer als im Gespräch zuvor. Aber man sollte sich hüten, diese Eindrücke überzubewerten. Waren Sie nach einer Prüfungssituation nicht auch manchmal aufgedrehter als im normalen Schul- oder Arbeitsalltag? Dagegen ist sehr zu empfehlen, den Bewerber mit seinen möglichen künftigen Kollegen oder Mitarbeitern sprechen zu lassen. Einerseits bekommt der Bewerber einen guten Eindruck über das fachliche und soziale Umfeld und andererseits können die Kollegen/Mitarbeiter sehr gut einschätzen, ob der Neue zu ihnen passt. Wenn es um die Besetzung einer Teamfunktion geht, sollte im Übrigen immer das Team an der Auswahl beteiligt werden.)

(A35) Bewerberin: Ja, das finde ich gut. Was ich aber ganz zu fragen vergessen habe: Bis wann wird die Entscheidung getroffen?

(F35) Interviewer 1: *Wir wollen die Entscheidung natürlich so schnell wie möglich treffen. Das mit Ihnen geführte Gespräch werten wir heute Nachmittag aus und vergleichen dabei Ihre Antworten mit dem Anforderungsprofil für diese Stelle. Wenn wir alle Gespräche geführt haben, das wird voraussichtlich bis Donnerstag der Fall sein, vergleichen wir die individuellen Eignungsprofile und entscheiden uns für den aus unserer Sicht geeignetsten Bewerber. Nach unserem bisherigen Zeitplan können wir Ihnen bis Freitag Bescheid geben. Wo können wir Sie am Freitag telefonisch erreichen?*

(Anmerkung: Zum Schluss eines Interviews sollte keinerlei Andeutung über eine eventuelle Zu- oder Absage gemacht werden. Die Gefahr einer vorschnellen subjektiven Entscheidung, die möglicherweise getragen ist durch die Sympathie, die Sie jemandem entgegenbringen, ist zu groß. Erinnern Sie sich an die vielen Störeinflüsse, denen wir Interviewer ständig ausgesetzt sind. Da der Abgleich mit dem Anforderungsprofil erst nach dem Interview von beiden Interviewern vorgenommen wird und ein vollständiger Bewerbervergleich erst vorgenommen werden kann, wenn alle Bewerbergespräche geführt wurden, sollten Sie den Bescheid erst für diesen Zeitpunkt ankündigen. Zu beachten ist dabei natürlich auch, dass Sie den Bewerber nicht zu lange warten lassen, denn gute Kandidaten haben meistens mehrere Angebote und geben Ihnen einen »Korb«, wenn Ihr Vertragsangebot zu spät eintrifft.)

(A36) Bewerberin: Das passt ganz gut, denn für Freitag habe ich mir einen Tag Urlaub genommen und bin zu Hause erreichbar.

(F36) Interviewer 1: *Prima. Dann bedanken wir uns für dieses interessante Gespräch und gehen nun gemeinsam zum Mittagessen.*

a) **Gesprächseröffnung/»Warming-Up«/Kontaktphase**

- Begrüßen Sie den Bewerber.
- Sprechen Sie den Bewerber mit seinem Namen an.
- Erkundigen Sie sich nach seiner Anreise, dem Befinden etc. (Small-talk).
- Stellen Sie sich kurz vor.
- Informieren Sie den Bewerber über Ziel und Ablauf des Gesprächs.
    - Sie wollen sich in der zur Verfügung stehenden Zeit möglichst gut kennenlernen, da es um eine wichtige Entscheidung für beide Seiten geht.
    - Sie haben sich einige Fragen schriftlich zurechtgelegt, um keine wesentlichen Fragen zu vergessen.
    - Bieten Sie dem Bewerber evtl. einen Block und einen Stift an, damit auch er sich während des Gesprächs Notizen machen kann.
    - Erklären Sie, dass Sie sich während des Gesprächs Notizen machen, damit keine wesentlichen Informationen verloren gehen.
    - Geben Sie einen Überblick über den zeitlichen und inhaltlichen Ablauf (Gesprächspartner, Auswahlmethoden, evtl anschließende Arbeitsplatzbesichtigung, Mittagessen, voraussichtliches Ende des Auswahlverfahrens etc.).
    - Fragen Sie nach, ob der Bewerber mit dem Ablauf einverstanden ist bzw. ob etwas unklar geblieben ist.
- Stellen Sie das Unternehmen vor.

b) **Orientierungsphase**

- Stellen Sie Ergänzungs- bzw. Orientierungsfragen zur Vervollständigung von Grundinformationen (z.B. Lücken in den Bewerbungsunterlagen).
- Lassen Sie den Bewerber seinen Lebenslauf kurz schildern und die wesentlichen Stationen kommentieren.

c) **Sondierungsphase**

- Stellen Sie die vorbereiteten Beispielfragen aus dem Interviewleitfaden.
- Stellen Sie Anschluss- bzw. Explorationsfragen (Ziel: Situation, Verhalten, Ergebnis).
    - Vermeiden Sie verschachtelte Fragen.
    - Vermeiden Sie geschlossene Fragen (Ja/Nein).
    - Vermeiden Sie entweder/oder Fragen.
    - Vermeiden Sie Suggestivfragen.
    - Vermeiden Sie hypothetische/theoretische Fragen.
    - Formulieren Sie Fragen kurz und prägnant.
    - Stellen Sie offene Fragen (W-Fragen).
    - Fragen Sie nach konkreten Verhaltensbeispielen.
- Geben Sie sich nicht mit »man«-Formulierungen zufrieden, fragen Sie gezielt nach selbst erlebten Beispielen/hinterfragen Sie.

- Stellen Sie sich in der Abfolge der Fragen auf die Gesprächssituation ein (keine schematische Abfolge).
- Achten Sie darauf, dass Sie sich nicht zu lange bei einem Anforderungskriterium festbeißen (es müssen alle im Verlauf des Interviews angesprochen werden).
- Stellen Sie sicher, dass auch bei flexibler Anwendung des Interviewleitfadens kein Anforderungskriterium ausgelassen wird.
- Protokollieren Sie die Antworten des Bewerbers stichwortartig im Interviewleitfaden.
- Wechseln Sie sich mit Ihrem Interviewkollegen nach jedem Anforderungskriterium ab.
- Machen Sie Ihre Notizen, wenn der Interviewpartner seine Fragen stellt (Augenkontakt, Gesprächsatmosphäre etc.).
- Beachten Sie das Selbstwertgefühl des Bewerbers.
  - Ermuntern Sie den Bewerber.
  - Drücken Sie Sympathie und Wertschätzung aus.
  - Zeigen Sie Verständnis.
  - Sparen Sie nicht mit Anerkennung.

d) Interviewabschluss

- Überprüfen Sie noch einmal, ob Sie alles gefragt haben.
- Geben Sie dem Bewerber Gelegenheit, seine Fragen zu stellen.
- Stellen Sie den Arbeitsplatz nun etwas detaillierter vor, evtl. mit anschließender Arbeitsplatzbesichtigung.
- Klären Sie vertragsrelevante Daten.
  - Frühester Eintrittstermin (Kündigungsfrist),
  - Gehaltsvorstellungen,
  - Entscheidungsfristen,
- Informieren Sie über allgemeine vertragliche Leistungen (Weihnachtsgeld, Dienstwagen, betriebliche Altersversorgung, Urlaub etc.).
- Vermeiden Sie die Vorwegnahme einer möglichen Entscheidung.
- Legen Sie die weitere Vorgehensweise fest.
- Klären Sie die Erstattung der Vorstellkosten.
- Machen Sie ggf. eine Arbeitsplatzbesichtigung.
- Laden Sie den Bewerber zum Mittagessen ein, wenn es die Zeit zulässt.
- Bedanken Sie sich für das interessante Gespräch.
- Verabschieden Sie den Bewerber.

III. Interviewauswertung und Entscheidungs-findung

Nach dem Interview sollten Sie alle Informationen zu einem vollständigen Bild über die Eignung eines Bewerbers zusammengetragen haben. Da das strukturierte Einstellinterview kein Selbstzweck ist, sondern Ihnen helfen soll, Personalentscheidungen fundierter und damit auch zuverlässiger zu treffen, als dies bei unstrukturierten Interviews möglich ist, kommen wir nun zu einem besonders sensiblen Element des strukturierten Interviews – der Auswertung Ihrer gesammelten Informationen.

Die hier vorgestellte Auswertungssystematik sollte von den beteiligten Interviewern zusammen durchgeführt werden.

1. Die Beurteilungsdiskussion: Wie Sie gemeinsam getragene Entscheidungen erreichen

In einer Beurteilungsdiskussion werden alle Interviewer in den Entscheidungsprozess einbezogen.

Von zwei oder mehreren Personen getroffene Einstellentscheidungen sind in der Regel verlässlicher, als einsam gefällte Entscheidungen. Jeder Interviewer bringt seine eigene Einschätzung der gesammelten Informationen ein. Auf diese Weise wird das Verhalten eines Bewerbers nachvollziehbar und vollständig erfasst.

- **Die Beurteilungsdiskussion überwindet Vorurteile und Klischeevorstellungen.**
  Wir können Vorurteile nur überwinden, wenn wir uns ihrer bewusst sind. Durch den Einsatz mehrerer Interviewer können solche Vorurteile angesprochen und überwunden werden.

- **Die Beurteilungsdiskussion sorgt für unveränderte Maßstäbe.**
  In der Beurteilungsdiskussion vergleichen zwei oder mehr Interviewer Informationen über einen Bewerber mit vorher festgelegten Stellenanforderungen. Die Beurteilung anhand konkreter und eindeutiger Maßstäbe beugt der Tendenz vor, die Anforderungen unter ungünstigen Randbedingungen (z.B. Mangel an fähigen Bewerbern, Zeitdruck etc.) allzu bereitwillig herabzusetzen. Wo sich dennoch eine solche Tendenz abzeichnet, kann sie durch die Diskussionspartner aufgefangen werden.

- **Die Beurteilungsdiskussion garantiert zuverlässige Entscheidungen.**
  Als Ergebnis der Beurteilungsdiskussion ergibt sich für jeden Bewerber ein Ergebnisprofil. Die Interviewer können diese Profile miteinander vergleichen und eine nachvollziehbare Entscheidung anhand klarer Kriterien treffen. Auch hier wirkt die Teilnahme mehrerer Interviewer der Tendenz zur Über- oder Unterbetonung bestimmter Merkmale entgegen und schafft so eine sachliche Grundlage für die zu treffende Personalentscheidung.

- **Die Beurteilungsdiskussion schafft Zutrauen in die getroffene Entscheidung.**
  Der systematische Auswahlprozess, in dem alle Informationen sorgfältig zusammengetragen und gewichtet werden, schafft Vertrauen in die getroffene Entscheidung. Zwar lässt sich auch auf diese Weise keine hundertprozentige Objektivität und damit Urteilssicherheit herstellen, aber die Gewissheit, alles getan zu haben, was für eine faire und zuverlässige Personalentscheidung erforderlich ist.

- **Die Beurteilungsdiskussion steigert die Interviewerkompetenz.**
  Aufgrund des Begründungszwanges achten die Interviewer sehr schnell darauf, dass sie ihre vorgetragenen Einschätzungen durch aussagekräftige Beispiele untermauern können. Dadurch entsteht eine höhere Wahrnehmungssensibilität, die sich auf den gesamten Prozess förderlich auswirkt.

2. Die Auswertungsschritte: Wie Sie von den Bewerberantworten zur Bewertung der Anforderungskriterien kommen

Sechster Grundsatz: Stufen Sie bei der Auswertung jedes Anforderungskriterium anhand einer Bewertungsskala ein!

Erinnern wir uns: Das Ziel des Interviews besteht darin, möglichst viele und aussagekräftige Informationen (Verhaltensstichproben) zu sammeln, um zuverlässig bewerten zu können, ob und in welchem Ausmaß der/die BewerberIn die Anforderungskriterien erfüllt. Da dies nicht ganz einfach ist, müssen 3 Auswertungsschritte durchlaufen werden:

- Verhaltensstichproben erkennen und richtig zuordnen.
- Die gesammelten Verhaltensstichproben mit den erfolgskritischen Verhaltensweisen des Anforderungsprofils vergleichen und grob bewerten.
- Die Anforderungskriterien skalenmäßig einstufen.

Verhaltensstichproben
erkennen und richtig
zuordnen

Das Ziel von anforderungsbezogenen Fragen sind anforderungsrelevante Informationen, d.h. Bewerberaussagen, aus denen hervorgeht, inwiefern bestimmte Anforderungskriterien erfüllt sind. Idealerweise haben Sie nun für jedes Anforderungskriterium mehrere vollständige Verhaltensstichproben in Ihrem Leitfaden vermerkt. Wenn nicht, haben Sie jetzt ein Problem, denn die wichtigste Quelle für die Auswertung ist Ihr gesammeltes Datenmaterial. Da man sich beim Protokollieren aus Zeitgründen meistens kurz fassen muss, sollten Sie zunächst Ihre Notizen durchsehen und nach eventuellen Lücken Ausschau halten. Die notierten Stichworte reichen meistens als »roter Faden« aus, um die kompletten Verhaltensstichproben (Situation, Verhalten, Ergebnis) zu rekonstruieren. Der erste Schritt besteht demnach in der Identifikation und Vervollständigung von aussagekräftigen Verhaltensstichproben zu den hinterfragten Anforderungskriterien.

Es kann auch vorkommen, dass Sie auf eine Frage zu einem bestimmten Anforderungskriterium Antworten bekommen, die Hinweise auf andere relevante Kriterien geben. In diesem Fall ist darauf zu achten, dass diese Informationen dem richtigen Anforderungskriterium zugeordnet werden und nicht allein deshalb verloren gehen, weil sie am falschen Platz im Interviewleitfaden notiert wurden.

Sehen Sie sich dazu Ihre Notizen im Interviewleitfaden noch einmal genau an und machen Sie an den Rand entsprechende Querverweise. Es liegt in Ihrem Interesse, dass keine Informationen verloren gehen.

Beispiel:
Frage zum Anforderungskriterium »Planung und Organisation«

Interviewer:	*Wie haben Sie es geschafft, den Überblick über dieses komplexe Projekt zu behalten?*
Bewerber:	Ich legte eine große Planungstafel an, mit Abkürzungen und einem Farbcode. Dasselbe System übertrug ich auf einen Terminkalender, den ich immer bei mir trug. Das bewährte sich prima. Mir fiel dann auf, dass andere Kollegen offenbar ähnliche Probleme hatten. Also ging ich zu meinem Vorgesetzten und schlug ihm vor, dass alle einen solchen Terminkalender bekommen sollten. Zunächst wollte er nicht auf diesen Vorschlag eingehen. Ich war jedoch überzeugt, dass es den anderen Filialleitern nützen würde, mit diesem Instrument zu arbeiten. Ich modifizierte also meinen Vorschlag dahingehend, dass mein System probeweise, quasi als Pilotprojekt, in einer anderen Filiale eingesetzt wird. Damit war mein Vorgesetzter einverstanden, und jetzt – ein Jahr später – arbeiten alle nach meinem System.

An diesem Beispiel erkennen Sie, dass die Antwort nicht nur, wie durch die Frage ursprünglich beabsichtigt, Informationen zum Anforderungskriterium »Planung und Organisation« enthält, sondern auch wichtige Hinweise auf die Kriterien »Initiative« und »Ausdauer« gibt. Diese Mehrfachzuordnung kommt in der Praxis häufig vor. Dies hat einerseits damit zu tun, dass der Bewerber nicht wissen kann, was Sie genau von ihm hören wollen, und andererseits gibt es zwischen den Anforderungskriterien zum Teil fließende Übergänge: Anforderungskriterien sind von uns erfundene Abstraktionen, um eine bestimmte Klasse von Verhaltensweisen zu beschreiben, deren Zuordnung aber oftmals nur näherungsweise gelingt.

Damit Sie als Leser sich schrittweise in diese Art der systematischen Auswertung der Bewerberantworten hineindenken können, wird im Folgenden das bereits von der Interviewdurchführung her bekannte Praxisbeispiel analysiert. Sie finden zu jeder numerierten Bewerberantwort (siehe Interviewdurchführung) Hinweise, welches Anforderungskriterium ursprünglich hinterfragt werden sollte, und welchen Anforderungskriterien die einzelnen Aussagen (Verhaltensstichproben) zugeordnet werden können. Die in Klammer gesetzten Ziffern sollen Ihnen anschließend dabei helfen, alle Verhaltensbeispiele und Anforderungskriterien für eine abschließende Bewertung zusammenzuführen.

Praxisbeispiel: Verhaltensstichproben identifizieren und den richtigen Anforderungskriterien zuordnen

Bewerberantwort/ Frageziel	Auswertungshinweise
1. Einleitung/Orientierungsfragen	
(A1)	Keine bewertungsrelevanten Informationen, höchstens ein Hinweis auf gute Umgangsformen. Die ersten Minuten sollten in der Regel nicht in die Wertung einfließen, da sich in dieser Phase die Gesprächspartner erst aufeinander einstellen müssen und BewerberInnen meist noch etwas nervös sind.
(A5)	(1) 12-monatige Traineeausbildung bei Versicherungsunternehmen, breiter Überblick ⇨ **Fachliche Qualifikation**
	(2) Außendienst hat besonderen Spaß gemacht ⇨ **Motivation**
	(3) 2-jährige Tätigkeit als Kundenberaterin, breite Produktpalette ⇨ **Fachliche Qualifikation**
	(4) Wechsel, da keine Perspektive auf Führungsfunktion angeboten werden konnte ⇨ **Motivation**
	(5) Bewerbung, weil auch derzeit keine Perspektive besteht ⇨ **Motivation**
(A7)	(6) Erfahrung in: Schulung, Organisation, Analysen, Konzepte etc. ⇨ **Fachliche Qualifikation**
(A8)	(7) hat gerne viele Kontakte mit Menschen ⇨ **Kontaktfähigkeit**
	(8) sucht neue Herausforderungen um sich weiterzuentwickeln ⇨ **Flexibilität, Leistungsbereitschaft**

(A9)

(9) strebt Führungsverantwortung an ⇨ **Motivation, Ausdauer**

(10) zieht Arbeit mit einem Team der Einzelarbeit vor
⇨ **Teamfähigkeit**

(11) ihr Hauptziel ist der Erfolg ⇨ **Leistungsbereitschaft**

2. Anforderungsbezogene Fragen

(A10)
Umsetzung von
Fachinformation

(12) informiert sachlich, präzise und gut verständlich
⇨ **Umsetzung von Fachinformation**

(13) stellt die Produktvorteile klar heraus
⇨ **Umsetzung von Fachinformation**

(A11)
Konflikt-
verhalten

(14) Unvollständige Verhaltensstichprobe
⇨ **Konfliktverhalten**

– Angriffslustiger Kunde (Situation)

– wartete geduldig, bis sie den Kunden beruhigt hatte (Ergebnis) ⇨ **Konfliktverhalten, Ausdauer**

– Verhalten fehlt: siehe A(12)

(A12)
Konflikt-
verhalten

(15) Ergänzung der Verhaltensstichprobe (14)

– hörte dem Kunden zu, ließ ihn ausreden (Verhalten)
⇨ **Konfliktverhalten, Ausdauer**

– drückte Verständnis aus und fragte nach (Verhalten)
⇨ **Konfliktverhalten, Ausdauer**

– präsentiert sich als Partnerin, strebt zufriedene Kunden an (Verhalten)
⇨ **Verkaufsgeschick/Überzeugungskraft, Ausdauer**

– informiert und ermittelt den Bedarf des Kunden (Verhalten)
⇨ **Verkaufsgeschick/Überzeugungskraft, Ausdauer**

– schließt trotz anfänglicher Widerstände eine Krankentagegeldversicherung ab (Ergebnis)
⇨ **Konfliktverhalten/Verkaufsgeschick/Überzeugungskraft, Ausdauer**

(A13)
Teamfähigkeit

(16) Unvollständige Verhaltensstichprobe
⇨ **Teamfähigkeit:**

– während Traineezeit fast immer in Teams gearbeitet (Situation)

– hatte Spaß an der Teamarbeit

– beteiligte sich an der Moderation von Teammeetings (Verhalten)

Konkretes Beispiel in (A14)

(A14) **Teamfähigkeit**	(17) Verhaltensstichprobe ⇨ **Teamfähigkeit** – Modul für Trainingshandbuch in Teamarbeit erstellt (Situation) – Brainstorming, Lösungskonzept entwickelt und umgesetzt (Verhalten) – Argumentationsmappe zusammengestellt (Ergebnis)
(A15) **Teamfähigkeit**	(17) Ergänzung Verhaltensstichprobe ⇨ **Teamfähigkeit** – der erarbeitete Trainingsbaustein wird noch heute in allen Trainings eingesetzt (Ergebnis) – die Arbeit wurde bei einer Vertriebstagung gelobt (Ergebnis)
(A16) **Leistungs-** **bereitschaft**	(18) Verhaltensstichprobe ⇨ **Leistungsbereitschaft** – war mehrere Monate hintereinander umsatzstärkste Verkäuferin im Außendienst (Situation, Ergebnis) – gewann Reise nach Istanbul (Ergebnis) (Das Verhalten fehlt)
(A17) **Leistungs-** **bereitschaft**	(19) Verhaltensstichprobe ⇨ **Leistungsbereitschaft** – Tag der offenen Tür von sich aus organisiert (Situation, Verhalten) – Kunden eingeladen und interessantes Programm angeboten (Verhalten) – sehr gute Resonanz (Wie gut?) (Ergebnis) – besseres Verhältnis zum Vorgesetzten (Ergebnis)
(A18) **Ausdauer**	(20) setzt sich entweder ganz oder gar nicht für eine Sache ein ⇨ **Ausdauer, Leistungsbereitschaft**
(A19) **Ausdauer**	(21) Verhaltensstichprobe ⇨ **Ausdauer** – die abwechslungsreiche Arbeit im Vertrieb macht ihr Spaß (Situation) – freut sich auf die Arbeit (Situation) – geht zweimal in der Woche Tennisspielen (Verhalten) – hat keine »Leistungseinbrüche« (Ergebnis)
(A20) **Verkaufsgeschick/** **Überzeugungskraft**	(22) Unvollständige Verhaltensstichprobe ⇨ **Verkaufsgeschick/Überzeugungskraft** – fährt nie unvorbereitet zum Kunden (Situation) – stellt sich vor dem Kundenbesuch die relevanten Unterlagen zusammen (Verhalten) Ergebnis fehlt

(A21)
Verkaufsgeschick/
Überzeugungskraft

(23) fragt viel, versucht das Kundenproblem zu verstehen
    ⇨ **Verkaufsgeschick/Überzeugungskraft**
(24) versteht sich nicht als Verkäufer, sondern als Problemlöser
    ⇨ **Verkaufsgeschick/Überzeugungskraft**

(A22)
Verkaufsgeschick/
Überzeugungskraft

Situative Arbeitsprobe/Einwandbehandlung:
(25) geht auf die Argumente des Kunden ein (beobachtbares Verhalten)
    ⇨ **Verkaufsgeschick/Überzeugungskraft**
(26) informiert sachlich (beobachtbares Verhalten)
    ⇨ **Verkaufsgeschick/Überzeugungskraft**
    ⇨ **Umsetzen von Fachinformationen**
(27) argumentiert geschickt, entkräftet die Einwände mit Erfolg (beobachtbares Verhalten)
    ⇨ **Verkaufsgeschick/Überzeugungskraft**

(A23)
Verkaufsgeschick/
Überzeugungskraft

(28) kann in 80% der Fälle überzeugen
    ⇨ **Verkaufsgeschick/Überzeugungskraft**
(29) hat wegen mangelnder Argumentationsfähigkeit noch kein Geschäft verloren
    ⇨ **Verkaufsgeschick/Überzeugungskraft**

(A24)
Kontaktfähigkeit

(30) baut über Small talk eine Beziehungsebene auf
    ⇨ **Kontaktfähigkeit**

(A25)
Kontaktfähigkeit

(31) nimmt ihre Kunden ernst und geht auf ihre Situation ein ⇨ **Kontaktfähigkeit**
(32) will ihre Kunden so gut wie möglich kennen lernen, hat ein echtes Interesse an Ihnen
    ⇨ **Kontaktfähigkeit**
(33) nimmt sich genügend Zeit um eine Kundenbeziehung aufzubauen
    ⇨ **Kontaktfähigkeit**

(A27)
Flexibilität

(34) Verhaltensstichprobe ⇨ **Mobilität, Flexibilität**
   – Außendienstfunktion übernommen (Situation)
   – ist wegen eines Funktionswechsels von Hamburg nach Bad. Württ. gezogen (Verhalten)
   – ist, um sich rasch zu integrieren, in örtlichen Schachclub eingetreten (Verhalten) ⇨ auch **Kontaktfähigkeit**
   – hat schnell Fuß gefasst und neue Freunde gewonnen (Ergebnis)
    ⇨ auch **Kontaktfähigkeit**
(35) bei einer interessanten beruflichen Herausforderung jederzeit zu einem Ortswechsel bereit ⇨ **Mobilität, Flexibilität**

(A29) **Flexibilität**	(36) Verhaltensstichprobe ⇨ **Flexibilität** – Schadensfall bei einem Kunden (Situation) – griff aktuelles Vorkommnis geschickt auf, um dem Kunden Bedarf zu verdeutlichen (Verhalten) – schloss eine Haftpflichtversicherung und später auch eine Kapitallebensversicherung ab (Ergebnis) ⇨ auch **Verkaufsgeschick/Überzeugungskraft**
(A30) **Frustrations-** **toleranz**	(37) Verhaltensstichprobe ⇨ **Frustrationstoleranz** – 2 Wochen lang keinen Abschluss getätigt (Situation) – hat die Situation analysiert, nach Fehlern etc. gesucht (Verhalten) – hat eine positive Einstellung, hielt sich an sein langfristiges Ziel (Verhalten) – der Erfolg hat sich kurz darauf wieder eingestellt (Ergebnis)
(A31) **Planung und** **Organisation**	(38) hat Arbeitstag klar strukturiert ⇨ **Planung und Organisation**
(A32) **Planung und** **Organisation**	(40) Verhaltensstichprobe ⇨ **Planung und Organisation** – Überblick über Unerledigtes (Situation) – versuchte mit Hilfe eines Zeitplaners den Überblick zu behalten (Verhalten) – nach 2 Wochen wieder aufgegeben (Ergebnis)
(A33) **Planung und** **Organisation**	(41) Verhaltensstichprobe ⇨ **Planung und Organisation** – hält Vorgänge nach Prioritäten in Sichtweite und versieht sie mit einem Status-Zettel (Verhalten) – Terminsachen werden auf Wiedervorlage gelegt – schreibt sich die wichtigsten Aktivitäten des Tages am Vorabend auf (Ergebnis fehlt, siehe (A34))
(A34) **Planung und** **Organisation**	(42) Ergänzung zur Verhaltensstichprobe ⇨ **Planung und Organisation** – in der Regel funktioniert das System (Ergebnis) – kontrolliert Besprechungsergebnisse nach den erstellten Protokollen (Verhalten)
Schlussphase	

Die Schlussphase dieses Interviews bleibt in diesem Auswertungsbeispiel unberücksichtigt. In der Realität spielt natürlich auch dieser Teil eine nicht unerhebliche Rolle, insbesondere wenn es um die Gehaltsvorstellungen des Bewerbers geht. Auch durch die Erwartungshaltung eines Bewerbers können bestimmte Anforderungskriterien erfüllt oder nicht erfüllt werden. Gehaltsvorstellungen, die nicht in die Gehaltsbandbreite der zu besetzenden Funktion passen, können ebenso zum K.o. führen, wie wenn andere Anforderungskriterien nicht erfüllt werden. Da aber diese Fragen zu Ihrem täglichen Geschäft gehören und sie auch bei strukturierten Interviews nicht wesentlich anders behandelt werden wie bei herkömmlichen Interviews, wird dieser Teil stillschweigend vorausgesetzt.

Es erfordert schon einige Übung und einen geschulten Blick, um in einer Bewerberantwort eine Verhaltensstichprobe oder eine sonst verwertbare Aussage zu erkennen. Das eben geschilderte Beispiel sollte Ihnen helfen, den Blick für den diagnostischen Gehalt einer Aussage zu schärfen und nur das Wesentliche zu verwerten. Jetzt haben wir die Faktensammlung abgeschlossen und machen uns als nächstes daran, diesen Fakten einen diagnostischen »Sinn« zu verleihen. Ihre eigentliche Bedeutung erlangen die gesammelten Informationen erst, wenn wir sie mit den im Anforderungsprofil festgelegten Erwartungshaltungen vergleichen. Die Frage lautet also: Wie stimmen die Informationen des Interviews mit den Vorgaben des Anforderungsprofils überein? Dazu stellen wir beide Informationsmengen einander gegenüber und stellen fest, ob es triftige Beweise, glaubhafte Aussagen oder sonstige Hinweise auf Übereinstimmung gibt. Wir ordnen also zunächst alle relevanten Aussagen unseren Anforderungskriterien zu und bewerten die Übereinstimmung der Interviewdaten mit den erfolgskritischen Verhaltensweisen der Anforderungskriterien. Erst danach bewerten wir die Anforderungskriterien anhand einer 5er-Skala. Wir setzen also unser Puzzle-Spiel weiter fort, um zu sehen, wie wir auf diese Weise zu einem Ergebnis kommen können.

Vergleich der Verhaltensstichproben mit den erfolgkritischen Verhaltensweisen

Im zweiten Auswertungsschritt müssen die Verhaltensstichproben gewichtet werden. Woran kann man erkennen, dass eine Bewerberaussage im Sinne des Anforderungskriteriums positiv oder negativ zu werten ist? Welche Maßstäbe haben wir dafür?

An dieser Stelle macht es sich bezahlt, wenn Sie sich bei der Erstellung des Anforderungsprofils die Mühe gemacht haben, konkrete »erfolgsentscheidende Verhaltensweisen« zu definieren. Sie liefern einen wichtigen Maßstab für die Einordnung der gesammelten Verhaltensstichproben.

Beispiel: Planung und Organisation

erfolgsentscheidende Verhaltensweise (Anforderungsprofil)	Verhaltensstichprobe (Bewerberaussage)
• Setzt bei der Maßnahmenplanung klare Prioritäten	Da meistens sehr viele Anfragen gleichzeitig bei uns eintreffen, mache ich zuerst eine Prioritätenliste für die dringlichen und wichtigen Vorgänge. Die dringlichen werden natürlich zuerst bearbeitet und bei den wichtigen lege ich mit der ABC-Analyse die Prioritäten fest.

Verlangt wird auf der einen Seite (im Anforderungsprofil), dass der Stelleninhaber in der Lage ist, klare Prioritäten zu setzen, festgestellt wurde auf der anderen Seite (beim Bewerber), dass der Bewerber analoge Verhaltensweisen in früheren Situationen gezeigt hat, die den Schluss nahe legen, dass er in seinem Arbeitsverhalten auch künftig Prioritäten setzen wird. Natürlich steht oder fällt alles mit der Glaubwürdigkeit der Aussage des Bewerbers. Man kann vermutlich nie ganz sicher sein, dass das, was jemand zu tun vorgibt oder wessen er sich rühmt, auch jemals getan wird oder getan wurde. Je konkreter sie aber im Interview nach Verhaltensbeispielen gefragt haben und durch konsequente Zusatzfragen eindeutig zu erkennen gegeben haben, dass Sie sich mit oberflächlichen Aussagen nicht zufrieden geben, desto weniger kann Ihnen der Bewerber etwas vormachen und desto eher sind seine Aussagen ernst zu nehmen, also glaubwürdig. Der Vergleich der erfolgskritischen Verhaltensweisen aus dem Anforderungsprofil mit den im Interview gesammelten Verhaltensstichproben erfolgt auf derselben Ebene, der Verhaltensebene. Das hat den großen Vorteil, dass nichts in die Ergebnisse hineingedeutet werden muss. Finden sich im Leitfaden Verhaltensstichproben, die den erfolgsentscheidenden Verhaltensweisen entsprechen, kommt diesen ein besonders hohes Gewicht zu. Denn genau danach haben Sie ja Ausschau gehalten. Wichtig ist, dass man Analogien bilden kann und erkennt, worauf es wirklich ankommt. Sprachliche Finessen sind dabei weniger gefragt als inhaltlich-strukturelle Übereinstimmungen zwischen Anforderungen und Aussagen. Neben einer möglichst hohen Ähnlichkeit der geforderten und der ermittelten Verhaltensstichproben sind folgende Aspekte bei der Gewichtung noch zu beachten: **Stärker zu gewichten** ist

Verhalten, das aus einer sehr anspruchsvollen früheren Situation oder Aufgabe stammt. Wenn Sie bei einem Bewerber Informationen über sein Urteilsvermögen gesammelt haben, die zugrunde liegende Situation aber eher unbedeutend ist, dann ist diese Aussage weniger bedeutsam, als wenn sie dieselbe Aussage im Zusammenhang mit einer sehr wichtigen Entscheidung erhalten haben.

Bedeutendes Verhalten

Verhalten, das erst vor kurzem gezeigt wurde (z.B. an der gegenwärtigen Stelle). Je weniger weit die Verhaltensstichprobe zurückliegt, desto zuverlässiger sind die darauf gestützten Voraussagen künftigen Verhaltens. Wer vor 10 Jahren beispielsweise regelmäßige Mitarbeitergespräche geführt hat, muss nicht zwangsläufig bis heute daran festgehalten haben. Das Risiko einer Prognose mit »alten« Daten ist ungleich größer, als wenn Sie aktuelles Verhalten zugrunde legen können.

Zeitlich näheres Verhalten

Verhalten, das in einer vergleichbaren Funktion erbracht wurde. Darauf ist nun bereits mehrfach hingewiesen worden. Je ähnlicher die frühere Situation mit der künftigen Situation ist, desto aussagekräftiger sind diese Beispiele. Wenn Sie den Leiter einer EDV-Abteilung suchen, wird es wohl nicht

Arbeitsrelevantes Verhalten

damit getan sein, dass der Bewerber Führungserfahrung in der Leitung des örtlichen Sportvereins vorweisen kann. Hat er dagegen bereits in einem anderen Unternehmen die EDV-Abteilung oder eine vergleichbare Abteilung oder Gruppe geleitet, sind diese Erfahrungen interessant.

Wiederkehrendes Verhalten

Verhalten, das unabhängig von bestimmten Situationen immer wieder vorkommt, also als zeitlich ziemlich stabil angesehen werden kann. Wenn z.B. erkennbar ist, dass der Bewerber in allen bisherigen Funktionen durch viele Verbesserungsvorschläge aufgefallen ist und überdies auch in seinem Freizeitbereich ein »Hansdampf in allen Gassen« ist, scheint man es wohl mit einem sehr »initiativen« Menschen zu tun zu haben. Solche Verhaltenstrends sind ebenfalls stärker zu gewichten als nur sporadisch gezeigtes Verhalten.

Wenn Sie alle Antworten sorgfältig nach diesem Schema überprüfen, bekommen Sie bereits einen guten Überblick über den Bewerber und können nun eine **Grobbewertung der Verhaltensstichproben** vornehmen.

Stellen Sie einfach die erfolgskritischen Verhaltensweisen aus dem Anforderungsprofil und die gesammelten Verhaltensstichproben aus dem Interview einander gegenüber und bewerten Sie die Übereinstimmung zwischen Soll und Ist.

Grobkategorisierung in:

(+) stärker ausgeprägt, als gefordert
(0) genauso stark ausgeprägt, als gefordert
(–) schwächer ausgeprägt, als gefordert

Beispiel: Planung und Organisation

Erfolgskritisches Verhalten im Anforderungsprofil	Bewertung	Gesammelte Verhaltensstichproben im Interview
• Arbeitet systematisch und zielorientiert	– 0 ⊞	Schildert anhand 3 konkreter Projekte, wie sie geplant und durchgeführt wurden; ging zielorientiert vor, arbeitete Schritt für Schritt systematisch ab, konnte Projekte erfolgreich abschließen
• Hält Kosten-/Terminvorgaben ein	– 0 ⊞	Die geschilderten Projekte waren in zwei Fällen 20% vor dem Abschlusstermin erfolgreich beendet worden, in einem Fall wurde der Zeitplan exakt eingehalten, der Kostenrahmen wurde eingehalten.
• Setzt Hilfsmittel ein	– 0 ⊞	Setzte Projektmanagementsoftware ein, verschaffte sich dadurch einen besseren Überblick über den Projektablauf, führte zu einer administrativen Zeitersparnis von ca. 30%

- Überprüft Zielerreichung   – 0 ⊞   Lässt sich periodisch über den Pro-
  jektstand informieren, führt regel-
  mäßig Mitarbeitergespräche

Durch diese inhaltliche Auseinandersetzung mit den Verhaltensweisen,
tasten Sie sich Schritt für Schritt an die einzelnen Anforderungskriterien
heran. Im nächsten Auswertungsschritt wird gezeigt, wie Sie von dieser
Grobbewertung der Verhaltensweisen zur Bewertung der Anforderungskriterien kommen.

Durch die eben geschilderte Vorarbeit ist es nur noch ein kleiner Schritt   *Anforderungskriterien*
zur **Bewertung der Anforderungskriterien.** Um die verschiedenen Aus-   *skalenmäßig einstufen*
prägungen der einzelnen Anforderungskriterien eines Bewerbers (intra-
individuelle Unterschiede) und im Vergleich mit anderen Bewerbern (in-
terindividuelle Unterschiede) darstellen zu können, wird eine **Bewertungsskala** verwendet.

Bewertungsskala
5   Viel besser als die Anforderung (liegt deutlich über den Anforderungen für eine erfolgreiche Be- wältigung der Aufgabe)
4   Besser als die Anforderung (liegt im allgemeinen über den Anforderungen für eine erfolgrei- che Bewältigung der Aufgabe)
3   Entspricht genau der Anforderung (erfüllt die Anforderungen für eine erfolgreiche Bewältigung der Aufgabe)
2   Schwächer als die Anforderung (liegt im allgemeinen unterhalb der Anforderungen für eine erfolg- reiche Bewältigung der Aufgabe)
1   Viel schwächer als die Anforderung (liegt deutlich unter den Anforderungen für eine erfolgreiche Be- wältigung der Aufgabe)

Wie kommen Sie nun von der Bewertung der Verhaltensweisen zur Bewertung der Anforderungskriterien?

Beispiel: Bewertung des
Kriteriums »Planung und
Organisation«

Erfolgskritisches Verhalten im Anforderungsprofil	Bewertung	Gesammelte Verhaltensstichproben im Interview
• Arbeitet systematisch und zielorientiert	– 0 ⊞	Schildert anhand 3 konkreter Projekte, wie sie geplant und durchgeführt wurden; ging zielorientiert vor, arbeitete Schritt für Schritt systematisch ab, konnte Projekte erfolgreich abschließen
• Hält Kosten-/Terminvorgaben ein	– 0 ⊞	Die geschilderten Projekte waren in zwei Fällen 20% vor dem Abschlusstermin erfolgreich beendet worden, in einem Fall wurde der Zeitplan exakt eingehalten, der Kostenrahmen wurde eingehalten.
• Setzt Hilfsmittel ein	– 0 ⊞	Setzte Projektmanagementsoftware ein, verschaffte sich dadurch einen besseren Überblick über den Projektablauf, führte zu einer administrativen Zeitersparnis von ca. 30%
• Überprüft Zielerreichung	– 0 ⊞	Lässt sich periodisch über den Projektstand informieren, führt regelmäßig Mitarbeitergespräche

⇩

Skala   ☐ 1   ☐ 2   ☐ 3   ☑ 4   ☐ 5

PLANUNG UND ORGANISATION

Wenn alle Verhaltensweisen mit 0 bewertet worden wären, würde das ziemlich genau dem Skalenwert 3 entsprechen. Wenn, wie im Beispiel, der Wert + bei drei von vier Verhaltensweisen vergeben wurde, deutet dies auf einen Skalenwert rechts von der 3 hin, also auf 4 oder 5. Es liegt immer im Ermessen des Interviewers, wie er die Verhaltenseinschätzungen zu Skalenwerten aggregiert. Aber durch die Bewertungen des Verhaltens wird der Spielraum bewusst eingeengt. Der Skalenwert lässt sich somit logisch ableiten.

Praxisbeispiel:
Bewertung der
Anforderungskriterien

Das **INTERVIEW-PC-SYSTEM** hilft uns, den an sich relativ aufwändigen Auswertungsvorgang effizient zu bewältigen. Anhand der im Interview zu jedem Anforderungskriterium gesammelten Verhaltensstichproben können wir einen Vergleich mit den bereits im Anforderungsprofil definierten erfolgskritischen Verhaltensweisen vornehmen und eine Grobkategorisierung der Verhaltensweisen mit +, 0 und – durchführen bevor die Anforderungskriterien eingestuft werden.

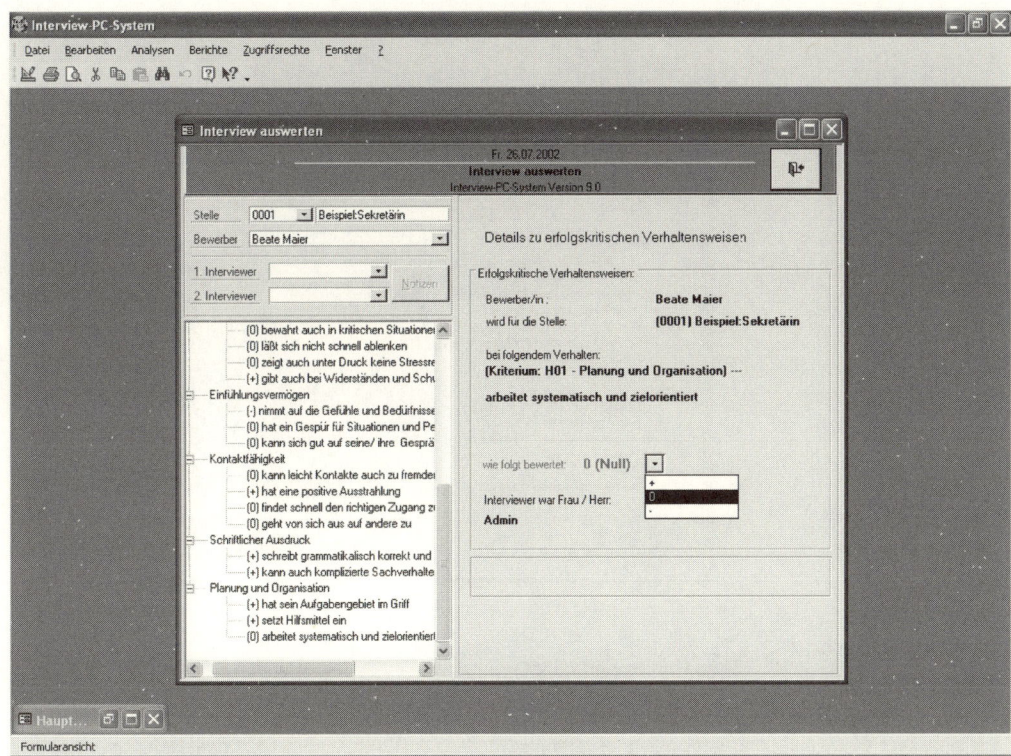

Nachdem alle erfolgskritischen Verhaltensweisen eines Kriteriums auf diese Weise eingestuft waren, erfolgte die Bewertung des Anforderungskriteriums anhand einer 5er-Skala.

Um Ihnen den Zusammenhang zwischen den im Interview gesammelten Informationen (Verhaltensstichproben), den im Anforderungsprofil definierten erfolgskritischen Verhaltensweisen und der Bewertung der Anforderungskriterien zu verdeutlichen, führen wir unser Praxisbeispiel weiter. Die in Klammer stehenden Zahlen beziehen sich auf die vorangegangene Numerierung der Auswertungshinweise.

Menü-Bild 5:
INTERVIEW-PC-SYSTEM:
Grobbewertung der
erfolgskritischen Verhaltensweisen

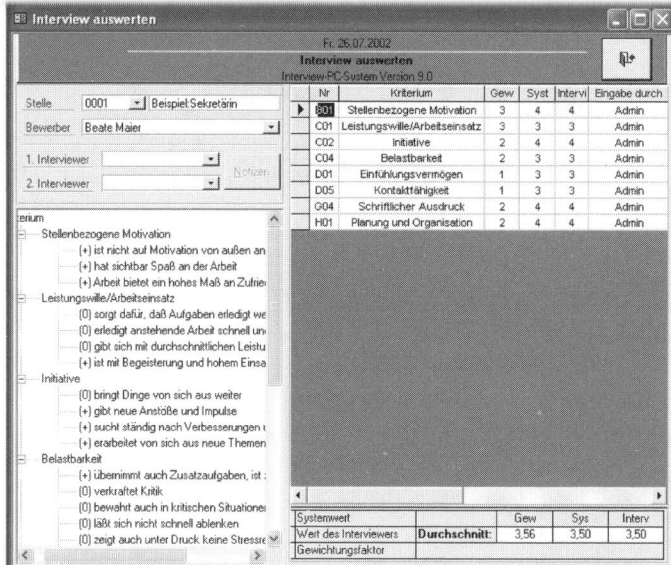

Menü-Bild 6:
INTERVIEW-PC-SYSTEM:
Skalierung der Anforderungs-
kriterien

Umsetzung von Fachin-
formationen

Erkenntnisse aus dem Interview (Verhaltensstichproben)		Stellenanforderungen (erfolgskritische Verhaltensweisen)
Hat vielfältige Erfahrungen	⊞	Hat Erfahrung in der schriftlichen und mündlichen Umsetzung von Fachinformationen
(15) Hört zu, geht auf Kunden ein	⊞	Geht auf die Zuhörer/Zielgruppe ein, berücksichtigt deren Vorwissen
(12) Informiert sachlich, präzise und gut verständlich	⊞	Strukturiert die Informationen sinnvoll, trägt die Informationen überzeugend vor
(13) Stellt die Produktvorteile klar heraus	⊞	Arbeitet systematisch die Produktvorteile heraus

⇩

☐ 1 ☐ 2 ☐ 3 ☑ 4 ☐ 5

Konfliktverhalten

Erkenntnisse aus dem Interview (Verhaltensstichproben)	Stellenanforderungen (erfolgskritische Verhaltensweisen)
(15) stellte sich einer Diskussion mit einem angriffslustigen Kunden und beruhigte ihn	0 geht notwendigen Konflikten nicht aus dem Weg
ermittelte den Bedarf, informierte sachlich und konnte den Konflikt zur beiderseitigen Zufriedenheit lösen	+ entwickelt sachliche Kriterien zur Konfliktklärung

⇩

☐ 1   ☐ 2   ☐ 3   ☑ 4   ☐ 5

Teamfähigkeit

	wird im Kollegenkreis voll akzeptiert
(11) zieht Arbeit im Team Einzelarbeit vor	0 stellt sich in den Dienst der Gruppe
(16) arbeitete oft und gerne in Teams	0 bezieht die Erfahrungen der Kollegen mit ein
(17) gute Teamergebnisse erzielt	+ gibt eigene Erfahrungen gerne an andere weiter, profiliert sich nicht auf Kosten anderer
(16) moderierte Teammeetings, hat Problemlösungstechniken eingesetzt	+ löst Konflikte im Team konstruktiv

⇩

☐ 1   ☐ 2   ☐ 3   ☑ 4   ☐ 5

Leistungsbereitschaft

Erkenntnisse aus dem Interview (Verhaltensstichproben)		Stellenanforderungen (erfolgskritische Verhaltensweisen)
(12) sein Hauptziel ist der Erfolg	+	setzt hohe Ziele für sich und andere
(18) setzt sich für ihre Sache voll ein	+	setzt sich für die Erreichung seiner Ziele voll ein
(18) war mehrere Monate erfolgreichste Verkäuferin, gewann Reise	+	ist bereit, mehr zu leisten als gefordert, gibt sich mit durchschnittlichen Leistungen nicht zufrieden
(8) sucht neue Herausforderungen um sich persönlich weiterzuentwickeln	+	betrachtet eine neue Aufgabe als Entwicklungschance
(2) hat großen Spaß im Vertrieb	+	spricht mit Begeisterung von seiner Aufgabe

⇩

☐ 1   ☐ 2   ☐ 3   ☐ 4   ☑ 5

Ausdauer

Erkenntnisse aus dem Interview		Stellenanforderungen
(5), (9) strebt konsequent eine Führungsfunktion an, noch nicht erreicht	+	verfolgt konsequent seine Ziele
(37) hält sich an ihre längerfristigen Ziele		
(15) (16) schließt trotz anfänglicher Widerstände Versicherung ab	+	gibt bei Problemen oder Widerständen nicht auf
(37) hält auch nach längerer Durststrecke an ihrem Ziel fest, gibt nicht auf		
(21) hält sich durch abwechslungsreiche Arbeit und Sport fit	+	macht auch an langen und anstrengenden Arbeitstagen nicht schlapp
(21) Arbeit macht ihr Spaß, bisher keine Leistungsschwankung	0	kann seine Leistung über längere Zeiträume aufrechterhalten
(20) setzt sich entweder ganz für eine Sache ein oder gar nicht	0	bringt angefangene Arbeiten zu Ende

⇩

☐ 1   ☐ 2   ☐ 3   ☑ 4   ☐ 5

Erkenntnisse aus dem Interview (Verhaltensstichproben)		Stellenanforderungen (erfolgskritische Verhaltensweisen)
(22) fährt nie unvorbereitet zum Kunden, stellt alle relevanten Unterlagen zusammen	0	bereitet sich auf Kundengespräche systematisch vor
(28),(29) argumentiert überzeugend, hat damit Erfolg	+	kann andere für eine Sache begeistern
macht Wettbewerbsanalysen	0	ist über die Wettbewerber und deren Aktivitäten gut informiert
(23) fragt viel, versucht das Kundenproblem zu verstehen	+	versteht schnell das Kundenproblem und geht darauf ein
(25) geht auf die Argumente des Kunden ein	0	ist von seiner Sache überzeugt und vermittelt dies auch an seine Gesprächspartner
(27) argumentiert geschickt, entkräftet Einwände mit Erfolg	+	verfügt über die richtigen Argumente zur Einwandbehandlung

⇩

☐ 1 ☐ 2 ☐ 3 ☐ 4 ☑ 5

Verkaufsgeschick/ Überzeugungskraft

(28) kommt über Small Talk gut ins Gespräch		
(30)–(33) hat echtes Interesse an ihren Kunden, will sie kennenlernen, nimmt sich viel Zeit, eine Beziehung aufzubauen	+	kann leicht den Kontakt zu anderen herstellen
		geht von sich aus auf andere zu, wartet nicht, bis andere auf ihn zugehen
(8) hat gerne viele Kontakte mit anderen	+	ist gerne mit anderen Menschen zusammen
(2) hat besonderen Spaß am Außendienst	+	ist häufig vor Ort beim Kunden

⇩

☐ 1 ☐ 2 ☐ 3 ☑ 4 ☐ 5

Kontaktfähigkeit

Flexibilität

Erkenntnisse aus dem Interview (Verhaltensstichproben)		Stellenanforderungen (erfolgskritische Verhaltensweisen)
(36) nutzte unverhoffte Gelegenheit zum Abschluss einer HV und LV	+	kommt auch mit unvorhergesehenen Situationen gut zurecht
(34) stellt sich rasch auf ihre neuen Gesprächspartner ein (Schachclub)	0	kann sich leicht auf neue Gesprächspartner einstellen
(35) sucht immer wieder neue Herausforderungen, ist auch mobil	+	ist offen für Neuerungen
keine Information		greift Anregungen anderer auf
fängt früh an, hört spät auf	+	ist in der Arbeitszeit beweglich

⇩

☐ 1   ☐ 2   ☐ 3   ☑ 4   ☐ 5

Frustrationstoleranz

(37) gibt auch nach 2 Wochen ohne Abschluss nicht auf	0	lässt sich durch Fehlversuche/ Misserfolge nicht entmutigen
(37) hat eine positive Einstellung, analysiert die Situation gründlich	0	geht mit Enttäuschungen konstruktiv um
keine Information		lässt andere seine Frustration nicht spüren
(20) setzt sich entweder ganz oder gar nicht für eine Sache ein	0	führt notwendig Dinge zu Ende, auch wenn sie keinen so großen Spaß machen

⇩

☐ 1   ☐ 2   ☑ 3   ☐ 4   ☐ 5

Erkenntnisse aus dem Interview (Verhaltensstichproben)		Stellenanforderungen (erfolgskritische Verhaltensweisen)
(39) strukturiert ihren Arbeitstag klar	⓪	arbeitet systematisch und zielorientiert
(41) kontrolliert den Status der bearbeiteten Vorgänge		
(41) macht sich einen Tagesplan für den nächsten Tag	⓪	plant die einzelnen Arbeitsschritte gründlich
setzt sich Ziele und verfolgt sie	⓪	setzt klare Ziele und verfolgt sie konsequent bearbeitet sein Marktgebiet systematisch

⇩

☐ 1   ☐ 2   ☑ 3   ☐ 4   ☐ 5

Planung und Organisation

An diesem Auswertungsbeispiel wird deutlich, wie die im Interview gewonnenen Informationen in ein anforderungsbezogenes Auswertungsraster transformiert werden können. Ihnen ist sicherlich nicht entgangen, dass die hier verwerteten Informationen der Bewerberaussagen nur deshalb verfügbar waren, weil sich die Interviewer während des Interviews viele Notizen gemacht haben. Wenn bei der Auswertung keine aussagekräftigen Mitschriften vorliegen, ist ein direkter Vergleich von »erwartetem« (erfolgskritische Verhaltensweisen im Anforderungsprofil) und tatsächlich gezeigtem Verhalten (Verhaltensstichproben im Interview) nur schwer möglich. Das würde aber unweigerlich bedeuten, dass wir dann gezwungen wären, Fakten durch Annahmen und allgemeine Wahrnehmungen wie Sympathie und Antipathie zu ersetzen.

Allerdings müssen wir uns auch vor der Annahme hüten, dass die vorliegende Auswertung nur deshalb »objektiv« ist, weil wir uns auf Fakten berufen. Es liegt auf der Hand, dass es sich bei den im Rahmen eines Interviews gesammelten Informationen selten um messbare, harte Daten handelt, sondern um vom Bewerber subjektiv berichtete und vom Interviewer mehr oder weniger subjektiv wahrgenommene Informationen. Ihre eignungsdiagnostische Relevanz bekommen die gesammelten Daten dadurch, dass sowohl das Sammeln der Informationen (anforderungsbezogene Fragen, Sammeln von Verhaltensstichproben anhand früherer Beispiele) als auch die Informationsaufnahme und -bewertung (Trennung von Beobachtung und Bewertung, Protokollierung der Bewerberantworten, und ausführliche Auswertungsdiskussion der Interviewer) nach bestimmten Regeln verläuft. Durch die gemeinsame Diskussion und Bewertung der gesammelten Verhaltensstichproben in Bezug zu den Soll-Vorgaben des Anforderungsprofils, wird die fehlende absolute Objektivität durch »intersubjektive Übereinstimmung« zwischen den Interviewern ersetzt. Das auf diese Weise zustande gekommene Auswertungsergebnis kann nicht für sich in Anspruch nehmen, eine allgemeinverbindliche, für alle gleichermaßen geltende Wahrheit zu sein, sondern kann nur für die an diesem Prozess beteiligten Personen seine wahre

Bedeutung erschließen. Das heißt konkret, dass die Interviewer nach sorgfältiger Prüfung der Anforderungen und der Voraussetzungen des Bewerbers, sowie der Umstände, die bei beidem eine Rolle gespielt haben, eine Übereinkunft getroffen haben, wie das vorliegende Datenmaterial gemeinsam interpretiert wird.

So ist es nicht verwunderlich, wenn Sie sich möglicherweise beim Durchlesen das eine oder andere mal gefragt haben, weshalb gerade dieser und kein anderer Schluss aus den Informationen gezogen wurde. Dabeisein ist alles.

3. Entscheidungsfindung

Bislang haben wir zwar die Entscheidung sehr sorgfältig vorbereitet, getroffen muss sie aber noch werden. Bei der Entscheidung ist auf Folgendes zu achten:

Gewichtung

Dadurch, dass Sie bei der Erstellung des Anforderungsprofils jedes Kriterium mit einem, zwei oder drei Sternchen gewichtet haben, haben Sie klar zum Ausdruck gebracht, worauf es Ihnen besonders ankommt. Ein 3 Sternchen-Kriterium erlaubt normalerweise keine Schwächen. Werte, die unterhalb des Akzeptanzbereiches (Skalenwert 3) liegen, bedeuten meistens das vorzeitige »Aus«.

Kompensation

Hat beispielsweise ein Bewerber aufgrund mangelnder Erfahrung noch Wissenslücken in seinem künftigen Tätigkeitsbereich und demzufolge einen schwächeren Wert bei dem Merkmal »Fachliche Qualifikation«, aber gleichzeitig eine hohe Ausprägung bei »Lernbereitschaft«, kann eine Schwäche durchaus durch eine kompensatorische Stärke ausgeglichen werden.

Trainierbarkeit

Anforderungskriterien, die mit geringem Trainingsaufwand auf Soll-Ausprägung gebracht werden können, stellen ebenfalls keine allzu großen interpretativen Schwierigkeiten dar. Auch hier kann zur Ausnahme ein Wert akzeptiert werden, der unter dem üblichen »Cut-Off« liegt. Man muss natürlich aufpassen, dass man hier nicht mit einer allzu großen Trainingseuphorie an die Sache geht und mit diesem Argument alle schlechten Werte sozusagen durch »die Hintertür« nachträglich legitimiert. Dadurch würde man dieses System ad absurdum führen. Es gibt eine Reihe von elementaren Anforderungskriterien, die auch durch einen noch so großen Trainingsaufwand kaum oder überhaupt nicht verbessert werden können. Ein solches Merkmal ist z.B. Initiative. Ich habe noch von keinem Fall gehört, bei dem jemand, der wenig initiativ war, nach dem Besuch eines Seminars plötzlich »vor Initiative nicht mehr zu bremsen war«.

Informationsbasis

Hiermit ist gemeint, dass diejenigen Kriterien mit gut abgesicherter Informationsbasis höher zu bewerten sind, als diejenigen, bei denen wenig Informationen vorliegen. Wenn Sie bei einem Bewerber zu einem Anforderungskriterium nur wenig Verhaltensstichproben gesammelt haben, muss es ja nicht nur am Bewerber liegen. Deshalb ist es angebracht, auch diesen Aspekt zu bedenken, bevor eine endgültige Entscheidung getroffen wird.

Die Auswertung unseres Praxisbeispieles führte zu folgendem **Ergebnisprofil**:

Praxisbeispiel:
Entscheidungsfindung

Anforderungskriterien	Gewichtung	Wert	1 2 3 4 5
Umsetzen von Fachinformationen	**	4	xxxxxxxxxxxx
Konfliktverhalten	**	4	xxxxxxxxxxxx
Teamfähigkeit	***	4	xxxxxxxxxxxx
Leistungsbereitschaft	***	5	xxxxxxxxxxxxxxxx
Ausdauer	**	4	xxxxxxxxxxxx
Verkaufsgeschick/Überzeugung	***	5	xxxxxxxxxxxxxxxx
Kontaktfähigkeit	**	4	xxxxxxxxxxxx
Flexibilität	**	4	xxxxxxxxxxxx
Frustrationstoleranz	*	3	xxxxxxxx
Planung und Organisation	**	3	xxxxxxxx
Durchschnittswerte	**Gewichtet: 4,14**		**Ungewichtet: 4**

Damit sind alle Anforderungskriterien bewertet und die Auswertung fast abgeschlossen. Nun fehlt nur noch die Entscheidung, ob der Bewerber eine Zu- oder eine Absage erhält. Dazu gibt es zwei Fragen zu berücksichtigen:

(1) Erfüllt der Bewerber alle Anforderungskriterien, d.h. hat er überall mindestens den Wert 3?
(2) Welcher Bewerber erfüllt die Anforderungen am besten?

Bei der ersten Frage wird ein Vergleich der Anforderungskriterien eines Bewerbers angestellt, bei der zweiten Frage werden die Anforderungskriterien verschiedener Bewerber miteinander verglichen. In unserem Beispiel können wir uns auf den ersten Punkt beschränken, da uns nur von einem Bewerber die Werte vorliegen.

Wie ist dieses Eignungsprofil nun zu interpretieren? Bereits auf den ersten Blick wird deutlich, dass nur 2 Anforderungskriterien mit dem Wert 3, der Rest mit den Werten 4 und 5 bewertet wurden. Damit ist klar, dass der Bewerber die geforderten Anforderungen sehr gut erfüllt. Die im Eignungsprofil zusätzlich aufgeführten gewichteten und ungewichteten Durchschnittswerte unterstreichen auch zahlenmäßig die Eignung des Bewerbers. Allerdings muss davor gewarnt werden, die Entscheidung nur anhand dieser Durchschnittsbetrachtung zu treffen. Der reine Zahlenwert wird der Komplexität der Auswahlentscheidung nicht gerecht. Viel wichtiger ist, dass eine qualitative Bewertung vorgenommen wird. Dabei sind folgende Punkte zu berücksichtigen:

- Sind alle *** Kriterien mindestens mit 3 bewertet? Wenn nicht, ist das ein K.o.-Kriterium.
- Lassen sich die Kriterien (außer denen mit ***), die nicht mit mindestens 3 bewertet wurden, auf andere Art und Weise ausgleichen z.B.:
  - durch Training?
  - durch Kompensation mit einem besonders stark ausgeprägten Kriterium?

Wenn eine dieser Bedingungen gegeben ist, sind durchaus auch noch Chancen mit einer 2er Bewertung in einem Kriterium vorhanden. Das können aber nur die Interviewer entscheiden. Sich bei einer so wichtigen Entscheidung nur auf einen Durchschnittswert zu berufen, hieße die Verantwortung aus der Hand zu geben.

Bis zu diesem Zeitpunkt haben wir versucht, rein rational vorzugehen. Wir haben die im Interview gesammelten Informationen systematisch mit den im Anforderungsprofil festgelegten Kriterien verglichen und anhand einer Skala bewertet. Emotionen, bzw. unsere gefühlsmäßigen Reaktionen auf die Bewerber, wie z.B. Sympathie oder Antipathie, haben wir bis zu diesem Zeitpunkt nach besten Kräften verdrängt. Der Grund dafür ist bei den eingangs erwähnten Störquellen des herkömmlichen Interviews zu suchen. Dort haben wir gesehen, wie anfällig unser Interviewurteil ist, wenn wir unsere Subjektivität, und damit auch unsere Emotionen, nicht durch eine gewisse Strukturierung des Interviews zu »bändigen« vermögen. Das soll nun aber nicht heißen, dass Emotionen überhaupt keinen Platz bei strukturierten Interviews haben sollten. Im Gegenteil. Natürlich ist es immer wichtig, ob einem ein Bewerber bzw. eine Bewerberin sympathisch ist, ob man menschlich mit jemandem, den man einstellt, klarkommt, ob er in das künftige Arbeitsteam passt etc. Gerade vor dem Hintergrund einer sich rasant ausbreitenden Teamorientierung in Unternehmen ist die Frage nach der so genannten »Chemie« ein ganz wichtiges Auswahlelement. Allerdings kommt es entscheidend darauf an, zu welchem Zeitpunkt man die Gefühle sprechen lässt. Es hat sich ganz zweifelsfrei herausgestellt, dass man als Interviewer gut beraten ist, seine Eignungseinschätzung auf Fakten, die im Interview gewonnen werden, zu stützen. Sie können dann immer noch entscheiden, ob sie einen Kandidaten einstellen wollen, der zwar »objektiv« geeignet ist, aber menschlich nicht so gut zu Ihnen passt. Dies hängt sicherlich auch davon ab, ob sie ausreichend Auswahlmöglichkeiten haben, bzw. ob jemand dabei ist, der beiden Anforderungen entspricht. Im umgekehrten Falle ist die Gefahr weitaus größer. Denn wenn Sie sich von vornherein nur von Ihren Gefühlen leiten lassen, erkennen Sie womöglich die Eignung bzw. Nicht-Eignung erst, wenn es schon zu spät ist.

Deshalb der Tipp: Verschaffen Sie sich zuerst ein solides, auf Fakten gestütztes Fundament und beziehen Sie erst dann Ihre Intuition und Ihre Gefühle mit in den Entscheidungsprozess ein.

Checkliste zur Auswertung strukturierter Interviews

- Ordnen Sie die gesammelten Verhaltensstichproben den richtigen Anforderungskriterien zu!
- Vergleichen Sie die Verhaltensstichproben mit den erfolgskritischen Verhaltensweisen des Anforderungsprofils und bewerten sie!
- Stufen Sie die Anforderungskriterien anhand der 5er-Skala ein!

Umsetzung des neuen Interview-konzeptes im Unternehmen

Teil D

Trotz der Tatsache, dass strukturierte Interviews zu besseren Auswahl-entscheidungen, gesteigerten Mitarbeiterleistungen und als Folge auch zu einer höheren Unternehmensprofitabilität führen, werden sie in der Praxis leider immer noch viel zu selten eingesetzt (Dipboye 1997, Terpstra/Rozell 1997, van der Zee et al. 2002). Im Wesentlichen werden folgende Gründe dafür angeführt:

- Die Praktiker kennen die wissenschaftliche Literatur zum Thema strukturierte Interviews nicht, oder falls doch, zweifeln zum Teil an ihrem praktischen Nutzen.
- Möglicherweise werden durch strukturierte Interviews wichtigen Interviewerbedürfnissen wie z.B. dem Bestreben nach Autonomie oder Macht nicht genügend Raum geben.
- Interviewer glauben, dass Bewerber unstrukturierte Interviews eher bevorzugen und durch strukturierte Interviews abgeschreckt werden.
- Die Kultur einer Organisation und der damit einhergehende soziale Druck spielen ebenfalls eine Rolle, wenn es darum geht, strukturierte Interviews konsequent im Unternehmen durchzuführen.
- Zeit- und Budgetgründe können ebenfalls dazu führen, dass der mit der Einführung strukturierter Interviews verbundene Anpassungs- und Durchführungsaufwand nicht in Kauf genommen wird.
- HR-Managern und Führungskräften fehlt es an an entsprechenden Fähigkeiten und einem Erfahrungshintergrund und der zum Führen strukturierter Interviews erforderlich ist.

Es ist also nicht damit getan, dass ein Unternehmen im »Besitz« eines zuverlässigen Auswahlverfahrens ist bzw. dass einige Wenige (z.B. Mitarbeiter der Personalabteilung) mit dieser Methode umgehen können. Der Nutzen dieser neuen Auswahlmethode kommt vielmehr nur dann zum Tragen, wenn es gelingt, diese Methode im ganzen Unternehmen zu implementieren, d.h. die damit verbundene Interviewkompetenz auf alle Führungskräfte zu multiplizieren. Dies ist nicht ganz einfach, wie die Praxis immer wieder zeigt, da die Veränderung mit einer Verhaltensänderung verbunden ist. Wie schwer uns dies fällt, wissen wir aus vielen anderen Verhaltensbereichen nur zu gut. Gerade beim Interview haben wir es mit einem Verhaltensbereich zu tun, in dem sich jeder irgendwie kompetent fühlt und sich niemand gerne sagen lässt, dass er womöglich in der Vergangenheit ein paar Fehler gemacht haben könnte. Aber darum geht es auch gar nicht. Vielmehr gilt es, den Interviewern deutlich zu machen, dass sich die Anforderungen dramatisch verändert haben und dass dazu andere Auswahlverfahren erforderlich sind als früher. Der erste Schritt muss also zu einer Einstellungsänderung führen, die einer wirksamen Verhaltensänderung vorausgehen muss. Dazu reicht kein Appell und auch keine Einführung per Rundschreiben, dazu sind intensive Interview-Trainings erforderlich, die idealerweise mit Projektarbeit verknüpft werden, um die Betroffenen am Einführungsprozesss intensiv zu beteiligen und die Voraussetzungen für ein Wirksamwerden der neuen Methode zu schaffen.

Praxiserprobte Möglich-
keiten zur Verbesserung
der Personalauswahl

Es gibt unterschiedlich wirksame, allerdings auch unterschiedlich aufwändige Möglichkeiten, die Qualität und Effizienz der Personalauswahl im Unternehmen zu verbessern. Drei davon werden hier kurz vorgestellt:

Interviewtrainings: Die erste Möglichkeit besteht darin, dass man sich primär auf auf das Thema »Interview« konzentriert und die Interviewkompetenz von Führungskräften und Personalmanagern durch Interviewtrainings zu verbessern sucht. Bei diesem Ansatz geht man davon aus, dass die Interviewer schon davon profitieren, wenn sie »wissen«, wie sie z.B. Anforderungsprofile erstellen können, die richtigen Fragen zu entwickeln und anzuwenden gelernt haben, dazu noch in der Lage sind, die gewonnenen Gesprächseindrücke zu vernünftigen Eignungsurteilen zu verarbeiten, die faktenbasiert sind und die subjektiven Störquellen im Entscheidungsprozess nach Möglichkeit ausschalten. Diesen Weg gehen heute wohl noch die meisten Unternehmen. Dieser Ansatz ist grundsätzlich nicht ganz falsch, aber auch nicht ganz richtig, weil bei relativ hohem Aufwand eine rasche Verpuffung der im Training erzielten Effekte droht. Darüber berichtet das Fallbeispiel BMW.

Interviewtraining plus INTERVIEW-PC-SYSTEM als Umsetzungshilfe: Die zweite Möglichkeit besteht darin, dass man sich zusätzlich eine konkrete EDV-basierte Umsetzungshilfe für das strukturierte Interview zu Nutze macht (wie beispielsweise das INTERVIEW-PC-SYSTEM) und damit den Interviewern ein Tool an die Hand gibt, das ihnen nach dem Interviewtraining auch wirklich hilft, den höheren Aufwand, insbesondere bei der Vorbereitung von strukturierten Interviews, ohne eine deutliche Mehrbelastung in ihrem Arbeitsalltag zu bewältigen. Damit kann man zu nachhaltigeren Verbesserungen der Interviewpraxis kommen, weil nicht nur der Praxistransfer des im Training Gelernten verbessert wird, sondern auch eine dauerhafte Arbeitsentlastung eintritt. Von diesem zweiten Ansatz handelt das Fallbeispiel Bertelsmann

Neugestaltung des gesamten Personalrekrutierungsprozesses: Die dritte Möglichkeit ist, dass zusätzlich zu den beiden ersten Varianten vorab ein detailliertes Prozessreengineering des gesamten Auswahlprozesses durchgeführt wird und alle Prozessschritte optimal durch »Best of Breed«-IT-Lösungen unterstützt werden. Dieser Ansatz muss die logische Folge zu

dem werden, was bisher schon an Fortschritten bei der Personalrekrutierung erreicht wurde, insbesondere wenn, wie wir gesehen haben, die einzelnen Rekrutierungs-Maßnahmen (z.B. internetbasierte Suche, Online-
Bewerbungen, effizientes Bewerbermanagement etc.) zunehmend kon-
vergieren und nur noch im ganzheitlichen Workflowmanagement ein
Optimum ergeben können.

I. Interview-Training

Aus Teil 1 dieses Buches wissen wir, dass Interviewtrainings die wohl am häufigsten angewendete Maßnahme sind, um die Kompetenz der Interviewer zu verbessern. Aus der Interviewforschung wissen wir aber auch, dass durch Interviewtrainings die Implementierung strukturierter Interviews deutlich verbessert werden kann, was wiederum zu einer Verbesserung von Reliabilität und Validität des Einstellinterviews führt (Campion et al. 1997).

Bewertungskriterien für Interviewtrainings

Als Bewertungskriterien von Interviewtrainings werden in der Literatur folgende Checkpunkte genannt (Palmer et al. 1999):

- Wurde eine Bedarfsanalyse durchgeführt?
- Gibt es klare Lernziele für das Training?
- Spiegelt der Inhalt des Trainings die Komponenten eines guten Auswahlinterviews wider?
  - Anforderungsanalyse
  - Gesetzliche Aspekte
  - Durchführen strukturierter Interviews mit Interviewleitfäden
  - Bewertung der Kriterien
  - Lernen am Modell durch Demonstration des richtigen Interviewerverhaltens
  - Lernzielkontrolle
- Basiert der Inhalt des Trainings auf Forschungsergebnissen?
- Liefert der Trainingsanbieter Evidenz von Validität?
- Unterstützt das Training die Unternehmensziele?

1. Das Konzept

Das im Folgenden beschriebene Konzept eines Interviewtrainings basiert auf der in diesem Buch vorgestellten Methode des »strukturierten Einstellinterviews«. Die Inhalte und die Methodik dieses Trainingskonzeptes sind – soweit möglich – durch wissenschaftliche Erkenntnisse abgesichert und durch umfangreiche Trainingserfahrungen des Autors (über 100 Interviewtrainigs!) praktisch belegt. Danach erfahren Sie, wie dieses neue Interviewkonzept im Rahmen von Interviewtrainings bei den Bayerischen Motorenwerken (BMW) implementiert wurde. Schließlich wird noch kurz über offene Interviewtrainings berichtet.

Die Teilnehmer

- lernen die Aussagekraft verschiedener Auswahlverfahren und insbesondere die wesentlichen Störfaktoren herkömmlicher Interviews kennen,
- identifizieren individuelle und institutionelle Probleme in ihrer bisherigen Auswahlpraxis,
- kennen die gesicherten Erfolgsfaktoren strukturierter Interviews,
- sind in der Lage, funktionsspezifische Anforderungsprofile zu erstellen und operational zu definieren,
- können die Aussagekraft von Bewerbungsunterlagen realistisch einschätzen und gezielt zur Vorselektion einsetzen,
- beherrschen die Erstellung und den gezielten Einsatz von Interviewleitfäden,
- setzen wirkungsvolle Fragetechniken zur Sammlung vollständiger und konkreter Verhaltensbeispiele ein,
- entwickeln eine Technik zur Protokollierung der Bewerberaussagen,
- können eine an den verschiedenen Interviewphasen orientierte Gesprächstechnik gezielt einsetzen,
- lernen aktiv zuzuhören und Informationen vollständig und zuverlässig zu gewinnen,
- sind in der Lage, die im Interview gesammelten Informationen zuverlässig auszuwerten und mit Interviewkollegen zusammen die Ausprägung der Anforderungskriterien anhand einer 5er-Skala auszudrücken,
- können die Auswahlentscheidung nach sachlich relevanten und nachvollziehbaren Kriterien treffen,
- können die gelernten Techniken auf ihre praktische Situation übertragen.

Abgeleitet von den oben genannten Zielen wurden folgende inhaltliche Schwerpunkte im Training vertieft:

- Subjektive Störquellen beim herkömmlichen Interview.
- Erfolgsfaktoren »Strukturierter Interviews«.
- Vorbereitung des Einstellinterviews
  - Erstellen von Anforderungsprofilen als Grundlage zielorientierter Auswahl,
  - Analyse von Bewerbungsunterlagen, systematische Nutzung aller Informationsquellen,
  - Erstellen eines Interviewleitfadens zur Informationsbeschaffung,
  - Allgemeine Rahmenbedingungen für ein günstiges Umfeld.
- Durchführung des Einstellinterviews
  - Phasen des Interviews (Intervieweröffnung, Hauptteil und Interviewabschluss),
  - Interviewtechniken im Gespräch (Fragetechniken, Gesprächssteuerung, Selbstwertgefühl des Bewerbers achten, Umgang mit schwierigen Gesprächssituationen etc.),

- Protokollierung der Bewerberantworten,
- Mehraugenprinzip.
• Auswertung des Interviews
- Auswertung der gesammelten Informationen,
- Skalierung der Anforderungskriterien,
- Entscheidungsfindung.

Die Trainingsmethode

Die Methode orientiert sich am »Behavior Modelling«-Ansatz verhaltenswirksamer Trainings:

• Identifizieren von Schlüsselaktionen (Definition der Key Actions).
• Zeigen von positiven Beispielen (u.a. Videobeispiele).
• Umsetzen der erfolgskritischen Elemente in Interviews (intensive Übungen).
• Rückmeldung erhalten (Feedback).
• Übertragen des Gelernten auf die eigene Praxissituation (Transfer).

Nach einer kurzen Einführung durch den Autor werden die einzelnen inhaltlichen Schwerpunkte in Kleingruppen vertieft und weiterbearbeitet. Einzelne Interviewtechniken werden vom Trainer und anhand von Videobeispielen modellhaft illustriert, mit den Teilnehmern diskutiert und in Kleingruppen intensiv eingeübt.

Am zweiten Trainigstag werden Übungsinterviews durchgeführt, um die Anwendung der gelernten Interviewtechniken in ihrer Gesamtheit zu erproben. In der Regel werden die Übungsinterviews mit echten Bewerbern durchgeführt, um den Teilnehmern eine möglichst realistische Situation bieten zu können. Vor den Übungsinterviews bereiten sich jeweils zwei Teilnehmer zusammen auf das Interview vor, d.h. sie erstellen ein Anforderungsprofil, werten die Bewerbungsunterlagen aus und erstellen einen Interviewleitfaden. Die Interviewdurchführung erfolgt dann ebenfalls zu zweit. Um ausreichend Feedback für die Teilnehmer zu gewährleisten, werden die Übenden von zwei anderen Seminarteilnehmern sowie dem Trainer beobachtet, von denen sie direkt im Anschluss an das Übungsinterview ein ausführliches Feedback zum gezeigten Interviewerverhalten erhalten. Um konkretes Feedback sicherzustellen, erhalten die Beobachter vorab eine Einweisung in »Feedback geben« und eine Checkliste mit Aspekten des Interviewerverhaltens, die sie beobachten sollen. Die Beobachtungen werden verdichtet auf die drei Bereiche, die besonders gut waren, und die Bereiche, wo noch Verbesserungspotenzial gesehen wird. Der Übende leitet aus dem Feedback und seinen eigenen Eindrücken konkrete Lernziele für das nächste Übungsinterview ab.

Der Vorteil dieser Trainingsmethode liegt darin, dass mit ihr eine typische betriebliche Situation nicht nur simuliert, sondern real praktiziert werden kann. Auf diese Weise können Theorie und Praxis optimal miteinander verzahnt werden. Die Bewerber werden vorher informiert, dass in diesem Unternehmen die Auswahlmethode verbessert werden soll und dies im Rahmen eines »Training on the Job« durchgeführt wird. In nahezu allen Fällen sind die Bewerber damit einverstanden und begrüßen die Maßnahme, da sie sich dadurch auch einen eigenen Nutzen (z.B. bessere Interviews, bessere Ergebniskommunikation etc.) versprechen.

Der Programmablauf

1. Tag

Zeitrahmen	Themen	Schwerpunkt-methoden
09.00 – 09.30 Uhr	Begrüßung und Seminareinführung	Ziele, Ablauf, Erwartungen
09.30 – 10.15 Uhr	Erfolgsfaktoren der Personalauswahl	Kurzvortrag, Diskussion
10.15 – 10.30 Uhr	Pause	
10.30 – 11.30 Uhr	Erstellen von Anforderungsprofilen	PC-Demo, Gruppenarbeit
11.30 – 12.00 Uhr	Systematische Vorauswahl	Gruppenarbeit
12.00 – 13.00 Uhr	Mittagspause	
13.00 – 14.00 Uhr	Entwickeln von Interviewleitfäden	PC-Demo, Gruppenarbeit
14.00 – 14.45 Uhr	Einsatz wirkungsvoller Interviewtechniken	Kurzvortrag, Übungen
14.45 – 15.00 Uhr	Pause	
15.00 – 15.30 Uhr	Interviewphasen	Kurzvortrag, Diskussion
15.30 – 17.30 Uhr	Interviewvorbereitung	Praxisbeispiel
17.30 – 18.00 Uhr	Überblick über den Ablauf des 2. Tages	

2. Tag

Zeitrahmen	Themen	Schwerpunkt-methoden
08.30 – 08.45 Uhr	Fragen zum Vortag	Diskussion
08.45 – 09.15 Uhr	Rolle der Beobachter	Checkliste, Diskussion
09.15 – 09.45 Uhr	Vorbereitung auf die Interviews	

09.45 – 10.00 Uhr	Pause	
10.00 – 11.30 Uhr	Durchführung der Interviews	Auswahlinterviews mit echten Bewerbern
11.30 – 12.00 Uhr	Auswertung der Lernerfahrungen	Feedbackrunde
12.00 – 13.00 Uhr	Mittagspause	
13.00 – 14.30 Uhr	Durchführung der Interviews	Auswahlinterviews mit echten Bewerbern
14.30 – 15.00 Uhr	Auswertung der Lernerfahrungen	Feedbackrunde
15.00 – 15.15 Uhr	Pause	
15.15 – 16.45 Uhr	Auswertung der Interviews und Entscheidungsfindung	PC-Demo, Praxisbeispiel, Diskussion
16.45 – 18.00 Uhr	Verbesserungsansätze/weiterer Handlungsbedarf	Diskussion, Metaplan

2. Das Fallbeispiel BMW

Ausgangssituation Am Beispiel des Automobilherstellers **BMW** wird im Folgenden die Einführung und Auswertung eines neuen Interviewkonzeptes dargestellt (Jetter 1989). Ausgangspunkt war eine Diplomarbeit, in der das Interviewverhalten von Personalreferenten und Führungskräften eingehend untersucht wurde (Hoffmann 1985). Dabei wurden folgende Erkenntnisse gewonnen:

- Fast alle Bewerber, die eine positive Beurteilung im Interview bekamen, wurden als sympathisch empfunden. Von den abgelehnten Bewerbern wurden dagegen 2/3 als eher unsympathisch eingestuft.
- Die Dauer der Einstellgespräche variierte erheblich. Die Bandbreite schwankte zwischen 20 Minuten und 3 Stunden. Die meisten Gespräche dauerten zwischen 30 und 90 Minuten. Erschreckend war allerdings die Tatsache, dass immerhin in 22% der Fälle die Personalabteilung und bei 15% der von den Fachbereichen geführten Interviews das Gespräch bereits nach 30 Minuten beendet war.

- Viele Interviewer bevorzugten ungünstige Frageformen, wie z.B. Ja/Nein-Fragen, Alternativfragen oder Suggestivfragen.
- Auffallend war auch der hohe Redezeitanteil der Interviewer: Jeder vierte beanspruchte mehr als das 3-fache (im Maximum das 15-fache) der Redezeit des Bewerbers.
- Für die Vorbereitung der Einstellungsgespräche nahmen sich die Interviewer unterschiedlich viel Zeit: Immerhin gaben 14% (Fachabteilung: 11%) der Interviewer aus der Personalabteilung zwischen einer und fünf Minuten Vorbereitungszeit an, 35% (25%) nahmen sich zwischen sechs und 15 Minuten und 51% (34%) wendeten 20 bis 30 Minuten für die Vorbereitung auf. Länger als 35 Minuten bereiteten sich 29% der befragten Fachabteilungen auf die Gespräche vor.
- Konkrete Anforderungsprofile wurden nicht erstellt. Nur etwa 40% der befragten Fachabteilungen nannten die »Ermittlung der speziellen Berufsfähigkeiten und -fertigkeiten« als Ziel des Interviews. Diese Angaben verwunderten umso mehr, als außer der Analyse der Bewerbungsunterlagen und dem Einstellgespräch keine weiteren Auswahlverfahren eingesetzt wurden.
- In nur 25% der beobachteten Interviews wurden von den Interviewern der Fachabteilungen Notizen während der Interviews gemacht. Bei der Auswertung der Interviews waren diese Interviewer also sehr stark auf ihr Gedächtnis angewiesen.

Die Ergebnisse dieser Untersuchung waren der Anstoß für die Durchführung von Interviewtrainings für alle Mitarbeiter der Personalabteilungen.

Mit allen Personalleitern und -referenten wurden in der Folge Interviewtrainings durchgeführt, die auf dem oben beschriebenen inhaltlichen und methodischen Konzept basierten. Je Interviewtraining nahmen in der Regel 12 Personaler teil. Insgesamt fanden über einen Zeitraum von mehreren Monaten 8 Trainings statt. Einbezogen wurde sowohl das Zentrale Personalwesen als auch die BMW-Werke an den Standorten München, Dingolfing und Landshut.

Interviewtraining mit Personalleitern und -referenten

Wie sich während des Trainings bereits herausstellte, waren sich fast alle Teilnehmer der Problematik des Interviews bewusst. Zu Beginn des Trainings, auf ihre Hauptprobleme angesprochen, wurden von den Teilnehmern folgende Punkte genannt:

- Wie strukturiere ich ein Interview am sinnvollsten? ⇨ **Strukturierung des Gespräches**
- Was muss ich alles in Erfahrung bringen? ⇨ **Anforderungsprofil**
- Mit welchen Fragen erfahre ich am meisten über den Bewerber? ⇨ **Interviewfragen**
- Wie erkenne ich das »wahre« Gesicht des Bewerbers? Was kann ich tun, wenn sich ein Bewerber nicht öffnet? ⇨ **Interviewtechniken**

- Wie kann ich ein Gespräch entspannen? ⇨ **Gesprächsatmosphäre**
- Wie kann ich Bewerberantworten auswerten? ⇨ **Interviewauswertung**

Die hier von den Seminarteilnehmern genannten Problemfelder sind jeweils nahezu identisch, unabhängig davon, mit welcher Teilnehmergruppe man es zu tun hat oder in welchem Unternehmen dieses Training durchgeführt wird.

Da das Interviewtraining in der Vorbereitungsphase auf diese typischen Praxisprobleme hin konzipiert wurde, musste der geplante Interviewablauf nicht modifiziert werden. Trotz des hohen Strukturierungsgrades dieses Trainings, war genügend Zeit eingeplant, um auf die individuellen Bedürfnisse der Teilnehmer einzugehen. Am ersten Seminartag wurde zunächst der theoretische Hintergrund des strukturierten Einstellinterviews erläutert, um sicherzustellen, dass alle Teilnehmer eine vergleichbare Wissensbasis bekommen und wir im Training eine einheitliche »Sprache« sprechen können. Dies hat den Teilnehmern einerseits geholfen, das Konzept des strukturierten Interviews zu verstehen und die erforderlichen Strukturierungselemente in der Vorbereitung, Durchführung und Auswertung eines zuverlässigen Interviews zu akzeptieren. Dies ist besonders wichtig, da die einzelnen Strukturierungsschritte mit einem deutlich größeren Aufwand verbunden waren, als die Teilnehmer dies bislang gewohnt waren. Auch wenn der erste Tag im Zeichen der Theorie stand, wurde dennoch sehr viel praktisch erarbeitet, wie z.B. die Anforderungsprofile und Interviewleitfäden für die »echten« Interviews erstellt, die am zweiten Seminartag, dem Praxistag, auf dem Programm standen. Darüber hinaus wurden die verschiedenen Interviewtechniken diskutiert und praktisch eingeübt sowie die Rollen und der Ablauf für den zweiten Tag detailliert mit den Teilnehmern besprochen und sie intensiv darauf vorbereitet. Am Ende des ersten Tages war bei den meisten Teilnehmern ein wenig Lampenfieber zu spüren, da sie wussten, dass sie es am nächsten Tag mit leibhaftigen Bewerbern zu tun haben und ein völlig anderes Interviewverhalten an den Tag legen sollten, als sie es vorher getan haben. Am zweiten Tag wurden die Interviews in folgendem Setting durchgeführt: Zwei Seminarteilnehmer führten das Interview jeweils mit dem Bewerber, auf den sie sich am ersten Tag ausführlich vorbereitet hatten. Während des Interviews waren zwei weitere Seminarteilnehmer anwesend. Diese fungierten als Beobachter für die Interviewer. Anhand einer Checkliste beobachteten sie das Interviewerverhalten, z.B. den Einsatz des Interviewleitfadens, das Erstellen von Notizen, das Nachhaken um vollständige Verhaltensdreiecke zu ermitteln, die Abstimmung der Interviewer untereinander etc. und machten sich zu ihren Beobachtungen Notizen, um ihren Kollegen nach dem Interview ein fundiertes Feedback geben zu können. Die Beobachter schalteten sich nicht ins Interview mit ein. Die Bewerber waren vorher darüber informiert worden, was sie erwartet und waren auch damit einverstanden. Direkt im Anschluss an die Interviews fand die Feedbackdiskussion statt. Hier zeigte sich einerseits, dass noch kein Meister vom Himmel gefallen ist – bei den meisten Teilnehmern gab es natürlich beim ersten mal noch Verbesserungsbedarf – und andererseits, dass gerade dieser Seminarteil von allen Teilnehmern als am wertvollsten empfunden wird, denn hier findet Lernen »pur« statt. Selten hatten die Teilnehmer Gelegenheit, etwas, das sie am Vortag gelernt hatten, am nächsten Tag direkt in ihrer Praxis anzuwenden und ihre Lernfortschritte durch konkretes Feedback von Kollegen um vom Trainer transparent zu machen. Wie haben die Teilnehmer dieses Training erlebt und was haben sie daraus gemacht?

Direkt nach dem Training wurden die Teilnehmer hinsichtlich des praktischen Nutzens der Seminarinhalte befragt (N = 80) (Jetter 1989).

Evaluation und Schlussfolgerungen

Einschätzung des praktischen Nutzens direkt nach dem Training

Interviewaspekte	Bewertung des praktischen Nutzens			
	sehr groß	groß	mäßig	gering
1. Erstellen von Anforderungsprofilen	60%	40%	0%	0%
2. Erstellen von Interviewleitfäden	60%	35%	5%	0%
3. Umfangreicher Fragenkatalog	40%	40%	20%	0%
4. Interviews mit Leitfaden führen	60%	30%	10%	0%
5. Protokollieren der Bewerberantworten	20%	20%	40%	20%
6. Spezielle Interviewtechniken	95%	5%	0%	0%
7. Gespräche zu zweit führen	80%	20%	0%	0%
8. Auswertung mit Skalierung	60%	45%	5%	0%

Die Tabelle zeigt, dass unmittelbar nach dem Interviewtraining der praktische Nutzen der eingesetzten Elemente des neuen Interviewkonzeptes von den Teilnehmern als groß bis sehr groß eingeschätzt wurde. Und das, obwohl mit dem neuen Konzept die bisherige Methode völlig umgekrempelt wurde.

Lediglich der praktische Nutzen des Protokollierens von Bewerberantworten wurde von 60% der Teilnehmer als mäßig bzw. gering eingestuft. Dagegen bewerteten alle Teilnehmer den Nutzen von Anforderungsprofilen als groß bis sehr groß, 90% fanden es gut bis sehr gut, ihre Gespräche mit einem Interviewleitfaden zu führen. Einhellige Zustimmung erhielten auch die eingesetzten Interview- und Fragetechniken, sowie das Einsetzen mehrerer Interviewer und die Verwendung von Auswertungsskalen.

Als Trainer kann man sich bei einem so durchgängig positiven Ergebnis eigentlich beruhigt zurücklehnen. Allerdings ist aus vielen Seminaren bekannt, dass vom Seminarerfolg nicht unkritisch auf einen Anwendungserfolg geschlossen werden darf. Es bleibt immer die Frage: Was nehmen die Teilnehmer von dem Seminar wirklich mit? Was davon wenden sie in ihrer Praxis konkret an? Welche Bereitschaft haben sie, ihr Verhalten grundlegend zu verändern?

Um herauszufinden, welche Aspekte des neuen Interviewkonzeptes dauerhaft in die Praxis übernommen worden sind, wurde zwei Jahre nach den Trainings eine Befragung unter den ehemaligen Seminarteilnehmern (N = 30) gemacht. Die Ergebnisse sind in einer Tabelle dargestellt.

Praktische Anwendung der Interviewtechnik nach zwei Jahren

Interviewaspekte	Praktische Anwendung			
	regel-mäßig	häufig	manch-mal	nicht
1. Ich erstelle Anforderungsprofile.	10%	40%	50%	0%
2. Ich bereite Interviewleitfäden vor.	20%	30%	50%	0%
3. Ich verwende dabei Fragen aus dem Fragenkatalog.	0%	10%	40%	50%
4. Ich führe Interviews anhand eines Leitfadens.	20%	30%	50%	0%
5. Ich halte die Bewerberantworten schriftlich fest.	40%	40%	10%	10%
6. Ich wende die vermittelte Fragetechnik an.	60%	40%	0%	0%
7. Ich führe Interviews zu zweit.	50%	40%	10%	0%
8. Ich verwende bei der Auswertung eine Skala.	30%	20%	20%	20%

Zwei Jahre nach dem Interviewtraining erstellten immer noch 50% der befragten Personen häufig bis regelmäßig Anforderungsprofile. Da der praktische Nutzen direkt nach dem Training von 100% der Befragten als groß bis sehr groß eingeschätzt wurde, können die 50% die nur manchmal ein Anforderungsprofil erstellen, nicht befriedigen. Die Vorbereitung eines Interviewleitfadens vor einem Interview erfolgte von 20% regelmäßig und von 30% häufig. Wiederum 50% erstellen nur manchmal einen Leitfaden für das Gespräch. Der den Teilnehmern im Interviewtraining zur Verfügung gestellte Fragenkatalog mit Beispielfragen zu über 40 Anforderungskriterien wurde direkt nach dem Training von 80% der Teil-

nehmer als sehr positiv beurteilt. In der Praxis dagegen arbeitet offensichtlich nur die Hälfte damit; die anderen 50% setzen vermutlich eigene
Fragen ein. Hatten direkt nach dem Training 90% der Teilnehmer noch
angegeben, der praktische Nutzen von Bewerbergesprächen mittels Interviewleitfäden sei groß bis sehr groß, gaben 2 Jahre später nur noch
50% der Befragten an, Interviewleitfäden häufig bis regelmäßig einzusetzen. Die andere Hälfte setzt Interviewleitfäden nur manchmal ein. Während direkt nach den Trainings das Protokollieren nur bei rund 40% als
praktisch relevant eingeschätzt wurde, machen sich inzwischen immerhin
80% der befragten Teilnehmer während des Gespräches Notizen. Den
Befragungsergebnissen zufolge wendeten alle Teilnehmer auch nach zwei
Jahren noch die vermittelten Interview- und Fragetechniken an. Durch-
gesetzt haben sich auch die Zweierinterviews von Personal- und Fachabteilung: 90% führen ihre Gespräche häufig bis regelmäßig zusammen,
10% manchmal. Obwohl grundsätzlich als nützlich eingestuft, werden
Auswertungsskalen in der Praxis nur bei rund 50% der Interviewer häufig bis regelmäßig, bei 20% manchmal und sogar bei 20% überhaupt nicht
eingesetzt.

Die Befragung ergab auch, dass die subjektive Sicherheit bei der Auswahlentscheidung durch das Interviewtraining bei 90% der Interviewer
gestiegen ist. Dass dadurch die Personalentscheidungen auch tatsächlich
besser geworden sind, kann nur vermutet werden. Denn sowohl aus den
Ergebnissen in der Literatur als auch aus Gründen der Plausibilität, kann
davon ausgegangen werden, dass eine verbesserte Informationsbasis auch
zu zuverlässigeren Entscheidungen führt. Wie sich in diesem Fall zeigte,
konnte durch die Interviewtrainings eine deutliche Verbesserung bei der
Handhabung des Interviews als Auswahlmethode erreicht werden. Legt
man allerdings die sehr positive Einschätzung des neuen Interviewkonzeptes direkt nach dem Training zugrunde, offenbarte sich noch ein deut-
liches Verbesserungspotenzial. Hauptursache für die nicht konsequent
genug erfolgte Umsetzung in die Praxis war der gestiegene Aufwand, den
das neue Konzept forderte. Zwar stand den Interviewern umfangreiches
schriftliches Material zur Verfügung, sowohl zur Erstellung von Anforderungsprofilen als auch für Interviewleitfäden, aber es war vielen einfach
zu aufwändig, für jede Funktion jeweils manuell z.B. ein Anforderungsprofil oder einen Interviewleitfaden zu erstellen.

Die Frage die sich aus diesen Ergebnissen natürlich aufdrängte war:
Wie kann man die »Benutzerfreundlichkeit« dieses Interviewkonzeptes
so erhöhen, dass auch die restlichen rund 50% Nicht- oder Gelegenheits-
anwender regelmäßige »Überzeugungstäter« werden? Die Antwort darauf wird im Kapitel »Unterstützung des Praxistransfers mit Hilfe der EDV«
geliefert.

3. Offene Interviewtrainings

Ausgangssituation

Aufgrund der anhaltend starken Nachfrage nach Interviewtrainings, nicht zuletzt als Folge der 1. Auflage dieses Buches, sah sich der Autor veranlasst, neben firmeninternen Trainings auch offene Trainingsveranstaltungen anzubieten.

Durchführung

Das Trainingskonzept war vergleichbar mit dem weiter oben bereits beschriebenen. Im Gegensatz zu unternehmensspezifischen Trainings konnte im Vorfeld aus nahe liegenden Gründen keine detaillierte Analyse der Ist-Situation vorgenommen werden, um auf dieser Grundlage die inhaltlichen Schwerpunkte und den Ablauf maßgeschneidert an die Unternehmenssituation anzupassen. Vielmehr wurde ein »Standardtraining« eingesetzt, wobei bei dem Wort Standard die Betonung nicht auf 08/15 liegt, sondern positiv ausgedrückt »im Setzen von Standards«. Die Teilnehmerzahl war auf 8 begrenzt, um sicherzustellen, dass auf jeden Teilnehmer individuell eingegangen werden konnte. Die Teilnehmer waren bunt gemischt: Geschäftsführer, Personalleiter, Führungskräfte und selbständige Unternehmensberater. Das Training fand in einem Seminarhotel statt und dauerte zwei Tage. Als Bewerber für die Übungsinterviews wurden freundlicherweise von der Landesbank Rheinland-Pfalz geeignete Kandidaten zur Verfügung gestellt.

Evaluation des Trainings – Die SZ-Seminarkritik

So wie an die eingesetzten Auswahlverfahren die Forderung zu stellen ist, dass sie das halten, was sie versprechen, gilt dies in gleicher Weise auch für Interviewtrainings oder andere die Qualität von Personalentscheidungen betreffende Maßnahmen und Instrumente. Der Zufall wollte es, dass die Süddeutsche Zeitung auf die Seminarankündigungen für diese Serie von Interviewtrainings aufmerksam wurde und sowohl Interesse an einer Teilnahme als auch am Verfassen einer SZ-Seminarkritik bekundete. Dies war eine gute Gelegenheit, nicht nur von den Teilnehmern ein Feedback zum Training zu bekommen, sondern auch aus der kritischen Perspektive professioneller Seminarbewertung. Nachdem ich nun seit Jahren die SZ-Seminarkritik verfolge, wusste ich, dass es nur ganz wenigen Trainern vergönnt ist, mit der Gesamtnote »sehr gut« zu bestehen. Deshalb war es natürlich besonders erfreulich, dass das eigene Seminar nicht nur dem hohen eigenen Anspruch gerecht wurde, sondern den kritischen Urteilen der Teilnehmer und auch der Testerin von der Süddeutschen Zeitung standhalten konnte.

Unter dem Titel »Nicht Luxus, sondern Notwendigkeit« hat die »Kritikerin« die beiden Trainigstage zusammengefasst, die sie zusammen mit acht weiteren Teilnehmern im Rahmen dieses Interviewtrainings verbrachte (Born 1998): »*Die Personalauswahl gehört zu den anspruchvollsten Entscheidungen, weiß Wolfgang Jetter, Geschäftsführer der Jetter Human Resource Management Consulting. Am häufigsten werden diese Entscheidungen auf Grund von Einstellungsinterviews getroffen. Auf dem zweitägigen*

Seminarbewertung von „Erfolgreiche Einstellinterviews" durch die Süddeutsche Zeitung:„Geldwerte Dienstleistung, die hält was sie verspricht."

- Thema: Erfolgreiche Einstellinterviews
- Veranstalter: Jetter Human Resource Management Consulting GmbH
- Referent: Wolfgang Jetter
- Dauer: 2 Tage
- Preis: Euro 700

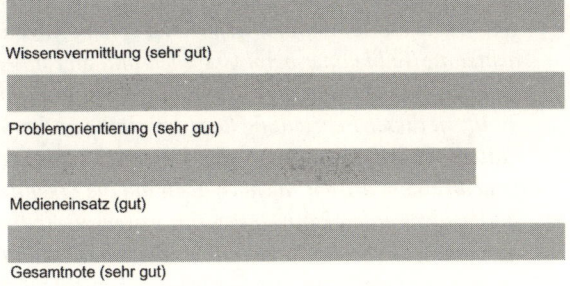

Wissensvermittlung (sehr gut)

Problemorientierung (sehr gut)

Medieneinsatz (gut)

Gesamtnote (sehr gut)

Quelle: Süddeutsche Zeitung vom 11./12. Juli 1998, Nr. 157/ Seite 57

Seminar »Erfolgreiche Einstellungsinterviews« in Frankfurt lernten die Teilnehmer, wie dieses Auswahlverfahren optimal anzuwenden ist. Da die Teilnehmerzahl auf acht begrenzt ist, kann Jetter besonders gut auf individuelle Probleme eingehen. Der gelernte Psychologe machte bereits zu Beginn des Seminars deutlich, dass die Teilnehmer den Verlauf des Trainings mitbestimmen. Am ersten Tag steht die Theorie im Mittelpunkt. Jetter kritisiert: Die Personalauswahl ist eine der wenigen Oasen im Management, wo sich jeder tummeln kann wie er will. Mit großem Foliensatz und plakativen Beispielen bringt Jetter Ordnung in das Chaos. Die Vorstellungsgespräche dürfen nicht ablaufen wie ein Boxkampf – nach der Devise »gewinnen oder plattmachen«. Ganz wichtig: Die Auswertung eines Bewerbungsgespräches erfolgt erst im Anschluss und nicht schon währenddessen. Wer heute seriös Personalauswahl betreiben will, muss strukturierte Interviews anwenden, so Jetter. In der Vorbereitung ist die Erstellung eines Anforderungsprofils empfehlenswert, aus dem dann die Fragen abgeleitet werden. Bereits am Nachmittag des ersten Tages können die Teilnehmer das Erlernte anwenden. In Gruppen wird nun zur Übung das Anforderungsprofil eines Serviceberaters in einer Sparkasse entwickelt. Bei der Erstellung eines entsprechenden Fragenkataloges gibt es dann Hilfe: Jetter hat eine passende PC-Software entwickelt. Alle Teilnehmer sind von der Software begeistert, da sie leicht anzuwenden ist. Der Fragenkatalog ist eine Strukturhilfe für den Interviewer. Jetter fordert die Teilnehmer immer wieder auf zu protokollieren, um den Überblick nicht zu verlieren: »Das ist kein Luxus, sondern eine Notwendigkeit!« Mit Hilfe des Tafelbildes und einem Videobeispiel vermittelt Jetter die richtigen Interviewtechniken. Wichtig ist, flexibel auf den Bewerber zu rea-

Abbildung 24:
Die SZ-Seminarkritik

gieren und ihn vor allem fair zu behandeln, denn »jeder Bewerber ist ein potenzieller Kunde und der Verlauf des Gespräches Ausdruck der Unternehmenskultur«, so Jetter. Die Teilnehmer lernen, wie sie das Selbstwertgefühl des Bewerbers respektieren, stillere Bewerber zum Reden und ausschweifendere auf den Punkt bringen. Theoretisch haben das alle Teilnehmer verstanden. Wie schwierig die Umsetzung ist, wird am zweiten Tag – dem Praxistag – deutlich. Zwei Auszubildende der Landesbank Rheinlandpfalz stellen sich als »Versuchskaninchen« zur Verfügung. Die Interviews werden zu zweit geführt. Diese Teamarbeit ist für alle eine positive Erfahrung. Jetter beobachtet die Teilnehmer beim Gespräch und gibt im Anschluss ein Feedback. Er kritisiert, lobt und gibt jedem Einzelnen brauchbare Tipps für die Zukunft. In dieser Beurteilung liegt der größte Lernerfolg des Seminars. Viele hätten sich an dieser Stelle aber gewünscht, dass das Seminar weitergeht. Und an einem dritten Tag noch mehr auf die Erkenntnisse eingegangen wird und geübt werden kann. Insgesamt waren die Teilnehmer mehr als zufrieden und jeder hatte das Gefühl, etwas gelernt zu haben. Zum größten Teil lag das am Referenten, der flexibel und kompetent ist.«

Nun was soll man dazu sagen, wer hört solches Lob aus Kritikermunde nicht ganz gerne.

Das hier vorgestellte Interviewtraining wurde vom Autor inzwischen in den unterschiedlichsten Unternehmen und Organisationen von A (Allianz) bis Z (ZF) erfolgreich durchgeführt, u.a. bei:

- Allianz AG
- Bayerische Motorenwerke AG (BMW)
- Bertelsmann AG
- Caritasverband Region Mönchengladbach
- Hirschmann AG
- HypoVereinsbank
- Zinser GmbH
- Kreiskrankenhaus München-Schwabing
- Siemens AG
- Stadtwerke München GmbH
- Zahnradfabrik Friedrichshafen AG (ZF)

uva.

Da das Gesamtpaket aus Interviewkonzept, Interviewtraining und INTERVIEW-PC-SYSTEM besteht, wird abschließend noch kurz auf die selbstentwickelte Software eingegangen, die den Anwendern (Führungskräfte, Personalabteilung) hilft, alle Elemente des strukturierten Interviews in der Praxis erfolgreich und effizient anzuwenden.

II. Unterstützung des Praxistransfers mit dem INTERVIEW-PC-SYSTEM

1. Das INTERVIEW-PC-SYSTEM als Umsetzungshilfe

Um den Praxistransfer zu erleichtern und damit die Qualität und Aussagekraft von strukturierten Einstellinterviews zu verbessern, entwickelte der Autor ein PC-gestütztes Expertensystem das alle Phasen eines strukturierten Interviews nachhaltig unterstützt (Jetter 1989, 1993; Lamparter 1991; Hartge 1992). Sie kennen dieses System bereits von unserem Anwendungsbeispiel. Die Software basiert auf dem in diesem Buch beschriebenen Interviewkonzept. Insofern handelt es sich bei dem **INTERVIEW-PC-SYSTEM** weniger um ein neues Auswahlverfahren, als vielmehr um ein wirkungsvolles Hilfsmittel des Praxistransfers strukturierter Interviews. Diese Software war eine Reaktion des Autors auf die überraschenden Untersuchungsergebnisse aus der bereits berichteten Evaluationsstudie von Interviewtrainings (Jetter 1989). Sie erinnern sich: Obwohl die Trainingsteilnehmer das Interviewkonzept durchweg sehr positiv einschätzten, auch wussten, dass die stärkere Strukturierung von Interviews z.B. mit Hilfe von Interviewleitfäden etc. eine notwendige Voraussetzung für die Verbesserung der Interviewergebnisse ist und mit ausreichend Material ausgestattet wurden, hielten sich nach zwei Jahren nur noch rund 50% der ehemaligen Teilnehmer an das neue Interviewkonzept. Warum? Weil es ihnen zu aufwändig war, jeweils aufs neue manuelle Anforderungsprofile und Interviewleitfäden zu erstellen. Weil ihnen ihre tägliche Arbeit zu wenig Zeit ließ, sich mit diesen Dingen gründlich genug zu befassen. Weil sie anderen Aktivitäten unter dem Druck der Tageshektik größere Prioritäten eingeräumt haben. Weil....

Es gibt immer genügend Gründe etwas nicht zu tun, obwohl man ganz genau weiß, dass es getan werden müsste. Leitgedanke war deshalb bei der Entwicklung dieser Software, den Anwendern möglichst wenig Gründe zu liefern, etwas nicht zu tun, und möglichst viel Nutzen anzubieten, um das Notwendige auch wirklich zu tun. **Die EDV-Unterstützung hat für den Anwender entscheidende Vorteile:**

- Erhebliche Zeiteinsparung gegenüber manuellem Vorgehen.
- Rasche »Multiplikation« der Interviewkompetenz im ganzen Unternehmen.
- Umfassende Datenbanken mit Anforderungskriterien, erfolgskritischen Verhaltensweisen und Fragebeispielen stehen allen Interviewern zur Verfügung.

Praktischer Nutzen

- Verfahren »diszipliniert« Fach- und Personalabteilung zur Zusammenarbeit.
- Durch effizientere Auswahlstrukturierung und höhere »Trefferquote« bei der Auswahl entstehen geringere Auswahlkosten.

Das **INTERVIEW-PC-SYSTEM** läuft unter Windows. Es kann eingesetzt werden zur Erstellung von:

- Funktionsbeschreibungen,
- Anforderungsprofilen,
- Vorselektions-Checklisten,
- Interviewleitfäden,
- Interviewauswertungen,
- Ergebnisprofilen und Gesamtgutachten,
- Entscheidungstabellen,
- Bewerberadministration.

Damit steht für das Einstellinterview erstmalig ein umfassendes Expertensystem zur Verfügung, das auch den »gewöhnlichen« Interviewer (im Gegensatz zu den so genannten Experten) in die Lage versetzt, aussagekräftige Interviews durchzuführen, ohne den sonst üblichen erheblichen Mehraufwand in Kauf nehmen zu müssen. Die Anwender des **INTERVIEW-PC-SYSTEMs** sind in der Regel die Personal- und Fachabteilung gemeinsam.

Dieses Softwareprogramm kommt bei der Auswahl interner und externer Mitarbeiter sowie Führungskräften zum Einsatz und eignet sich auch sehr gut für individuelle Potenzialeinschätzungen. Darüber hinaus kann es sowohl als Baustein eines Assessment Centers eingesetzt werden, als auch AC-Elemente in den Ablauf eines strukturierten Interviews integrieren wie z.B: Kurzpräsentationen, Rollenspiele, Arbeitsproben etc.

Funktionen des INTERVIEW-PC-SYSTEMS

Funktionsbeschreibungen werden über eine Eingabemaske systematisch und einfach erfasst. Die Eingabemaske gibt dabei Informationskategorien wie z.B. Ziele, Aufgaben, Critical Incidents etc. vor und der Anwender kann seine Beschreibungen über Tastatur eingeben.

Neben diesen grundlegenden Informationen über die Funktion, können auch die erforderlichen Grundqualifikationen wie (Hochschul-/Berufs)-Ausbildung, Berufserfahrung und Spezialkenntnisse eingegeben werden. Durch einen Vergleich dieser Grundanforderungen mit bewerberindividuellen Angaben aus den Bewerbungsunterlagen kann im Rahmen der Vorselektion ein Abgleich durchgeführt werden. Dies ist natürlich nur mit »harten« Daten möglich und auch nur dann, wenn ein einheitlicher Verschlüsselungs-Code verwendet wird.

Mit dem **INTERVIEW-PC-SYSTEM** lassen sich Anforderungsprofile direkt am Bildschirm erstellen. Eine umfangreiche Datenbank bietet dafür Unterstützung an:

Aus rund 60 Anforderungskriterien können jeweils die 8 bis 12 erfolgs- Erstellen der Anforde-
entscheidenden Anforderungskriterien für ein Anforderungsprofil aus- rungsprofile
gewählt werden. Der Anwender kann dazu per Mausklick alle in der Datenbank vorhandenen Anforderungskriterien aufrufen. Gemeinsam mit
dem Interviewpartner aus dem Fachbereich bzw. der Personalabteilung
werden die erfolgsentscheidenden Anforderungskriterien anhand der critical incidents aus der Funktionsbeschreibung ausgewählt.

Der Anwender kann bei der Auswahl der Anforderungskriterien zusätzlich auch die dazu jeweils gespeicherten erfolgskritischen Verhaltensweisen zuordnen. Auf diese Weise lässt sich ein nachvollziehbarer Verhaltensbezug und damit eine operationale Definition des Anforderungskriteriums herstellen.

Mit Hilfe dieser erfolgsentscheidenden Verhaltensweisen lässt sich ein
nachvollziehbarer Verhaltensbezug und damit eine operationale Definition jedes Anforderungskriteriums herstellen. Die Verhaltensweisen im
System stammen aus umfangreichen REP-Analysen (»Repertory Grid«)
von Schlüsselfunktionen. Sie können funktionsspezifisch ergänzt werden.
Alle verwendeten Begriffe z.B. der Anforderungskriterien und sonstigen
Inhalte des Systems lassen sich ergänzen und/oder unternehmensspezi-
fisch anpassen.

Bei der Bedienung des **INTERVIEW-PC-SYSTEMs** zur Erstellung eines Anforderungsprofils werden einem natürlich die dabei zugrunde liegenden gedanklichen Schritte nicht vom System abgenommen. Im Gegenteil, Sie müssen sich jedesmal aufs Neue fragen: Kommt es wirklich
entscheidend auf dieses Merkmal an? In welchen Situationen kommt es
zum Tragen? Wie repräsentativ sind diese Situationen für den Erfolg? etc.

Allerdings wird ein konzeptioneller und begrifflicher Rahmen zur
Verfügung gestellt, der es den Personal- und Fachabteilungen ermöglicht,
sehr konkrete, auf Verhaltensweisen beruhende funktionsspezifische Anforderungsprofile zu erstellen und auszudrucken.

Die relative Bedeutung jedes ausgewählten Anforderungskriteriums
kann mit einem Gewichtungsfaktor von 1 bis 3 ausgedrückt werden.

Ohne systemseitige Unterstützung ist gerade dieser Teil der Interviewvorbereitung besonders schwierig und aufwändig. Schwierig deshalb, weil
Sie sich jeweils geeignete Fragen zu jedem Anforderungsmerkmal überlegen müssen, ohne vorher zu wissen, ob diese Fragen dafür auch tatsächlich geeignet sind. Aufwändig ist dieser Prozess einerseits, weil jeweils neue
Fragen generiert werden müssen, und andererseits die manuelle Zusam-
menstellung der Fragen in einem Leitfaden sehr zeitraubend ist. Deshalb
unterbleibt dieser wichtige Teil der Interviewvorbereitung in der Praxis
häufig zugunsten spontaner, Zufallsschwankungen ausgesetzter intuiti-
ver Fragen im Interview.

Das **INTERVIEW-PC-SYSTEM** hilft dem Anwender mit geringem
Zeitaufwand anforderungsbezogene Interviewleitfäden zu erstellen. Alle
notwendigen Voraussetzungen sind enthalten:

Erstellen eines Interviewleitfadens

- **Vielfältige Fragenauswahl:** Zu jedem Anforderungskriterium stehen zwischen 10 und 30 Fragen zur Verfügung. Insgesamt sind rund 700 Fragen gespeichert.
- **Hohe Flexibilität:** Die gespeicherten Fragen können flexibel an die jeweilige Auswahlsituation angepasst werden. Neue Fragen können beim Erstellen des Interviewleitfadens aufgenommen werden.
- **Einfache Bedienung:** Die Fragen werden direkt am Bildschirm ausgewählt und zu einem Interviewleitfaden zusammengestellt.

Einmal erstellte Interviewleitfäden können jederzeit wieder abgerufen und ausgedruckt werden. Falls erforderlich, lassen sich evtl. Änderungen schnell durchführen. Damit ist die Aktualisierung der Interviewleitfäden problemlos möglich.

Das Interview selbst wird selbstverständlich ohne PC durchgeführt. Es bleibt eine menschliche Begegnung mit allen Vorteilen, die das herkömmliche Interview auch bislang so beliebt gemacht hat: Eingehen auf den Gesprächspartner, positive Atmosphäre schaffen, Darstellen des Unternehmens und des Arbeitsplatzes etc. Durch die Verwendung eines Interviewleitfadens werden diese Gespräche aber sehr viel zielorientierter und unanfälliger gegenüber zufälligen Gesprächsschwankungen und subjektiven Einflüssen.

Auswertung des
Interviews und Erstellen
des Eignungsprofils

Das INTERVIEW-PC-SYSTEM bietet dazu ein Auswertungsmenü an:

Zunächst werden die erfolgskritischen Verhaltensweisen jedes Anforderungskriteriums anhand der im Interview gesammelten Informationen (Verhaltensstichproben) bewertet. Dadurch wird für das zu bewertende Anforderungskriterium eine Verhaltensbasis geschaffen.

Danach wird jedes Anforderungskriterium mit Hilfe einer 5er-Skala bewertet.

Zusätzlich kann zu jedem Anforderungskriterium ein freier Textbaustein zur Beschreibung der Besonderheiten etc. eingegeben werden. Dies hat den Vorteil, dass man auch zu einem späteren Zeitpunkt die Bewertung nachvollziehen und begründen kann.

Abschließend kann das Eignungsprofil und, wenn gewünscht, ein Gesamtgutachten ausgedruckt werden.

Nach Abschluss der Auswertung kann das Ergebnis als Eignungsprofil dargestellt werden.

Haben die Interviewer ihre Entscheidung getroffen, kann der jeweilige Status pro Bewerber eingegeben und ein dazu passender Briefbaustein ausgewählt werden. Damit wird auch der administrative Aufwand rund um die Auswahlaktion verringert. Die Bewerberdaten müssen nur einmal erfasst werden und können dann direkt für die Weiterverarbeitung nach der Auswahlentscheidung verwendet werden.

Es lassen sich auch eine Reihe von Auswertungen durchführen, z.B.:

- Medienpräferenzen,
- Resonanz auf die geschalteten Stellenanzeigen,

- Kosten der Auswahl (Anzeigenkosten, Personalberater, Vorstellkosten etc.),
- Biographische Merkmale der Bewerber,
- etc.

Durch diese entscheidungsrelevanten Informationen und Analysen können Sie die Effizienz Ihres Auswahlverfahrens weiter verbessern.

Allgemein   Systemvoraussetzungen
- PC ab Pentium 2 oder vergleichbare CPUs,
- 64 MB RAM Arbeitsspeicher oder mehr,
- 25 MB freier Speicherplatz auf der Festplatte oder mehr,
- CD-Laufwerk,
- Monitor und Grafikkarte müssen Windows-kompatibel sein,
- Microsoft-Windows 98 und Acces 97/2000 oder Windows 2000 mit Office 2000, Windows XP mit Office XP.

Bei Netzwerkbetrieb
- Alle von Microsoft Access unterstützte Netzwerke (z.B. Novell, LAN-Manager, etc.).

Drucker
- Alle unter Windows einsetzbare Drucker (Windows-Druckertreiber müssen vorhanden sein).

Eine Reihe von Unternehmen nutzen bereits die Vorteile der EDV-Unterstützung bei der Vorbereitung, Durchführung und Auswertung von strukturierten Interviews:

- BASF AG
- Basler Verkehrsbetriebe
- Beiersdorf AG
- Bertelsmann AG
- Braas Dachsysteme GmbH
- Bayerische Versicherungskammer
- Boehringer Ingelheim KG
- Caritasverband Region Mönchengladbach
- CREDIT SUISSE
- Colonia Versicherungen AG
- DATEV eG
- Elf Oil AG
- Frankfurter Versicherungs AG
- Gerling Konzern
- GAD
- Hüls-Troisdorf AG
- Keramchemie GmbH
- Klöckner-Humboldt-Deutz AG
- Krankenhaus München Schwabing

- Landesbank Kiel
- Landesbank Rheinland-Pfalz
- Lurgi AG
- MMI Marketing Management Institut für Volkswagen
- Otto Versand
- Polizei Hamburg
- Provinzial Versicherungen
- Raffineriegesellschaft Vohburg/Ingolstadt mbH
- Roland Berger & Partner GmbH
- Sparkasse Weissenburg
- Sparkasse Fürstenfeldbruck
- Südwestdeutsche Landesbank
- Siemens AG
- Steinbeis GmbH
- Schweizerische Mobiliar Versicherungsgesellschaft
- Schweizerische Bundesbahnen
- Stadt Dortmund
- Tele-daten-Service
- Trumpf GmbH
- Thyssen AG
- United Parcel Service
- Verlagsgruppe von Holtzbrinck
- Weka Fachverlage GmbH
- ZF Friedrichshafen

u.a.

Nähere Informationen zu dieser Personalsoftware erhalten Sie bei:

JETTER HUMAN RESOURCE MANAGEMENT CONSULTING GMBH
Gartenstraße 14
86911 Dießen-Riederau
Tel.: (08807) 4699, Fax: (08807) 7731
E-Mail: wolfgang.jetter@jetter-management.de
Internet: www.jetter-management.de

2. Fallbeispiel Bertelsmann

Ausgangssituation

Anhand eines weiteren Beispiels soll ein kurzer Eindruck vermittelt werden, wie das in diesem Buch vorgestellte Interviewkonzept in einem Medienkonzern eingeführt wurde. **BertelsmannMediaSystems (BMS)**, ein Unternehmen der Bertelsmann AG, das interne und externe IT-Dienstleistungen erbringt (Entwicklung, Einführung und Betrieb), benötigte zur

Realisierung der Unternehmensstrategie innerhalb eines Jahres mehre hundert zusätzliche hoch qualifizierte IT-Spezialisten und Führungskräfte. Die Auswahl sollte im Wesentlichen dezentral durch die dortigen Führungskräfte erfolgen, um im hartumkämpften Markt für IT-Spezialisten schnell agieren zu können. Dazu waren einerseits die internen Prozesse zwischen Personal- und Fachabteilung neu zu gestalten und andererseits mussten die Führungskräfte zu Personalauswahlspezialisten ausgebildet werden.

Zur Erreichung dieser Ziele wurde der Autor um Unterstützung gebeten. Der Aufgabenumfang umfasste:

- Erheben des Ist-Rekrutierungsprozesses,
- Definition des idealtypischen Soll-Rekrutierungsprozesses,
- Entwicklung/Anpassung eines Interview-Trainigs für Führungskräfte unter Berücksichtigung des neuen Soll-Prozesses,
- Pilot-Training mit ausgewählten Führungskräften,
- Rollout des Trainings auf alle Führungskräfte und Personalspezialisten.

Das Projekt ließ sich in folgende Phasen unterteilen:

- Konzeption (Auswahlprozess und -methode und Interviewtraining),
- Pilot-Training mit ausgewählten Führungskräften,
- Rollout des Trainings auf alle Führungskräfte.

Insgesamt wurden 6 Interviewtrainings mit jeweils 12 Teilnehmern und 2 Trainern durchgeführt. Die von den Seminarteilnehmern geäußerten Probleme im Zusammenhang mit Einstellungsinterviews ähnelten sehr stark denen, die bereits im ersten Fallbeispiel aufgeführt wurden. Diese Erkenntnisse ziehen sich übrigens wie ein roter Faden durch fast alle Interviewtrainings:

Die meisten Interviewer haben entweder Probleme damit,

- die Anforderungen einer Stelle zu definieren, oder
- die Bewerbungsunterlagen richtig zu interpretieren,
- geeignete Fragen im Interview zu stellen, oder
- das vom Bewerber Gesagte richtig zu bewerten, bzw. – wie sich viele ausdrückten, »hinter die Fassade des Bewerbers « zu schauen – , und
- dafür zu sorgen, dass im Laufe eines Interviews alles angesprochen und erfasst wird, um eine zuverlässige Auswahlentscheidung zu treffen.

Durchführung

Notstand herrscht also in allen Phasen des Interviews: in der Vorbereitung, der Durchführung und der Auswertung. Insofern hat das angebotene Programm die Erwartungen der Teilnehmer voll abgedeckt und ihnen geholfen, für diese Probleme in Zukunft gewappnet zu sein. Die praktischen Übungen waren für die meisten Teilnehmer besonders lehrreich, da ihnen erst dort deutlich geworden ist, wo es in der Anwendung noch nicht »rund genug läuft«. Theoretisch, da waren sich alle einig, ist das strukturierte Interview keine große Kunst. Das Konzept ist schlüssig, jedes einzelne Element eigentlich leicht zu handhaben und somit auf den ersten Blick fast trivial. Hat man es aber dann mit leibhaftigen Bewerbern zu tun, kann es auch einem erfahrenen Praktiker schon mal passieren, dass er vor lauter Aufregung plötzlich auf »Kriegsfuß« mit seinem Interviewleitfaden steht, ganz vergisst zu protokollieren oder auch mal den eigenen Interviewpartner vor den Kopf stößt. Was am ersten Trainingstag noch relativ einfach aussieht, erweist sich am zweiten Tag, dem Tag der Entscheidung, dann doch für die meisten Teilnehmer als echte Herausforderung. Insgesamt hat bei allen Trainingsveranstaltungen die Dramaturgie gut funktioniert. Vom ersten Tag an wurde ein Spannungsbogen aufgebaut, der seinen Höhepunkt und besonderen Erkenntnisgewinn bei den Übungsinterviews und dem sich anschließenden individuellen Feedback erreichte. Neben den Tücken des Interviews wurden auch die Schnittstellenprobleme des Auswahlprozesses diskutiert und Lösungsvorschläge erarbeitet. Es hat sich einmal mehr gezeigt, dass die Führungskräfte in Interviewtrainings tendenziell zu größerem Pragmatismus neigen, als ihre Personalkollegen. Während im Personalbereich oft noch überlegt wird, ob und wie das INTERVIEW-PC-SYSTEM im Unternehmen eingesetzt werden könnte, sagen die Führungskräfte klipp und klar, dass sie die Software als große Unterstützung empfinden und in der Praxis nicht darauf verzichten wollen. Der Konzern hat sich entschieden, die Software im weiteren Auswahlprozess aktiv einzusetzen.

III. Optimierung des Rekrutierungs-Prozesses

Der dritte Ansatzpunkt zur Implementierung einer neuen Auswahlmethode ist gleichzeitig der komplexeste. Hier geht es nicht nur darum, eine neue Methode einzuführen und die Anwender in die Lage zu versetzen, diese Methode erfolgreich anzuwenden, sondern hier steht der komplette Rekrutierungsprozess auf dem Prüfstand, und zwar vom Personalbedarf bis hin zur Unterbreitung des Arbeitsvertrages und der Abwicklung aller erforderlichen Einstellungsmodalitäten. Wie Sie gesehen haben, wurde das Buch um den Bereich Bewerbersuche und -gewinnung ergänzt, da es nicht damit getan ist, geeignete von weniger gut geeigneten Bewerbern zu unterscheiden, sondern erst dafür gesorgt werden muss, einen Bewerberpool aufzubauen, aus dem dann die richtigen Kandidaten herausgefischt werden können oder um es anders auszudrücken: Es genügt eben nicht, wenn der Angler zwar eine gute Angel hat, aber im Teich keine Fische schwimmen.

Ein zentrales Problem in der heutigen Auswahlpraxis der Unternehmen besteht darin, dass es sowohl innerhalb als auch zwischen diesen Phasen noch jede Menge an Inkonsistenzen und Medienbrüchen gibt. In dem Buch »Die Besten gehen ins Netz« wird folgendes Muster-Szenario beschrieben: »Idealerweise kann bereits im Vorfeld der Erstellung einer Online-Stellenanzeige das Anforderungsprofil an den zukünftigen Stelleninhaber im System hinterlegt werden. Die dort festgelegten Anforderungen werden in der Stellenausschreibung und im Bewerbungsformular automatisch berücksichtigt. Mittels einer umfassenden Mediaplanungsfunktion werden geeignete Jobbörsen zur Publikation der Ausschreibung ausgewählt. Der sich anschließende standardisierte Ablauf vereinfacht die Kommunikation und Abwicklung mit den externen Dienstleistern erheblich. Sind die Informationen über eine Vakanz veröffentlicht, hat der Bewerber über ein Online-Bewerbungsformular direkt die Möglichkeit zur jobspezifischen Kontaktaufnahme. Die Bewerbungen fließen in eine Bewerberdatenbank, die Basis für den gesamten Bewerbermanagement- und Kommunikationsprozess ist. So werden von der Ausschreibung bis zur Einstellung alle Aktionen durch nur ein System ausgeführt und gleichzeitig übersichtlich dokumentiert. ...Durch die konsequente Ausnutzung der technischen Vorteile des Internets können die Medienbrüche des herkömmlichen Recruiting-Prozesses überwunden werden. Dies sorgt neben erhöhter Transparenz vor allem für eine Optimierung der Prozesse, die sich in deutlichen Effizienzsteigerungen und Kosteneinsparungen niederschlägt.« (Schröter/Schwartz 2001). Soviel zur Theorie. Die Praxis ist davon z.T. noch weit entfernt. Um das zu erreichen, müssen

Rekrutierungsprozesse sind häufig inkonsistent und zeigen Medienbrüche

Geeignete Softwaretools
können Abhilfe schaffen

Unternehmen ihre Prozesse im Recruiting-Bereich optimieren und auf die neuen technischen Möglichkeiten abstimmen. Durch geeignete Softwaretools muss sichergestellt werden, dass alle Aktivitäten integriert werden können. Beispielsweise bietet mySAP HR E-Recruiting dafür folgende Funktionalitäten an:

- Talent-Warehouse,
- Recruiter,
- Service Center,
- Analysen.

Insbesondere der Recruiter kann im Rahmen eines E-Recruiting-Workflow-Managements nützliche Dienste leisten:

- Workflow-Vorlagen für komplexe Personalbeschaffungsaufgaben wie z.B. Stellenausschreibungen oder Arbeitsverträge,
- Vakanzenverwaltung,
- Vorbereiten von Stellenausschreibungen mit Hilfe elektronischer Assistenten und Vorlagen,
- Verwaltung der verschiedenen Suchkanäle,
- Verwaltung von Stellenanzeigen in Printmedien,
- Bewerbervorauswahl durch Abgleich der Anforderungsprofile mit den Bewerberprofilen
- Identifizierung geeigneter (inter oder externer) Kandidaten im Talent-Warehouse,
- Dokumentenverwaltung,
- Einfache Initiierung von Prozessen, wie z.B. Versenden von Einladungen, Erteilen von Absagen, Vereinbarung von Terminen für Interviews etc.,
- Online-Kommunikation mit Bewerbern,
- Statusverfolgung von Bewerbungen.

Optimierung des
gesamten Rekrutierungs-
prozesses als wichtige
Grundvoraussetzung

Durch einen ganzheitlichen E-Recruiting-Workflow auf Basis einer optimalen Verzahnung von Internet und einer Basis-HR-Software kann erreicht werden, dass einerseits den Bewerbern ein Höchstmaß an Service geboten wird, z.B. durch einfache Kontaktaufnahme, schnelles Reagieren auf Anfragen und rasche Bewerbungsbearbeitung und andererseits die Unternehmen davon profitieren, dass sie ihre Effektivität verbessern (z.B. durch einen wirkungsvolleren Draht zu ihrer Zielgruppe eine bessere Vorauswahl) und die im Auswahlprozess schlummernden Effizienzsteigerungspotenziale realisieren (z.B. durch Prozessoptimierung, Ersetzen administrativer Tätigkeiten durch »Technik«).

Personalrekrutierung ist allerdings nur ein Prozess im Rahmen des gesamten Human Resource Managements. Daneben gibt es viele weitere Prozesse wie z.B. Personalplanung, Personalentwicklung, Personaleinsatz und –verwaltung, Gehaltsabrechnung bis hin zum Personalcontrolling. Es wäre wenig zielführend, wenn die Möglichkeiten des Internets nur für die Beschaffung neuer Mitarbeiter genutzt würden. Vielmehr ist klar vorgezeichnet, dass künftig die ganze Personalarbeit »ans Netz geht«. Alles was heute noch im Personalbereich papierbasiert und/oder umständlichen Abstimmungsprozeduren unterworfen ist, könnte morgen schon sehr viel effektiver und effizienter über das Internet abgewickelt werden (Web-based HR). Gemeint sind insbesondere die Transaktionsprozesse, die zum Betreiben der typischen Personalprozesse zwar erforderlich aber insgesamt wenig wertschöpfend sind. Wenn es gelingt, einen Großteil der administrativen Anteile am Personalgeschäft über das Netz abzuwickeln, entstehen zusätzliche Kapazitäten für wertschöpfende Tätigkeiten in den Personalabteilungen. Dies ist eine wichtige Voraussetzung für einen an der Unternehmensstrategie orientierten Wertbeitrag der Personalressorts.

Damit ist klar, dass sich Personalauswahl nicht nur auf die Auswahlmethode reduzieren lässt, wie z.B. das strukturierte Interview, sondern alle Aktivitäten umfassen muss, die erforderlich sind, um die benötigten Mitarbeiter in gewünschter Anzahl und Qualifikation zum richtigen Zeitpunkt zu gewinnen – und langfristig zu halten.

Dies erfordert einerseits einen effizienten Rekrutierungsprozess, der sowohl alle relevanten Aspekte beinhaltet (z.B. auch die Ansätze des E-Recruiting) und diese optimiert (z.B. an Benchmarks ausrichtet) als auch einen wirkungsvollen Prozess zur Überprüfung des Erreichten.

1. Prozessgestaltung

Alles was sich in einer Organisation ereignet, ist das Ergebnis eines Prozesses. Ein Prozess ist eine Serie von einzelnen Prozesschritten die gebildet werden, um einen Effekt oder eine Wirkung (z.B. Produkte oder Dienstleistungen) zu erzielen. Gemeinsam ist allen Prozessen, dass sie dafür Ressourcen verbrauchen.

Wenn es in Unternehmen zu Problemen bei den Arbeitsergebnissen kommt, lassen sie sich in der Regel folgenden vier Bereichen zuordnen:

Typische Indikatoren ineffizienter Prozesse

*   Die Arbeitsergebnisse des vorgelagerten Prozessschrittes oder der Person liegen nicht rechtzeitig vor (z.B. die Bewerbermappe bleibt zu lange im Fachbereich liegen, so dass sich Einladungen/Absagen verzögern).
*   Der Arbeitsprozess ist zu umständlich und führt zu Fehlern (z.B. bei der Bearbeitung der Bewerbungen gibt es viele Medienbrüche).
*   Es werden unrealistische Ergebnisse erwartet (z.B. die Personalabteilung sagt dem Fachbereich eine Besetzung in spätestens 4 Wochen zu, obwohl die Voraussetzungen dafür nicht gegeben sind.).
*   Die zur Verfügung stehenden Ressourcen sind schlecht ausgebildet (z.B. die Führungskräfte, die Einstellinterviews führen sollen, haben noch kein Interviewtraining besucht und vertrauen auf ihre Erfahrung).

Bei einer prozessorientierten Betrachtung sind beim Rekrutierungsprozess folgende Elemente von besonderem Interesse:

Der Prozess-Input ergibt sich aus der Unternehmensstrategie und der aktuellen Geschäftsentwicklung und dem sich daraus ableitenden Personalbedarf.

Die Prozess-Aktivitäten lassen sich unterteilen in die Makro- und Mikroprozesse. Die Makroprozesse sind die großen, deutlich unterscheidbaren Aktivitätenbündel wie Personalplanung, Personalmarketing, Personalanwerbung, Personalauswahl und Personaleinstellung. Als Mikroprozesse können die Aktivitäten und Abläufe innerhalb und zwischen den Makroprozessen bezeichnet werden, wie z.B. Vorauswahl etc.

Der Prozess-Output kann ebenfalls unterteilt werden in Gesamtoutput (z.B. Anzahl eingestellter Mitarbeiter), Output eines Makroprozesses (z.B. Anzahl qualifizierter Bewerbungen) und Output eines Mikroprozesses (z.B. Dauer von der Bewerbung bis zur Einladung zum Interview).

Die Prozess-Ressourcen sind die handelnden Akteure, also die Mitarbeiter der Personalabteilung, die Führungskräfte und der Betriebsrat.

Bei der Prozessoptimierung stellt sich die Frage, wie diese Elemente zu verändern sind, damit der Prozess-Output als Ergebnis der Maßnahmen den gesetzten Zielen bestmöglich entspricht. Der Prozess-Input ist dabei als unabhängige Variable zu betrachten, denn sie gibt vor, was durch den Prozess erreicht werden soll (z.B. Beschaffung einer bestimmten Anzahl von Mitarbeitern). Der Soll-Prozess-Output ist eine Konkretisierung des Prozess-Inputs, denn er präzisiert, welche Leistungsparameter jeweils genau erreicht werden sollen (z.B. Antwort auf jede Online-Bewerbung innerhalb von 24 Stunden), der Ist-Prozess-Output ist dagegen die abhängige Variable (z.B. tatsächliche Reaktionszeit auf Online-Bewerbungen beträgt 72 Stunden) die es zu verbessern gilt und in erster Linie von den Prozess-Aktivitäten (z.B. internetbasiertes Workflow-Management mit automatischer Eingangsbestätigung) abhängt. Damit wird deutlich, dass sich die Konzentration bei der Prozessoptimierung auf die Prozess-Aktivitäten richten muss, denn diese sind primär für das Prozessergebnis verantwortlich.

Die Prozessoptimierung verläuft in drei Phasen

Phase 1: Prozessanalyse

Die Prozessanalyse umfasst im Wesentlichen die Elemente:

- Zieldefinition (»Was soll durch die Prozessoptimierung erreicht werden?)
- Prozesserhebung (»Wie laufen die Prozesse heute? Was läuft gut, was weniger gut?«)

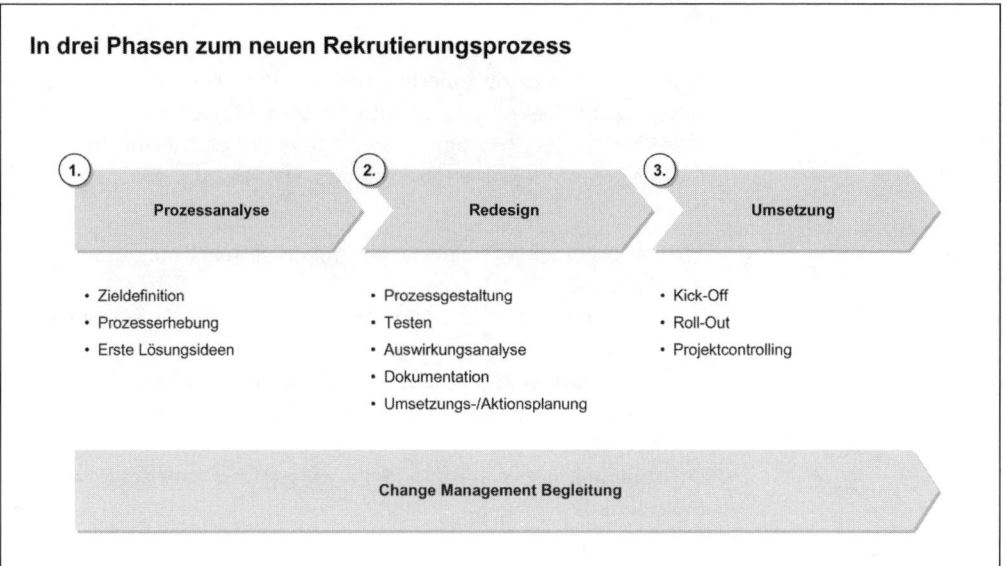

In drei Phasen zum neuen Rekrutierungsprozess

1.

2.

3.

Prozessanalyse

Redesign

Umsetzung

* Zieldefinition
* Prozesserhebung
* Erste Lösungsideen

* Prozessgestaltung
* Testen
* Auswirkungsanalyse
* Dokumentation
* Umsetzungs-/Aktionsplanung

* Kick-Off
* Roll-Out
* Projektcontrolling

Change Management Begleitung

* Erste Lösungsideen (»Welche Verbesserungsansätze lassen sich bereits aus der Prozesserhebung ableiten?«).

Abbildung 25: Optimierung des Rekrutierungsprozesses

In der **Zieldefinition** wird beschrieben, welche konkreten Ergebnisse erreicht werden sollen. Es ist wichtig, dass dabei die Beteiligten ausreichend eingebunden werden und realistische Ziele formuliert werden. Je konkreter die Ziele und Zwischenziele formuliert sind, desto besser kann der Erfolg der Maßnahmen gemessen werden.

Die **Prozesserhebung** ist die Beschreibung des Ist-Prozesses. Die Ist-Aufnahme sollte alle Aspekte des Prozesses erfassen, also jeweils den Input, die Aktivitäten, den Output und die Ressourcen. Eine detaillierte Quantifizierung dieser Elemente hilft Ihnen, den später durch den neuen Prozess erzielten Effizienzgewinn zu belegen. Die Darstellung des Ist-Prozesses kann z.B. in einem Flussdiagramm erfolgen. Wichtig dabei ist, dass auch die Schnittstellen zu anderen Prozessen aufgezeigt werden, denn gerade im Zusammenspiel und Zusammentreffen unterschiedlicher Abläufe kommt es mitunter zu den größten Problemen und Ineffizienzen. Licht in diese Grauzone zu bringen, ist somit eine der wesentlichsten Aufgaben der Prozessaufnahme. Die Prozessaufnahme erfolgt üblicherweise im Rahmen von Workshops und/oder Interviews mit Personen, die den Ablauf gut kennen und darüber sachkundig Auskunft geben können.

Erste Lösungsideen stellen sich meist schon während der Prozesserhebung ein. Bestimmte Probleme werden oft erst dann »augenfällig«, wenn man sie z.B. auf einem Flipchart oder einem anderen Medium aufgemalt sieht. Wer es schafft, Transparenz in das was er bisher getan hat reinzubringen, hat gute Chancen, dass er das was er künftig macht, besser macht als vorher und aus seinen Fehlern lernt.

Phase 2: Redesign

In Phase 2 der Prozessoptimierung wird der Prozess so um- bzw. neugestaltet, dass auf dieser Basis die angestrebten Prozess-Outputs erreicht werden können. Das Redesign ist damit einer der zentralen Erfolgsfaktoren bei der gesamten Prozessoptimierung. Das Redesign enthält folgende Elemente:

- Prozess gestalten (»Wie muss der Prozess gestaltet sein, um die Ziele zu erreichen?«)
- Testen (»Funktioniert der neue Test und bringt er die Ergebnisse zustande?«)
- Auswirkungsanalyse (»Welche Auswirkungen des neuen Prozesses sind zu erwaten, was muss sonst noch alles bei der Einführung mitbedacht und berücksichtigt werden?«)
- Dokumentieren (»Was ist von wem wie zu tun, damit der Prozess optimal abläuft?«)
- Umsetzung planen (»Wer macht was bis wann mit welchem Ergebnis?«).

Bei der **Prozessgestaltung** geht darum, den Arbeitsprozess mit »anderen Augen« zu betrachten und eine neue Perspektive einzunehmen, um eine kreative Lösung für das zu finden, was bisher auf althergebrachte Weise erledigt wurde. Hier gilt es Fragen zu beantworten wie z.B.: *Wie können wir erreichen, dass wir unsere Stellen nicht erst nach 3 Monaten besetzt haben, sondern bereits nach 3 Wochen?* An diese Frage reihen sich viele weitere W-Fragen, wie z.B.: *Welche Faktoren beeinflussen heute die Stellenbesetzung am meisten? Welches sind davon die 20% wichtigsten Einflussfaktoren, die 80% des Problems ausmachen (Pareto-Prinzip)? Wie können wir diese Hauptursachen am effektivsten ausschalten? Wie müsste der Prozess gestaltet sein, um das zu erreichen? Wie sind die Probleme zu beseitigen, die diese ideale Lösung möglicherweise verhindern?* etc. Redesign ist also nichts anderes als kreatives Problemlösen auf hohem Niveau.

Ansätze zur Prozessoptimierung gibt es viele (nach: Jochmann 1997):

- **Zusammenlegung von Tätigkeiten**, z.B. Gruppenarbeit statt sequenzieller Arbeit von mehren Abteilungen, Integration von Aufgaben etc. (Beispiel: Personalsuche und -auswahl integrieren).
- **Vereinfachung des Prozesses**, z.B. durch Reduktion von Doppelarbeiten, Schnittstellen, Mehrfachkontrollen (Beispiel: Durchgängiges Bewerbermanagement-System).
- **Parallele statt sequenzielle Bearbeitung**, z.B. durch gleichzeitige zur Verfügungstellung von Informationen (Beispiel: Personalsuche über mehrere Kanäle gleichzeitig, gemeinsame Interviews von Fach- und Personalabteilung).
- **Verlagerung von Verantwortung**, z.B. durch Beseitigen von »Bottle Necks« (Beispiel: Führungskräfte können in definierten Fällen Einstellentscheidungen auch ohne Personalabteilung treffen).

- **Harmonisierung des Prozesses**, z.B. durch Bündelung an einem Standort (Beispiel: Übergreifendes Recruiting-Center für alle Unternehmenseinheiten).
- **Aufbau von Prozessicherheit**, z.B. durch geschulte Mitarbeiter (Beispiel: Interviewtrainings.)
- **Integration von unterstützender Datenverarbeitung**, z.B. durch integrierte IT-Systeme (Beispiel: Ganzheitliches Workflow-Management bei E-Recruiting).
- **Einführung einer abteilungsübergreifenden Projektorganisation**, z.B. durch Prozess-Ownership und klare Verantwortlichkeiteh von Personal- und Fachabteilung (Beispiel: Recruiting-Center).
- **Strukturierte und zielorientierte Durchführung von Besprechungen**, z.B. durch bessere Kommunikation von Personal- und Fachabteilung (Beispiel: Gemeinsames Erstellen von Anforderungsprofilen und Interviewleitfäden, gemeinsame Interviewauswertung).

Im Praxistest muss der neue Prozess zeigen, ob alles so läuft, wie es auf dem Reißbrett geplant wurde. Dabei muss sich einerseits ergeben, dass der neue Prozess funktionstüchtig und realisierbar ist, aber auch, ob durch den neuen Prozess die gewünschten Effekte (z.B. um x% schneller, y% kostengünstgier, z% bessere Qualität etc.) tatsächlich eintreten. Der Prozesstest erfordert also eine sorgfältige Auswertung der Pilotergebnisse und Einarbeitung der gewonnenen Erkenntnis in das endgültige Prozessdesign.

Durch eine **Auswirkungsanalyse** soll sichergestellt werden, dass alle Eventualitäten bedacht und bei der späteren Einführung berücksichtigt werden. Mögliche Auswirkungen des neuen Prozesses könnten z.B. sein:

- Neue organisatorische Zuständigkeiten und Rollendefinitionen,
- Umzug einiger Mitarbeiter von A nach B,
- Ausreichende Bereitstellung von Handbüchern für die Mitarbeiter,
- Anschaffung neuer Hard- und Software,
- Schulung aller Mitarbeiter auf den neuen Prozess und die neue IT-Unterstützung
- etc.

Durch die **Dokumentation** des neuen Prozesses kann man sicherstellen, dass er von allen daran beteiligten Mitarbeitern in der gleichen Weise gehandhabt wird und missverständliche Interpretationen von vornerein ausgeschlossen werden. Die Prozessdokumentation ist für das reibungslose Funktionieren eines neuen Prozesses genauso wichtig, wie z.B. die Gebrauchsanleitung für die Bedienung eines neuen Videorecorders.

Durch einen **Umsetzungs- oder Aktionsplan** wird der Rollout des neuen Prozesses vorbereitet. Er enthält z.B. folgende Aspekte:

- Zielgruppe (z.B. alle Personalmitarbeiter und Führungskräfte),
- Zeitdimension (Start- und Endtermin),

- Einführungsmaßnahmen (z.B. Informationsveranstaltungen, Schulung der Mitarbeiter, Einführung von Hard- und Software, organisatorische Maßnahmen, etc.),
- Erfolgskontrolle (z.B. Checklisten, Meilensteine etc.),
- Beteiligte (z.B. Projektorganisation etc.),
- etc.

Phase 3: Umsetzung

Die Einführung des neuen Prozesses umfasst in der Regel:

- Kick-Off-Veranstaltung (»Wer muss was wissen und tun, um den Projekterfolg sicherzustellen?«)
- Roll-Out der geplanten Maßnahmen (»Wie wird der neue Prozess im Unternehmen implementiert?«)
- Projekt-Controlling (»Wie kann sichergestellt werden, dass die gewünschten Ergebnisse eintreten?«)

Der **Kick-Off** ist der offizielle Startpunkt der Prozesseinführung. Hier werden alle Projektbeteiligten ausführlich über Ziele und Maßnahmen informiert und ihre Rolle bei der Einführung wird geklärt.

Der **Roll-Out** ist das physische »Ausrollen« aller geplanten Maßnahmen zur flächendeckenden Einführung des neuen Prozesses. Dies ist die Phase, die am meisten Zeit in Anspruch nimmt und am arbeitsintensivsten ist. Für den Roll-Out ist deshalb eine sorgfältige Ressourcenplanung nötig. Das neue Konzept soll doch nicht daran scheitern, dass es Ihnen geht wie dem Waldarbeiter: Ein Förster geht durch den Wald und sieht wie ein Waldarbeiter unermüdlich und ohne sichtbaren Erfolg mit einer stumpfen Axt versucht einen Baum zu fällen. Er spricht den Waldarbeiter darauf an und sagt ihm, dass es doch besser wäre die Axt zu schleifen. Der Waldarbeiter schüttelte aber nur den Kopf und sagte, dass er dazu keine Zeit habe, denn er müsse den Baum fällen.

Das **Projektcontrolling** muss den Verantwortlichen die »richtigen« Informationen bereitstellen und so aufarbeiten, damit diese die zum Gesamterfolg des Projektes erforderlichen Entscheidungen zeitnah und faktenbasiert treffen können und somit sicherstellen, dass alle Maßnahmen zeit-, kosten- und qualitätsgerecht umgesetzt werden. Voraussetzung eines aussagekräftigen Projektcontrollings sind relevante Kenngrößen zur Bewertung der Maßnahmen (siehe dazu auch das folgende Kapitel). Das spätere Prozesscontrolling muss auf Daten zurückgreifen können, anhand derer die Effektivität und Effizienz des eingeführten Prozesses beurteilt werden kann.

2. Kenngrößen zur Bewertung des Rekrutierungs- prozesses (Benchmarking)

Zu Beginn dieses Buches wurde an die Personalauswahl die Forderung gestellt, sie müsse effektiv und effizient sein. Wann ist Personalauswahl effektiv und effizient? Wie kann nachgewiesen werden, ob diese Kriterien tatsächlich erfüllt sind? Dazu bedarf es relevanter und quantitativer Kenngrößen. Zur Erinnerung: Bei der Beurteilung einer Auswahlmethode wird ihre »prognostische Validität«, ausgedrückt als Korrelationseffizient, herangezogen. So hat sich z.B. gezeigt, dass die Methode des strukturierten Interviews eine prognostische Validität von rund $r = 0.60$ hat. Damit liefert das Interview allein schon einen Beitrag von 36% (0.60x0.60) zur Vorhersage des künftigen Berufserfolges. Das ist ein Spitzenwert, auch im Vergleich zu anderen Auswahlmethoden. Damit hat man ein wichtiges Entscheidungskriterium für die richtige Auswahlmethode. Soll nun der ganze Rekrutierungsprozess einer ähnlichen Bewertung unterzogen werden, gilt es als erstes geeignete Kenngrößen zu identifizieren und dafür Maßstäbe zu definieren. Eine wichtige Quelle dafür sind so genannte Benchmarks (»Best in Class«), Werte also, die angeben wie gut der Beste in der Vergleichsgruppe hinsichtlich der ausgewählten Kenngrößen ist. Der Abstand zwischen dem eigenen Wert und dem Benchmark drückt das Potenzial aus, das es durch die Prozessoptimierung zu realisieren gilt. Daran kann der Erfolg einer solchen Maßnahme gemessen werden.

Beispiel

Kenngröße	Ist-Wert	»Best in class-Wert«
Zeit zwischen Personalanforderung und Akzeptanz des Arbeitsvertrages (Time to Accept)	57 Tage	7 Tage

Der Unterschied beträgt hier 50 Tage. Dies lässt ein nicht unbeträchtliches Verbesserungspotenzial des Rekrutierungsprozesses erkennen. Wie groß dieses Potenzial in Wirklichkeit ist, lässt sich aus diesem Vergleichswert allein noch nicht ablesen. Da die Voraussetzungen nicht in allen Unternehmen identisch sind, lassen sich natürlich »Bestwerte«, die in irgendeinem Unternehmen, unter welchen Bedingungen auch immer, ermittelt wurden nicht 1:1 auf das eigene Unternehmen übertragen. Dort, wo dies unkritisch geschieht, gibt es meist Ärger mit den Betroffenen, die sich dann zu Recht dagegen wehren, dass »Äpfel mit Birnen« verglichen werden. Als Orientierungshilfe bieten Benchmarkstudien deshalb in der Regel nicht nur den jeweils erzielten Spitzenwert pro Kenngröße an, sondern auch den **Durchschnitt**, den **Median** und so genannte **Perzentile**. Während der Durchschnitt ermittelt wird, indem alle Werte der am Benchmarking teilnehmenden Unternehmen addiert und durch die Anzahl der Unternehmen geteilt wird, ergibt sich der Median aus dem Wert des Unternehmens, das exakt in der Mitte der Unternehmen liegt, deren Werte in aufsteigender Reihenfolge aufgelistet wurden.

Beispiel

Untersuchte Unternehmen

⇩

A	B	C	D	E	F	G	H	I	J	K
7	10	15	18	22	**28**	35	40	42	51	57

10% Perzentil	25%		50% (Median)	75%		90% Perzentil

Das in dieser Reihenfolge genau in der Mitte liegende Unternehmen ist F, also ist der Median in diesem Fall 28. Zum Vergleich: Der Mittelwert beträgt hier 29,5.

Um eine weitere Rasterung und damit auch eine differenziertere Aussage in das Zahlenmaterial zu bringen, werden zusätzlich noch die Perzentile angegeben. Sie lassen sich analog zum Median ermitteln. Während der Median ausdrückt, dass jeweils 50% der Unternehmen einen Wert aufweisen, der darunter bzw. darüber liegt, wird durch das Perzentil der Prozentsatz weiter eingeengt oder ausgedehnt (10% Perzentil, 25% Perzentil, 75% Perzentil oder 90% Perzentil).

Auf unsere Zahlenreihe übertragen bedeutet dies folgende Verteilung:

10% Perzentil: Wert 7
25% Perzentil: Wert 15
50% Perzentil: Wert 28 (Median)
75% Perzentil: Wert 40
90% Perzentil: Wert 51

Daraus lassen sich nun Aussagen ableiten wie:

· Nur 10% der Unternhemen weisen den Wert 7 auf.
· 25% der Unternehmen haben einen Wert von 15.
· Die Hälfte aller Unternehmen erreicht den Wert 28.
· 75% aller Unternehmen kommen auf einen Wert von 40.
· Nur 10% der Unternehmen weisen einen schlechteren Wert als 51 auf.

Würde man nur den absolut besten Wert (hier: 7) als Vergleichsgröße heranziehen, würde eine Verzerrung der wahren Verhältnisse in Vergleichsunternehmen entstehen und möglicherweise falsche Schlussfolgerungen daraus gezogen.

Kenngrößen für den Rekrutierungsprozess

Bei der Ermittlung von geeigneten Kenngrößen sollte man sich die Frage stellen: Woran kann ich (am besten »messbar«) erkennen, ob der jeweilige Prozess »im grünen Bereich liegt« oder ob er »aus dem Ruder läuft«?

Dazu reichen in der Regel einige wenige Fragen:

- Wie viel kostet der Prozess?
- Wie lange dauert er?
- Wie viele Einheiten hat er geliefert?
- Wie viele Fehler sind aufgetreten?
- Wie war die Reaktion Beteiligter darauf?

Folgende Kenngrößen haben sich für den Rekruitierungsprozess als zweck-mäßig erwiesen (z.B. Saratoga-Institut 1999/2000, Fitz-enz 2000, Wunderer/Jaritz 1999):

Rekrutierungsprozess insgesamt (Prozess-Gesamt-Output)
- Kosten pro eingestelltem Mitarbeiter (Euro),
- Zeit bis zur Vertragsannahme (Tage),
- Anzahl neu eingestellter Mitarbeiter
- Externe Rekrutierungsrate (%)
- Externe Rekrutierungsrate für neugeschaffene Stellen (%),
- Externe Rekrutierungsrate für Wiederbesetzung (%),
- Anzahl interner Besetzungen,
- Qualität der Neueinstellungen (% High Potentials).

Teilprozess: Personalplanung
- Anzahl von Stellen, die intern besetzt werden konnten,
- Prozentsatz von Schlüsselfunktionen für die eine Nachfolgeplanung vorliegt (%).

Teilprozess: Personalmarketing
- Image als Arbeitgeber bei den Zielgruppen,
- (z.B. Umfrageergebnisse),
- Anzahl von Spontanbewerbungen,
- Anteil qualifizierter Bewerbungen an den Spontanbewerbungen.

Teilprozess: Personalsuche und -gewinnung
- Anzahl geeigneter Bewerbungen pro Bewerbungsquelle,
- Anzahl eingestellter Mitarbeiter pro Suchkanal,
- Dauer bis zum Bewerbungseingang pro Suchkanal (Tage),
- Dauer bis zur Reaktion auf eine eingegangene Bewerbung,
- Kosten pro Suchkanal (Euro),
- Kosten pro Bewerber (Euro).

Teilprozess: Personalauswahl und -einstellung
- Anteil eingeladener Bewerber zu eingestellten Mitarbeitern (%),
- Anteil angenommener Arbeitsverträge/Akzeptanzrate (%),
- Dauer vom Einstellinterview bis zum Angebot eines Arbeitsvertrages (Tage),
- Kosten der Personalauswahl pro eingestelltem Mitarbeiter (Euro),
- Kosten je Auswahlmethode pro eingestelltem Mitarbeiter (Euro).

Beispiele für Benchmarks zu einigen ausgewählten Kenngrößen

Zur Beurteilung des Rekrutierungsprozess gibt es viele potenzielle Kenngrößen. An drei Beispielen wird nun aufgezeigt, wie die Benchmarks helfen können, die Leistungsfähigkeit des eigenen Prozesses zu beurteilen und daraus Schlussfolgerungen abzuleiten (Saratoga 1999/ 2000).

Beispiel 1:
Kosten pro eingestelltem
Mitarbeiter

Definition: $\dfrac{\text{Alle Kosten der externen Rekrutierung}}{\text{Anzahl extern eingestellter Mitarbeiter}}$

Diese Kenngröße drückt vor allem die Effizienz des Rekrutierungsprozesses aus.

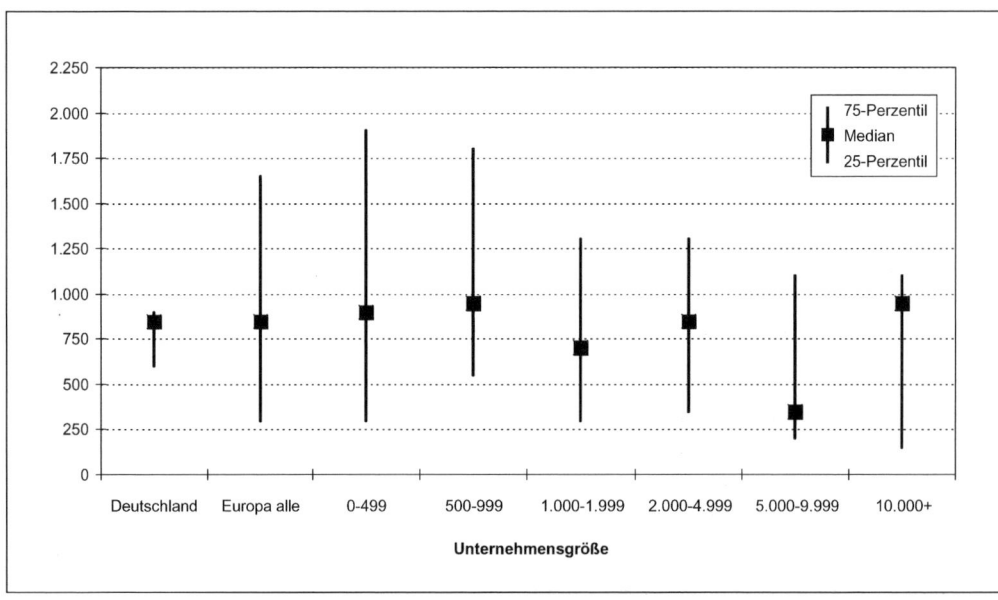

Abbildung 26 :
Kosten pro eingestelltem
Mitarbeiter

In dieser Darstellung sind nur die Werte aller deutschen Unternehmen enthalten, die an der Untersuchung teilgenommen haben. Eine weitere Differenzierung ist nach Branchen, Unternehmensgröße und Europa möglich.

Wie kann diese Kenngröße verwendet werden?

Zuerst vergleicht man den eigenen Wert mit dem zur Verfügung stehenden Vergleichswert (Abbildung 26). Zeigt sich ein GAP, kann man weitere Untersuchungen anstellen, wie z.B.:

- Kosten verschiedener Mitarbeitergruppen analysieren (z.B. Führungskräfte, Mitarbeiter, dezentral eingestellte Mitarbeiter, zentral eingestellte Mitarbeiter etc.),
- Kosten verschiedener Beschaffungsquellen analysieren (z.B. Stellenanzeigen, Jobbörsen, Personalberater etc.).

• Qualität der Auswahl als weiteres Kriterium heranziehen und die richtige Schlussfolgerung daraus ziehen.

Mit dieser Kenngröße kann dem Management auch aufgezeigt werden, dass die Beschaffung neuer Mitarbeiter kostenintensiv ist und es sinnvoller ist, die vorhandenen Mitarbeiter zu fördern und ihnen ein vernünftiges Arbeitsumfeld   zu bieten, als in Kauf zu nehmen, dass gute Leute mangels Perspektiven abwandern und deren Stellen immer wieder neu besetzt werden müssen.

Definition: $\dfrac{\text{Kumulative Tage bis zum Akzeptieren des Arbeitsvertrages}}{\text{Anzahl akzeptierter Vertragsangebote}}$

Beispiel 2:
Zeit von der Personalanforderung bis zur Vertragsannahme

Diese Kenngröße ist ein guter Maßstab für die Effektivität und Effizienz des gesamten Rekrutierungsprozesses.

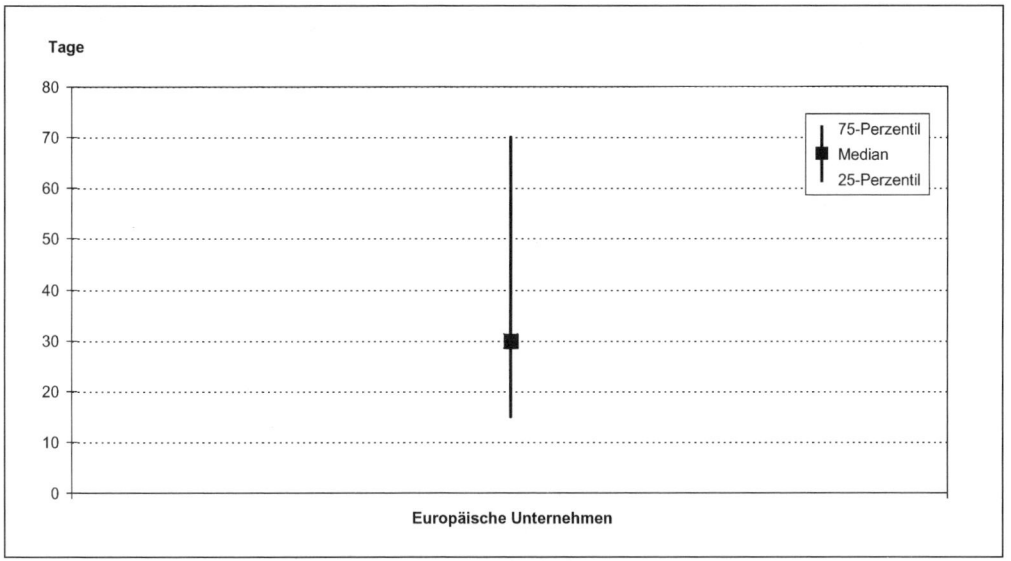

Bei einem effektiven Rekrutierungsprozess und einem guten Unternehmensimage kann eine Stelle schneller besetzt werden als bei einem wenig effektiven Prozess bzw. einem schlechten Unternehmensimage. Um diese Größe zu verbessern, kann also sowohl beim allgemeinen Personalmarketing angesetzt werden (positives Unternehmensimage) als auch bei allen anderen Prozessaktivitäten, also von der Suche bis zur Einstellung. Der Schwerpunkt der Analyse ist hier auf die einzelnen Prozesszeiten zu richten, um zu erfahren, wo wertvolle Zeit im Wettbewerb um Talente verloren wird bzw. positiv ausgedrückt – wo sie durch Beschleunigung wieder hereingeholt werden kann.

Abbildung 27:
Zeit bis zur Vertragsannahme

Beispiel 3:
Akzeptanzrate angebote-
ner Arbeitsverträge

Definition: $\dfrac{\text{Anzahl akzeptierter Arbeitsverträge}}{\text{Anzahl unterbreiteter Arbeitsverträge}}$

Diese Kenngröße ist ein Maß, das die Fähigkeit eines Unternehmens ausdrückt, Bewerber für sich einzunehmen.

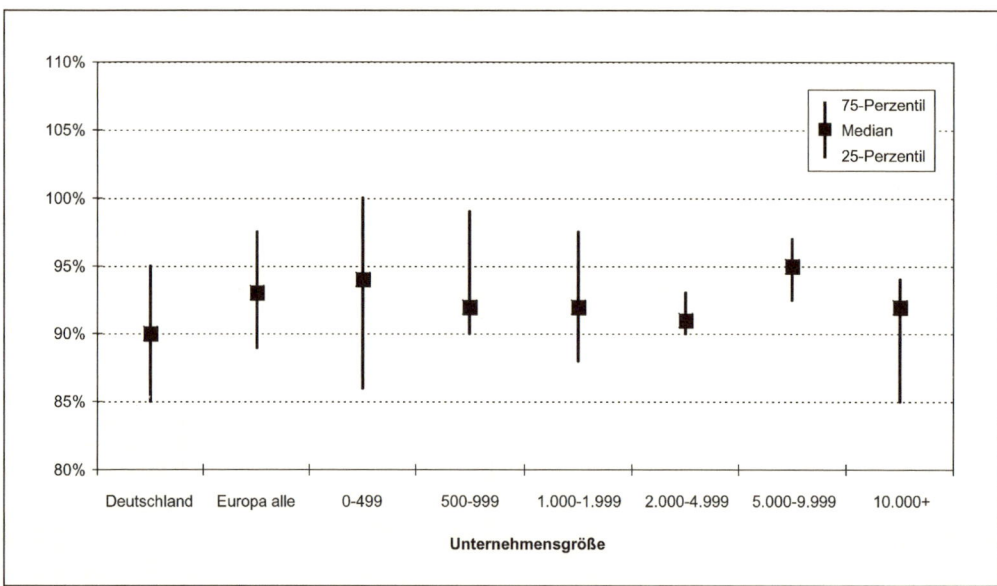

Abbildung 28:
Akzeptanzrate angebotener
Arbeitsverträge

Aus der Interviewforschung wissen wir, dass die Akzeptanz eines Joban-
gebotes von drei Aspekten abhängt (Barber 1998): Objektive Faktoren
(z.B. Eigenschaften des Jobs wie etwa die Bezahlung), subjektive Faktoren (z.B. »Fit« zwischen Unternehmen und Bewerber) und Faktoren des
Rekrutierungsprozesses (z.B. Interviewerverhalten). Eine hohe Ableh-
nungsrate kann ein Zeichen dafür sein, dass in einem oder mehreren Bereichen ein Problem vorliegt. Ob nun das angebotene »package«, z.B. die
Bezahlung und sonstige Unternehmensleistungen nicht wettbewerbsfä-
hig sind, das Unternehmensimage aus Sicht des Bewerbers nicht positiv
ist oder aber im Rekrutierungsprozess etwas schief gelaufen ist, das muss
schleunigst herausgefunden werden, will man sich hier verbessern. Was
nützt das schönste Fußballspiel, wenn man sich die besten Torchancen
herausspielt, aber das Tor nicht macht. Übrigens: Ein niedriger Wert bei
der Akzeptanzrate wirkt sich auch negativ auf die vorangegangenen Kriterien aus. Die Akzeptanzrate hängt natürlich auch von der wirtschaftlichen Situation ab. In der heutigen Situation, wo viele hoch qualifizierte
junge Akademiker keinen Job finden, weil die Wirtschaft gerade »schwä-
chelt«, werden vermutlich die meisten, die ein Jobangebot bekommen,
ohne langes Zögern zugreifen. In der zurückliegenden Boomphase war
noch alles ganz anders. Die Bewerber waren es, die sich vor Jobangeboten

kaum noch retten konnten und sich in Ruhe zurücklehnen konnten, bevor sie sich für ein Angebot entschieden. So ändern sich die Zeiten!

Diese Beispiele sollten zweierlei gezeigt haben, erstens, dass es ist hilfreich ist, wenn man Kenngrößen zur Verfügung hat, um die Leistungsfähigkeit des Rekrutierungsprozesses messen zu können, zweitens, dass man Vergleichsgrößen braucht, um mit diesen Messwerten etwas sinnvolles anfangen zu können. Nur so kann man eine Einschätzung dafür bekommen, was als »gute« oder »weniger gute« Prozess-Performance zu werten ist. Die Vergleichswerte sind nicht gleichzusetzen mit den Zielen die man sich selbst setzen sollte, sondern sie sind lediglich ein Anhaltspunkt, der Ihnen helfen soll, das für Ihr Unternehmen richtige Ziel abzuleiten. Eine Analyse ohne daraus abgeleitete Verbesserungsmaßnahmen bringt nichts, außer vielleicht einem schlechten Gewissen. Der Mehrwert entsteht erst dann, wenn Sie die gewonnenen Erkenntnisse konsequent umsetzen und daraus Werte für ihre internen und externen Prozesskunden generieren. Denn erst wenn Sie Ihre Prozessampel anhand der wichtigsten Indices auf »grün« stellen können, weil die Bewerber und die Fachabteilungen mit dem Rekrutierungsprozess zufrieden sind und die richtigen Ergebnisse erzielt werden, können Sie sich wieder zurücklehnen – aber nur kurzfristig, denn das Erreichte soll schließlich erhalten bleiben und daran muss man ständig arbeiten!

Anhang

A. Katalog für Anforderungskriterien

B. Katalog für Beispielfragen

C. Formulare

Anhang A
Katalog für Anforderungskriterien

- Hört seinem Gesprächspartner aufmerksam zu
- Versucht die Äußerungen seines Gesprächspartners aus dessen Blickwinkel zu verstehen
- Wiederholt die Argumente des Gesprächspartners um sein Verständnis sicherzustellen
- Vermeidet eine vorschnelle Wertung des Gehörten

Zuhörfähigkeit

- Stellt Sachverhalte übersichtlich und anschaulich dar
- Ist redegewandt, redet flüssig und differenziert
- Argumentiert präzise und sachlich
- Redet strukturiert und verständlich

Mündlicher Ausdruck

- Drückt sich schriftlich klar und verständlich aus
- Gliedert den Inhalt sinnvoll, schafft Ordnung
- Faßt sich kurz, ist aber prägnant in der Aussage
- Weckt Interesse beim Leser, schafft zusätzliche Stimulanz

Schriftlicher Ausdruck

- Hat Erfahrung in der schriftlichen und mündlichen Umsetzung von Fachinformation
- Geht auf die Zuhörer/Zielgruppe ein, berücksichtigt deren Vorwissen
- Strukturiert die Informationen sinnvoll
- Trägt die Informationen überzeugend vor
- Vermittelt die Informationen verständlich und ausgewogen
- Arbeitet systematisch Produktvorteile heraus und stellt diese dar
- Verschafft anderen eine gute Informations- bzw. Entscheidungsbasis

Umsetzen von Fachinformation

- Wird im Kollegenkreis voll akzeptiert
- Stellt sich zur gemeinsamen Zielerreichung voll in den Dienst der Gruppe
- Stellt sich gut auf einzelne Gruppenmitglieder ein
- Ist auch über die Ziele außerhalb seines unmittelbaren Aufgabengebietes informiert
- Bezieht Erfahrungen von Kollegen mit ein
- Gibt eigene Erfahrungen gerne an andere weiter
- Profiliert sich nicht auf Kosten anderer
- Wird im Team als Fachmann geschätzt und oft um Rat gefragt

Teamfähigkeit

- Hat Spaß an der Arbeit
- Erledigt die Arbeit rasch und gründlich
- Setzt sich engagiert für die Erreichung der Ziele ein

Stellenbezogene Motivation

	• Sieht seine Arbeit als Herausforderung
	• Engagiert sich nicht nur während der Arbeitszeit für seine/ihre Aufgaben
	• Sucht den Erfolg in der Arbeit

Leistungswille

- Setzt hohe Leistungsziele für sich und andere
- Zeigt hohen Einsatz bei der Realisierung seiner/ihrer Ziele
- Ist bereit auch mehr zu leisten als gefordert
- Gibt sich nicht mit durchschnittlichen Leistungen zufrieden
- Betrachtet neue Aufgaben als Entwicklungschance
- Hält Terminzusagen ein
- Spricht begeistert von seinen/ihren Aufgaben
- Erbringt überdurchschnittliche Leistungen

Initiative

- Arbeitet auch bei Projekten außerhalb seines/ihres Aufgabengebietes sehr engagiert mit
- Erarbeitet neue Themen von sich aus
- Greift neue Entwicklungen von sich aus auf und prüft sie auf Umsetzbarkeit
- Gibt sich mit Erreichtem nicht zufrieden, sucht ständig nach Verbesserungsmöglichkeiten
- Macht viele sinnvolle Verbesserungsvorschläge
- Hat gute Ideen zur Aquisition neuer Kunden und setzt sie um
- Entwickelt sein Aufgabengebiet aktiv weiter
- Macht konstruktive und zielführende Vorschläge
- Unternimmt etwas um seine/ihre Gesprächspartner zu überzeugen

Belastbarkeit

- Hält Leistungsniveau auch unter Druck über eine längere Zeit aufrecht
- Ist gleichbleibend aktiv, zeigt keine Leistungsschwankungen
- Gibt auch bei Widerständen und Schwierigkeiten nicht auf
- Ist locker, freundlich, zeigt angemessen Humor
- Übernimmt auch Zusatzaufgaben
- Bewahrt auch in kritischen Situationen Ruhe und Übersicht
- Arbeitet auch bei Störungen konzentriert und effizient

Ausdauer

- Verfolgt langfristige Ziele konsequent
- Gibt bei Problemen oder Widerständen nicht gleich auf
- Macht auch bei sehr anstrengenden und langen Arbeitstagen nicht schlapp
- Kann auch über längere Zeiträume seine/ihre Leistung beibehalten
- Bringt angefangene Aufgaben zu Ende
- Behält auch unter Zeitdruck die Übersicht und seine/ihre Leistungsbereitschaft

- Arbeitet genau und gründlich
- Vergisst keine Arbeitsschritte und berücksichtigt auch Details
- Hält die Leistungsvorgaben präzise ein
- Geht auch scheinbar nebensächlichen Hinweisen nach
- Ist zuverlässig und verlässlich

- Ist absolut vertrauenswürdig   Integrität
- Das Verhalten steht in Übereinstimmung mit den Werten des Unter-
  nehmens
- Erforderliche Maßnahmen werden umgesetzt
- Unterstützt rückhaltlos die Unternehmenspolitik nach außen
- Verhält sich auf der Grundlage gesetzlicher Bestimmungen und ethi-
  scher Normen.

- Hält sein/ihr Wissen und Können ständig auf dem neuesten Stand   Lernbereitschaft
- Ist bereit und in der Lage Neues rasch dazuzulernen
- Nimmt gerne neue Herausforderungen an
- Ist für Neuerungen aufgeschlossen
- Interessiert sich auch für angrenzende Fachbereiche
- Bildet sich auch in der Freizeit weiter
- Arbeitet sich rasch in neue Aufgaben ein

- Kommt auch mit unvorhergesehenen Situationen gut zurecht   Flexibilität
- Kann sich leicht auf neue Situationen und andere Gesprächspartner
  einstellen
- Ist in der Arbeitszeit beweglich und situationsangepaßt
- Ist offen für Neuerungen, geht neue Wege
- Greift Anregungen anderer auf
- Toleriert die Meinung anderer

- Greift von sich aus Themen auf und löst sie eigenständig   Selbstständigkeit
- Löst auch schwierige Probleme ohne Rückdelegation und ständige
  Absicherung
- Weiß sich auch in schwierigen Situationen zu helfen
- Arbeitet eigenverantwortlich nach Zielvorgaben
- Weiß wann er/sie seine/ihre Vorgesetzten einschalten muss
- Vertritt eigene Meinung auch gegen Widerstände

- Lässt sich durch Fehlversuche/Misserfolge nicht entmutigen   Frustrationstoleranz
- Geht mit Enttäuschungen konstruktiv um
- Lässt andere seine Frustrationen nicht spüren,
- Akzeptiert, dass man es nicht allen zur gleichen Zeit Recht machen kann
- Fühlt sich bei kontroversen Gesprächen nicht gleich persönlich an-
  gegriffen
- Führt notwendige Dinge zu Ende, auch wenn sie nicht unbedingt Spaß
  machen

Auftreten	• Tritt auch in fremder Umgebung selbstsicher und bestimmt auf • Hat eine vertrauenserweckende, positive Ausstrahlung • Ist authentisch im Auftritt, d.h. Mimik und Gestik harmonieren mit den Aussagen • Hat gute Umgangsformen • Hat ansprechendes Äußeres
Einfühlungsvermögen	• Nimmt auf die Gefühle und Bedürfnisse anderer Rücksicht • Kann sich gut auf die Bedürfnisse seiner/ihrer Gesprächspartner einstellen • Schätzt seine/ihre Wirkung auf andere realistisch ein • Erkennt auch subtile zwischenmenschliche Konflikte und reagiert angemessen darauf
Kontaktfähigkeit	• Kann leicht den Kontakt mit anderen knüpfen • Geht von sich aus auf andere zu • Ist gerne mit anderen Menschen zusammen • Ist häufig »vor Ort« • Kann andere für etwas gewinnen • Hat eine gute Beziehung zu seinen Geschäftspartnern
Verkaufsgeschick/ Überzeugungskraft	• Bereitet sich auf Kundengespräche systematisch vor • Kann andere für eine Sache begeistern • Ist über die Wettbewerber und deren Aktivitäten informiert • Versteht schnell das »Kundenproblem« und geht darauf ein • Findet den richtigen Ton • Ist von seiner/ihrer Sache überzeugt und vermittelt dies auch seinen/ihren Gesprächspartnern • Verfügt über die richtigen Argumente zur Einwandbehandlung • Geht auf die Argumente der anderen ein • Findet beiderseits akzeptable Lösungen • Spricht auch heikle Themen offen an
Verhandlungsgeschick	• Argumentiert schlüssig und nachvollziehbar • Berücksichtigt die Argumente seiner/ihrer Gesprächspartner, geht auf ihn/sie ein • Erreicht geschickt sein/ihr Gesprächsziel ohne aufdringlich zu wirken • Überzeugt seine/ihre Gesprächspartner durch fundierte Kenntnisse • Beherrscht die Einwandbehandlung • Weiß sich in jeder Gesprächssituation zu helfen • Kann überzeugende frühere Verhandlungserfolge nachweisen • Bereitet sich gezielt auf Verhandlungen vor, weiß was er/sie will
Konfliktverhalten	• Geht notwendigen Konflikten nicht aus dem Weg • Bewältigt Konflikte konstruktiv

- Entwickelt sachliche Kriterien zur Entscheidung in Konfliktsituationen
- Vertritt eigenen Standpunkt oder eine erforderliche Maßnahme, auch wenn Widerstände zu erwarten sind

- Kann neue Mitarbeiter gut in ein Team integrieren   Integrationsfähigkeit
- Vermittelt anderen Ziele und gemeinsame Werte
- Erreicht die gemeinsamen Ziele durch die Anstrengungen aller
- Kann andere für eine Sache begeistern
- Kann Teambildungsprozesse gezielt beeinflussen

- Fasst auch schwierige Probleme rasch auf   Problemanalyse
- Erkennt die Gesamtzusammenhänge der Aufgabe
- Gliedert Aufgaben systematisch in Teilprobleme und Arbeitsschritte
- Holt sich aktiv fehlende Informationen
- Denkt analytisch in Abläufen und Strukturen
- Geht sachlich an Probleme heran und zeigt mehrere Lösungsalternativen auf
- Schätzt Aufgaben realistisch ein
- Setzt Zwischenziele und Prioritäten

- Berücksichtigt relevante Informationen aus verschiedenen Quellen   Urteilsvermögen
- Erkennt Probleme und schätzt deren Ursachen realistisch ein

- Entscheidet rechtzeitig   Entscheidungsfreudigkeit
- Berücksichtigt bei seinen/ihren Entscheidungen auch künftige Entwicklungen
- Entscheidet auch ohne allerletzte Sicherheit
- Begründet seine/ihre Entscheidungen mit Fakten, schafft Transparenz
- Nutzt seinen/ihren Entscheidungsspielraum sinnvoll aus

- Sucht und findet unkonventionelle Lösungen   Kreativität
- Geht erfolgreich neue Wege
- Hat viele neuartige Ideen
- Regt durch seine/ihre überraschenden Einfälle andere zu Innovationen an

- Findet sich schnell und eigenständig in seinem/ihrem Fachgebiet zurecht   Fachkenntnisse
- Beherrscht sein/ihr Fachgebiet gut, hat großen Überblick
- Entwickelt realistische Zukunftsszenarios in der Branche
- Hat breite Erfahrungsbasis
- Ist auf seinem/ihrem Gebiet ein/e anerkannte/r Fachmann/Fachfrau

Planung und Organisation	• Arbeitet systematisch und zielorientiert • Plant die einzelnen Arbeitsschritte gründlich • Setzt klare Ziele und verfolgt sie konsequent • Bereitet sich auf Gespräche gut vor • Bearbeitet sein/ihr Marktgebiet systematisch • Setzt klare Prioritäten, erkennt worauf es ankommt • Hält Termin-/Kosten-Vorgaben ein • Hat sein/ihr Aufgabengebiet im Griff
Mitarbeiterführung	• Delegiert Aufgaben und Kompetenzen • Vereinbart mit seinen/ihren Mitarbeitern Ziele • Führt regelmäßig Mitarbeitergespräche • Fördert die berufliche Entwicklung der Mitarbeiter • Wird als Vorbild von den Mitarbeitern akzeptiert

Anhang B
Katalog für Beispielfragen

Wie stellen Sie sicher, dass Sie Ihren Gesprächspartner richtig verstehen?	Zuhörfähigkeit
Schildern Sie uns bitte ein Beispiel für ein besonders folgenreiches Missverständnis.	
Wie häufig kommt es vor, dass ein Arbeitskollege oder ein Bekannter Sie um Rat fragt? Was sind Ihrer Meinung nach die Gründe? Wie verhalten Sie sich in solchen Situationen?	
Schildern Sie bitte an einem konkreten Beispiel, wie Sie eine mündliche Präsentation durchgeführt haben (Situation, Vorgehen, Ergebnis).	Mündlicher Ausdruck
Welches Ziel verfolgten Sie mit Ihrer Diplomarbeit und was kam dabei heraus? Versuchen Sie bitte, mir das Wesentliche Ihrer Erkenntnisse zu vermitteln.	
Welches waren bislang Ihre anspruchsvollsten Texte, die Sie verfasst haben? Welches Ergebnis haben Sie damit erzielt?	Schriftlicher Ausdruck
Welche Erfahrungen haben Sie in der Übermittlung von Fachinformationen an andere?	Umsetzen von Fachinformation
Gehen Sie bitte davon aus, dass ich Ihr Kunde bin. Schildern Sie mir bitte die wesentlichen Leistungsvorteile von...	
In welchen Situationen wurden Sie besonders gefordert, an andere Fachinformationen weiterzugeben? Wie haben Sie diese Aufgaben gelöst? Welchen Erfolg hatten Sie dabei?	
Zeigen Sie uns bitte an einem Beispiel, wie Sie einen Fachvortrag aufgebaut haben. Wer war Ihr Publikum? Wie war das Ergebnis?	
Wie bewerten Sie Ihre Beziehung zu Ihren gegenwärtigen Kollegen?	Teamfähigkeit
Schildern Sie uns bitte anhand von Beispielen, wie Sie im Team zusammenarbeiten?	
In welchen Teams haben Sie besonders erfolgreich gearbeitet? In welchen weniger erfolgreich? Was waren die Ursachen?	
In welchen Situationen ist es Ihnen schwer gefallen mit anderen zusammenzuarbeiten?	

Stellenbezogene Motivation	*Was reizt Sie an dieser Aufgabe am meisten?*
	Weshalb wollen Sie gerade jetzt einen Stellenwechsel vornehmen?
	Warum haben Sie diesen Beruf gewählt?
	Nennen Sie uns bitte eine Arbeitssituation, in der Sie besonders motiviert gearbeitet haben? Was waren die Gründe? Welches Resultat erzielten Sie?
Leistungswille	*Auf welche zurückliegenden Leistungen sind Sie besonders stolz? Worauf sind diese Leistungen zurückzuführen?*
	Nennen Sie uns bitte Situationen, in denen Sie höchsten Arbeitseinsatz zeigen mussten? Hat es sich rückblickend für Sie gelohnt, sich so ins Zeug zu legen?
	Welchen Anspruch stellen Sie an sich und andere, wenn Sie eine Arbeit beginnen? (Beispiele)
Initiative	*Erinnern Sie sich bitte an Situationen, in denen Sie eine Sache von sich aus in die Hand genommen und erfolgreich realisiert haben. Um was ging es dabei? Warum haben Sie es getan? Wie war das Ergebnis?*
	Welche Verbesserungen haben Sie in Ihrer gegenwärtigen Funktion eingeführt?
	Wie gewinnen Sie neue Kunden? Bitte schildern Sie anhand eines Beispiels wie Sie konkret vorgegangen sind?
	Wie sind Sie an Ihre Ferienjobs gekommen?
Belastbarkeit	*Welchen konkreten Belastungen sind Sie an Ihrem gegenwärtigen Arbeitsplatz ausgesetzt? Wie werden Sie damit fertig?*
	Wann standen Sie zum letzten mal richtig unter Druck? Um was ging es dabei? Was haben Sie getan? Wie war das Ergebnis?
	Wie entspannen Sie sich nach einem anstrengenden Arbeitstag?
Ausdauer	*Wenn Sie eine Sache begonnen haben, wovon hängt es ab, ob Sie die Sache zu Ende bringen oder aufgeben?*
	Im Außendienst hat man es sehr häufig mit Widerständen zu tun. Nennen Sie uns bitte ein Beispiel aus Ihrer Tätigkeit. Wie sind Sie damit umgegangen?
	Wie haben Sie es bisher geschafft, eine konstante Leistung über einen längeren Zeitraum zu erbringen?

Bei welchen Arbeiten kam es bei Ihrer Stelle als... auf besonders gründliches Arbeiten an? Wie gut haben Sie diese Aufgaben gelöst?

Sorgfalt

Wie stellen Sie sicher, dass Sie fehlerfrei arbeiten?

Welche Fehler im Arbeitsablauf konnten dank Ihrer Aufmerksamkeit beseitigt werden?

Wie gelingt es Ihnen, dass kein Arbeitsschritt vergessen wird oder ein wichtiger Vorgang »untergeht«?

Wie rechtfertigen Sie in Ihrer Funktion das Vertrauen Ihrer Vorgesetzten bzw. des Unternehmens? (Beispiele)

Integrität

Es ist nicht immer ganz einfach, die Ziele des Unternehmens mit den eigenen Zielen oder denen von Kunden oder Kollegen in Einklang zu bringen. Welches war bisher Ihr größtes Dilemma? Wie haben Sie es gelöst?

Wo gibt es gegenwärtig die größten Unterschiede zwischen Unternehmensleitlinien und Unternehmensrealität? Wie werden Sie mit diesem Widerspruch fertig?

Wie halten Sie Ihr fachliches Wissen auf dem neuesten Stand?

Lernbereitschaft

Welche Neuerungen stehen in Ihrem Fachgebiet bevor? Wie haben Sie sich darauf vorbereitet?

Wieviele Stunden bringen Sie pro Woche für Ihre Weiterbildung auf? Wie bringen Sie dies mit Beruf und Familienleben in Einklang?

Beschreiben Sie bitte eine Verhandlung, bei der Sie Ihre Taktik spontan ändern mussten. Was war der Anlass? Wie sind Sie vorgegangen?

Flexibilität

Wie stellen Sie sich auf neue Situationen und Gegebenheiten in Ihrem Beruf ein? Welche Änderungen ergaben sich in der Vergangenheit für Sie?

Welche unvorhergesehenen Probleme sind bei Ihrer Arbeit/bei einem Projekt aufgetreten? Wie haben Sie sie gelöst? Wie war das Ergebnis?

Welche Arbeiten führen Sie gegenwärtig selbständig aus? Welchen Tätigkeiten müssen Sie mit anderen abstimmen?

Selbstständigkeit

Beschreiben Sie bitte einen »Alleingang«, den Sie normalerweise hätten abstimmen müssen? Welche Folgen hatte diese Eigenmächtigkeit für Sie und fürs Unternehmen?

Gibt es Situationen, in denen Sie sich von Ihrem Vorgesetzten allein gelassen fühlten? Wie sind Sie damit fertig geworden?

Frustrationstoleranz	*Wie wurden Sie mit Ihrem letzten Misserfolg fertig?*
	Wie motivieren Sie sich nach mehreren erfolglosen Kundenbesuchen zu einem neuen Versuch?
	In welchen Situationen würden Sie Ihren Job am liebsten an den Nagel hängen? Wie kommen Sie darüber hinweg?
Auftreten	*Woher wissen Sie, wie Sie auf andere wirken?*
	Was macht Ihnen am meisten zu schaffen, wenn Sie einen öffentlichen Auftritt haben?
	Wie gut kommen Sie bei Ihren Gesprächspartnern an? Worauf führen Sie das zurück?
Einfühlungsvermögen	*Welches waren bisher die schwierigsten Personen, mit denen Sie zurecht kommen mussten? Wie gut ist Ihnen das gelungen?*
	Nennen Sie uns bitte ein Beispiel, wie Sie sich auf Ihre Gesprächspartner einstellen?
	Wie erkennen Sie, was Ihr Gegenüber vorhat? Wie stellen Sie sich darauf ein?
Kontaktfähigkeit	*Wie gewinnen Sie in der Regel Kontakt zu neuen Arbeitskollegen, Kunden oder Fremden?*
	Wie häufig gehen Sie mit Arbeitskollegen außerhalb der Dienstzeit aus?
	Wie wichtig ist es Ihnen, mit anderen zusammenzusein?
Verkaufsgeschick/ Überzeugungskraft	*Wie bereiten Sie sich auf ein Kundengespräch vor?*
	Erinnern Sie sich bitte an ein aktuelles Verkaufsgespräch? Wie haben Sie das Kundenproblem ermittelt und gelöst?
	Wie gelang es Ihnen bisher am besten, einen Kunden von einer Sache zu überzeugen? Was konkret haben Sie getan? Wie war das Ergebnis?
	Wie gehen Sie mit Kundeneinwänden um? (Beispiele)
Verhandlungsgeschick	*Welches war Ihr bislang bester Einfall, um jemanden (z.B. Vorgesetzten, Kunden etc.) für sich zu gewinnen?*
	Nennen Sie bitte ein Beispiel, wo es Ihnen besonders gut gelang Ihre Verhandlungsziele umzusetzen?
	Welche Verhandlung würden Sie im Nachhinein als Ihren größten Flop bezeichnen? Was ist schief gelaufen? Welche Konsequenzen entstanden daraus?

Einen als richtig erkannten Standpunkt zu vertreten, bedeutet häufig, sich auf Konflikte mit anderen einzulassen. Welche vergleichbaren Beispiele haben Sie erlebt? Wie sind Sie damit klargekommen?

Was war Ihr bislang größter Konflikt mit einem Kunden? Wie haben Sie ihn gelöst?

Welchen Konflikten gehen Sie am liebsten aus dem Weg? (Beispiele)

Konfliktverhalten

Mussten Sie schon einmal neue Mitarbeiter in ein Team integrieren? Wenn Ja, wie sind Sie dabei vorgegangen? Wenn nein, wie würden Sie vorgehen, wenn Sie ein neues Mitglied integrieren müssten?

Wie gelingt es Ihnen, unterschiedliche Personen und Interessen »unter einen Hut« zu bringen? (Beispiele)

Nennen Sie bitte arbeitsbezogene Situationen, in denen es für Sie darauf ankam, verschiedene Meinungen und Ansichten zu integrieren. Wie gut ist Ihnen diese Aufgabe gelungen?

Wie ist es Ihnen gelungen, die Projektmitglieder für die Zielerreichung zu begeistern?

Integrationsfähigkeit

Welches sind die bislang schwierigsten Probleme, die Sie zu lösen hatten?

Wie haben Sie diese Probleme gelöst?

Schildern Sie uns bitte anhand eines konkreten Problems, wie Sie an die Aufgabe herangegangen sind? Welches Ergebnis haben Sie erzielt?

Welche Art von Problemen sind Ihnen am unangenehmsten? Wie gehen Sie damit um?

Problemanalyse

Welches waren Ihre bislang schwierigsten Entscheidungen? Worin bestand die Hauptschwierigkeit für Sie? Haben Sie die richtige Entscheidung getroffen?

Wie bereiten Sie wichtige Entscheidungen vor?

Wie beurteilen Sie die weitere Entwicklung in Ihrem Fachgebiet/Ihrem Unternehmen etc.?

Urteilsvermögen

Welche Entscheidung haben Sie aus heutiger Sicht zu spät getroffen? Was würden Sie heute anders machen?

Wie sichern Sie sich bei wichtigen Entscheidungen ab? (Beispiel) Wie gut sind Sie bisher damit gefahren?

Welchen Entscheidungen gehen Sie am liebsten aus dem Weg? Warum?

Welchen Entscheidungsspielraum haben Sie in Ihrer Tätigkeit? Wie nutzen Sie diesen Spielraum aus?

Entscheidungsfreudigkeit

Kreativität	*Was war Ihr bislang originellster Einfall? Wie haben Sie ihn realisiert?*
	Welche gestalterischen Spielräume bietet Ihre Tätigkeit? Wie haben Sie diese bisher ausgenutzt? (Beispiele)
	Welche konkrete Neuerung haben Sie selbst in Ihrem Unternehmen eingeführt bzw. hatten maßgeblichen Anteil daran?
Fachkenntnisse	*Welche fachliche Leistung fand die besondere Anerkennung Ihres Vorgesetzten?*
	Wie erfolgreich sind Sie im Vergleich zu Ihren Kollegen als...?
	Wie haben Sie sich Ihre Fachkenntnisse erworben? Wie halten Sie Ihr Know-how auf dem neuesten Stand?
Planung und Organisation	*Wie planen Sie einen gewöhnlichen Arbeitstag?*
	Wie stellen Sie sicher, dass Ihre Erfolge keine Zufallsprodukte sind?
	Beschreiben Sie bitte, wie Sie Ihr Vertriebsgebiet bearbeiten. Wie gehen Sie dabei konkret vor? Wie gut haben Sie die Potenziale bislang ausgenutzt? Was haben Sie vor, um die Verkaufspotenziale noch besser auszuschöpfen?
	Wie behalten Sie den Überblick über unerledigte Arbeiten?
Mitarbeiterführung	*Wie delegieren Sie Aufgaben an Ihre Mitarbeiter?*
	Woher wissen Ihre Mitarbeiter was Sie von Ihnen erwarten?
	Wie kontrollieren Sie die Arbeitsergebnisse Ihrer Mitarbeiter?
	Wie fördern Sie Ihre Mitarbeiter?
	Welches war Ihr bislang schwierigster Mitarbeiter? Wie sind Sie zurechtgekommen?
	Wie beteiligen Sie Ihre Mitarbeiter bei Entscheidungen?

Anhang C
Formulare

Ermittlung des Personalnettobedarfes

	Organisationseinheit:		
	Zeitraum	Zeitraum	Zeitraum
Personalbruttobedarf			
./. Personalbestand			
./. Abgänge			
Pensionierung			
Vorruhestand			
Einberufung zur Bundeswehr bzw. zum Zivildienst			
Mutterschutz			
Versetzung in andere Organisationseinheit			
Kündigung durch Arbeitnehmer			
Kündigung durch Arbeitgeber			
Sonstige Abgänge			
Summe der Abgänge			
+ geplante Zugänge			
Rückkehr Bundeswehr/Zivildienst			
Rückkehr Mutterschutz			
Versetzung in die Abteilung			
Übernahme von Auszubildenden			
Neueingestellte Mitarbeiter (mit abgeschlossenem Arbeitsvertrag)			
Sonstige Zugänge			
Summe der Zugänge			
Personalnettobedarf			

Funktionsbeschreibung

Vorgesetzter:	Kurzzeichen:
Funktionsinhaber:	Kurzzeichen:
Funktion:	

Ziel / Zweck der Funktion:

Nr.	Aufgaben, Zuständigkeiten	Aufwand %

		Seite:

Nr.	Aufgaben, Zuständigkeiten	Aufwand %

Seite:

Nr.	Besonders kritische Arbeitssituationen ("critical incidents") (z.B. bzgl. Schwierigkeit, Tragweite, Leistungsunterschiede etc.)

Nr.	Sonstige Besonderheiten der Funktion

Erforderliche fachliche Ausbildung	Erforderliche Berufserfahrung	Erforderliche Spezialkenntnisse

Datum:	Funktionsinhaber:	Vorgesetzter:

Critical Incident-Technique (CIT)
zur Erstellung eines Anforderungsprofils

Bereich:	Datum:
Vorgesetzter:	Kurzzeichen:
Funktion:	

Nr.	Beschreibung der erfolgskritischen Situationen	Beschreibung besonders erfolgreicher bzw. erfolgloser Verhaltensweisen zur Bewältigung der Situationen

Critical Incidents Technique	(3) Zuordnungsliste		Seite:
Nr.	Relevante Verhaltensweisen	Bewertung (+ / −)	Anforderungskriterien

Critical Incidents Technique	(4) Skalenbildung	Seite:

Ausprägungsgrade des Anforderungskriteriums:

1	2	3	4	5
sehr wenig	wenig	gut	stark	sehr stark

Repertory Grid (REP)
zur Erstellung eines Anforderungsprofils

(1) Personenliste

Funktion:

Nr.	Kurzcharakteristik	Name
1	Ein (früherer oder heutiger) Funktionsinhaber, der in idealer Weise den Anforderungen entsprach / entspricht	
2	Ein (früherer oder heutiger) Funktionsinhaber, der am ehesten den Durchschnittstypus für diese Funktion verkörpert	
3	Ein (früherer oder heutiger) Funktionsinhaber, der den Anforderungen nicht entsprach / entspricht	
4	Ein Mitarbeiter auf gleicher Ebene, der nach Ihrer Einschätzung diese Funktion sehr gut wahrnehmen könnte	
5	Ein Nachwuchsmitarbeiter, dem Sie zutrauen, dass er die Funktion erfolgreich wahrnehmen könnte	
6	Ein Antityp für diese Funktion, der den Anforderungen auf gar keinen Fall gerecht würde	
7		
8		
9		

Repertory Grid	(2) Vergleichsliste	Seite: 1

Sich ähnlich verhaltende Personen	Sich unähnlich verhaltende Personen	... verhalten sich ähnlich, und zwar wie folgt ...	... verhalten sich unterschiedlich, und zwar wie folgt ...
1 4	2 oder 3 oder 6		
1 5	2 oder 3 oder 6		
2 3	1 oder 4 oder 5		

Repertory Grid

(2) Vergleichsliste

Seite: 2

Sich ähnlich verhaltende Personen	Sich unähnlich verhaltende Personen	... verhalten sich ähnlich, und zwar wie folgt ...	... verhalten sich unterschiedlich, und zwar wie folgt ...
2 6	1 oder 4 oder 5		
3 6	5 oder 4 oder 1		
4 5	2 oder 3 oder 6		

Seite:

	Sich ähnlich verhaltende Personen	Sich unähnlich verhaltende Personen	... verhalten sich ähnlich, und zwar wie folgt ...	... verhalten sich unterschiedlich, und zwar wie folgt ...
		□ oder □ oder □		
		□ oder □ oder □		
		□ oder □ oder □		

Repertory Grid	(3) Zuordnungsliste			Seite:

Nr.	Relevante Verhaltensweisen	Bewertung (+/−)	Anforderungskriterien

Repertory Grid	(4) Skalenbildung	Seite:

Ausprägungsgrade des Anforderungskriteriums:

1	2	3	4	5
sehr wenig	wenig	gut	stark	sehr stark

Anforderungsprofil (1)

Bereich:	Datum:
Vorgesetzter:	Kurzzeichen:
Funktion:	

Nr.	Anforderungskriterien	Gewichtung
1.		
2.		
3.		
4.		
5.		
6.		
7		
8.		
9.		
10.		
11.		
12.		
13.		
14.		
15.		
16.		

Anforderungsprofil (2)

Bereich:	Datum:
Vorgesetzter:	Kurzzeichen:
Funktion:	

Nr.	Anforderungskriterien / erfolgskritische Verhaltensweisen	Gewichtung

	Seite:

Nr.	Anforderungskriterien / erfolgskritische Verhaltensweisen	Gewichtung

Interviewleitfaden

Bereich:	Datum:
Interviewer 1:	Interviewer 2:
Funktion:	

Nr.	Anforderungskriterien / Fragebeispiele	Gesprächsnotizen (Situation / Verhalten / Ergebnis)

Seite:

Nr.	Anforderungskriterien / Fragebeispiele	Gesprächsnotizen (Situation / Verhalten / Ergebnis)

Bewerbungsliste

Funktion: ....

Anzeige vom: ....

Nr.	Bewerber	Alter	Ausbildung A B C	Beruf	Berufs- erfahrung A B C	Fremd- sprachen A B C	Spezial- kenntnisse A B C	Gehalts- forde- rungen A B C	Eintritts- termin A B C	Bewer- bungs- unterlagen A B C	Rang- platz	Ein- laden (E)/ Ab- sagen (A)

Literaturverzeichnis

Amthauer, R. (1973): I.S.T. 70. Intelligenzstrukturtest. 4. Aufl. Göttingen.

Anderson, C. W. (1960): The relation between times and decisions in the employment interview. In: Journal of Applied Psychology, Jg. 44, S. 267–268.

Arbeitskreis Assessment Center (1992): Standards der Assessment Center Technik. München (Unveröff. Manuskript)

Armstrong, J. S., Denniston, W. B. und Gordon, M. M. (1975): The use of the decomposition principle in malking judgements. In: Organizational Behavior and Human Performance, 14, S. 257–263.

Arvey, R. D. und Campion, J. E. (1982): The employment interview: A summary and review of recent research. In: Personnel Psychology, Jg. 35, S. 281–322.

Arvey, R. D., Miller, H. E., Gould, R. und Burch, P. (1987): Interview validity for selecting sales clerks. In: Personnel Psychology, Jg. 40, S. 1–12.

Barber, A. (1998): Recruiting employee: Individual and organizational perspectives. Sage Publications, Thousand Oaks.

Bartlett, C. A. und Goshal, S. (2000): Der Einzelne zählt – Ein Managementmodell für das 21. Jahrhundert. Hoffmann und Campe, Hamburg.

Beck, C. (2002): Professionelles E-Recruitment. Luchterhand, Neuwied.

Binning, J. F., LeBreton, J. M. und Adorno, A. J. (1999): Assessing Personality. In: Eder, R. W. und Harris, M.M. (Hrsg.): The employment interview handbook. Sage Publications.

Bliesener, T. (1992): Ist die Validität biographischer Daten ein methodisches Artefakt? Ergebnisse einer meta-analytischen Studie. In: Zeitschrift für Arbeits- und Organisationspsychologie, Jg. 36, S. 12–21.

Bolster, B. F. und Springbett, B. M. (1961): The reaction of interviewers to favorable and unfavorable information. In: Journal of Applied Psychology, Jg. 45, S. 97–103.

Born, Yasmin (1998): Nicht Luxus, sondern Notwendigkeit – Einstellungsinterviews sind anspruchsvoll: Wolfgang Jetter weiß, wie man sie führt. In: Süddeutsche Zeitung, Nr. 157, S. 57.

Bröckermann, R. und Pepels, W., Hrsg. (2002): Handbuch Recruitment. Cornelsen, Berlin.

Buckley, M. R. und Russel, C. J. (1999): Validity evidence. In: Eder, R.W. und Harris, M.M. (Hrsg.): The employment interview handbook. Sage Publications.

Bühner, R. (1994): Personalmanagement. Verlag Moderne Industrie, Landsberg.

Byham, W. C., Wellins, R. S. und Wilson, J. M. (1992): Power Teams: Spitzenleistungen mit autonomen Arbeitsgruppen. Landsberg/Lech.

Campenhausen, v. C. und Hies, M. (2002): Internet-gestütztes Personalwesen. Unveröffentlichtes Manuskript.

Campion, M. A., Campion, J. E. und Hudson, J. P. (1994): Structured Interviewing: A note on incremental validity and alternative question types. In: Journal of Applied Psychology, Bd. 79, Nr. 6, S. 998–1002.

Campion, M. A., Palmer, D. K. und Campion, J. E. (1997): A review of structure in the selection interview. In: Personnel Psychology, Jg. 50, S. 655–701.

Carlson, R. E., Thayer, P. W., Mayfield, E. C. und Peterson, D. A. (1971): Improvements in the selection interview. In: Personnel Journal, Jg. 50, S. 268–275.

Church, A. H. (1996): From both sides now: The employee interview – the Great Pretender. In: Industrial Organizational Psychologist, 34, S. 108–117.

Constantin, S. W. (1976): An investigation of information favorability in the employment interview. Journal of Applied Psychology, Jg. 61, S. 743–749.

Conway, J.M., Jako, R.A. und GooEuroan, D.F. (1995): A meta-analysis of interrater and internal consistency realiability of selection interviews. In: Journal of Applied Psychology, 80, S. 565 –579.

Dahms, R. und Reggentin-Michaelis, P. (2002): Online-Anzeigen just in time schalten. In: Sonderheft Personalwirtschaft, 6/2002, S. 12–16.

Daum, J. W. (1983): Two measures of R.O.I. on intervention-Fact or fantasy? Zit. in: Cascio, W. F. (1992): Managing human resources: Productivity, Quality of work life, profits.

Deckstein, D. (2002): Graue Panther auf leisen Sohlen. In: Süddeutsche Zeitung, Nr. 237 v. 14.10. 2002, S. 20.

Detmers, U. (2002): Klassisches Posting. In: Bröckermann, R. und Pepels, W. (Hrsg.): Handbuch Recruitment. Cornelsen, Berlin.

Dipboye, R. L. (1982): Self-fulfilling prophecies in the selection interview. In: Academy of Management Review, Jg. 7, S. 579–586.

Dipboye, R. L. (1989): Threats to the incremental validity of interviewer judgements. In: R.W. Eder & G. R. Ferris (eds.). The Employment Interview: Theory, Research, and Practice.

Dipboye, R. L., Stramler, C. S. und Fontanelle, G. A. (1984): The effects of application on recall of information from the interview. In: Academy of Management Journal, Jg. 27, S. 561–575.

Dipboye, R. L. und Gaugler, B. B. (1993): Cognitive and behavioral processes in the selection interview. In: Schmitt, N., Borman, W.C. Ass. (Hrsg.): Personal selection in organizations, Jossey-Bass, San Franzisko, S. 135–170.

Dipboye, R. L. (1992): Selection interviews: Process perspectives. OH: South-Western, Cincinatti.

Dipboye, R. L. (1994): Structured and unstructured selection interviews: Beyond the job-fit model. In: Ferris, G. R. (Hrsg.): Research in personnel and human resources management. Vol. 12, JAI Press, Greenwich, S. 79–123.

Dipboye, R. L. (1997): Structured selection interviews: Why do they work? Why are they underutilized? In: Anderson, N. (Eds.): International handbook of selection and assessment. Wiley, New York.

DuBois, P. H. und Watson, R. I. (1950): The selection patrolmen. In: Journal of Applied Psychology, 34, S. 90–95.

Doppler, L. und Lauterburg, L. (1994): Change Management: den Unternehmenswandel gestalten. Frankfurt/Main.

Dougherty, T. W. Ebert, R. J. und Callender, J. C. (1986): Policy capturing in the employment interview. In: Journal of Applied Psychology, 71, S. 9–15.

Eder, R. W. (1989): Contextual effects on interview decisions. In: Eder, R. W. und Ferris, G. R. (Hrsg.): The Employment Interview: Theory, Research, and Practice. London.

Eder, R. W. und Buckley, M. R. (1988): The employment interview: An interactionist perspective. In: Ferris, G. R. und Rowland, K. M. (Hrsg.): Research in personnel and human resources management (Bd. 6, S. 75–107). Greenwich, CT.

Eder, R. W. und Ferris, G. R. (1989): The employment interview: theory, research, and practice.

Eder, R. W. und Harris, M. M. (1999): Employment interview research. In: Eder, R. W. und Harris, M.M. (Hrsg.): The employment interview handbook. Sage Publications.

Eder, R. W. und Harris, M. M. (Eds.) (1999): The employment interview handbook. Sage Publications.

Engeser, M. (2003): Jobs per Mausklick. In: Wirtschaftswoche Nr. 3 v. 9.1.2003.

Feild, H. S. und Gatewood, R. D. (1989): Development of a selection interview: A job content strategy. In: Eder, R.W. und Ferris, G. R. (Hrsg.): The Employment Interview: Theory, Research, and Practice. London.

Finke, B., Hornig, F., Jung, A., Kehrer, M., Löhe, F. und Werle, K. (2002): Wir sind die Angeschmierten. In: Der Spiegel 33/2002, S. 28–42.

Fitz-enz, J. (2000): The ROI of Human Capital. AMACOM, New York.

Frickenschmit, S., Görgülü, K. und Jäger, W. (2001): Human-Resources-Homepages im Internet 2001 – Erneuter Vergleich der 100 größten Arbeitgeber, Neuwied.

Fuchs, A., Westerwelle, A. und Buchberger, C. (1999): Campus-Recruiting. Falken Verlag.

Gatewood, , R. D. und Feild, H. S. (1998): Human Resource Selection. Fort Worth, Tryden.

Ghiselli, E. E. (1973): Validity of aptitude tests in personnel selection. In: Personnel Psychology, Jg. 26, S. 461–478.

Gililand, S. W. und Steiner, D. D. (1999): Applicant reactions. In: Eder, R. W. und Harris, M. M. (Hrsg.): The employment interview handbook. Sage Publications.

Goleman, D. (1996): Emotionale Intelligenz. Carl Hanser Verlag, Wien.

Goleman, D. (1998): Der Erfolgsquotient. Carl Hanser Verlag, Wien.

Gubmann, E.L. (1998): The Talent Solution, McGraw-Hill.

Hakel, M. D. (1982): Employment interviewing, In: Rowland, K. M. und Ferris, G. R. (Hrsg.): Personnel management (S. 102–124). Boston.

Hakel, M. D., Dobmeyer, T. W. und Dunnette, M. D. (1970): Relative importance of three content dimensions on overall suitability ratings of job applicants' resumes. In: Journal of Applied Psychology, Jg. 54, S. 65–71.

Hakel, M. D. (1971): Similarity of post-interview trait ratingintercorrelations as a contributor to interrater agreement in a structured employment interview. Journal of Applied Psychology, 55, S. 443–448.

Hakel, M. D., Ohnesorge, J. P. und Dunette, M. D. (1970): Interviewer evaluations of job applicants resumes, as a function of the qualifications of immediately preceding applicants: An examination of contrast effects. In: Journal of Applied Psychology, Jg. 54, S. 27–30.

Hammer, M. und Champy, J. (1994): Business Reenigneering. Die Radikalkur für das Unternehmen. Frankfurt.

Harris, M. M. (1989): Reconsidering the employment interview: a review of recent literature an suggestions for future research, In: Personnel Psychology, Jg. 42, S. 691–726.

Harris, M. M., Becker, A. und Smith, D. (1993): Does the assessment center scoring method affect the cross-situational consistency of ratings? In: Journal of Applied Psychology, 78, S. 675–678.

Harris, M. M. (1999): What is being measured? In: Eder, R. W. und Harris, M.M. (Hrsg.): The employment interview handbook. Sage Publications.

Harris, M. M. und Eder, R. W. (1999): The state of employment interview practice. In: Eder, R. W. und Harris, M.M. (Hrsg.): The employment interview handbook. Sage Publications.

Hartge, T. (1992): Personalentwicklung: Medienpower für das Management. In: Weiterbildung, S. 72–77.

Hartmann, G. (2002): Personalbedarfsanalyse. In: Bröckermann, R. und Pepels, W. (Hrsg.): Handbuch Recruitment. Cornelsen, Berlin.

Henemann, H. G. III, Schwab, D. P., Huett, D. L. und Ford, J. J. (1975): Interviewer validity as a function of interview structure, biographical data, and interviewee order. In: Journal of Applied Psychology, Jg. 60, S. 748–753.

Hasemann, Q. (2002): Wie arbeiten Headhunter? Anspruch und Wirklichkeit. In: Personalführung, Jg. 35, Heft 3, S. 34–41.

Hesse, J. und Schrader, H. C. (1985): Testtraining für Ausbildungsplatzsucher. Fischer-Taschenbuch, Frankfurt/Main.

Hoffmann, J. (1985): Das Einstellgespräch als Instrument der Personalauswahl. (Unveröffentl. Diplomarbeit, Universität München).

Huffcutt, A. I. und Arthur, W. (1994): Hunter und Hunter (1984) Revisited: Interview validity for entry-levels jobs. In: Journal of Applied Psychology, Bd. 79, Nr. 2, S. 184–190.

Huffcut, A. I. Roth, P. L und McDaniel, M. A. (1996): A meta-analytic investigation og cognitive ability in employment interview evaluations: Moderating characteristics and implications for incremental validity. In: Journal of Applied Psychology, 81, S. 459–473.

Hunter, J. E. und Hirsh, H.R. (1987): Applications of meta-analysis. In: Cooper, C. L. und Robertson, I. T. (Hrsg.): International review of industrial and organizational psychology, Wiley, New York, S. 321–357

Hunter, J. E. und Hunter, R. F. (1984): Validity and utility of alternative predictors of job performance. In: Psychological Bulletin, Jg. 96, S. 72–98.

Hünninghausen, L., Hrsg. (2001): Die Besten gehen ins Netz. Report E-Recruitment: Innovative Wege bei der Personalauswahl. SYMPOSION PUBLISHING.

Jäger, A. O. (1986): Validität von Intelligenztests. In: Diagnostika, Jg. 32, S. 272–289.

Jäger, U. und Wittenzellner, H. (2000): Rekrutierung über das Internet. In: PersonalführungPlus, 2/2000, S. 7–13.

Jäger, W. (2002): Wo bitte schön geht es hier zum E-Cruiting?! Vortrag auf dem 3. Management-Kongress, Fachhochschule Koblenz, am 25. Januar 2002.

Janz, J. T. (1982): Initial comparisons of patternd behavior description interviews versus unstructured interviews. In: Journal of Applied Psychology, Jg. 67, S. 577–580.

Janz, J. T., Hellervik, L. und Gilmore, D. C. (1986): Behavior description interviewing: New accurate, cost effective. Newton, MA.

Janz, J. T. (1989): The patternd behavior description interview: The best prophet of the future is the past. In: Eder, R.W. und Ferris, G. R. (Hrsg.): The Employment Interview: Theory, Research, and Practice. London.

Jetter, W. (1988): Eignungsdiagnostik im Personalwesen – Beispiele aus der Praxis. In: Methner, H. und Gebert, A. (Hrsg.), Arbeits- und Betriebspsychologie – Verantwortung und Leistung, Köln.

Jetter, W. (1989): Der Stellenwert des Einstellinterviews im Rahmen neuerer eignungsdiagnostischer Entwicklungen im Personalwesen. In: Zeitschrift für Arbeits- und Organisationspsychologie. Jg. 33, S. 206–213.

Jetter, W. (1991): Integrative Personalentwicklung – eine Gemeinschaftsaufgabe im Unternehmen. In: Schuler, H. und Funke, U. (1991): Eignungsdiagnostik in Forschung und Praxis. Verlag für Angewandte Psychologie, Stuttgart.

Jetter, W. (1993): Personalauswahl in schlanken Organisationen – Strukturierte Interviews mit dem INTERVIEW-PC-SYSTEM. In: Personalführung, 6, S. 514–525.

Jetter, W. (2000): Performance Management – Zielvereinbarungen, Mitarbeitergespräche, Leistungsabhängige Entlohnungssysteme. Schäffer-Poeschel Verlag, Stuttgart.

Jetter, F. (2000): Handbuch Zielvereinbarungsgespräche. Schäffer-Poeschel Verlag, Stuttgart.

Jochmann, W. (1997): Optimierung von Geschäftsprozessen im Personalbereich. In: Kienbaum, J. (Hrsg.): Benchmarking Personal. Schäffer-Poeschel Verlag, Stuttgart.

Karle, R. (2002): Streit um die Reichweite. In: Sonderheft Personalwirtschaft, 6, S. 26–31.

Kelly, G. A. (1955): The theory of personnel constructs, New York.

Kirchgeorg, M. und Lorbeer, A. (2002): Was erwarten Nachwuchskräfte von Arbeitgebern? In: Sonderheft Personalwirtschaft, 6.

Kohn, L. S. und Diopboye, R. L. (1998): The effects of interview structure on recruiting outcomes. In: Journal of Applied Social Psychology, 28, S. 821–843.

Lang, A. (1977): Psychodiagnostik als ethisches Dilemma. In: Triebe, J. K. und Ulich, E. (Hrsg.). Beiträge zur Eignungsdiagnostik. Bern

Langdale, J. A. und Weitz, J. (1973): Estimating the influence of job information on interviewer agreement. In: Journal of Applied Psychology, 57, S. 23–27.

Lanyon, R. I. und Goodstein, L. D. (1997): Personality assessment (3rd ed.). John Wiley, New York.

Latham, G. P. (1989): The reliability, validity, and practicality of the situational interview. In: Eder, R.W. und Ferris, G. R. (Hrsg.): The Employment Interview: Theory, Research, and Practice. London.

Latham, G. P., Saari, L. M., Pursell, E. D. und Campion, M. A. (1980): The situational interview. In: Journal of Applied Psychology, Jg. 65, S. 422–427.

Latham, G. P. und Saari, L. M. (1984): Do people do what they say? Further studies on the situational interview. In: Journal of Applied Psychology, Jg. 69, S. 569–573.

Latham, G. P. und Finnegan, , B. J. (1993): Perceived practicality of unstructured, patterned, and situational interviews. In: Schuler, H., Farr, J. L. und Smith, M. (Hrsg.): Personnel selection and assessment: Individual and organizational perspectives. Lawrence Erlbaum, Hillsdale, S. 41–55.

Latham, G. P. und Sue Chan, C. (1999): A meta-analysis of the situational interview: A enumerative review of reasons for ist validity. In: Canadian Psychology, 40, S. 56–67.

Lamparter, D. H. (1991): Urteil in vier Minuten. Management Wissen, S. 58–61.

Landy, F. J. (1976): The validity of the interview in police officer selection. In: Journal of Applied Psychology, Jg. 61, S. 193–198.

Lienert, G. A. (1969): Testaufbau und Testanalyse. 3. Aufl., Weinheim.

London, M. und Hakel, M. D. (1974): Effects of applicant stereotypes, order, and information on interview impresions, In: Journal of Applied Psychology, Jg. 59, S. 157–162.

Macan, T. H. und Dipboye, R. L. (1994): The effects of the application on precessing of information from the employment interview. In: Journal of Applied Social Psychology, 24, S. 1291–1314.

Malik, F. (1989): Strategie des Managements komplexer Systeme –Ein Beitrag zur Management-Kybernetik evolutionärer Systeme. Bern.

Malik, F. (2001): Führen, Leisten, Leben. Deutsche Verlags Anstalt, München.

Maukisch, H. (1986): Erfolgskontrollen von Assessment Center-Systemen – Der Stand der Forschung. In: Zeitschrift für Arbeits- und Organisationspsychologie, Jg. 30, S. 86–91.

Mayfield, E. C. (1964): The selection interview: A reevaluation of published research. In: Personnel Psychology, Jg. 17, S. 239–260.

Mayfield, E. C. und Carlson, R. E. (1966): Selection interviews decisions: First results from a longterm research project. In: Personnel Psychology, Jg. 19, S. 41–58.

Mayfield, E. C., Brown, S. H. und Hamstra, B.W. (1980): Selection interviewing in the life insurance industry: An update of research and practice. In: Personnel Psychology, 33, S. 725–739.

McComb, K. B. und Jablin, F. M. (1984): Verbal correlates of interviewer empathic listening and employment interview outcomes. In: Communication Monographs, 51, S. 353–371.

McDaniel, J. M. A., Whetzel, D. L., Schmid, F. L., Hunter, J. E., Maurer, S. und Russel, J. (1987): The validity of employment interview: A review and meta-analysis. (Unpublished manuscript, U.S. Office of Personnel, Washington DC).

McDaniel, J. M. A., Whetzel, D. L., Schmid, F. L. und Maurer, S. (1994): The validity of employment interviews: A comprehensive review and meta-analysis. In: Journal of Applied Psychology, Bd. 79, Nr. 4, S. 599–616.

McMurry, R.N. (1947): Validating the patternd interview. In: Personnel, 23, S. 263–272.

Miller, J. W. und Rowe, P. M. (1967): Influence of favorable and unfavorable information upon assessment decisions. In: Journal of Applied Psychology, Jg. 51, S. 432–435.

Motowidlo, S. J., Carter, G. W., Dunette, M. D., Tippins, N.,Werner, S., Burnett, J. R. und Vaughan, M. J. (1992): Studies of the Structured Behavioral Interview. In: Journal of Applied Psychology, Bd. 77, Nr. 5, S. 571–587.

Motowidlo, S. J. (1999): Asking about past behavior versus hypothetical behavior. In: Eder, R. W. und Harris, M.M. (Hrsg.): The employment interview handbook. Sage Publications.

Moscoso, S. und Salgado, J. F. (2001): Psychometric properties of a structured behavioral interview to hire privat security personnel. In: Journal of Business and Psychology, Vol. 16, Nr. 1, S. 51–59.

Moses, J. L. und Byham, W. C. (1980): Applying the assessment center method.

Neter, E. und Ben-Shakhar, G. (1989): The predictive validity of graphological inferences: A meta-analytic approach. In: Personality and Individual Differences, 10, S. 737–745.

Owens, W. A. (1976): Background data. In: Dunette, M. D. (Hrsg.): Handbook of industrial psychology, S. 609–644. Chicago.

Palmer, D. K., Campion, M. A. und Green, P. C. (1999): Interviewing training for both applicants and interviewer. In: Eder, RW. Und Harris, M.M. (Hrsg.): The employment interview handbook. Sage Publications.

v. Paczensky, S. (1976): Der Testknacker. Reinbeck.

Posthuma, R. A., Morgeson, F. P. und Campion, M. A. (2002): Beyond employment interview validity: A comprehensive narrative review of recent research and trends over time. In: Personnel Psychology, Jg. 55, S. 181.

Pulakos, E. D., Nee, M. T. und Kolmstetter, E. B. (1995): Effects of training and individual differences on interviewer rating accuracy. In: Kolmstetter, E. B. (Hrsg.): Interviewer and contextual factors that make a difference in interviewer validity. Symposium conducted at the annual meeting of the Society for Industrial an Organizational Psychology, Orlando.

Pulver, U., Lang, A. und Schmid, F. W. (1978): Ist Psychodiagnostik verantwortbar? Bern.

Pursell, E. D., Campion, M. A. und Gaylord, S.R. (1980): Structured interviewing: Avoiding selection problems. In: Personnel Journal, Jg. 59, S. 907–912.

Reilly, R. R. und Chao, G. T. (1982): Validity and fairness of some alternative employee selection procedures. In: Personnel Psychology, Jg. 35, S. 1–62.

Rieck, W. (2002): High Potentials durch Scouting gewinnen. In: Bröckermann, R. und Pepels, W. (Hrsg.): Handbuch Recruitment. Cornelsen, Berlin.

Rosenthal, R. (1969): Interpersonal expectations effects of experimenter's hypothesis. In: Rosenthal, R. und Rosnow, R. L. (Hrsg.): Artifact in behavioral research, New York, S. 182–279.

Rowe, P. M. (1963): Individual differences in selection decisions. In: Journal of Applied Psychology, Jg. 47, S. 304–307.

Saratoga-Institut (1999): The European Human Asset Effectiveness Report – Human Asset Benchmarks 1999/2000. UK.

Schmeisser, W., Eckstein, P. und Klugmann P. (2002): Personalrecruiting im Internet. In: Bröckermann, R. und Pepels, W. (Hrsg.): Handbuch Recruitment. Cornelsen, Berlin.

Schmitt, N. (1976): Social and situational determinants of interview decisions: Implications for the employment interview. In: Personnel Psychology, Jg. 29, S. 79–101.

Schmitt, N., Gooding, R. Z., Noe, R. A. und Kirsch, M. (1984): Meta-analysis of validity studies published between 1964 and 1982 and the investigation of study characteristics. In: Personnel Psychology, Jg. 37, S. 407–422.

Schmitt, N. und Ostroff, C. (1986): Operationalizing the »behavioral consistency« approach: Selection test development based on a content-oriented strategy. In: Personnel Psychology, 39, S. 91–108.

Schmidt, F. L.,Hunter, J. E., Pearlman, K., Hirsch, H. R. Sackett, P. R. Schmitt, N., Tenopyr, M. L., Kehoe, K. und Zedeck, S. (1985): Forty questions about validity generalization and meta-analysis. Commentary on forty questions about vilidity generalization and meta-analysis. In: Personnel Psychology, Jg. 38, S. 697–798.

Schmidt, F. L. und Hunter, J. E. (1998): The validity and utility of selection methods in personnel psychology: practical and theoretical implications of 85 years of research findings. In: Psychological Bulletin, Vol. 124, Nr. 2, S. 262–274.

Schneider, B. und Schmitt, N. (1986): Staffing organizations. Glenview, IL.

Schuler, H. und Funke, U. (1989): Berufseignungsdiagnostik. In: Organisationspsychologie, Enzyklopädie der Psychologie, Bd. 3.

Schuler, H. (1992). Das Multimodale Interview. In: Diagnostica, Jg. 38, Heft 4, S. 281–300.

Schuler, H. und Moser, K. (1995): Die Validität des Multimodalen Interviews. In: Zeitschrift für Arbeits- und Organisationspsychologie, Jg. 29, (N.E.13) 1.

Sertoglu, C. und Berkowitch, A. (2002): Ehemalige als Waffe im Wettbewerb. In: Harvard Business manager, 6.

Springbett, B.M. (1958): Factors affecting the final decision in the employment interview. In: Canadian Journal of Psychology, Jg. 12, S. 13–22.

Stehle, W. (1986): Personalauswahl mittels biographischer Fragebogen. In: Schuler, H. und Stehle, W. (Hrsg.), Biographische Fragebogen als Methode der Personalauswahl. Stuttgart. S. 17–57.

Sunter, S. (2000): Recruiting-Messen schaffen Kontakte. In: Personalführung-Plus, 2, S. 42–45.

Swan, W. S. (1989): How to pick the right people. New York.

Terpstra, D. E. und Rozell, E. J. (1997): Why some potenzially effective staffing practics are seldom used. In: Public Personnel Management, 26, S. 483–495.

Thom, N. und Kraft, T. (2000): Erfolgreiche Kooperation mit Personalberatern. In: Personalwirtschaft, 11, S. 44–51.

Trank, C. Q., Rynes, S. L. und Bretz Jr., R. D. (2002): Attracting applicants in the war for talent: Differences in work preferences among high achievers. In: Journal of Business Psychology, Vol. 16, Nr. 3, S. 331–345.

Tucker, D. H. und Rowe, P. M. (1979): Relationship between expactancy, causal attribution and final hiring decisions in the employment interview. In: Journal of Applied Psychology, Jg. 64, S. 27–34.

Tullar, W. L., Mullins, T. W. und Caldwell, S. A. (1979): Effects of interview length and applicant quality on interview decision time. In: Journal of Applied Psychology, 64, S. 669–674.

Ulrich, H. und Probst, G. J. B. (1990): Anleitung zum ganzheitlichen Denken und Handeln. Ein Brevier für Führungskräfte. Bern.

Ulrich, L. und Trumbo, D. (1965): The selection interview since 1949. In: Psychological Bulletin, Jg. 63, S. 100–116.

Vance, R. J., Kuhnert, K. W. und Farr, J. L. (1978): Interview judgements: Using external criteria to compare behaviroal and graphic scale ratings. In: Organizational Behavior and Human Performance, 22, S. 279–294.

Van der Zee, K. I., Bakker, A. B. und Bakker, P. (2002): Why are structured interviews so rarely used in personnel selection? In: Journal of Applied Psychology, Vol. 87, Nr. 1, S. 176–184.

Wagner, R. (1949): The employment interview: A critical review. In: Personnel Psychology, Jg. 2, S. 17–46.

Webster, E. C. (1982): The employment interview. Ontario, Canada.

Weekley, J. A. und Gier, J. A. (1987): Reliability and validity of the situational interview for a sales position. In: Journal of Applied Psychology, Jg. 72, S. 484–487.

Wild, B., de la Fontaine, A. und Schafsteller, C. (2001): Fishing for Talents: Internet-Recruiting auf neuen Wegen. In: Personalführung 1, S. 66–70.

Wiener, Y. und Schneidermann, M. L. (1974): Use of job information as a criterion in employment decisions of interviewers. In: Journal of Applied Psychology, Jg. 59, S. 699–704.

Wiesner, W. H. und Cronshaw, S. F. (1988): The moderating impact of interview format and degree of structure on interview validity. In: The Journal of Occupational Psychology, Jg. 61, S. 275–290.

Wright, O. R. (1969): Summary of research on the selection interview since 1964. In: Personnel Psychology, Jg. 22, S. 392–413.

Wunderer, R. und Jaritz, A. (1999): Unternehmerisches Personalcontrolling. Luchterhand, Kriftel.

Zedeck, S. und Cascio, W. F. (1984): Psychological issues in personnel decisions. In: Annual Review of Psychology, Jg. 35, S. 461–518.

Zima, J. P. (1983): Interviewing. Chicago, IL: Science Research Associates.

Stichwortverzeichnis